국제주의 전통 자료집

V-2. 제국주의와 전쟁, 민족문제

알렉스 캘리니코스, 크리스 하먼 외 지음

이정구 엮음

국립중앙도서관 출판예정도서목록(CIP)

제국주의와 전쟁, 민족문제 / 지은이: 알렉스 캘리니코스,
크리스 하먼 외 ; 엮은이: 이정구. -- 서울 : 책갈피, 2018
    p. ;   cm. -- (국제주의 전통 자료집 ; 5-2)

원저자명: Alex Callinicos, Chris Harman
ISBN 978-89-7966-149-1 04300 : ₩16000
ISBN 978-89-7966-155-2 (세트) 04300

노동자 계급[勞動者階級]
제국 주의[帝國主義]

332.64-KDC6
305.5620941-DDC23   CIP2018026146

국제주의 전통 자료집

V-2. 제국주의와 전쟁, 민족문제

알렉스 캘리니코스, 크리스 하먼 외 지음

이정구 엮음

책갈피

차례

V-2. 제국주의와 전쟁, 민족문제

V. 제국주의와 전쟁, 민족문제 전체 목차

엮은이 머리말

이 자료집에 실린 글들은 노동자연대와 그 유관단체들이 발간한 신문과 잡지 등에서 일반성이 비교적 높은 글들을 추려 내어 주제별로 묶은 것이다.

자료집이 지닌 장점은 시간이 흘러도 그 진가가 사라지지 않을 좋은 글들을 선별하여 묶어 놓았다는 것인데, 이 자료집에 실린 글들도 그런 것이기를 바란다. 독자들은 이 자료집을 참고 자료나 교육 자료 등으로 유용하게 활용할 수 있을 것이다.

이 자료집은 이런 장점 외에, 독자들이 염두에 둬야 할 약점도 있다. 첫째, 자료집에 실린 글들이 발표된 때의 맥락을 설명하지 못했다. 물론 글을 읽어 보면 글이 작성된 취지를 대체로 파악하거나 짐작할 수 있을 것이다.

둘째, 많은 글들을 자료집으로 묶다 보니 용어의 통일, 맞춤법, 띄어쓰기 등에서 오류가 많을 수도 있다. 예를 들어, 예전에는 동성애자라는 표현을 많이 사용했지만 지금은 동성애자보다는 성소수자라는 용어를 쓴다. 특정 시기에 사용된 용어는 그 나름의 역사성을 지니고 있으므로 이 자료집에서는 오늘날 사용하는 용어로 일괄적으로 바꾸지 않았다. 또, 맞춤법이나 띄어쓰기도 세월이 지나면서 바뀌었다. 그래서 현재의 것으로 교정돼야 할 어구들이 많다. 그러나 바로잡지 못하고 놓친 부분이 많을 것이다. 독자들의 너그러운 양해를 부탁드린다.

셋째, 같은 주제의 글들을 모았기 때문에 여러 글의 내용이 중복되는 경우도 적지 않다. 이런 중복의 문제에 대해서는 엥겔스의 방식을 따랐다. 엥겔스는 마르크스의 초고를 모아 《자본론》 3권으로 편집하면서 이렇게 밝혔다. "반복도 주제를 다른 각도에서 파악하든지 다른 방법으로 표현한 경우에는 그 반복을 버리지 않았다."(《자본론》 3권 개역판 서문)

넷째, 혁명가들이 혹심한 탄압을 받던 시기에 작성된 글 중에서 필자를 확인하지 못해 필자를 명시하지 못한 경우가 있다. 이것은 엮은이가 의도한 것이 결코 아니라는 점을 밝혀 둔다.

그 외에도 다른 오류들이 편집 과정에서 있을 수 있는데, 이것들은 엮은이의 잘못이다.

이 자료집이 나오기까지 몇몇 동지들이 도움을 줬다. 인쇄된 문서를 타이핑해 파일로 만들어 준 박충범 동지와 책을 디자인해 준 장한빛 동지에게 감사드린다. 방대한 양의 원고를 나와 함께 검토해 준 책갈피 출판사 편집부에도 감사드린다.

2018년 7월 10일
엮은이 이정구

제3장 중국과 일본

중국과 제국주의 ① ―
민족주의 혁명에서 새로운 열강으로

중국이 세계적 국가로 부상한 것은 더는 논쟁거리가 아니다. 그러나 부상한 중국의 성격을 두고는 의견이 분분하다.

서방 정부와 언론 들은 중국이 국방비 증가, 인터넷 해킹, 영토 분쟁으로 '정의의 사자' 미국과 그 동맹들을 위협하는 지구 최고의 악당이 됐다는 황당한 주장을 종종 한다.

반면에, 좌파 내에서는 아직도 중국 국가에 우호적인 경우가 많다.

그러나 한반도에서뿐 아니라 세계 곳곳에서 평화를 위협하는 미국 제국주의와 그 동맹들에 반대하는 것에 동의하지만 일부 좌파가 중국을 두둔하는 것에는 동의하기 힘들다.

김용욱. 〈레프트21〉 108호, 2013년 7월 13일. https://wspaper.org/article/13329.

1920년대 노동자 혁명이 실패한 이후 중국이 오늘날 세계 2위 경제 대국으로 부상하는 과정을 쭉 살펴보면 중국 공산당과 국가가 자본주의 경쟁 논리에서 자유롭지 않았을 뿐더러 미국 제국주의에 일관되게 저항하지도 않았음을 알 수 있기 때문이다.

1927년 노동자 혁명 패배와 공산당의 질적 변화

중국 공산당은 1927년 참혹한 패배로 노동계급 기반을 잃고 군사 투쟁에 주로 의존하는 스탈린주의적 중화민족주의 정당으로 변신했다.

1930년대 공산당은 대중의 지지를 받았다. 그러나 이때 공산당은 한족 엘리트들의 민족주의를 '다시' 흡수했고, 이들이 말하는 혁명은 중국에 강력한 국민국가를 건설하는 것을 의미하게 됐다.

이것은 오늘날까지도 문제가 되는 소수민족 정책의 변화를 낳았다. 원래 중국 공산당은 "만주족, 몽골족, 회족, 티베트족은 자신의 지위를 스스로 결정할 수 있다"며 민족자결권을 옹호했다.

그러나 1930년대에 중국 공산당의 지도자들은 중화주의 논리를 흡수했다. 1919년 "나는 대중화민국에 반대한다"던 청년 마오쩌둥은 "이 지역[티베트]의 국제적 위치는 매우 중요하다. 우리는 이 곳을 점령해야 한다"고 말하는 중화민족주의자로 변했다.

1949년 혁명과 관료적 국가자본주의

1949년 중국 혁명은 중국이 제국주의 열강들과 지주들의 속박에서 벗어나는 위대한 혁명이었다. 하지만 동시에 공산당 고위 관료들이 자본축적을 강요하는 구실을 하는 관료적 국가자본주의가 탄생하는 계기기도 했다.

중국 혁명은 민족주의 혁명이었지 노동자 혁명이 아니었다. 공산당은 노동자들에게 파업을 벌이지 말고 자기 작업장에서 일을 열심히 일하라고 요구했다.

중국을 위협하는 서방 제국주의를 추월하겠다는 일념 아래 공산당은 1978년까지 중국을 전시 경제 체제로 운영했다.

공산당 지도자들은 서방의 군사적 위협에 맞서 국제 운동을 강화하는 것이 아니라 노동자·민중을 쥐어짜 군사력을 강화하는 반동적 방식으로 대응했다.

예컨대, 1950년대 '영국 따라잡기'란 목표가 수정된 과정을 보자. 마오쩌둥은 1957년 11월에는 "15년 또는 조금 더 많은 시간 안에 영국을 따라잡는다"는 목표를 발표했다.

그러나 이듬해 5월에는 "7년 안에 영국을 추월하고, 15년 안에 미국을 따라잡아야" 한다고 말했다가 그 다음 달에는 "영국을 따라잡는 데 … 2년이면 가능할 것이다" 하고 말했다.

미친 경쟁 논리 때문에 공산당 정부는 중공업 투자자금을 확보하려고 1979년대 말까지 임금을 동결하고 농촌의 '자급자족'(지원 중단)을 '장려'(사실은 강제)하는 극단적 긴축 정책을 폈다.

또, 공산당은 소수민족들의 자결권을 철저히 부정하면서 소수민족 지역을 강제로 중국 영토로 편입시켰다. 중화민족주의라는 것은 사실상 한족 우월주의였기 때문에 한족 관료들은 현지 정서를 무시하고 식민지 총독부처럼 행동했다.

'병단'이라는 대규모 군사 생산 조직이 주둔한 신장은 처음부터 점령지 분위기였다. 한족 관료들은 이곳에서 인구의 다수인 무슬림을 모욕하려고 쿠란을 불태우고 이슬람 사원들을 돼지 사육장으로 만드는 등 만행을 저질렀다.

이런 엄청난 희생 덕분에 당시 중국은 높은 자본축적률을 달성하면서 약소국 지위에서 벗어날 수 있었다. 1960~76년 중국의 누적 군비지출은 프랑스나 영국과 같은 전통적 서방 열강보다 많았을 뿐더러 일본처럼 미국 군사력에 의존하는 나라에 견주면 거의 5배나 많았다.

중국 관료 지배자들은 이렇게 얻은 힘을 사용하기를 주저하지 않았다. 1962년 인도와 국경 분쟁, 1969년 소련과 국경 분쟁, 1974년 남베트남이 통제하던 남중국해의 시샤섬 점령, 1979년 베트남 침공 등 횟수로만 따지면 중국은 제2차세계대전 이후 미국 다음으로 군사 충돌을 가장 많이 벌인 나라였다.

물론 이것은 중국이 미국 다음으로 호전적인 국가였음을 의미하지는 않는다. 그러나 주변국들의 군사 경쟁 압력에 중국 관료들도 미국 지배자처럼 대응한 것이 주된 원인 중 하나였다.

중국 공산당 지도자들은 세계적 열강인 미국·소련 제국주의와 경쟁했기 때문에 주변 지역뿐 아니라 지정학적으로 중요한 원거리에도 개입했다. 그러나 이때도 중국 외교의 목표는 세계 운동을 촉진하는 것이 아니라 중국 국가의 이익을 위해 가능하면 그 지역의 핵심국 정부와 손잡는 것이었다. 그 정부가 아무리 잔인해도 문제가 되지 않았다.

예컨대, 중국은 1958년 이라크 혁명 이후 발생한 대중의 급진화를 막기 위해 카셈 정부가 운동을 탄압할 때 가만히 있었다. 심지어 1963년 이라크 혁명 물결을 완전히 파괴한 바트당 쿠데타가 발생해 이라크 공산당을 학살할 때도 중국은 쿠데타 정부를 바로 승인했다.

중동의 왕정 독재 정부들과 손잡는 것도 전혀 문제가 되지 않았다. 이런 정책이 가장 기괴한 형태로 나타난 것이 이란 샤(국왕)와의 관계였다. 중국 공산당 내 제2인자 저우언라이는 유럽제 명품으로 치장한 이란 왕비를 환영하면서 '이란을 근대화시킨 샤는 중국의 마오쩌둥 같은 존재'라고 말했다.

그러나 중국 관료 지배자들의 강력한 경쟁 노력에도 불구하고, 중국 국가의 지정학적 위치는 갈수록 불안정해졌다. 양대 초강대국이 대결을 벌이는 냉전 제국주의 구도에서 독자 노선을 추구하기에는 중국의 힘이 너무 어정쩡했다.

중국 경제는 정체하지 않았지만, 미국(과 나중에 소련의) 경제 봉쇄 때문에 거의 모든 물품을 국내에서 생산해야 했다. 이 때문에 효율성이 떨어지기 시작했고 세계시장에 편승한 동아시아의 친미 국가들에도 뒤쳐졌다.

또, 중국 군비는 다른 나라와 비교하면 인상적으로 보일지 몰라도, 미국이나 소련에 비교하면 10분의 1 수준에 불과했다. 결국 중국은 미국과 소련에는 밀리는 지역 열강에 불과했다. 이 때문에 1970년대 초 중국 지배자들은 중요한 정치적 선택을 하게 됐다.

베트남 전쟁 이후 미국 제국주의와의 관계

베트남 전쟁 패배로 위기에 빠진 미국 제국주의를 도운 덕분에 중국 국가자본주의는 군비 부담을 줄이면서 세계시장과 기술에 접근할 기회를 잡았다.

이것은 덩샤오핑보다 먼저 마오쩌둥 자신이 시작한 변화였다. 마오쩌둥은 베트남 민중을 3백만 명 이상 죽인 최고의 제국주의 열강과, 그것도 미국 역사상 가장 우익적인 대통령으로 손꼽히는 리처드 닉슨과 손잡았다.

미국 처지에서는 베트남 전쟁 패배와 심각한 경제 불황으로 미국 제국주의의 위상이 흔들리던 상황에서 소련 진영이 영향력을 확대하는 것을 견제해 줄 존재가 필요했다.

미국 레이건 정부 시절 국방장관을 지낸 케스퍼 와인버거는 이렇게 말했다. "미국이 서태평양의 '중요 해상선들'을 통제하려면 중국의 구실이 매우 중요하다." 지금 서태평양에서 미국과 중국 해군이 경쟁을 벌이는 상황을 보면 이 말은 진정 역사의 아이러니라 할 만하다.

중국 정부는 세계 곳곳에서 미국 제국주의를 돕기 시작했다. 이집트가 친미 국가가 됐을 때 이를 환영했고, 미국을 대신해 이집트의 독재자 무바라크에게 미그기 등 소련제 무기와 부품을 '선물'로 제공했다.

심지어 일본이 소련과 에너지 개발 협정을 논의하는 것을 보며 마오쩌둥은 미국 국무장관 키신저에게 미일동맹을 더 강화하라고 주문하기도 했다.(이것도 대단한 역사적 아이러니다.)

키신저는 툭하면 중국 정부가 "나토 동맹보다 낫다"고 농담을 하곤 했는데, 실제로 미국 제국주의가 베트남전 패배의 충격에서 벗어나 세계적 패권 국가의 지위를 유지하는 데서 중국의 구실은 결코 작지 않았다.

물론, 중국 지도자들은 미국의 단순한 하위 파트너가 되기를 바라지 않았다. 그래서 미국 정부가 대만에 무기를 판매하거나 국교를 정상화하려 할 때 갈등이 발생하기도 했다.

그러나 1980년대 말 냉전 종식과 1991년 걸프 전쟁 전까지 미국과 중국의 관계는 전반적으로 좋았다.

냉전 종식 이후 중미 관계에서는 협력보다 갈등이 상대적으로 커지기 시작했는데, 이것은 소련이라는 공통의 적이 사라진 후 서로 지정학적 경쟁자로 (다시) 인식하기 시작했기 때문이었다. 특히, 1990년대 일본 자본주의가 위기에 빠지자 중미 관계는 악화했다. 미국 처지에서도, 중국 처지에서도 이제 진정한 장기적 위협은 일본이 아니라 서로가 됐다.

그러나 경쟁 방식은 냉전 때와는 달랐다. 중미 관계는 경제적 관계는 거의 없이 상호 봉쇄가 핵심이었던 냉전식 경쟁에서 벗어나 19세기 말부터 20세기 중반까지의 고전 제국주의 시대 특징이었던 경제적·지정학적 협력과 갈등이 복잡하게 얽힌 형태를 닮아 갔다.

예컨대, 중국 관료들은 수출 공업단지에서 미국 기업들이 중국 노동자들을 학대하고 초착취하는 것을 기꺼이 돕는데 이것만 봐도 관계가 매우 복잡미묘함을 쉽게 알 수 있다.

2000년대 이후

2000년대 미국 부동산 거품이 낳은 호황과 테러와의 전쟁은 중국을 세계적 열강의 반열에 올리는 '질적 변화'를 낳은 계기가 됐다.

중국이 세계적 열강이자 미국의 진정한 지정학적 경쟁자로 부상하게 된 계기는 미국 자신이 제공한 것이었다. 특히 2000년대 미국 부동산 거품 호황 덕분에 중국은 세계 1위 수출국에 등극한 데 이어 일본을 제치고 세계 2위의 경제 대국이 됐다.

아프가니스탄과 이라크 침략이 재앙이 되면서 미국 제국주의는 중국을 집중적으로 '태클' 걸 여유를 잃었다. 오히려 북한과 이란 문제에서 중국의 영향력에 의존해야 했다.

중국 자본축적 과정이 진정으로 세계적 과정이 되면서 중국 공산당 지도자들의 전략적 사고도 변했다. 폐쇄적 국가자본주의일 때 중국은 소수민족 지역, 중동, 아프리카, 동아시아와 유럽, 라틴아메리카에서 주로 지정학적 영향력을 확보하는 데 이해관계가 있었다.

그러나 이제 그 지역들은 수출 시장, 원료 공급지, 첨단 기술과 자본의 도입처이자 투자처가 됐다. 중국 자본주의가 세계와 맺는 관계는 훨씬 복잡해졌고 얻을 수 있는 이득뿐 아니라 관리해야 하는 위험도 더 커졌다.

중국이 아프리카 정부들에 돈과 무기를 지원하고, 유엔군의 깃발 아래 전 세계로 군대를 파견하고, 상하이협력기구와 브릭스 회의를 주도하고, 대양 해군 건설을 추진하기 시작한 것은 이런 변화에 대응하려는 것이다.

그러나 이것은 패권 국가인 미국뿐 아니라 일본과 서유럽 국가 등 기존 선진 자본주의 열강들과의 관계를 더 복잡하게 만들면서 세계 제국주의 경쟁 구도를 뒤흔들고 있다.

이런 중국의 부상이 기존 제국주의 체제에 어떤 균열을 낳고 있고 그것이 세계와 특히 동아시아에서 의미하는 바가 무엇인지는 다음에 다룰 것이다.

중국과 제국주의 ② —
21세기 중국의 제국주의 대전략

21세기 중국 자본주의 발전 속도는 대단했다. 2002~07년 중국은 연평균 10.8퍼센트 성장했다.

2008년 경제 위기 발생 이후의 통계는 더 놀랍다. 미국은 2008~11년 사이 겨우 2퍼센트 성장했지만, 중국은 같은 기간 53퍼센트 성장했다.

그러나 중국 자본주의는 고도화의 측면에서 선진국에 한참 못 미친다. 예컨대, 2010년 미국과 중국의 제조업 생산량은 거의 비슷했다. 그러나 미국 제조업 노동자 수는 1천1백50만 명이지만, 중국은 1억 명이 넘는다.

또, 중국은 엄청난 수의 절대 빈곤 인구문제가 있고, 무자비한 자

김용욱, 〈레프트21〉 113호, 2013년 10월 12일. https://wspaper.org/article/13649.

본축적 과정 덕분에 민간소비가 국내총생산에서 차지하는 비중은 세계 최저인 30퍼센트 중반이다.

흔히, 오늘날 중국의 부상은 19세기 말 미국과 독일의 부상에 비교된다. 그러나 1900년에 이르렀을 때 독일과 미국은 거의 모든 경제 지표에서 영국을 능가했다.

오늘날 중국은 그런 능력이 없다. 그러나 최근 아시아태평양경제 협력기구(APEC) 정상회담에서는 오바마가 없자 시진핑이 '큰 형' 대접을 받았다.

이런 양면성을 봐야 한다. '중국의 세기'가 왔다고 주장하는 것도, 중국이 여전히 '주변부' 국가에 불과하다고 주장하는 것도 한 면만을 본 것이다. 오늘날 중국 제국주의 대전략(大戰略)에는 중국 자본주의의 이런 모순이 반영돼 있다.

21세기 중국의 대전략

첫째, '미국보다 중국의 노동자, 농민, 소수민족이 더 무섭다.'

중국 공산당 전 총서기 후진타오는 2005년 연설에서 인민해방군의 제1차 임무는 "중국 공산당의 통치를 보장하고 강화"하는 것이라고 선언했다.

중국 지배자들은 노동자·민중 운동으로부터 공산당을 보호하는 것이 경제 발전 지속과 세계적 열강으로의 부상에 필요하다고 믿는다.

국가 재정에서 치안비가 차지하는 비중이 국방비에 육박하는 것도, 인민해방군의 70퍼센트를 육군으로 유지하는 것도, 주력 부대를 대체로 중국 내 인구 밀집 지역에 배치한 것도 다 이 때문이다.

예컨대, 육군 최정예 부대인 38과 39집단군은 정치 중심지인 베이징과 셴양에, 기타 정예 부대들도 연안 수출 공업단지 근처에 배치돼 있다. 소수민족 밀집 지역은 소심한 자유화도 허용되지 않는 대규모 군점령지다.

중국 자본주의가 내부 모순을 관리 가능한 수준으로 안정시키지 않는 한 공산당 독재 수호는 중국군 전략의 기초일 것이다.

둘째, '현존 제국주의 질서를 옹호한다.'

중국 제국주의는 아직 자본주의 중심지인 북미와 유럽은커녕, 전략과 자원의 요충지인 중동과 아프리카 등에서도 개입할 능력을 크게 제약 받고 있다.

예컨대, 중국의 파키스탄 과다르 항구 개발이 군사기지 망('진주 목걸이')과 연관됐다는 관측이 있다. 그러나 중국 정부는 파키스탄 정부가 지역 분리 운동을 제압하고 항구를 보호할 수 있을지 확신하지 못하기 때문에 상업용이라고 못을 박았다.

이 사례가 보여 주듯이 중국에게는 '고품질' 동맹이 없다. 브라질·러시아·인도·남아공과 함께 만든 브릭스는 이 약점을 보완하려는 시도이며, 이란 핵이나 일부 국제 경제 질서 문제 등에서 힘을 모아 미국을 견제하려 했다.

그러나 가장 강력한 중국조차 아직 회원국들 사이에서 발생하는 이익의 충돌을 조정할 능력이 없다.

예컨대, 브라질은 전 세계에서 중국 상품에 가장 많은 덤핑 판정을 내린 나라 중 하나다. 인도가 미국과 손잡고 중국을 견제하는 것은 잘 알려진 사실이다.

러시아는 중국과 전략적으로 밀접한 관계를 맺고 있다. 그러나 중·러 군사협력협정에는 상호방위조항이 없다. 또, 러시아는 중국의 경쟁자인 베트남과 인도에게 최신 무기를 판매하기도 한다.

마지막으로, 2000년대 미국의 모험은 중국의 세계 진출을 가로막는 또 다른 걸림돌이었다.

군사력의 제약, 동맹의 부족, 미국의 모험 앞에서 중국 지배자들은 차악으로서 중국 자본주의 성장을 뒷받침한 현존 제국주의적 질서를 대체로 유지하려고 노력했다. 따라서 중국은 미국의 모험뿐 아니라 아랍 혁명에도 반대했다.

석유 수입 다변화에도 중국이 필요로 하는 막대한 석유를 추가로 공급할 여유를 가진 지역은 여전히 사우디아라비아 등 중동의 친미 반동 왕정들이다.

그래서 후진타오가 사우디아라비아 의회에서 연설을 했고 사우디아라비아 국왕은 미국 방문 후 바로 중국을 방문하는 이례적 행보를 보였다.

중국 정부는 중동 정치 중심인 이집트의 안정을 위해 친미 독재자 무바라크 정부에 공을 들여 2004년 제1차 중국·아랍협력포럼의 장소로 이집트를 선택했다.

그러나 2011년 무바라크가 무너지고 걸프 왕정들로 시위가 확산되자 중국 정부는 충격을 받았다. 관영 언론인 〈환구시보〉와 〈인민일보〉가 최근 이집트 사태에 관해 논평하면서 "이집트는 왜 단호하게 혁명을 반대해야 하는지 잘 보여 준다"는 논평을 내놓은 배경에는 이런 우려가 깔려 있다.

또, 아프리카는 중국이 미국뿐 아니라 유럽 제국주의의 허를 찌른 지역이다. 그러나 프랑스와 미국의 말리 개입을 지원하기 위해 5백 명을 유엔군으로 파견한 것에서 볼 수 있듯이 중국의 입장은 현 질서 유지에 있다.

물론, 이런 현상 유지 정책은 중동에서 새로운 질서를 꾀하는 미국과 종종 마찰을 불러일으켰다.

그러나 최근 오마바의 곤경은 미국 제국주의가 기존 방식을 수정해야 하는 압력을 받고 있음을 보여 줬다. 미국의 약화와 중국의 한계라는 조건이 유지되면 중동과 아프리카 등에서 둘의 갈등은 직접 충돌로 이어지지 않을 가능성이 높다.

그러나 이것이 중장기적으로 지속될 추세가 될지는 아직 알 수 없다.

셋째, '미국은 동아시아에서 한 발자국만 뒤로 물러서라.'

중국의 대전략은 중국 국경 근처로 이동하면 강조점이 현상 유지에서 변화로 조금씩 바뀐다. 중국은 인도와 갈등 관계이며, 버마·라오스·스리랑카의 권위주의 정부를 지원한다. 중앙아시아에서 상하이협력체를 운영하고 위구르를 열심히 탄압하면서 제국주의 국가로서 바쁜 하루를 보낸다.

그러나 중국 제국주의가 현재 가장 힘을 쏟는 곳은 동아시아다. 이것은 중국의 생산 과정이 주로 (동)아시아적 현상인 것과 밀접히 연관돼 있다. 중국 10대 교역국 중 7개국이 아시아 태평양 지역에 있다.

그러나 그중 4개가 동아시아 친미 동맹 국가다. 또, 미국은 남중국해, 믈라카 해협, 대만 해협, 한반도에서 결정적 영향력을 행사한다.

덩샤오핑 이래 공산당 지도자들은 '도광양회'(자기의 재능을 드러내지 않고 참고 기다림)란 미명 아래 미국의 패권에 도전하는 것을 피했다. 심지어 1995~96년 대만 위기 당시 미국이 주력 항공모함을 파견하자 한 발 물러서기도 했다.

일본과도 우호적 관계를 유지했다.

또, 2002년 중국은 모두의 예상을 깨고 동남아 국가들과 남중국해 문제의 우호적 해결을 위한 '행위 규범'에 합의하기도 했다. 한반도에서는 6자 회담을 중재했다.

그러나 2008년 경제 위기를 전후해 모든 게 변했다. 중국의 회복이 너무 빨라 주변국의 두려움을 불러일으켰던 것이다. 중국 지배자들은 장기적으로 미국의 동아시아 지배를 뒤흔든다는 구상을 좀더 노골적으로 드러냈다.

또, 아이러니하게도 옛 적인 국민당의 한 장군이 1948년 작성한 지도를 근거로 동남아 국가들에게 남중국해 전체가 중국 것임을 받아들이라고 압력을 넣었다. 댜오위다오(센카쿠) 문제에서는 일시적으로 일본을 굴복시켰다.

미국은 자신의 패권 유지를 위해 남중국해, 댜오위다오, 한반도에서 중국과 주변국 관계를 (효과적으로) 이간질했다. 그러나 오바마가 중국의 장기 계획을 좌절시킨 것은 아니다. 오히려 더 확실한 이유를 제공했을 따름이다.

제1차세계대전

현재 중국의 계획은 중국과의 충돌시 미국이 치를 대가를 크게 만들어 미국 정부가 동맹들을 방어한다는 결단을 내리지 못하도록 하는 것이다.

반면에, 미국 정부의 계산은 동맹 체제를 굳건히 하고 중국을 압도할 연합 군사력을 확보해, 중국이 그런 준비를 하는 것을 시간과 돈낭비로 만드는 것이다.

이것은 제1차세계대전 직전 유럽의 국제 관계를 떠올리게 하는 어리석은 사고방식이다.

물론, 미국과 중국은 당장 이런 충돌을 바라지 않는다. 두 나라의 복잡한 경제 관계는 하나의 요인이다. 중국은 여전히 미국 국채를 가장 많이 가진 나라이며, 서방 시장과 기술은 중국의 경제 성장뿐 아니라 지정학 경쟁에서도 매우 중요하다.

예컨대, 중국이 제작한 최신에 7천 톤급 함정 센젠과 얀타는 독일산 전력 시스템, 프랑스산 레이더, 이탈리아산 어뢰, 우크라이나산 엔진을 장착하고 있다.

미국 자본주의 입장에서 보면, 2008년 경제 위기 발생 후 미국 기업들은 중국에 대한 수출을 대폭 늘려 위기의 충격을 완화했다.

또, 미국이 세계경제 2위 대국을 그 앞마당에서 상대하는 데는 많은 준비가 필요하다. 많은 미국 장성들은 이미 대만과 중국 사이 힘의 균형이 깨졌다고 본다.

따라서 미국에게 동아시아에서 중국을 상대하는 것은 장기적 문제기 때문에 군사적 포위, 이간질과 협력 사이에서 균형을 맞추려 한다.

그래서 대중국 군사 계획인 공해전투의 새 보고서에서는 중국이란 단어가 빠졌다. 공해전투 계획 작성에서 중요한 구실을 한 퇴역 장군 러프헤드는 이 계획이 중국을 노린 것이냐는 질문에 자신의 아이폰을 보여 주며 답했다. "만약 우리가 중국을 봉쇄하고 싶다면 왜 제가 중국에서 조립된 아이폰을 사용하고 있겠습니까?"

낙관적인 이들은 이런 '자제'를 보면서 두 나라가 그럭저럭 관계를 관리할 수 있을 것이라고 예측한다.

그러나 이 두 나라가 자본주의 경쟁 논리 때문에 발생하는 온갖 변수들을 통제할 수는 없다.

중국 제국주의 아프리카로 진출하다

지난해 11월의 '중국·아프리카 협력 포럼'과 올해 2월 중국 총리 후진타오의 아프리카 방문 이후 국제 진보운동 진영에서도 아프리카와 중국의 관계는 뜨거운 쟁점이다.

최근 나이로비 세계사회포럼에서는 '남반구 초점' 주최로 '중국의 아프리카 진출' 토론회가 열리기도 했다.

2000년대 들어 중국의 아프리카 진출 속도가 빨라진 것은 중국 자본 축적의 엄청난 증가율 때문이다. 현재 중국은 세계 철강의 30퍼센트, 시멘트의 50퍼센트, 비료의 25퍼센트, 구리와 알루미늄의 25퍼센트를 소비하며, 미국에 이어 세계 2위 석유 소비국이다.

많은 진보 인사들은 오늘날 중국의 아프리카 진출 목적이 과거의 '민족해방 운동 지원'에서 '돈벌이'로 바뀌었다고 말한다. 맞는 말이다.

김용욱. 〈맞불〉 33호, 2007년 2월 27일. https://wspaper.org/article/3891.

다만, 마오쩌둥이 아프리카의 일부 민족해방 운동을 지원한 것은 일관된 반제국주의 원칙보다는 소련과의 경쟁과 대만 고립이라는 자신의 전략적 목적 때문이었다는 점을 인식할 필요가 있다.

1955년 반둥회의에서 중국 정부가 아프리카 민족해방 운동을 지지한 것은 상징적 제스처였다. 소련과의 경쟁이 격화하기 전 중국 정부의 아프리카 지원액은 얼마 안 됐고, 이후에도 중국과 다른 제국주의 국가의 경쟁 관계에 따라 들쭉날쭉했다. 그나마 1970년대 초 중국이 미국과 국교를 맺고 세계 시장에 진입한 뒤에는 아예 끊겼다.

서방 제국주의

현재 중국의 아프리카 진출을 '신식민주의'라고 비난하는 서방 주류 언론과 정부의 태도는 위선적이다. 지금까지 아프리카를 가장 두드러지게 억압하고 수탈한 것이 바로 서방 제국주의 열강들이었다.

17~18세기 노예무역과 19~20세기 중반 아프리카 쟁탈전을 생각해 보라. 제2차세계대전 후 프랑스는 알제리 독립 운동을 탄압하면서 2백만 명을 죽였다. 미국은 반공주의 기치 아래 아파르트헤이트 체제 하의 남아프리카, 앙골라, 자이레에 군사 지원을 제공해 지역 분쟁을 부추겼고, 1970~80년대에는 수백만 명을 굶어 죽게 만든 외채 위기와 구조조정을 지휘했다.

여전히 아프리카에서 지배적 제국주의 열강은 미국과 유럽, 특히 프랑스다. 아프리카 천연자원의 70퍼센트 이상은 여전히 서방 국가들이 수입하고 있다.

여기에 최근 중국이 가세하고 있는 것이다. 중국은 아프리카 10여 개 나라에 수백 명 규모의 경무장 보병을 파병했다. 이들은 분명 점령군이지만, 미군이나 프랑스군과 비교하면 보잘것없다. 미국과 프랑스는 즉각 군사 작전을 펼칠 수 있는 수준의 정예군을 주둔시키고 있다.

무기 판매에서도 중국은 미국·프랑스·러시아에 뒤진다. 중국제 무기는 아프리카 전체 무기 수입의 10퍼센트에 불과하다.

중국이 아프리카에 진출한 열강 중 가장 역동적인 것은 사실이다. 그래서 짐바브웨 대통령 무가베가 "이젠 서쪽이 아니라 동쪽을 바라볼 때"라고 주장한다. 하지만 대부분의 아프리카 정부는 중국과의 관계 개선 때문에 서방과의 관계가 소원해질 이유가 없다고 생각한다.

중국은 제국주의 국가

그렇다고 중국 정부의 아프리카 진출이 '아직' 제국주의적 성격이 없다는 뜻은 아니다. 진보진영 내 상당수는 중국 국가를 제국주의 국가로 여기지 않는다. 월든 벨로조차 중국 정부의 아프리카 정책을 비판하면서도 중국 국가를 제국주의로 볼 수는 없다고 말한다.

중국이 미국 제국주의를 견제하는 '균형자' 구실을 하기 때문에 중국 국가의 이런저런 결점을 지적하는 것은 별로 중요하지 않다고 말하는 사람도 있다.

그러나 미국 정부가 세계인들의 공분(公憤)을 산 정책을 중국이 비록 작은 규모지만 아프리카에서 반복하고 있다면?

이란·이라크 전쟁 때 미국의 레이건 정부가 양국에 무기를 팔아먹은 것과 꼭 마찬가지로 중국은 1998~99년 에티오피아·에리트레아 전쟁 때 유엔 결의안을 어기고 양국에 10억 달러 상당의 무기를 판매했다.

미국이 1980년대에 라틴아메리카의 독재 정부를 지원한 것처럼 중국 정부는 2004년에 빈민들의 가옥 7천 채를 파괴한 짐바브웨의 독재자 무가베가 중국을 방문했을 때 그를 환대했다. 명예박사 학위를 수여했고, 12대의 전투기와 1백 대의 군용트럭 등 군수물품을 판매했다.

나이지리아의 니제르델타해방동맹(MEND)은 "우리는 중국 석유기업들이 니제르 델타의 자원을 그만 약탈하라고 말하고 싶다"하고 경고했다. 수단 정부는 토착 주민 5만 명을 강제로 몰아내고 중국 기업과 유전을 개발했다. 현재 중국 군대가 이 곳에 주둔하면서 중국 기업의 석유 설비를 보호하고 있다.

2006년 잠비아 대선에서 중국의 정책에 비판적인 마이클 사타가 출마하자 잠비아 주재 중국 대사는 사타가 당선되면 중국은 잠비아에 대한 지원을 모두 즉각 중단하겠다고 위협했다. 거우 몇 달 전에 중국인 광산 관리자가 발포해 파업 노동자 6명을 죽여 잠비아 대중의 불만이 폭발 일보직전인 상황에서 중국 대사는 이 오만한 말을 했다.

또, 중국 정부가 다른 서방 열강의 제국주의 정책에 협력했다면?

실제로, 세계 체제에서 존경받는 위엄을 떨치길 바라는 중국은 아프리카에서 제국주의 세력 균형의 현상 유지를 위해 서방 제국주의와 여러 차례 협력했다.

중국 정부는 영화 〈블랙호크 다운〉에 묘사된 1991~92년 미군의 야만적 소말리아 개입을 승인했다. 당시 미군과 소말리아인의 전투에서 소말리아인 1천 명이 사망했다. 1990년대부터 중국은 라이베리아·콩고·수단 남부 등 아프리카 10여 개국에 유엔평화유지군을 직접 파병했다.

중국 정부는 유엔을 통한 해외 파병을 중국의 열강 지위를 높이기 위한 주요 수단으로 여기고 있다. 중국 국방대학의 한 교수는 2002년에 "[해외 파병은] 중국이 강대국이 되려면 반드시 짊어져야 하는 책임이다"하고 지적했다.

경쟁 심화

앞으로 시간이 흐를수록 아프리카에서 제국주의 열강 사이의 관계는 협력보다는 갈등 심화일 듯하다.

미국은 '테러와의 전쟁'을 아프리카까지 확대했다. 최근 에티오피아의 소말리아 침공을 지원하고 직접 폭격에 참가한 것이나, 아프리카사령부를 신설한 것 등이 그런 변화를 보여 준다.

아프리카의 불안정이 중동으로 퍼지는 것을 차단하고, 특히 중국 제국주의의 영향력 확대를 견제하기 위해서이다. 미국 제국주의가 이것을 군사적 방식으로 해결하려 마음먹은 이상 긴장이 심화할 것이다.

이것이 미국과 중국의 직접 충돌로 이어질 가능성은 당분간 희박하지만 그리 멀지 않은 미래에 아프리카의 제3자를 '대리인'으로 내세운 다툼은 일어날 수 있다.

물론 이들 '대리인' 국가들이 서방과 중국 제국주의의 단순한 꼭두각시는 아닐 것이다. 아프리카에도 지역적 영향력을 추구하는 아류 제국주의 국가들이 있다. 남아프리카공화국·에티오피아·이집트가 대표적이며, 나이지리아·세네갈 등이 이들의 지위를 넘보고 있다.

현재 이들의 목표는 중국 제국주의와 서방 제국주의의 갈등을 이용해 최대의 이익을 얻는 것이다. 일례로, 에티오피아는 미국 정부와 IMF의 경제 '개혁' 권고를 피하기 위해 중국의 지원에 의존하면서도 이웃 나라 소말리아의 이슬람주의자들을 공격하기 위해 미국과 손을 잡았다.

그러나 앞으로 서방과 중국의 갈등이 더 치열해지면 어느 한쪽을 선택해야 한다는 압력이 강해질 것이다. 지역 아류 제국주의 국가들이 한쪽 강대국의 노골적이거나 암묵적 후원 아래 모험을 할 가능성이 그만큼 더 커질 수 있다.

고무적인 변화

마지막 변화는 앞서와 같은 부정적인 것이 아니라 긍정적인 것이다.

1990년대 말 이후 아프리카에서는 서방의 국제 기구(IMF·세계은행·WTO 등)와 국내 지배자들이 강요한 공공서비스 사유화를 포함한 신자유주의 정책에 반대하는 운동들이 성장해 왔다.

그리고 2000년대 이후 중국과 인도의 호황과 서방 국가들의 천연자원 수입 다변화 과정에서 아프리카 경제가 부분적으로 회복됨에 따라 일부 노동자들이 자신감을 얻어 투쟁에 나서고 있다.

물론 아프리카는 여전히 세계 자본주의 축적 과정에서 철저한 변두리며, 1980~90년대 경제 공황에 따른 아프리카 노동계급의 탈계급화 과정은 아직 역전되지 않았다.

그러나 최근 기니의 보크사이트 광산 노동자 투쟁은 매우 고무적인 소식이다. 남아공에서도 노동자 전투성의 완만한 회복을 볼 수 있다.

다만 일부 나라에서 포퓰리즘적 '반중국주의'의 등장은 우려스럽다. 남아공의 코사투는 공산당과 함께, 중국인들이 아프리카인들의 일자리를 뺏어가고 있다는 내용의 캠페인을 벌였다. 한 시위에서는 시위대의 맞춤 티셔츠가 중국산이란 말이 떠돌기 시작하자 순식간에 티셔츠를 찢어 버리는 소동이 일어나기도 했다. 잠비아의 마이클 사타도 대선 과정에서 중국인에 대한 인종적 편견에 호소했다.

투쟁의 초기에 이데올로기적 혼란이 존재하는 것은 자연스러운 일이다. 그러나 일부 좌파들이 그런 분위기에 편승하는 것은 위험하다.

사실, 아프리카의 일자리뿐 아니라 중국 노동자들의 일자리도 사라졌다. 1996~2000년까지 중국에서는 약 4천5백만 개의 일자리가 사라졌다. 이것은 신자유주의 시대 자본 축적이 구조조정과 동시에 진행되기 때문이다.

또, 그런 식의 반중국 데마고기는 토착 지배자들에게 이용당할 수 있다. 일부 정치인들은 진정한 문제를 회피하기 위해 반중국 정서를 이용하고 있다.

남아공 아프리카민족회의(ANC)의 타보 음베키 정부는 빈곤과 불평등의 문제를 남아공 정부의 신자유주의 정책이 아니라 외부 세력 탓으로 돌리는 것을 은근히 즐기고 있다. 이는 중국 자본에 맞선 인민전선을 호소하면서 남아공 좌파를 ANL 정부의 영향력 아래 계속 묶어 두려는 방법이기도 하다.

지금 필요한 것은 신자유주의 개혁에 반대하는 역동적인 운동의 에너지와 성장하는 노동자 투쟁을 결합시키는 것이다.

중국은 어디로?

등소평(鄧小平)의 죽음을 앞두고 전세계가 중국을 주시하고 있다.

1978년부터 실질적인 최고 권력자로 군림하면서 개혁·개방을 진두 지휘해 온 그가 숨을 거둔 이후에도 과연 '중국식 사회주의'가 커다란 혼란 없이 지탱될 수 있을까?

등소평의 건강 악화설이 보도된 올해 초, 중국 공산당의 공식 기관지 《인민일보》는 "현대화 개혁을 계속하고 난관을 극복"하기 위해서 "등소평의 사회주의 이론으로 단결"할 것을 호소했다.* 등소평 사후에 일어날 수 있는 혼란에 적극 대비하겠다는 신호였다. 중국 지배자들은 위기감을 그만큼 크게 느끼고 있다.

불투명한 중국의 미래에 조바심을 느끼기는 서방의 지배자들도

이 글은 《사회주의 평론》 3호(1995년 5-6월호)에 실린 것이다.

* 〈조선일보〉, 1995년 1월 7일.

마찬가지이다. 12억 시장의 운명이 달려 있기 때문이다. 서방이 가장 바라지 않는 사태는 중국 정부의 통제력이 극도로 약해져서 1989년 천안문 봉기와 같은 노동자 반란이 재현되는 것이다. 실제로 당시 대량학살 직후, 일시적으로나마 서방은 중국에 대한 차관을 동결하고 북경으로 진출한 기업들을 모조리 철수시켜야 했다. 일본 정부가 자기 나라 자본가들에게 충고했듯이, "시체 주위의 송장 먹는 귀신"처럼 보이지 않도록 하기 위해서였다.

지금 그 누구도 현재의 강택민(江澤民)·이붕(李鵬) 체제가 더욱 증폭된 내부 분열 없이 권력 투쟁의 회오리를 견뎌낼 수 있을지 확신하지 못한다. 관료들의 부정부패와 극심한 인플레이션 때문에 정부에 대한 대중의 불신과 반감이 매우 깊어지고 있기 때문이다.

벌써 심상치 않은 조짐들이 나타나고 있다.

지난 4월 4일 북경시 부시장 왕보삼(王寶森)이 부패 혐의로 조사를 받던 중 권총으로 자살한 사건이 발생했다. 그러자 강택민은 이것을 계기로 북경시 당서기 진희동(陳希同)*을 해임하고 그의 아들 진소동(陳小同)을 구속하는 등 부패 관료들에 대한 대대적인 사정

---

* 진희동은 1989년 천안문 항쟁 이전까지만 해도 강택민보다 서열이 높았던 사람으로, 평소 강택민이 상해 출신들 — 소위 '상해방(上海幇)' — 을 대거 등용하는 것에 불만을 나타내 온 전형적인 '북경방'(北京幇)이다. 그는 등소평의 후광을 업고 1983년 이후 10년 동안 북경시장을 지냈으며 92년부터는 북경시 당서기를 맡아 왔다. 이렇게 화려한 경력을 갖고 있는 고위급 인사가 처벌된 것은 문화혁명 이래 처음 있는 일이다. 그만큼 이 사건은 많은 사람들에게 충격이었으며 앞으로 권력 투쟁이 매우 첨예하게 나타날 것이라는 점을 예고해 주었다.

을 단행했다. 심지어 최근에는 태자당(太子黨)*에까지 수사를 확대하여, 그들이 경영하고 있는 홍콩 진출 기업들을 대상으로 지난 3년간의 거래를 조사하기 시작했다. 그 가운데에는 등소평의 둘째 아들 등질방(鄧質方) — 홍콩 수도강철협화(首都鋼鐵協和) 사장이자 상해 사방(四方)부동산 사장인 — 도 포함되어 있다.

이것은 두 가지 효과를 노린 것이다.

우선, 사정의 주된 표적을 자신의 정적들로 삼음으로써 등소평 사후에 대비해 자신의 권력기반을 공고히 다지려는 것이다. 그는 이미 등소평의 측근들로까지 공격을 확대하고 있으며, 등소평이 죽는다면 그에 대한 비판도 마다하지 않을 것이다.

강택민이 대대적인 사정을 통해 노리는 두 번째 효과는, '부패와의 전쟁'이라는 그럴 듯한 명분을 이용해서 등 돌린 민심을 조금이나마 달래 보려는 것이다.

그러나 때때로 자신이 선택한 수단이 의도치 않은 결과를 낳을 수도 있다는 점을 강택민은 모르고 있다.

강택민이 '위아래를 가리지 않고' 반대파를 제거하는 것은 역설이

---

* 무슨 정치정당 이름 같지만 '혁명 원로' 2세들을 아울러서 부르는 말이다. 등소평, 진운(陳雲: 최근에 죽은, '보수파'의 대부), 조자양(趙紫陽: 전 총서기), 왕진(王震: 전 국가 부주석), 이붕(지금 총리)의 자녀들과 최근 구속된 진소동(진희동의 아들)과 주북방(周北方: 주관오(周冠五)의 아들)이 대표적인 인물이다. 이들은 정부와 군대에만도 3100명, 대형 무역회사에 최소한 900명이 포진하고 있다. 세력이 이렇게 상당한 것과 비례하여 부패도 심하기 때문에 오래 전부터 이들 특권 계층에 대한 대중의 반감이 대단했다. 강택민이 이들을 공격한 것은 그동안 이들이 등소평의 보호 아래에서 세력을 폭넓게 확장해 온 것을 두려워하기 때문이다.

게도 그가 등소평의 숨이 끊어지기도 전에 노골적인 권력 투쟁을 벌여야 할 만큼 허약한 지배자라는 사실을 폭로해 주었다. 실제로 그는 진희동을 경질한 직후, 반대파의 반발을 우려하여 인민해방군(중국의 정부군)과 인민무장경찰(중국의 경찰)에 비상경계령을 내리고 고위 지도자들이 모여 사는 중남해(中南海)의 수비를 강화했다. 게다가 그는 후임 시장으로 애초에는 상해방인 황국(黃菊)을 임명하려고 했으나 만리(萬理) 등 원로들이 반대하는 바람에 지연(地緣)과 무관한 위건행(尉建行)을 임명해야 했다.

3월 4~18일에 열린 전국인민대표대회*에서도 그의 허약과 무능은 여실히 드러났다.

그가 부총리로 추천한 오방국(吳邦國)과 강춘운(姜春雲)의 임명 동의안 표결에서 대대적인 바란표가 쏟아졌다. 총 2752 명 가운데 605 명이 반대, 391 명이 기권한 것이다. 표면상의 이유는 산동성(山東省) 당서기 출신인 강춘운이 대형 부패 사건에 연루되어 있다는 사실이었다. 그러나 진정한 원인은 중앙 정부에 대한 지방 관리들의 불만 때문이다. 지속되는 농업위기 속에서 지역간의 격차 — 공업이 발달한 연안 지역과 그렇지 못한 내륙간의 — 는 나날이 심해지는데 최근 중앙 정부는 절대적 복종을 요구하면서 지방 통제를 다시 강화하려는 움직임을 보이고 있기 때문이다. 또 인민은행법과 교육법을 통과시킬 때에도 각각 860표와 660표의 반란표가 나왔다.

전인대 동안 강택민의 협력자이자 경쟁자이기도 한 이붕 총리는

---

* 흔히 전인대(全人大)라고 줄여 부르는, 중국의 국회이다.

통화 팽창과 급격한 물가인상 등 경제 혼란을 이유로 주용기(朱鎔基) 부총리*의 '급진 개혁론'을 강력하게 공격했다. 강택민을 위협하는 세력은 이들뿐이 아니다. 실각된 이후에도 군부에 영향력을 갖고 있는 양가장(楊家將)**, 능력에 비해 소극적인 자세를 취해 온 현 전국인민대표대회 상무위원장 교석(喬石)***, 89년 천안문 항쟁의 말미에 희생양이 된 전 총리 조자양 등 그에게 도전할 수 있는 요소는 그의 위기감만큼이나 광범하다.

그래서 그가 만약 지금처럼 사정의 칼을 지배계급의 심장부 가까이에서 계속 휘두른다면 강택민은 오히려 내부로부터 치명적인 역습을 받을 수 있다. 이미 부패 문제로부터 자유로울 수 있는 지배자가 거의 없는 데다가, 그것이 권력 투쟁의 무기로 이용되고 있기 때문이다.

그렇다고 어정쩡한 선에서 칼을 거둘 수도 없는 노릇이다. 그렇지

---

* 강택민과 같은 상해 출신으로서 그의 오른팔이다. 경제 전문가로 통하고 있으며 흔히 '중국의 고르바초프'라고 불린다.

** 전 국가주석 양상곤(楊尙昆)과 그의 사촌 동생이자 전 중앙군사위원회 비서장인 양백빙(楊白氷) 형제를 가리키는 말이다. 이들은 92년 9월 14차 당대회에서 강택민에 의해 제거되었다. 그러나 그들은 아직도 군부 내에서 상당한 영향력을 갖고 있다. 최근 강택민은 한 군사회의에서 "양씨 도당과 관련된 단 한 명의 군인도 현재의 자리를 지키지 못할 것"이라고 경고했다. 이것은 그가 곧 양씨 지지자들에 대한 제거 작업에 나설 것이라는 점을 암시했다. 군부의 지지가 절대적으로 필요한 상황에서 양가장은 강택민에게 가장 커다란 위협 세력이기 때문이다.

*** 그는 이전에 두 번이나 총리직에 오를 수 있는 기회를 사양했다. 흔히 '온건 개혁파'로 불리며, 주용기 부총리와 함께 서방 언론의 주목을 받고 있다.

않아도 강력한 카리스마가 없는 그를 모택동이나 등소평보다는 화국봉(華國鋒)*에 견주기를 좋아하는 자기 계급의 여론을 언제까지나 방치해 둘 수는 없기 때문이다. 강력한 지도자의 이미지를 심어 줄 계기가 절실히 필요하다. 또한 비등점에 근접해 있는 노동자들의 불만을 무마하기 위해서도 시급히 희생양들을 만들어야 한다.

이것이 강택민의 딜레마이다.

그러나 등소평이 죽은 뒤 지배자들은 일부 부패 관료에 대한 처벌을 넘어서, 더 확대된 개혁을 수행하지 않으면 안 될 것이다. 그의 죽음을 계기로, 노동자들이 그 동안 억눌려 온 불만을 표출할 수 있기 때문이다. 그러나 이러한 개혁은 변화에 대한 노동자들의 기대를 한층 더 고조시켜, 그들이 직접 행동에 나서는 사태를 불러올 것이다. 지배자들의 분열은 이 시기를 한층 앞당길 수 있다.

동유럽과 옛 소련의 지배자들이 직면했던 문제도 본질로는 이와 크게 다르지 않았다.

권위주의적 개혁 세력은 토크빌이 진단한 다음과 같은 모순에 취약하다. "불량한 정부에게 가장 위험한 시점은 그 정부가 스스로를 뜯어 고치려고 시도하는 시점이다." 개혁을 추진하는 정권이 직면하는 딜레마는 그것이 시도하는 변화가 정권 자신의 지지자들 중 많은 사람들에게는 너무 급진적이지만, 그러나 인민대중에게는 너무 온건하다는 데 있다. 그 결과 내

---

* 모택동(毛澤東)이 죽은 뒤에 잠시 권력을 잡았다가 이내 등소평에 의해 밀려난 과도적 지배자이다.

부적으로 분열된 지배계급의 마비는 아래로부터의 인민혁명이 일어날 수 있는 조건을 창출한다.*

실제로, 등소평의 죽음이 가져올 지배 체제의 동요는 중국 노동자들에게 더없이 좋은 기회를 제공할 것이다.

이미 고무적인 조짐들이 조금씩 나타나고 있다.

지난 4월초, 흑룡강·하남·광동·사천 등 14개 성과 자치구에서 노동자들이 자주노조**를 결성하려는 움직임을 보였다. 그리고 같은 시기에 중국 동북부 선양의 공업 중심지에서 약 3백 명의 노동자들이 자유와 민주주의, 임금인상 등을 요구하며 시청 앞까지 거리시위를 벌이기도 했다. 또, 4월 10일부터 사흘 동안 남경에서는 문화혁명 때 오지(奧地)로 강제 추방되었던 1500 명이 일자리와 주택·음식 보조비, 남경 귀환 등을 요구하며 시위를 벌였다. 이 때 경찰은 시위대를 구타하고 20여 명을 연행하는 등 요구 조건을 받아들일 수 없다며 탄압으로 일관했다. 이런 분위기에 영향을 받은 일부 학자들은 천안문 재평가와 유가족에 대한 보상, 사상 및 언론·종교 관련 구속자 석방, 정치 사상 및 종교 부문의 적대 분자에 대한 체포 중지 등을 요

---

* 알렉스 캘리니코스, 《역사의 복수》, 백의, 1993, p.84.

** 국가가 조직한 노동조합인 공회(工會: 노동자들이 기업주에게 협조하도록 설득하는 역할을 하고 있다.)와 달리, 노동자들의 이해를 실제로 대변할 수 있는 독립적 노동조합을 가리킨다. 중국에서는 이러한 노조를 만드는 것이 불법이기 때문에 자주노조는 투쟁의 상승기 때나 출현하곤 했다. 89년 천안문 항쟁 때 결성되었던 '노동자자치연합(工人自治聯合)'이 바로 자주노조이다. 이들은 폴란드의 연대노조를 자신의 본보기로 삼고 있다.

구하는 서명 운동을 벌이기 시작했다.

아직 등소평이 죽은 것도 아니고 단지 건강 악화설이 보도되었을 뿐인데도 중국 정국은 하루가 멀다 하고 상황이 긴박하게 진행되고 있다. 그만큼 등소평 치하에서 누적된 문제들이 많았다는 뜻이다. 또 그것은 그의 죽음이 지배계급과 노동자 계급 모두에게 중대한 변수가 될 수 있다는 뜻이기도 하다.

그런 점에서, 등소평의 죽음을 앞두고 많은 사람들이 1976년을 떠올리는 것은 매우 시사적이다. 1976년은 모택동의 죽음과 함께 '혁명 1세대'의 막이 내린 해이자, 10년 동안의 문화혁명으로 경제가 더욱 피폐해진 상황에서 1차 천안문 투쟁이 벌어진 해였다. 76년의 봉기는 수많은 사람들이 모택동 치하에서 느낀 절망과 증오가 얼마나 깊었는지를 극명하게 보여 주었다. 경제를 다시 활성화시키고 밑으로부터의 저항이 더 이상 발생하지 않도록 하기 위해서는 위로부터의 개혁이 필요했다. 그리하여 당시의 혼란은 2년 뒤 등소평이 '근대화 전략'을 앞세워 실권을 장악하면서 일단락되었다. 그리고 이러한 정책의 대전환은 불가피하게 전임자에 대한 비판을 수반했다. 그것은 많은 점에서 흐루시초프 당시 소련에서 일어난 스탈린 격하 운동 초기와 비슷했다.

강택민이 등소평으로부터 상속받은 유산은 모택동 시절의 정체만큼이나 암담한 것들뿐이다. 국영 기업의 대규모 적자와 지역간·산업간 불균형 성장, 이미 1억 명에 달하는 도시 유민, 20%를 웃도는 인플레이션, 고질적인 부정부패, 정치 개혁과 천안문 항쟁의 재평가 등 어느 것 하나 수월한 것이 없다.

무엇보다도 심각한 것은 이러한 중국의 현실이 가리키고 있는 점이다. 그것은 모택동의 '자립경제' — 폐쇄적인 국가자본주의 — 와 마찬가지로 등소평의 '시장 사회주의' — 서방이 찬양해마지 않았던 시장지향적 국가자본주의 — 도 결코 대안이 되지 못한다는 사실이다. 강택민과 새 지도부가 선택할 수 있는 폭이 등소평 때보다 훨씬 더 좁은 이유는 바로 이 때문이다.

등소평과 '시장 사회주의'

모택동의 전략[*]

1978년, 등소평이 권력 투쟁에서 승리할 수 있었던 것은 그가 모택동의 경제발전 전략을 근본적으로 비판했기 때문이다.

사람들이 기억하기에 모택동 시대의 경제는 잘 돼야 침체에 빠져 있었고 잘못되면 극도의 혼란에 빠지곤 했다. 정부의 지나친 통제가 거대한 비효율과 낭비를 낳았을 뿐 아니라 세계경제와의 단절이라는 폐쇄적인 전략은 중국의 과학과 기술을 세계 수준보다 몇 십 년이나 뒤떨어지게 만들었다. 하지만 더 중요한 사실은 실패의 진짜 뿌리가 한 사람의 실수나 정책의 무능함에 있지 않았다는 점이다.

———

[*] 이에 대한 자세한 내용은 국제사회주의자들이 발간한 팸플릿 《중국 — 누구의 혁명인가?》를 참고하시오.

1949년 이후, 빈곤하고 후진적인 경제를 물려받은 중국 공산당은 근대적인 산업경제 건설을 최대 과제로 삼았다. 이를 위해 경제의 모든 측면을 국가 이익에 종속시킬 수 있는 강력한 중앙집권적 체제가 필요했다. 그리고 이 체제는 다른 나라와의 경쟁에서 살아남기 위해 노력해야 했다. 그것은 외부 세계가 가하는 경쟁 압력이 이 체제의 경제 발전 속도와 방향을 규정 ― 1928년 반혁명 이후의 옛 소련이 그러했듯이 ― 한다는 것을 뜻했다. 그 결과, 중공업의 기반을 건설하는 것이 절대적으로 강조되었다. 그리고 이것은 매우 높은 수준의 자본축적을 요구하였다. 당연히 노동자와 농민의 소비 욕구는 비참한 수준으로 억제되었다. 이를 위해 비밀경찰에서부터 촌락의 관리들에 이르기까지 강력한 감시 체제가 세워져, 밑으로부터 형성될 수 있는 반발을 철저히 봉쇄했다.

1950년대초의 중국은 20세기에 들어선 이래 가장 빠른 성장을 이룩했다. 그러나 그것조차 2차대전 후에 호황을 누리고 있던 세계경제의 다른 지역들에 비하면 훨씬 뒤떨어지는 수준이었다. 시간이 흐를수록 모택동은 빈곤이라는 물질적 장벽과 경쟁의 필요 사이에서 끊임없이 모순을 겪을 수밖에 없었다. 특히 그것은 가뜩이나 부족한 물자를 무기 생산에 헛되이 사용하도록 강제하는 군비 경쟁 때문에 한층 더 심각해졌다. 그리고 과도하게 관료화한 체제는 고도의 낭비와 비능률을 확대재생산했다.

1958~60년의 대약진운동과 1966년부터 시작된 문화혁명은 사태를 더욱 악화시켜 놓았다. 결국 모택동의 경제 전략이 실패했다는 것을 지배자들 대부분은 인정할 수밖에 없었다. 그리고 그들에게는 근

본적인 변화가 필요하다는 것이 점점 더 분명해졌다. 모택동 사후에 이러한 지배계급의 필요를 가장 잘 대변한 것이 바로 등소평의 '근대화 전략'이었다.

근대화 전략

1978년 12월 중국 공산당 11기 3차 중앙위원회 전체회의(3중전회)에서 등소평은 '근대화 전략'을 앞세워 실권을 장악했다. 비로소 근대화 분파가 중심이 된 '혁명 2세대'의 시대로 들어선 것이다.

근대화 전략은 주요하게 두 가지로 구성되어 있었다.

하나는 근대적인 공장설비와 기술을 도입하기 위해 세계경제에 문을 열고 수출지향적인 산업을 발전시키는 것이다. 다른 하나는 농업과 공업 모두에서 정부의 중앙 통제를 부분적으로 대신할 '시장 관계'를 도입하는 것이다.

선진적인 기술과 설비의 도입은 외환 부족과 계속되는 무역적자 때문에 제대로 실현되지 못했다.

주된 변화는 '시장사회주의'라고 부르는 내부 개혁에서 비롯했다.

농촌에서는 '인민공사' 형태의 집단 생산 체제가 개별 농가에 농지를 분할하는 '생산청부책임제'로 바뀌었다. 농민들은 자기가 원하는 작물을 기를 수 있었고, 일정한 액수의 토지세만 납부하면 나머지 생산물은 자유시장에 내다 팔 수 있었다. 도시에서도 '경영청부책임제'가 도입되어 생산과 경영이 공개 경쟁을 통해 선정된 청부업자에게

2~3년 단위로 임대되었다. 이로써 공장 관리자들이 기업 이윤을 차지하고 자신의 판단에 따라 원료와 부품을 구입하는 것이 허용되었다. 이와 더불어 주식제, 기업파산법, 노동계약제 등의 조치를 결합하여 공업에서 시장의 확대를 적극적으로 추진했다. 물론 이 때에도 국가에 일정한 액수의 세금은 내야 했다.

이러한 개혁의 결과, 중국 경제는 비약적으로 성장했다. 농업개혁 이후 처음 6년 동안 생산량이 60% 이상 늘어났다. 공업성장률도 꾸준히 증가해서 개혁 이후 15년 동안 연평균 국민총생산(GNP) 성장률이 10%를 웃돌았다. 특히 1983~85년 사이 공업산출의 증가분은 같은 기간 남한의 총산출량과 맞먹을 정도였다.

그러나 이 전략이 진행되면 될수록 예상치 못한 혼란이 나타나기 시작했다. 눈부신 성공이 오히려 더 큰 불안정을 초래한 것이다.

농업에서의 위기는 곡물 생산의 침체라는 형태로 찾아왔다. 개혁 초기에 급증하던 곡물 생산은 1984년 대풍작을 기점으로 하여 계속 줄어들었다. 세계시장에서의 경쟁 때문에 농업이 투자의 우선순위에서 계속 밀려난 것이 원인이었다. 그 결과, "부유하게 되는 것이 영광스런 일"이라는 등소평의 충고를 너무나 충실히 따랐던 농민들은 차츰 곡물 생산을 하지 않고 더 많은 소득을 보장해 주는 작물 — 면화, 담배 황마 등 — 을 재배하거나, 지방 공장으로 옮아가 버렸다. 곡물 경작지도 나날이 감소했다.

그러나 곡물은 여전히 중국의 주식이었기 때문에 국가는 수수방관하고만 있을 수가 없었다. 1985년 국가는 곡물 생산을 독려하기 위하여, 곡물을 생산하는 농민에게 거대한 보조금을 지급하고 각종 혜택을 부여했다. 그러나 이미 곡물 가격과 다른 농산물의 가격차가 크게 벌어진 상태였기 때문에 별로 효과가 없었다. 그렇다고 급속하게 성장하는 농촌 공업을 희생시키면서까지 농업을 되살릴 수도 없는 노릇이었다.

농업과 사뭇 대조적으로, 공업의 문제들은 너무 빠른 성장 때문에 생겨났다. 공업 성장률이 국가가 설정한 수준을 훨씬 넘어서자 에너지와 수송수단, 원료가 항상 부족한 지경이 되었다. 그리하여 매점매석과 엄청난 낭비가 뒤따랐다. 또 이러한 과열성장과 만성적인 물자부족은 서로 맞물려서 풍토병과도 같은 인플레이션을 낳았다. 1987년 이미 인플레이션 때문에 도시 주민의 실질소득이 20% 가량 감소했다.* 1988년에 접어들면 이미 인플레이션은 두 자리수를 웃돌아, 상반기에는 13%, 하반기에는 18.5%를 기록하였다. 특히 그 수치는 도시에서 현저히 높게 나타났는데, 같은 기간 일부 지역에서는 30%에 육박하기도 했다.**

그러나 인플레이션을 부추긴 요인이 단지 물자 부족만은 아니었다. 오히려 더 큰 이유는 재정·금융 부문의 확대와 이에 따른 대부의 증가였다. 금융 체계가 급속히 성장한 것 역시 중국의 산업이 그만큼 발전한 결과였다. 실제로 정부는 경제 개혁의 일환으로 기업들이 더 이상 국가예산에 의존하지 않도록 하기 위해서 금융 체계를 활

---

* 양필승, 《위기의 중국, 어디로》, 한나레, 1992, p.193.
** 서석홍, '중국 경제 개혁의 추진과 새로운 문제점의 대두', 《통일문제연구》, 1989, p.142.

용할 것을 권장해 왔다. 따라서 이미 '시장의 힘'에 의존하고 있는 국가가 인플레이션을 해결하기 위해 억지로 농산물과 공산품의 가격을 낮추거나 은행 대출을 축소시키는 데는 근본적인 한계가 있었다. 지방 관리·경영자 들의 반발과 더불어 급속한 경기 후퇴를 가져올 수 있기 때문이다. 더욱 위험한 것은 앞서서 시장을 경험한 동유럽 국가들 — 유고슬라비아, 헝가리, 폴란드 등 — 처럼, 그런 조치들이 지배계급의 분열 — 그 동안 높은 성장률 때문에 가리워질 수 있었던 — 을 표면화시키는 계기가 될 수 있다는 점이다.

1988년 이후의 사태는 이러한 문제를 그대로 보여 주었다.

정부는 날로 악화되는 경제 상황이 당·정 간부들의 부정부패, 신분간·지역간의 극심한 소득격차와 맞물려 개혁 정책에 대한 불만을 낳고 있는 현실을 어제까지나 모른 척할 수가 없었다. 이미 진운을 중심으로 한 '보수파'가 등소평의 정책을 거세게 공격하기 시작했고, 1988년 8월경에는 곳곳에서 노동자들의 파업이 벌어졌으며, 1976년 1차 천안문 투쟁에서 중심적인 역할을 했던 학생 운동도 서서히 부활하는 기미를 보였다. 진퇴양난에 빠진 등소평 정권은 1988년 9월, 중국공산당 13기 3중전회를 통해 1990년까지 경제긴축정책을 실시하겠다고 발표했다. 물가인상과 경기과열을 억제하기 위해서 앞으로 2년간 모든 공업활동의 중점을 "경제환경의 정비와 경제질서의 정돈에 둔다."는 것이었다. 이에 따라 1989년의 성장률이 7~8%로 하향 조정되었고 고정자산 투자 규모도 500억 위안(元)*을 삭감했으며,

———

* 중국의 화폐 이름이다.

각종 공사를 정리·정돈하고 은행 대부를 억제시켰다.

그러나 결과는 더 큰 재앙으로 나타났다.

인플레이션은 전혀 해결될 기미를 보이지 않았고, 오히려 경제가 전반적인 침체로 빠져들었다. 다수의 기업이 재정난으로 파산했고 이에 따라 실업자 수가 엄청나게 증가했다. 대표적으로 건설업에서는 지방에서 올라온 수백 만의 일용 노동자들이 대거 해고당했고, 1989년 3월에 공식 확인되었듯이 광주시에서만도 백만 명 이상의 실업 노동자들이 넘쳐나고 있었다. 걷잡을 수 없는 인플레이션 때문에 생활수준이 계속 열악해지기는 학생들도 마찬가지였다. 때때로 그러한 분노는 아프리카 유학생 등 외국인에 대한 인종주의적 공격이라는 잘못된 방향으로 나타나기도 했다. 그러나 그것은 지배계급을 향한 더 큰 저항 — 천안문 항쟁 — 의 서곡에 지나지 않았다.

천안문 항쟁

분노의 폭발

1989년 천안문 항쟁이 벌어지기 직전의 정치·경제적 혼란은 마치 점화되기만을 기다리고 있는 기름과도 같았다. 이미 북경의 여러 대학에서는 소규모이지만 민주주의 문제를 제기하는 정치적인 집회들이 열리고 있었다. 따라서 4월부터 6월초까지 계속된 천안문 항쟁이 갑작스런 것이라고 말할 수는 없었다. 그러나 그 규모와 깊이는 사람들의 예상을 훨씬 뛰어넘었다.

사건의 불씨가 된 것은 4월 15일 호요방(胡耀邦)의 죽음이었다. 호요방은 등소평 개혁 초기에 총서기를 지내면서 여러 정치 개혁을 이룬 장본인이었기 때문에 많은 사람들의 지지를 받고 있었다. 특히 그가 1986년 선거 부정에 항의하는 대규모 시위가 있은 직후, 그 사건에 대한 연관이 문제가 되어 축출되자 자유주의자로서의 이미지는 더욱 높아졌다. 학원가에서는 그가 정치국 회의에서 '보수파'들 — 특히 이붕 — 과 논쟁을 하다가 심장마비로 사망했다는 소문이 급속히 확산되었다. 이튿날 학생들은 천안문 광장에 모여들어서 '인민의 영웅탑'에 헌화하며 계속되는 연사들의 연설을 들었다. 그 뒤 며칠 만에 청중이 수백에서 수천 명으로, 수천에서 수만 명으로 계속 늘어났다. 수가 늘어날수록 노동자들의 비율도 조금씩 높아졌다. 연사들의 연설 내용도 조금씩 변화하기 시작했다. 이제는 단순히 호요방을 찬양하고 추모하는 데에서 그치지 않고 정부에 대한 정치적 요구 — 민주 선거, 언론의 자유, 집회의 자유, 부패 척결 등 — 를 내걸기 시작했다.

그것은 마치 역사가 반복되고 있는 듯한 인상을 주었다.

1976년 4월 천안문 항쟁의 도화선이 되었던 것도 모택동의 문화혁명을 비판했던 주은래(周恩來)의 죽음이었다. 당시에도 천안문 광장의 기념탑에는 주은래를 추모하고 모택동과 사인방(四人幇)에게 공개적으로 항의하는 뜻으로 화환이 놓이곤 했다. 경찰이 이 화환을 철거하고 광장을 청소하려 하자 10만에 이르는 군중이 경찰차를 불태우고 저지선을 공격하는 등 격렬하게 저항했다. 전국적으로 적어도 12개 이상의 도시에서 이와 비슷한 폭동이 일어났다. 당시에는 등소평 지지자들이 항의 시위를 뒤에서 은근히 밀어 주었다. 실제로 등소평은 이러한 아래로부터의 저항을 발판으로 삼아, 모택동이 죽자마자 사인방을 구금한 뒤 세력을 확대할 수 있었다.

그러나 13년이 흐른 지금, 그에게 권력을 가져다 준 바로 그 운동이 그에게 정면으로 반대하는 운동으로 발전했다. 게다가 이제 그 운동은 지배계급의 한 분파에 대한 지지를 넘어서 공산당과 지배계급 전체에 공공연히 도전하는 성격을 띠고 있었다.

첫 주부터 북경의 분위기는 76년 이후의 어느 항의 시위보다도 더 격분해 있었고 훨씬 더 전투적이었다. 둘째 주에 학생이 대부분인 군중은 옛 왕조가 출입을 금지한 구역이자 지금의 최고 지배자들이 거주하고 있는 중난해의 성문을 두 차례나 습격했다.

호요방의 장례식이 있은 4월 22일 정부는 천안문 광장에 수천 명의 군대와 경찰을 배치하여 시위를 막아 보려고 했다. 그러나 전날 밤부터 밤이 새도록, 경찰의 저지선을 뚫고 광장으로 이어지는 행진이 계속되었다. 그리하여 새벽녘에는 약 15만 명에 이르는 시위자들이 인터내셔널가를 쉴 새 없이 부르며 줄을 지어 앉아 있었다. 인터내셔널가는 10년 전 '민주의 벽' 운동 때와 86년의 시위 때에도 늘 불려진, 반란의 함성과도 같은 노래였다. 이제 사람들은 국가의 금지 조치에 공개적으로 저항하고 지배계급을 송두리째 경멸하는 집회를 가지고 있었다. 당시 어느 트럭 운전사는 《옵저버》 지에서 다음과 같이 말하기도 했다. "저들[지배자들]은 공산주의자가 아니다. 다만 인민을 두려워하고 우리를 경멸하는 봉건적인 노인들일 뿐이다."

대량학살을 자행하지 않고는 장례식에 결집한 인파를 해산시킬 수 없다는 것을 깨달은 정부는 장례식이 치러지도록 양보할 수밖에 없었다. 엄숙한 분위기에서 장례식을 마친 학생들은 "인민 대중 만세", "민주주의 건설하고 독재를 타도하자" 등의 구호를 외치며 행진하기 시작했다. 연이어 서안, 장사, 사천, 중경, 상해, 남경 등지에서 시위가 벌어졌고, 우한에서는 문화혁명 이후 가장 큰 규모인 3만 명이 시가 행진을 벌였다.

4월 24일 정치국 긴급회의가 소집되어 "필요하다면 피를 흘리더라도" 이 운동을 진압해야 한다는 등소평의 요구가 승인되었고, 곧이어 언론은 이 운동을 "공산당을 뒤집어엎으려는 조직적 음모"라고 매도했다. 그러나 국영 매체의 언론인 수백 명이 이 일에 대하여 진실을 말할 수 있는 권리를 요구하며 시위를 벌이기 시작했다. 몇몇 대학에서는 무기한 수업거부가 시작되었는데 실제로 단 하루 만에 북경의 모든 대학으로 확대되었다. 이 때 처음으로 이붕과 등소평의 퇴진을 요구하는 구호가 등장했다.

투쟁은 계속되어, 4월 27일에는 노동자가 학생과 거의 비슷한 규모로 참가한 대중적 시위가 벌어졌다. 북경의 노동자들이 지금껏 학생들에게 동조만 하다가 이제 투쟁의 주체로 직접 가담함으로써 운동은 결정적인 진전을 이룰 수 있을 것 같았다.

그러나 반(反)제국주의 운동 기념일인 5월 4일 이후로 북경의 운동은 다소 잠잠해졌다. 수업거부는 중지되었고 운동의 선명한 중심을 찾지 못한 군중은 거리에서 흩어졌다. 5월 7일 북경시장과 학생 지도부 사이에 협상이 시작되자, 운동의 해체는 더 빨라졌다. 투쟁의 강력한 지도부가 없었기 때문이었다. 오히려 그 전에는 아무 일도 없었던 북동부와 서부의 도시들에서 시가 행진이 벌어지기 시작했지만 북경이 다시 힘을 얻는 데에는 시간이 더 필요했다.

운동이 다시 고조되기 시작한 것은 5월 13일 천안문에서 단식투쟁이 시작되면서부터였다. 처음에 겨우 2백 명의 학생들로 시작된 단식투쟁은 5월 15일이 되자 천여 명 이상이 가담하고 수천 명의 지지자들이 광장에서 철야 농성을 하는 투쟁으로 발전했다. 더욱 고무적인 것은 단식 투쟁을 시작하면서 처음으로 이붕의 사퇴과 등소평의 퇴진이라는 요구가 정식으로 제출된 것이었다. 그 무렵 북경을 방문한 고르바초프는 50만 가량이 천안문 광장에 운집해 있는 것을 보고는 놀라서 급히 옆문으로 도망치듯 비켜가야 했다. 30 년 동안의 중·소 분쟁을 종식시킬 것이라고 세계 언론의 주목을 받으며 방중한 소련 지배자의 초라한 모습이었다.

시위가 수백만 규모로 계속 확대되면서 수도제철과 수도제강 공장 등지에서 온 노동자들의 참여가 늘어났다. 천안문 주변은 스스로 매우 질서 있게 통제되고 있었다. 학생 지도자들이 통행자를 확인하고 교통을 정리했으며, 도시 출신 노동자들이 지방에서 올라온 지원자들의 숙식을 책임졌다.

이러한 반란의 분위기에 영향을 받아, 소수민족 집단들로 이루어진 회교도들이 야비한 편견에 반대하는 항의 시위를 벌이기도 했다. 또 단식 투쟁이 있기 전까지는 아무 일도 일어나지 않았던 하북에서도 중국과학기술대학 학생들의 시위가 철도·교사 노동자들까지 참가하는 투쟁으로 순식간에 확대되기도 했다.

드디어 5월 18일이 되었을 때 단식투쟁 참가자는 3천 명을 넘어섰고 이미 수백 명은 탈진하여 병원에 입원하였다. 농성자들의 결의는 조금도 수그러들지 않았다. 천안문 광장으로 이어지는 행진에는 날마다 노동자들의 참여가 늘었고, 그에 따라 작업 속도가 느려지거나 가동이 중단되는 공장도 날로 늘어갔다. 운동이 가라앉을 조짐은 어느 곳에서도 보이지 않았다.

지배계급은 사상 최악의 위기에 직면해 있었다. 그들은 장례식 이후로 지금까지 거의 아무런 대응을 하지 못하고 있었기에 무언가 시도를 해야만 했다. 마침내 5월 18일, 세 명의 정치국원과 함께 이붕이 단식투쟁 지도부를 만나기 위하여 농성장과 병원을 방문했다. 그러나 그들은 《인민일보》의 왜곡보도에 대한 사과와 텔레비전 생방송을 통한 공개 토론을 요구하는 학생 지도부로부터 야유와 조롱만을 받았을 뿐이다. 다음날 새벽녘에 이붕이 조자양과 함께 다시 농성장을 찾아왔지만 학생들이 자신들의 요구 조건을 제시하는 동안 조자양은 눈물만 훌쩍이고 이붕은 5분도 되지 않아 광장을 떠나 버렸다. 이것은 비록 조자양이 지배자들의 무력진압에 반대했을지라도, 그가 정부와 근본적으로 다른 입장을 갖고 있는 것이 아니기 때문에 학생들에게 아무런 대답을 해 줄 수 없다는 것을 입증해 주었다. 그리고 바로 그 날 밤, 회유에 실패한 지배계급은 계엄령을 선포하고 북경으로 군대를 출동시켰다.

바리케이드

5월 19일의 군사 행동을 위해 인민해방군의 10%인 약 3십만의 병력이 동원되었다. 군대가 파견되었다는 소식을 전해 들은 학생과 노동자들은 버스와 트럭 또는 건설장비 등을 동원해서 바리케이드를 만들었다. 지하철을 이용하여 병력이 시내 중심으로 수송된다는 소식을 들은 지하철 노동자들은 아예 전원을 꺼 버렸다. 그리고 5월 20일 토요일에는 총파업을 하자는 요구가 널리 퍼졌다. 실제로 얼마나 많은 노동자들이 총파업에 참여했는지는 알 수 없지만 많은 노동자들이 이 날 자리를 비웠다는 점은 확실하다.

이미 토요일 밤에 시내로 들어가는 모든 관문에 바리케이드가 설치되었다. 트로츠키가 지적한 바 있듯이 바리케이드는 "단순한 물리적 장애물"이 아니다. 오히려 그것은 병력의 이동을 일시적으로 방해하여, 군인들이 투쟁하고 있는 인민들의 이야기를 들을 수 있도록 하기 위한 것이다. 이것은 군대의 규율을 흩뜨려 놓아 민중의 승리를 가능하게 만들 것이다. 실제로 주말의 이틀 동안, 군인들이 종종 되돌아가거나 시위 군중과 충돌 없이 우호적으로 지내는 것이 목격되었다. 또 5월 22일경에는 군 지휘관들이 계엄령에 공개적으로 반발하기도 했다. 비록 자생적이었지만, 시위 대중은 바리케이드의 진정한 의미를 실천하고 있었다. 그것은 그들이 투쟁의 대의를 위해서라면 죽을 수도 있다는 단호한 각오로 무장해 있었기에 가능한 것이었다.

이렇게 놀라운 변화는 단지 군대와의 대치선에서만 볼 수 있는 것이 아니었다. 이미 투쟁은 거기에 참여하고 있는 사람들 스스로를 엄청나게 변화시켰다. 중국 남학생들의 뿌리깊은 성차별 의식이 운동의 발전과 함께 사라졌고, 여성 자신들도 그 어느 때보다 자신감을 갖고 선동가나 조직가로 나서서 활동했다. 더불어 소수민족에 대한 오랜 편견도 변화하기 시작했다.

그러나 시간이 흐를수록 운동의 명백한 초점이 없다는 것이 대열의 힘을 약화시켰다. 군대가 더 이상 진격해 오지 않을 것이라는 안도감이 확산되면서 많은 노동자들이 낮에는 일터로 되돌아갔다. 이에 따라 투쟁을 중지하라는 공장 경영자들의 압력이 점점 커졌다.

투쟁을 결정적으로 반전시킬 수 있는 기회가 없었던 것은 아니었다.

공인자치연합이 5월 22일에 총파업을 하자고 제안한 것이다. 이것은 더 많은 노동자들을, 그것도 단순히 가두의 시민으로서가 아니라 작업장에서 경제적 힘을 사용하는 집단적 계급으로 단결시킬 수 있는 방안이었다. 만약 그렇게 된다면 민주주의나 자유를 요구하는 운동이 임금, 인플레이션, 노동조건, 경영자의 부패 문제와 결합되어 투쟁이 더한층 발전할 수 있었을 것이다. 그러나 불행하게도, 이것은 실현되지 않았다. 어떤 이유에서든, 학생자치연합이 그에 대해 반대한 것이 결정적으로 작용했다. 이것을 기점으로 하여 힘의 균형이 조금씩 지배계급에게 유리하게 변화하기 시작했다. 이것은 운동에 일관된 전망이 결여되었을 경우 얼마나 치명적일 수 있는가를 보여 주었다.

결국 이 날 이후로 약 2주 동안 북경의 투쟁은 눈에 띄게 교착 상태에 빠졌다. 광장과 거리에 모인 사람들의 숫자가 자꾸만 줄어들었다. 더 비극적인 것은 이것이 첫 번째 군사행동에 실패한 지배계급이 전열을 정비하여 다시 더 큰 도발을 준비할 수 있는 기회가 되었다는 점이다.

대학살

6월 4일 이른 새벽, 수천 명의 군인들이 최루탄과 총을 쏘아대며 일시에 천안문을 통해 "인민의 영웅탑" 계단 바로 밑까지 밀고 들어왔다. 이 곳은 4월 중순에 처음 투쟁이 발화된 곳이기도 했다.

분노와 공포에 가득 차서 거리로 쏟아져 나온 수만 명의 노동자들에게 무차별 사격이 가해졌다. 심지어 철수가 결정 났을 때에조차 다시 그들을 향해 총격이 가해졌다. 시가지 전체가 흡사 도살장과도 같았다. 시위 군중도 군인들을 향해 돌과 화염병을 던지며 끝까지 저항했다. 때문에 군대가 군중을 완전히 진압하는 데에는 꼬박 이틀이 걸렸다.

중국 적십자사는 사망자 수를 2600 명으로 발표하였다. 그러나 실제 사망자 수는 그보다 더 많았을 것으로 추측된다. 말 그대로 대학살의 참극이 벌어진 것이다.

곧이어 전국적으로 항의 시위가 잇따라 일어났다. 곳곳에서 사상자가 발생했다. 중요한 것은 대부분의 도시들에서 학생들이 노동자들의 파업을 이끌기 위해 움직인 점이다. 예컨대 광주에서는 중국과학기술대학 학생들이 철강회사의 모든 문 앞에서 피켓 시위를 하며 파업을 호소하기도 했다. 심지어 그들은 노동자들이 일하러 가는 것을 막기 위하여 시내 중심가의 주요 교차로를 통제하기까지 했다.

6월 7일에 이르러, 북경에 남아 있던 학생 지도자들은 더 이상의 유혈참극을 피하기 위해 도로 봉쇄를 멈추고 활동가들은 지하로 들어가 투쟁을 계속할 것을 전국에 요청하였다.

그 뒤에도 지배계급의 공격은 멈추지 않았다. 그 해 여름까지 최소한 3만 명이 체포되었고 그들 가운데 다수가 비밀리에 처형되었다. 홍콩 신문《명보》지는 6월 7일부터 12일 사이에 북경에서만도 1700 명 이상이 체포되었고 이들 가운데 4백 명 이상이 총살당했는데 대부분이 노동자들이었다고 보도했다.

피의 학살 이후 일상생활에 대한 통제와 억압이 강화되었다. 여러 주 동안, 텔레비전에서는 체포된 노동자와 학생들이 손에는 수갑이 채워지고 고개는 강제로 숙여진 상태에서 심하게 구타당한 흔적이 뚜렷한 모습으로 끌려가는 상황을 보여주곤 했다. 공포 분위기를 조성하여 패배감을 안겨주기 위해서였다. 또 지배자들은 시위에 참가했던 노동자와 학생들을 "폭도"라고 공공연히 비난했고, 심지어 6월 4일의 충돌에 대해서는 다음과 같은 거짓말까지 늘어 놓았다. "평정 과정에서 계엄부대도 유혈을 피하기 위해 최대한 노력을 다했다. 그러나 극소수 폭도가 상관치 않고 계엄부대에 대해 미친 듯이 습격을 감행했다. 이런 상황에서 약간의 사상자가 발생했고, 그 중 다수가 군인과 경찰들이었다."*

지배자들은 두 달 가까이 계속된 투쟁을 물리력을 동원해서 일단락지을 수 있었지만 그것은 매우 초라한 승리였다. 그들이 유혈 진압이라는 가장 부담스러운 수단을 선택할 수밖에 없었던 것 자체가 스스로 위기에서 벗어날 다른 수단이 없었기 때문이었다. 또 유혈 진압 얼마 뒤인 6월 24일, 조자양과 그 지지자들을 희생양 삼아 모

---

* 중국공산당 중앙위원회와 국무원, '전국 인민에게 고함', 1989년 6월 5일. 양필승, 앞의 책, p.234에서 재인용.

든 지위에서 물러나도록 만든 것도 지배계급 자신들의 단결이 그만큼 절박했다는 것을 보여 준다.

반면에, 4월과 5월 내내 중국을 휩쓴 혁명적 열기는 노동자와 학생들이 스스로 통치자에게 도전하여 그들을 굴복시킬 수 있다는 자신감을 보여 주었다. 또한 그들의 순결한 저항정신은 잔인무도한 학살 앞에서도 쉽게 꺾이지 않는다는 것을 보여 주었다. 오히려 학살은 "인민의 정부"를 자임해 온 중국 지배자들의 본질을 만천하에 폭로했다. 대학가에서는 천안문에서 살해당한 사람들을 위한 장례가 치러졌고, 학생들은 자아비판을 하라는 압력을 단호하게 뿌리쳤다. 지배자들은 이러한 상황을 보고는 가을 학기가 시작되면 더 큰 저항이 일어날지도 모른다고 우려하였다. 시위대가 요구했던 문제들이 전혀 해결되지 않았기 때문이다. 이러한 두려움은 수 년이 흐른 지금까지도 계속되고 있다. 그래서 중국 지배자들은 해마다 6월이 가까워 오면 천안문 주변에 삼엄한 비상경계령을 내리고 있다. 중국 인민이 89년 천안문 항쟁을 통해 자신들의 적이 누구인지 다시 한 번 분명하게 알게 되었기 때문이다.

교훈

89년의 천안문 항쟁은 등소평의 개혁이 낳은 모순들이 누적되어 터져나온 결과였다. 이미 훨씬 전인 80년대 초반부터 천안문 항쟁과 같은 커다란 저항을 예고하는 조짐들이 나타나고 있었다. 1984년말이 되면서 그 이전까지 간헐적으로 나타나던 조직적인 저항과 반대가 중국 사회에서 거의 영구적인 요소로 자리잡았다. 또 80년대초부터 존재해 온 "근대화" 분파 내부의 분열도 더 깊어져 갔다. 그 때문에 등소평은 마치 고르바초프가 그러했듯이 시장과 계획 그리고 자유화와 통제 사이를 어정쩡하게 진자운동해야 했다. 그 때마다 중국의 정치·경제적 혼란은 더 큰 규모로 반복되었다. 그러나 더 중요한 것은 중국의 이러한 모순이 "중국적 특색"에서 비롯한 것이 아니라는 점이다. 이미 중국보다 앞서 구조 개편을 단행했던 옛 소련과 동유럽에서도 시장개혁이 가져다 준 재앙은 중국과 크게 다르지 않았다.

89년에 이르렀을 때 물자부족에 경기과열이 겹쳐 인플레이션이 끝없이 계속되었고, 경제는 최악의 지경으로 곤두박질쳤다. 중국 인민은 이러한 상황 때문에 등소평 정권이 퍼뜨려 온 이데올로기도 불신하였다. 이것은 심지어 민족주의나 군대에 대한 환상조차 크게 없애는 결과를 빚었다.

이 상황에서 발생한 투쟁이 그 이전의 다른 저항들보다 더 중요하게 기억되어야 하는 이유는 단순히 투쟁의 규모나 지속일수 때문은 아니다.

첫째로, 그것은 이전의 다른 운동과 달리 지배계급 전체에 대한 반감을 표현했다. 1976년 천안문 항쟁과 1978년의 '민주의 벽' 운동, 그리고 86년의 대규모 시위는 한결같이 지배계급 내에서 더 "개혁적"인 분파를 지지하는 형태로 나타났다. 따라서 등소평이 운동의 타도 대상으로 등장한 것은 이번이 처음이었다. 심지어 조자양에 대한 한정된 기대조차도 그를 진정으로 지지해서라기보다는 그가 "보수파"의 우두머리인 이붕을 몰아내고 그 자리를 대신할 수 있는 유일한 인물이라고 보았기 때문이었다.

둘째, 이번 투쟁은 학생들이 촉발한 투쟁이 노동자 계급에까지 확산되어 그들의 거대한 반응을 이끌어 내었다. "중화인민공화국"이 수립된 이후 노동자 계급이 이처럼 체제에 저항하는 운동의 주체로 등장하기는 처음이었다. 더구나 그들 가운데 일부는 경험을 통해 자신들의 독립된 조직이 필요하다는 것을 깨달았다. 그 결과 81년에 잠깐 모습을 비췄다가 사라진 '공인자치연합'이 북경, 상해, 광동, 천진, 항주, 서안 등지에서 다시 나타났다. 이 가운데 규모가 가장 큰 북경 공인자치연합은 철강·철도·항공·식당 노동자들이 중심이 되어 4월 21일에 창립되었다. 이것은 이 운동의 가장 큰 성과였다.

그러나 노동자들에 대한 학생들의 태도는 매우 모순적이었다. 그들은 노동자들이 투쟁에 동참하는 것이 매우 중요하다고 보았으면서도 주로 그것을 양적인 확대로만 생각했지 생산과 연관된 노동자들의 집단적 힘에 대해서 인식하는 것으로까지는 나아가지 못했다. 때문에 여러 도시에서 학생들이 공장에서 벌어진 집회에서 연설을 할 때에조차 파업을 하라고 직접 호소한 경우는 거의 없었다. 심지어 상해에서는 파업이 경제를 손상시킬 것이라는 판단에서 파업에 반대하기까지 했다.

이러한 문제들을 해명하기 위해서는 천안문 투쟁을 통해 더 정치적인 교훈을 이끌어 내는 것이 필요하다.

첫째, 운동을 지배하고 있던 이념이 민족주의였다는 것을 주목해야 한다. 물론 학생이나 노동자들이 갖고 있던 민족주의와 지배계급이 갖고 있던 반동적인 민족주의 사이에는 커다란 차이가 있었다. 그러나 운동이 스스로를 "민족과 국가의 입장"에 서서 행동해야 한다고 생각한다면, 그것은 지배계급에 반대하여 벌인 싸움에 족쇄가 될 수 있다. 지배계급이 민족과 국가라는 점에서 공통점을 갖고 있다고 시위 대중이 생각하도록 만들기 때문이다. 심지어 그것은 때로는 지배계급 한 분파의 이익을 보호해 주는 엉뚱한 방향으로 운동을 몰고갈 수도 있다. 학생 지도부가 국가 경쟁력 강화를 위해 5월 22일 총파업 시도를 좌절시켰던 것은 가장 전형적인 예이다.

둘째, 천안문 항쟁은 중국 지배계급이 진정으로 두려워하고 있는 것이 무엇인가를 보여 주었다. 운동이 주되게 요구한 것이 정치 개혁에 제한되어 있었는데도 그것은 유혈 참극을 불러왔다. 지배계급이 진정으로 두려워한 것은 몇 가지 개혁 그 자체가 아니라 그러한 개혁이 불러올 결과였기 때문이다. 실제로, 만약 시위대의 요구가 받아들여져 어떤 형태로든 개혁이 진행된다면 민중은 자신감을 갖고 더 근본적이고 철저한 개혁을 요구할 것이며 그것은 지배계급의 권력마저 위태롭게 만들 수 있다. 대학살과 그 뒤를 이어 계속되고 있는 탄압은 지배자들의 이러한 위기감이 거의 절정에 도달해 있었음을 말해 준다. 나아가 이것은 중국처럼 정치적 자유가 여전히 협소한 나라에서는 진정한 자유를 요구하는 대중투쟁이 국가 자체를 전복시키고자 하는 무장투쟁으로까지 순식간에 확대될 수 있는 가능성을 보여 준다.

이 때 잊지 말아야 할 것은 그러한 투쟁을 끝까지 이끌어갈 수 있는 유일한 힘은 노동자 계급에게 있다는 것이다. 체제를 무너뜨리는 힘이 만약 양적인 크기에 의해 좌우된다면 중국에서 아마도 가장 혁명적인 세력은 8억에 달하는 농민들일 것이다. 그러나 정권에 대한 투쟁에서 농민들의 동참이 중요한 요소가 되었다 할지라도 그들은 도시에서 하는 대로 따라할 수밖에 없다. 자본주의 사회에서 집단적인 경제적 힘을 발휘할 수 있는 세력은 노동자 계급뿐이기 때문이다.

셋째, 무엇보다도 중요하고 절박한 문제는 정치조직의 문제이다. 시위대의 규모가 확대되어 지배자들과의 대결이 전면화하면 할수록 앞으로의 투쟁 방향이 점점 더 결정적인 중요성으로 부각될 수밖에 없다. 이러한 시점에서는 그야말로 "혁명으로부터 무엇을 배울 것인가"가 아니라 "혁명에 무엇을 가르쳐 줄 것인가"가 문제가 된다. 그것은 조직으로 형성된 혁명가들만이 수행할 수 있는 과제이다. 물론 이것은 쉬운 일이 아니다. 그러나 일상 시기 때부터 참으로 인내심 있게 준비된 조직망이 없이는 운동의 궁극적 성공을 기대하기란 불가능하다.

패배로 끝난 무수한 투쟁이 그러하듯이 천안문 항쟁은 결코 헛된 피를 흘리지 않았다. 따라서 그것은 단순한 패배가 아니었다. 항쟁 주역들의 영웅적인 저항은 전세계 노동자들과 다음 세대 투사들의 소중한 본보기가 되었기 때문이다.

등소평이 남긴 유산

개혁

등소평의 개혁이 위기에 부딪칠 때마다 부르주아 학자들이 핵심

문제로 가장 흔하게 지적해 온 것은 "정치 개혁 없는 경제 개혁" 또는 "글라스노스트 없는 페레스트로이카"였다. 즉, 경제 개혁에 조응하는 정치 개혁이 없었던 것이 경제 개혁 그 자체도 종종 후퇴시키거나 왜곡시켰다는 뜻이다. 이런 생각의 바탕에는 자유시장 경제는 부르주아 민주주의처럼 자유로운 정치적 분위기 속에서만 발전할 수 있다는 오해가 깔려 있다. 그러나 남한, 싱가폴, 대만, 브라질 등의 신흥공업국들은 초억압적인 독재정권 아래에서 기적에 가까운 성장을 경험했다. 심지어 1997년에 중국으로 반환될 예정인 홍콩은 150여 년 동안 민주주의의 가장 천박한 장식조차 없는 식민 통치를 받아 왔다.

경제와 정치를 분리시켜서 생각하기는 중국을 사회주의라고 믿는 좌익도 마찬가지이다. 그들의 주장에 따르면, 중국이 경제는 시장에 개방했어도 정치 제도만큼은 등소평의 '4개항 기본원칙'에 따라 사회주의를 유지하고 있다는 것이다. 그러나 동유럽이나 옛 소련과 마찬가지로, 중국에서 '사회주의'는 노동자들에 대한 착취를 눈가림하기 위한 지배 이데올로기 — 이 나라의 '자유민주주의'처럼 — 에 다름 아니었다.**

요컨대, 중국의 개혁 과정은 분명히 고르바초프의 소련과는 사뭇

---

* 사회주의, 프롤레타리아 독재, 마르크스·레닌주의, 모택동 사상 등 네 가지 이데올로기를 원칙으로서 고수한다는 것이다.

** 중국 혁명과 연관하여 중국이 노동자 국가가 아니라 자본주의의 한 변종인 국가자본주의라고 바라보는 근거는 국제사회주의자들이 발간한 팸플릿 《중국 — 누구의 혁명인가?》를 보시오.

다른 양상을 띠었고 훨씬 더 순탄치 않았지만, 경제 개혁만 존재했고 정치 개혁이 전무했다는 것은 사실과 다르다.

실제로, 등소평은 집권하자마자 "쥐를 잡는 데에서 고양이가 검은가 흰가는 문제되지 않는다."는 논리를 앞세워 경제뿐 아니라 학문·과학·문화 등의 영역에서 모택동주의의 지배가 종식되었음을 선언했다. 이것은 한편으로는 외국 자본을 유치하고 무역 거래를 트기 위해서 외부 세계에 확실히 달라진 중국의 모습을 보여 줄 필요에서 비롯한 것이었다. 그리고 또 한편으로 이것은 지방관리들과 지식인들이 정부의 감시를 염려하지 않고서도 과학과 기술 수준을 솔직하게 논할 수 있는 분위기를 형성할 필요를 반영했다. 자신들의 경제 정책에 대한 대중적 지지를 유도하려면 그에 걸맞는 수단이 있어야 하기 때문이다. 마지막으로, 그것은 반대파에 대한 경고이기도 했다.

그리하여 경제 개혁과 함께, 사회 전반에서 국가 통제를 완화하는 조치들이 취해졌다. 이러한 자유화의 혜택을 가장 많이 누린 곳은 문화 영역이었다. 이전에는 금기시되었던 주제들 — 성(性), 부정부패, 지방의 낙후성, 병영생활, 심지어 1930년대의 홍군까지 — 을 다루는 문학작품들과 영화들이 쏟아져 나왔다. 그 결과 1973년에 북경에서 구해볼 수 있는 잡지나 신문은 64종 — 그 내용조차 천편일률적인 — 밖에 되지 않았는데 1980년대초가 되자 5천 종이 넘었다. 관제언론도 예전보다는 훨씬 더 솔직해졌다. 또 문화혁명에 대한 재평가가 이루어지면서 그 때 지방으로 하방당했던 수백만 학생들이 다시 도시로 되돌아왔고, 구금되거나 수배된 3백만여 명에 대한 복권이 시작되었다.

그러나 이러한 사례가 중국 지배자들이 진정한 민주주의자임을 입증해 주는 것은 아니다. 이러한 변화가 결국 중국 인민을 더 착취하고 억압하기 위한 지배 수단에 불과하다는 것이 점점 더 명확해졌다. 이것의 산 증거가 민주주의를 요구하는 89년 천안문 투쟁을 피로 물들인 사건이었다.

게다가, 중국의 개혁은 옛 소련보다도 매우 제한되고 모순되게 진행되었다. 왜냐하면 중국 지배자들이 중국 경제를 근대화할 필요는 무척 컸으나 이를 위해 취할 수 있는 조치는 옛 소련보다 훨씬 협소했기 때문이다. 거기에는 몇 가지 이유가 있었다. 우선, 세계경제의 호황기에 집권했던 흐루시초프와 달리 등소평은 (중국의 후진성에 더하여) 세계 경제의 불황이 닥친 시기에 집권했다. 또 흐루시초프와 그 지지자들이 스탈린 치하에서 침묵으로 일관했던 것과 달리 중국의 새 지도자들은 이미 모택동 치하에서 그와 투쟁을 벌이다 탄압받았던 사람들이었기 때문에 그들이 집권하게 되자 변화에 대한 대중적 기대가 훨씬 더 컸다. 따라서 등소평은 개혁 과정에서 밑으로부터의 압력을 여과하고 통제하기가 그만큼 더 힘들고 위험했던 것이다.

혼란

중국 사회과학원이 발표한 '94~95년도 중국 사회형세 분석 및 예측'에 따르면, 중국 국민들은 정부가 시급히 해결해야 할 최우선 과제로 인플레이션 억제(71%), 부패척결(41%), 사회안정 유지(25%)를 꼽았다. 그리고 지난 5월초 〈이스턴 익스프레스〉 지는 올해 중국 최대의 불안 요인이 국유기업 개혁, 농촌 분규, 도시재개발 문제라고 지적했다. 또 홍콩의 중국 경제 관측통들은 중국 경제의 기형적인 6고(高) 현상 — 고성장, 고위안(元)화, 고금리, 고인플레, 고실업, 고손실(국유 기업) — 을 지적하면서 "6고 현상은 중국 경제의 필연적인 부산물이며 이를 억제하지 못할 경우, 경제 파탄과 체제 불안을 가중시킬 것"이라고 분석했다. 요컨대, 지금의 중국은 일부 좌익들의 온갖 찬사에도 불구하고 자본주의의 전형적인 무정부성을 그대로 보여 주고 있다.

먼저 국영기업을 살펴 보면, 없애버리지도 소화시키지도 못하는 담결석처럼, 그야말로 중국 경제의 만성질병이라는 것을 금새 알 수 있다. 중국의 국영기업은 총 10만 8천 개, 소속 노동자만도 1억 명 (가족을 합하면 중국 전체 인구의 4분의 1)에 달하며, 대부분이 규모가 큰 중심 기업들로 이루어져 있고, 그 가운데에는 군수 산업도 다수 포함되어 있다.

국영기업의 경우, 민영화된 기업들과 달리, 기업의 생산과 경영이 옛날 그대로 유지되었기 때문에 관리층도 거의 개혁의 회오리를 피해 생존할 수 있었다. 따라서 생산은 여전히 효율과 이익이 아니라 상부 지시를 우선으로 하고 있으며, 보고도 상부가 듣기 좋아하는 수

---

* 〈조선일보〉, 1995년 2월 24일.

** 〈조선일보〉, 1995년 5월 9일.

*** 〈조선일보〉, 1995년 4월 4일.

치만 골라 하는 관습이 그대로 남아 있다. 때문에 국영기업의 절반은 적자 상태이고 설비는 1950~60년대 수준을 벗어나지 못하고 있다. 심지어 어떤 분야는 같은 제품들이 너무 많거나 기업의 경쟁력이 없어서 판매가 완전히 부진한 경우도 있다. 이를 보조하기 위해 지급하는 정부 보조금만도 재정 적자의 60%를 차지할 정도이다. 이처럼 국영 기업의 적자가 어마어마한데도 이를 과감하게 생산 정지시키거나 업종 전환시키지도 못하고 있다. 왜냐하면 국영기업 개혁에는 노동자들의 대량 해고가 따를 수밖에 없는데, 그렇게 되면 지금 자신들이 겪고 있는 적자보다 더 큰 위험에 불을 당기는 꼴이 될 수 있기 때문이다. 그래서 올해 정부가 1백 개 국영기업을 시험 개혁하겠다고 발표했어도, 그것이 순조롭게 진행되기는 어려울 것이다.

국영기업 못지않게 중국 경제를 위협하고 있는 인플레이션은 노동자들의 피부에 직접 느껴지고 있다는 점에서 더 심각한 요인이다. 중국 경제는 이미 1984, 86, 87, 88년에 신용대부 증가와 화폐 발행의 급증으로 심각한 인플레이션을 겪었다. 그 때문에 전면적인 긴축정책을 실시해야 했지만, 앞서 지적했듯이, 그것은 심한 자원 낭비와 경제 침체를 낳았을 뿐이다.

최근에도 이런 악순환은 해결되지 않고 있다. 이미 1994년 1/4 분기 도시주민 월평균 생활비는 1993년 같은 기간에 비해 35.5%나 올랐다. 농촌도 이와 크게 다르지 않아, 같은 기간에 31.1%가 인상되었다. 이러한 현상은 이붕 총리가 1994년 3월, "올해 소비자 물가를 10% 내에서 억제하겠다."고 발표한 뒤에도 달라지지 않았다. 1994년의 인플레이션은 정부 통계로도 22%였기 때문이다. 물론 실제 수치는 이보다 훨씬 더 높을 것이다. 이를 극복하기 위해서 정부는 1993년 이래 3차례나 금리를 인상했지만 효과가 전혀 없었다.

당연히 노동자들의 생활은 매우 열악하다. 중국전국총공회의 조사에 따르면 12개 성·시와 자치구 5만 명의 노동자 가운데 5%는 가족 1인당 월생계비가 50 위안도 되지 않는다. 이것으로 추산하면 전국의 7백만 직공들, 그 가족까지 포함하면 2천만 인구가 빈곤 상태를 면치 못하고 있는 것이다. 또 도시 노동자들의 1인당 거주 면적이 5~8 평방미터에 달하는 가정은 22.3%이며 5 평방미터가 못 되는 가정도 12.7%에 달한다.* 게다가 교육 여건을 보면, 교육 예산이 GNP의 3%도 안 되며 1인당 평균교육비는 세계에서 뒤에서 9위이고, 문맹률이 25%나 된다. 또 4차 인구조사 결과를 보면 12세 아동 가운데 취학 아동은 25%밖에 되지 않고, 1년에 10여 위안도 안 되는 학비와 책값을 감당 못해 자퇴하는 학생들도 허다하다.** 교사들 봉급도 매우 낮은 수준인데, 심지어 그것마저 국가 재정 곤란으로 때때로 체불되기도 한다. 이런 상황에서 중국 정부는 노동자들이 교육비를 더 많이 부담해야 하는 '신교육법안'을 통과시켰다. 명목상으로나마 유지되던 '사회주의'적 무상교육의 외피까지 벗어던진 셈이다. 이것이 '중국식 사회주의'의 진면목이다.

또 8억의 농민 인구를 포괄하고 있는 농업도 커다란 골칫거리이다. 등소평이 집권한 초기 5년 동안 농업은 식량 생산에서 4천억 톤

---

* 왕조군(王兆軍)·오국광(吳國光), 《등소평 이후의 중국》, 조선일보사, p.173.

** 같은 책, p.131~132.

을 돌파하는 등 급격한 성장을 거두었다. 그러나 1985년 이후로 총 생산량 증가가 둔화되면서 토지는 급격히 줄어들고 투자도 감소되었다. 그러나 농업 원료비와 세금 부담은 계속 증가했다. 이 때문에 농민들의 생활은 매우 어려워졌다. 예컨대 농민 1인당 평균 수입이 1979년의 94 위안에서 1990년의 550 위안으로 증가했지만 인플레이션과 생산 원가의 증가를 고려하면 순수입은 마찬가지라는 것을 알 수 있다. 또 중국 신화통신사가 1993년 5월에 발행한 《경제참고》에 따르면 농민 1인당 연평균 수입 693 위안 가운데 순수 농업 수입은 10%에 불과하다.* 나머지 수입은 농촌 기업에서 시간제로 일하며 얻은 것이다. 1993년 사천성 인수현에서 벌어진 농민 폭동은 농민들의 불만이 매우 높다는 것을 보여 준다. 게다가 농촌을 떠나 도시로 밀려드는 유민이 이미 1억 명**에 달함으로써 이미 심각하게 대두되고 있는 실업 문제를 더 심화시키고 있다.

도시 노동자들과 농민들의 열악한 생활과 너무나 대조적으로 관리들의 부정부패는 혀를 내두를 정도이다. 중국 정부는 종종 돈이 없고 물건이 없다고 하면서도 매년 관리들이 먹고 마시는 공금이 1200억 위안에 달한다. 또 고위층 간부들이 특권을 이용하여 상업·금융에 사업체를 설립하거나 양담배·텔레비전·자동차 등을 밀수하고 공공연히 뇌물을 착복하고 있다. 관직 승급과 발령은 물론이고 심지어 진학, 노동자 모집, 면허증 취득, 진료와 처방, 소송, 출산까지도

---

* 같은 책, p.125.
** 같은 책, p127.

돈을 써야 제대로 될 정도이다. 1988~92년 동안 국가공무원의 공금착복과 뇌물수수 범죄는 조사한 사건만 21만 건이었고, 재판 받은 사람 수만도 7700여 명에 달했다. 최근 강택민의 부패 조사 과정에서도 그 수치는 어마어마했다. 지난해에 사법 처리된 사람만도 13만 명이 넘었고, 당에서 축출된 사람만도 전체 당원 수의 5% 가까이 되었다. 이것이 강택민 지지파와 외자 기업 등을 빼고서 조심스레 진행된 것이라는 점을 고려하면 실제의 부패 관리는 훨씬 더 많을 것이다. 한마디로 중국의 권력과 돈의 거래는 마치 수은을 땅에 쏟은 것과 같이 구멍마다 스며들지 않은 곳이 없다.

특히 관리들의 부정부패는 노동자들이 가지는 반감의 주된 원인이 되고 있다. 따라서 강택민이 부패관료를 처벌하는 것에 환상을 품은 노동자 대중은 더 많은 것을 요구할 수 있다. 강택민이 부패관료를 제거하는 것조차 일관되게 수행하지 못하는 이유는 바로 이 과정에서 지배계급 전체에 대한 대중 저항이 발전할 수 있기 때문이다.

마치며

과연 개혁·개방의 '총설계사' 등소평은 숨을 거둔 이후에 스탈린이나 모택동과는 달리, 자신의 후임자 손에 비판받는 운명을 피할 수 있을까?

그것은 전적으로 새 지도부가 물려받은 정치·경제적 상황에 달려 있다. 만약 지금의 상황이 극적으로 반전되지 않는다면, 새 지도부는 위기에 대한 책임을 죽은 자에게 떠넘기는 것이 가장 손쉬운 해결책이라고 판단할 것이다.

벌써 미래를 보여 주는 여러 가지 징후가 나타나고 있다.

5월초, 강택민 지도부는 등소평의 죽음을 기다리기조차 힘들었는지, 관영 신화(新華)통신을 통해 "등소평의 시장 개혁이 중국의 도덕적 위기를 초래했다."며 간접적인 방식으로 비판을 시작했다.* 또 4월말 중국공산당 정치국은 정부 각 부처에 통지문을 전달하여, 유엔 세계여성대회가 열리는 9월까지 비상근무체제를 유지하라고 지시했다. 그 이유인 즉 "올해는 지난해보다 사회 불안 요소가 많"기 때문에 "민심의 동향을 면밀히 파악, 각종 사회 불안에 즉각 대처하"기 위해서라는 것이다.** 또 중국 인민해방군은 이미 5월초부터, "등소평의 건강 문제와 중앙 지도부의 권력 투쟁, 그리고 오는 6월 4일 천안문 사태 6주년 등으로 인해" 1급 전쟁 준비 상태에 돌입했다.***

그만큼 지금 중국의 상황은 새 지도부의 위기감을 부추기고 있다는 것을 말해 준다. 그러나 새 지도부를 더욱 난감하게 만드는 것은 그들이 더 이상 스탈린 사후의 흐루시초프나 모택동 사후의 등소평처럼 선임자에 대한 비판을 통해 충격효과를 거두기가 어렵다는 점이다. 이미 폐쇄적인 '포위 경제'와 개방적인 '시장 경제'를 다 경험한 상태에서도 경제 혼란과 민중의 불만은 해결되지 않았기 때문이다.

---

* 〈조선일보〉, 1995년 5월 10일.

** 〈조선일보〉, 1995년 5월 9일.

*** 〈조선일보〉, 1995년 5월 8일.

둘 다 일시적으로만 경제를 발전시켰고, 그 발전의 시기에조차 상대적 빈곤은 해결되지 않았다.

그래서 지금 지배자들은 출구 없는 논쟁만을 계속할 수 있을 뿐이다. 이붕 총리 — 소위 '보수파' — 는 앞으로 연간 경제 성장률을 8~9%로 낮추는 등 안정기조를 주장하고, 교석 전인대 상무위원장 — 소위 '중도 개혁파' — 은 현재의 해결책은 국영기업 개혁 등 과감한 개혁뿐이라며 이붕의 노선을 비판하고 있다.

그러나 러시아의 보수파·개혁파와 마찬가지로, 그들 사이에 어떤 체계적이고 원칙적인 차이가 있는 것은 아니다. 이러한 대립은 이미 등소평 개혁 초기부터 꾸준히 나타났다. 그들은 개혁을 하느냐 마느냐가 아니라 그 속도와 폭을 두고 또 근대화 전략이 낳은 의도치 않은 결과들의 처리를 두고 분열하였다. 이것은 중국 지배계급이 직면한 근본적인 모순의 반영이기도 했다. 즉, 국제 경쟁이 중국 경제에 부과하는 압력들과 중국 경제의 능력 사이의 모순 — 계획과 시장 사이의 모순이기도 하다 — 때문에 그 해결책을 둘러싸고 지배자들이 각각 다른 입장에 서 있는 것이다. 일반으로, '보수파'는 중국의 후진성을 고려해 볼 때, 지배계급이 경제에 대한 통제력을 유지할 수 있는 수준에 경제 발전 속도가 그쳐야 한다고 주장했다. 그에 따르자면 국가는 여전히 예전과 비슷한 수준의 통제력을 유지하면서 주요 발전 부문에 주력해야 한다. 이에 반해, '개혁파'는 세계시장에서 경쟁할 필요를 더 강조했다. 그들은 (모택동의) 중앙집권적인 국가 통제가 중국의 후진성을 낳았다고 지적했다. 따라서 그들의 대안은 상당한 수준의 분권화에 바탕을 둔 '시장 사회주의'였다.

등소평의 '개혁'이 시작된 뒤로 중국 지배자들은 이 두 방향을 주기적으로 오락가락했다. 앞으로 강택민 정권은 훨씬 더 불안정한 형태로 이러한 진자 운동을 반복할 것이다. 또 그는 등소평 사후에 등장할지 모르는 불안 요소들을 제압하기 위한 방편으로 한층 더 권위적인 조치들을 취할 것이다. 이것은 경제 침체의 악순환과 지방·하급 관리들의 불만을 배가시킬 것이다. 또 이에 대한 노동자들의 불만과 분노도 한결 깊어질 것이다. 이것은 중국에서 노동자들이 민주주의나 생활 개선을 요구하며 투쟁할 수 있다는 점을 말해 준다. 특히 중국처럼 억압적인 나라에서는 86년과 89년의 투쟁이 보여 주듯이 민주주의에 대한 요구가 금새 거대한 투쟁을 형성하는 도화선이 될 수 있다. 그리고 이번에 다시 투쟁이 벌어진다면 그것은 89년보다도 더 위력적인 힘으로 지배 체제를 뒤흔들 것이다.

미국이 부채질하고 있는 대비극의 씨앗

세계에서 경제·전략적으로 가장 중요한 지역에 속하는 동아시아에서 긴장이 급속히 증대되고 있다. 중국과 미국의 관계가 긴장의 핵심이다. 당장의 발화 지점은 대만이다. 1949년 중국 혁명으로 장제스의 우파 정권은 중국 본토에서 쫓겨났다. 장제스 정권은 대만으로 피난했다. 7월초에 대만 총통 리덩후이는 대만과 중국의 관계를 "국가 대 국가"에 기초해 이끌어야 한다고 선언했다. 그럼으로써 그는 대만이 중국으로부터 정식 독립을 선언하기 원하는 강력한 로비를 어느 정도 받아들이게 됐다.

대만을 자기 영토의 일부라고 주장하는 중국 정권은 격노했다. 중국 정권은 대만 정부가 독립을 선언할 경우 대만을 침공하겠다는 위협을 되풀이해 왔다. 1996년 중국은 대만 분리주의자들을 위협하기 위해 대만 해협에서 미사일 실험을 실시했다. 빌 클린턴은 이에 대응해 해

이 글은 《비판과 대안》 2호(1999년 9월)에 실린 것이다.

군 기동대를 파견했다.

대만 국민당은 미국의 대규모 원조가 없었다면 대만에서 살아남을 수 없었을 것이다. 그러나 1971년에 미국 대통령 닉슨은 소위 "하나의 중국" 정책을 채택하면서 대만과 국교를 단절하고 중국의 공산당 정권과 국교를 수립했다. 이 정책은 소련을 고립시키기 위해 중국과 비공식 동맹을 맺는 미국 전략의 일환이었다. 그러나 냉전 이후로 워싱턴의 유력한 세력은 중국을 동맹이 아닌 위협으로 보게 됐다. 중국은 놀라운 경제 성장 덕분에 패권을 주장하는 데 자신감을 얻었다.

중국이 먼저 하려고 하는 일 중 하나는 식민지 시대에 잃어 버린 영토를 되찾는 것이다. 지금까지 중국은 홍콩을 되돌려 받았다. 포르투갈의 식민지인 마카오가 다음 차례다. 대만은 주요 미해결 항목으로 남아 있다. 현재의 위기는 악화된 미·중 관계를 배경으로 일어났다. 중국 총리 주룽지는 중국 경제의 세계 경제 통합을 주도적으로 주장하고 있다. 그는 4월에 미국을 방문해 중국 경제를 세계 시장에 개방하기 위한 조치들을 담고 있는 일련의 계획을 제안했다. 클린턴은 이를 거절함으로써 중국의 세계무역기구(WTO) 가입을 봉쇄했다.

그 뒤 나토가 베오그라드의 중국 대사관을 폭격하는 일이 일어났다. 또 얼마 지나지 않아 미국 의회 위원회는 중국이 미국의 첨단기술을 훔쳤다는 비난을 퍼부었다. 때리고 모욕까지 주는 격으로, 미국은 3명의 중국 기자가 목숨을 잃은 대사관 폭격 배상금 제공을 나토의 공습에 항의하는 중국의 시위대 때문에 북경 주재 미국 대사관이 입은 손실 보상 요구와 결부시키고 있다.

또한 중국은 미국과 일본의 동아시아 전역미사일방위체제(TMD)

개발로 근심하고 있다. 미국은 북한이 개발중인 것으로 보이는 장거리 미사일 계획을 그 구실로 삼고 있다. 중국은 대만이 TMD 방어망에 포함돼 독립 선언이 부추겨질까 봐 우려하고 있다. 또한 중국은 일본의 군사력 증강도 걱정하고 있다. 7월 중하순에 주한 중국 대사는 중국이 북한에 대한 제재에 반대한다고 선언했다. 또, 그는 일본의 계획이 "북한 미사일 쟁점을 구실로 군사력을 증강하기 위한 것"이라고 말했다.

대만 총통 리덩후이는 거의 틀림없이 자진해서 대만 분리주의자들 편으로 경도되고 있는 듯하다. 대만은 총통 선거를 앞두고 있고, 그는 자기 후계자의 승산을 높이고 싶어한다. 〈파이낸셜 타임스〉는 대만의 "산업 거물"들은 "중국에 투자를 많이 하고 있기 때문에" 대결을 원하지 않는다고 지적했다. 클린턴 정부도 그 동안 대만과의 관계를 약간 하향조정하고 몇몇 무기 이전을 연기함으로써 리덩후이의 극단적 정책을 불만스럽게 생각하고 있다는 경보를 보냈다. 그러나 미국 의회에는 강력한 친대만 로비가 있고, 법률상 미국은 중국의 공격으로부터 대만을 지키도록 돼 있다. 누구도 대만을 놓고 전쟁이 일어나는 것을 바라지 않는다. 중국은 무력 시위에도 불구하고 침공에 필요한 상륙 장비가 부족하다고 방위 전문가들은 판단하고 있다.

그러나 최근의 갈등은 다양한 분쟁 — 북한 대 남한, 대만 등등 — 이 일어나고 있는 지역에서 일어난 것이다. 더욱 근본적으로는, 이 지역의 열강들 — 미국·중국·일본·러시아 — 사이에서 중대한 충돌이 일어나는 것도 가능하다. 유동적이고 불안정한 탈냉전 세계에서는 대만과 같은 사소한 발화점이 끔찍한 비극에 불을 붙일 수 있다.

중국은 왜 소수민족을 억압하는가?

7월 5일 신장 위구르 자치구의 수도 우루무치에서 '유혈 사태'가 발생했다. 사건의 발단은 위구르인 수천 명이 광둥성 공장에서 위구르 노동자 2명이 집단 구타당해 숨진 사건을 조사해 달라며 평화롭게 행진한 것이었다. 목격자들은 중국 경찰이 시위대를 무자비하게 공격했고 심지어 시위대를 향해 발포했다고 주장했다. 그러자 위구르인의 분노가 폭발했고 한족 이주민과 충돌했다는 것이다.

중국 정부는 이 과정에서 1백84여 명이 죽었고, 사망자의 대다수가 한족이라고 발표했다. 그러나 중국 정부가 지난해 티베트 항쟁에서 희생된 티베트인 수를 대폭 축소 발표한 전례를 볼 때, 이를 무턱대고 믿을 수는 없다. 중국 정부는 국제인권단체들이 요구한 객관적 조사를 거부했다.

지금 중국 정부는 위구르족 1천5백 명 이상을 닥치는 대로 잡아들

김용욱, 〈레프트21〉 10호, 2009년 7월 17일. https://wspaper.org/article/6771

였고, 세계위구르위원회와 '알카에다와 연결된 무슬림 테러리스트' 등 외부세력이 개입해 평화로운 신장을 어지럽히고 있다고 비난하고 있다.

그러나 신장에서는 1954년부터 거의 60년간 중국 정부 통치에 반대하는 행동이 반복돼 왔다. 대규모 카자흐 난민 사태로 연결된 1962년 일리 항쟁, 1969년 말 동투르키스탄 민중혁명당의 활동, 1천 명 이상이 다친 1980년 악수 지역 소요 사태, 1985년 베이징 중앙민족대학 위구르 학생들의 시위 등등. 1990년대 들어서는 5만 명 넘게 참가한 대규모 시위도 있었고, 1995년 4월에는 노동자·교사·상인 10만 명이 파업을 단행하기도 했다. 위구르족이 행동의 중심에 있었지만 카자흐족 등 이 지역의 다른 소수민족들도 중국의 통치에 항의했다.

문제의 시작, 1949년 중공군의 점령

오늘날 중국 관변 역사가들의 주장과 달리, 역대 한족 왕조들은 신장 지역을 국가의 일부로 통제한 적이 없다. 만주족이 세운 청왕조에 들어서야 본격적으로 신장의 일부를 정복하고 통치하려 했다. 이 시도는 1911년 청조가 몰락하면서 중단됐다. 이후 위구르족 지식인들이 주도해 동투르키스탄공화국을 세웠지만 군벌과 국민당, 스탈린 치하 소련의 방해로 오래가지 못했다.

1949년 중공군이 신장 지역으로 진격하자 위구르족 등 소수민족은 중공군을 국민당과 군벌의 잔학한 통치를 끝내 줄 해방자로 환영했다. 1950년대 초 토지개혁은 소수민족 농민들의 환영을 받기도 했다.

그러나 홍군이 영구적 점령을 위해 이 지역에 진출한 것으로 드러
나자 실망감이 확산되기 시작했다. 더구나, 신장 지역은 1950년대
말 농업 강제집산화와 대약진 운동, 1960년대 문화대혁명이 가져온
혼란과 이슬람 사원 파괴 등 중국 정부의 재앙적 경제 정책과 중앙
의 유혈낭자한 파벌 싸움에까지 휘말리게 됐다. 중국 정부가 한족을
대규모로 이주시키면서, 1949년 위구르 인구의 5퍼센트에 그쳤던 한
족 비율은 1970년대 초반에는 거의 40퍼센트로 늘었다.

위구르족과 다른 소수민족은 한족 이주민에 비해 언어, 교육, 종
교 활동, 고용 등 삶의 거의 모든 측면에서 차별받았고, 이에 항의하
는 집단 행동은 탄압을 받았다. 신장은 어느 모로 보나 전형적인 식
민지였고, 중국 정부는 제국주의 점령군이었다.

중국공산당은 왜 소수민족을 억압하는가?

그렇다면 중국 민중을 제국주의 압제에서 해방시키기 위해 싸웠던
중국공산당이 왜 다른 민족을 억압하게 됐을까?

1949년 중국공산당은 역사상 가장 위대한 혁명 중 하나를 성공시
켰다. 그러나 이 혁명은 사회주의 혁명이 아닌 제3세계 민족해방 혁
명이었다. 이것은 1920년대 스탈린의 재앙적 지령으로 중국 노동자
혁명이 패배를 겪으면서 중국공산당이 노동자·민중의 국제적 연대와
단결을 추구하던 정당에서 민족주의 정당으로 변신했기 때문이었다.

초기 중국공산당은 1917년 러시아 혁명 정부의 정책을 본따 소수

민족들에게 민족자결권을 보장했다. 그러나 1949년 마오쩌둥의 소수민족 정책은 자결권을 부정하는 중국의 다른 부르주아 민족주의 정치인들과 비슷했다.

중국의 부르주아 민족주의 정치인들은 서방과 일본 제국주의의 침략에 반발하는 반제국주의적 민족주의자들이었다. 그러나 동시에, 그들의 궁극적 대안은 강력한 민족국가를 건설하는 것이었다. 그들은 제국주의 열강을 증오했지만, 제국주의를 극복하려면 제국주의를 모방해야 한다고 생각했다.

그들은 중국에 강력한 자본주의 국가를 건설하고 안보를 보장받으려면 "멍청하고 미개한" 변경의 소수민족들이 제국주의에 이용당하지 않도록 강제력을 행사해야 한다고 보았다. 또, '계몽된' 한족들을 소수민족 지역으로 이주시키고 중앙정부가 정치·군사·경제 정책을 책임져야 한다고 주장했다. 그들은 '지난 5천 년 동안 소수민족들은 원래 중화(한족 왕조)의 일부였다'는 한족 우월주의를 통해 자신들의 주장을 정당화했다. 국민당 창시자 쑨원은 소수민족의 견해는 들어보지도 않고 "오늘날 몽고, 서장, 신장 등 [소수민족] 지역은 모두 우리 중화민국의 영토다" 하고 선언했다.

1949년 마오쩌둥의 생각은 이런 부르주아 민족주의자들과 별로 다르지 않았다. 예컨대, 티베트 문제에 대해 그는 이렇게 말했다. "비록 티베트의 인구가 많지 않으나, 이곳의 국제적 [전략적] 위치는 매우 중요하다. 그러므로 우리는 이곳을 점령해야 한다." 이런 원칙은 티베트만이 아니라 중국 내 모든 소수민족에게 적용됐다.

중국 정부는 점령과 한족 이주민 유입을 정당화하려고 한족 우월주의를 부추겼다. 따라서 최근 신장에서 한족 공산당 간부가 다음과 같은 발언을 한 것은 중국 정부 정책의 논리적 귀결이었다. "신장이 수천 년 동안 중국의 일부였다는데, 천만의 말씀이다. 원숭이가 인간으로 진화하기 전인 수만 년 전으로 거슬러 올라가도 신장은 중국의 일부였다. 당시 한족 원숭이들이 신장으로 와 위구르 원숭이들에게 복숭아를 먹고 나뭇잎을 따는 법을 알려 줬을 거다."

중국 소수민족 문제의 대안은?

옛 소련의 몰락으로 신장과 인접한 중앙아시아에 독립 국가들이 형성돼 중국이 이 지역의 우두머리가 될 가능성이 생기고, 중앙아시아와 신장을 연결하는 송유관 사업이 진행되고 대규모 유전이 개발되는 등 1990년대 이후 중국 지배자들에게 신장 지역의 중요성은 더 커졌다. 그리고 중국 지배자들의 우월한 군사력을 고려할 때 신장 위구르족이 민족자결권을 얻는 것은 쉬운 일이 아니다. 티베트 등 억압받는 다른 소수민족의 처지도 다르지 않다.

따라서 신장 위구르족과 다른 중국 내 소수민족의 운동은 지금 중국 지배자들의 착취와 억압에 맞서 싸우는 한족 노동자·민중 투쟁과 결합돼야 승리할 수 있다. 이 투쟁은 아직 파편적이지만 횟수와 규모는 매우 크다. 이른바 '집단 행동'이 2008년에 18만 건, 2009년 상반기에만 6만 건이 발생했다. 이것은 1920년대 중국 혁명기 이후 최대 규모다. 중국 역사에서 소수민족 자결권이 최초로 제기된 것이 바로 1920년대였다.

중국 지배자들이 한족 민족주의를 이용해 피억압 민족에 대한 지배를 정당화하고 있지만, 오늘날 중국의 노동계급과 피억압 민중이 한족 민족주의에서 얻을 수 있는 것은 없다. 오히려 '중화 제국주의'의 부상으로 주변 정세가 불안정해지고 장기적으로는 전쟁이 일어난다면 총알받이가 되고 전비 부담을 져야 하는 것은 한족 노동계급과 피억압 민중이다. 또, 민족주의를 통해 계급 체제의 모순을 감춤으로써 저임금과 관료의 부패로 고통받는 것도 노동계급과 피억압 민중이다.

1989년 톈안먼 항쟁은 한족 노동자 민중 항쟁과 소수민족 투쟁이 결합될 가능성을 언뜻 보여 줬다.

1989년 5월 베이징 톈안먼 광장에서 대학생들이 민주화를 요구하며 단식 투쟁을 시작했을 때 신장에서도 위구르족 대학생들이 지지 시위를 벌였다. 이 시위는 곧 신장 지역의 민주화, 즉 소수민족의 자결권을 요구하는 운동으로 발전했다. 당시 톈안먼 광장에서는 위구르족인 우어카이가 광장의 지도자 중 한 명이 되기도 했다.

비록 중국 정부의 탄압으로 톈안먼 항쟁이 좌절됐지만, 최소한 한족 노동자·민중과 소수민족이 공동의 적에 맞서 연대할 수 있는 가능성을 보여 줬다.

오늘날 한족 노동자·민중 투쟁이 다시 한번 1920년대나 1989년 같은 대규모 항쟁으로 발전하고 중국 사회의 진정한 민주화의 길이 열린다면, 신장 위구르족 등 중국 내 소수민족 문제를 해결하는 데 훨씬 유리한 조건이 형성될 것이다.

파룬궁 —
왜 중국 정권은 종교 집단을 탄압하는가?

지난 7월에 중국 정부는 매우 급속하게 교세를 확장해 온 종교 집단인 파룬궁에 대한 대대적인 탄압을 시작했다. 중국 당국은 파룬궁 신도 수천 명을 체포하고 많은 책과 비디오테잎을 압수했고, 심지어 파룬궁의 인터넷 웹사이트를 폐쇄하려 했다. 이것은 10년 전 천안문 광장의 민주화 요구 시위를 분쇄한 이후로 가장 큰 규모의 국가 탄압이었다.

신도들은 파룬궁 조직에서 공개적으로 탈퇴할 것을 강요받고 있다. 게다가 신도들은 그들이 속한 직장의 "자기비판" 모임에 출두하라는 통보를 받고 있다. 국영 언론은 파룬궁을 비난하는 프로그램을 내보내는 데 몇 시간을 할애했다. 국영 언론은 현재 뉴욕에 망명 중인 파룬궁 지도자 리훙즈를 "사악한 인물"로 그렸다.

이 글은 《비판과 대안》 2호(1999년 9월)에 실린 것이다.

파룬궁은 7년 전에 창교해 1억 명 — 중국에만 7천 만 명 — 의 추종자를 끌어모았다고 한다. 파룬궁은 불교와 도교와 전통적인 기 수련을 혼합한 종교 이념을 갖고 있다. 이 숫자는 과장됐을 수도 있다. 그러나 어쨌든 파룬궁의 규모 — 그리고 많은 공산당원들이 파룬궁에 가입했다는 사실 — 는 중국 정부를 놀라게 했다.

아이러니게도 천안문 광장 학살 이후에 중국 정부는 사회적 불만을 다른 데로 돌리는 수단으로서 파룬궁을 비롯한 종교 조직들을 은근히 장려했다. 그러나 파룬궁은 교세를 확장하면서 갈수록 국가의 감독을 거부하고 당국의 인정을 요구했다. 올해 4월 파룬궁은 최고 지도자들의 거주지 부근에서 1만 명 규모의 시위를 벌임으로써 정부를 당혹스럽게 했다.

파룬궁의 주목할 만한 교세 확장과 정부의 가차없는 대응은 중국의 대규모 사회·경제 위기와 관련해서만 이해할 수 있다. 지난 20년 동안 중국의 시장 지향 개혁은 극소수의 인구를 부자로 만들었다. 그러나, 동시에, 그것은 엄청난 불평등과 사회적 격변을 만들어 냈다.

2년 전에 시작된 아시아의 위기는 상황을 훨씬 더 악화시켰다. 실업률은 1949년 이래 최고 수준으로 치솟았다. 1억 명 이상이 일자리에서 쫓겨났다. 그 동안 정부에 대한 환멸이 커지면서 많은 사람들이 위안을 얻고자 신비주의적 신앙에 기댔다. 동시에, 정부는 종교 운동조차도 권력을 위협할 수 있음을 걱정하고 있다.

중국 경제는 여전히 공식적으로는 성장하고 있지만, 생산물을 내다팔 시장은 갈수록 축소되고 있다. 핵심적인 제조업 상품의 3분의

2가 "과잉공급" — 적정한 이윤을 남기면서 팔 수 없다는 뜻 — 상태다. 과잉생산 위기는 물가 하락과 일련의 부도 사태와 심각한 금융체제 위기를 빚어 왔다. 중국 정부는 그에 대한 대응으로 더 많은 국영기업을 폐쇄해 왔다. 이 때문에 실업률은 훨씬 더 증대하고 있다. 동시에, 외국인 투자 — 중국 지도자들이 새로운 일자리 창출을 기대했던 — 는 감소하고 있다. 〈이코노미스트〉는 올해 대중국 외국인 직접투자가 1998년에 비해 3분의 1 감소할 것 같다고 예측했다.

인터넷 분석 서비스인 스트랫퍼에 따르면, "중국은 경제를 통제할 수 없다는 바로 그 점 때문에 파룬궁에게 시달리고 있다. [중국 정부는] 경제가 어렵다는 것을 너무 잘 알고 있다. 중국 정부는 그 문제에 관해 할 수 있는 일이 별로 없다는 것도 잘 알고 있다. 그래서 중국은 경제 침체가 낳을 불가피한 사회적 결과에 대비하고 있다. 극단적인 상황에서는 해롭지 않은 신흥종교조차도 걷잡을 수 없는 것으로 돌변할 수 있기 때문이다."

그러나 중국 정부는 커다란 도박을 하고 있다. 예컨대, 파룬궁에 대한 탄압은 더 큰 분노를 불러들일 수 있다. 한편, 경제 위기가 악화하면서 중국에서는 파업과 시위가 두드러지게 증가해 왔다. 이런 행동들은 중국의 미래를 위한 진정한 희망을 보여 준다.

동북공정 — 중국의 동아시아 제패 프로젝트

최근 중국의 동북공정은 제국주의 세계질서의 한 단면을 보여 주는 것이다. 이 점에서 내가 2004년 《다함께》 36호와 38호에서 동북공정을 중국의 '내부 통합용'으로만 파악한 것은 다소 협소했다.

물론 동북공정은 1990년대부터 강화된 '현대 중화민족 재창출'이라는 내부 통합 프로젝트의 일부다. 중국은 1991년 옛 소련의 해체가 소수민족 분리 운동에 미칠 영향을 두려워했다. 그래서 중국은 고대사를 다시 써 신장 위구르족, 몽고족, 티베트족 등에 대한 '동화' 정책을 합리화했다. 또, 개혁·개방 이후 첨예해지는 계급 갈등을 '중화 민족주의'로 대처하려 했다.

그러나 동북공정이 '내부 통합'을 넘어 최근의 제국주의 질서 재편에 대한 중국식 대응이라는 점도 볼 필요가 있다.

2001년 9·11 이후 미국이 벌인 "테러와의 전쟁"은 각 열강들 사이

한규한. 〈맞불〉 12호, 2006년 9월 11일. https://wspaper.org/article/3399.

의 긴장을 심화시켰다. 열강들은 때론 미국의 세계 제패 전략에 편승해서, 때론 그것을 견제함으로써 자신들의 지역 패권을 추구하려 한다. 러시아는 체첸 공격을 강화했고, 중국도 자국내 이슬람 소수민족에 "테러와의 전쟁"을 선포하는 동시에, 상하이협력기구 등을 통해 중앙아시아 지역에 영향력을 증대하려 한다.

동북아시아에서도 제국주의 국가 간 경쟁이 격화하고 있다. 특히 미국의 비호하에 강화되는 일본의 군국주의화는 중국으로 하여금 패권 강화 노력을 배가하게 하는 압력이다. 대만은 태풍의 눈이 되고 있다. 북한도 이런 경쟁의 제물이 될 가능성이 있다. 사실, 미국과 일본은 북한의 내부 변동에 대한 군사 개입 태세를 갖췄다. 일본의 '유사법제'는 북한의 변동에 개입하려는 것이다.

유사법제

한미동맹 역시 마찬가지다. 지난 달 13일 노무현은 "북한 위기시 미국과 중국이 한국을 제쳐놓고 북한 문제를 처리할 가능성이 있다"고 말했다. 이 점에서, 작년 한국 정부가 미국의 '개념5029'계획에 합의했다는 것을 기억해야 한다. '개념5029'는 북한 내부 소요사태, 정권 붕괴, 대규모 탈북 사태 등 '우발상황'에 대비하기 위한 계획이다.

공개적이지는 않지만 중국도 북한의 '만일의 사태'에 대비하고 있다. 물론 중국은 당장은 동북아시아에서 '현상유지'를 원하기 때문에 북한에서 급격한 변화가 일어나기를 바라지 않는다. 그러나 '유사

상황'이 올 경우 직접 개입하는 것을 배제하지 않을 것이다. 미국의 대북특사를 지낸 찰스 프리처드는 "북한이 붕괴할 때 중국으로 흡수 통합될 가능성이 크다"며 다소 단정적으로 중국의 개입을 전망하기도 했다(〈서울신문〉 9월 8일치).

중국은 북한에 개입하기 위한 군사적 준비를 강화하고 있다. 중국은 2003년 북·중 국경 경비를 경찰에서 정규군으로 바꿨다. 홍콩 경제지 〈신보〉의 보도대로라면 "중국이 북한 정권 붕괴에 대비하는 시나리오는 오래 전에 작성됐으며 실제로 여러 차례 도상연습까지 마"쳤다.

또, 지난 번 북한의 미사일 발사에 대한 경고로 중국군 선양군구 병력 2천여 명을 연변 조선족 자치구에 추가 증원했고, 7월 25일 북·중 국경지대에서 미사일 발사 실험을 했다. 게다가 미국이 제안한 '세계핵테러리즘방지구상(GICNT)'에 참여할 뜻을 밝혀, 북핵 문제에 군사적으로 개입할 수도 있는 길을 열어 놓으려 한다.

동북공정의 고대사 왜곡 — 한강 이북이 자신의 역사적 영토였다는 주장 등 — 은 장차 있을지도 모르는 북한의 급격한 변동에 개입하기 위한 중국 식 제국주의의 이데올로기 기반을 제공하고 있다.

즉, "중국은 북한의 예상되는 돌발사태의 경우 한반도 북부 지역에 대한 적극적인 개입 의지를 우회적으로 표명한 것"이다. "말하자면 북한 영토는 중국의 소수민족 정권이었던 고구려의 영토로 당연히 중국의 개입 사안이 된다는 주장"이다.(조민, 2004년 '통일연구원 연구진 발표')

중국이 미국을 추월할까?

　중국이 세계 경제 발전을 둘러싼 논쟁의 화두로 갑자기 떠올랐다. 이것은 놀라운 일이 아니다. 중국은 20년 넘게 경제 성장이 지속돼 왔으며, 1990년대 말 동아시아의 다른 신흥 공업 경제들을 강타한 불황도 겪지 않았고, 지금은 세계 최대의 철강 생산국이다. 중국의 수출이 세계 전체 수출에서 차지하는 비율은 1980년 약 1.2퍼센트에서 오늘날 약 5퍼센트(대략 영국과 같은 규모)로 증가했다. 연평균 17퍼센트에 이르는 중국의 지속적 성장 때문에 일부 평론가들은 중국을 "세계의 공장"이라고 부르며, 2010년이면 중국의 수출이 미국을 능가할 수 있다고 예측하고 있다.(마틴 울프, 〈파이낸셜 타임스〉 2003년 11월 12일치)

　이런 성장 때문에 지금 중국에 대한 외국 자본 투자가 급속히 증

크리스 하먼. 격주간 〈다함께〉 25호, 2004년 2월 28일. https://wspaper.org/article/1122.

가하고 있으며, 그래서 미국은 같은 북미자유무역지대(NAFTA) 회원국인 멕시코보다 중국에 더 많이 투자하고 있다. 이와 동시에, 중국은 엄청난 양의 원자재를 소비해 브라질 같은 나라 자본가들의 주요 고객이 됐으며, 이 덕분에 그런 나라들은 미국과 유럽연합에 대한 의존도가 줄어들고 있다.(미국과 유럽연합은 브라질로부터 해마다 각각 약 140억 달러어치를 수입한다.) "6월과 7월에 중국은 아르헨티나의 최대 수출 시장이었으며, 2003년 1월부터 8월까지 브라질의 대중국 수출은 136퍼센트나 치솟아 거의 30억 달러에 이른다."(〈파이낸셜 타임스〉 2003년 9월 26일치)

중국이 세계 시장에서 성공한 것은 시장 자본주의의 고전적 기구들 — 주식 시장, 산업의 성공을 이윤 잣대로 측정하기, 외국인 직접 투자의 자유 보장 등 — 을 많이 도입한 것과 일치했다. 이것은 많은 좌파가 갖고 있던 신념(흥미롭게도, 레닌과 트로츠키의 저작들에서는 결코 찾아볼 수 없는)에 이의를 제기한다. 즉, 세계 자본주의 체제와 연계된 제3세계 나라들은 경제적으로 발전할 수 없다는 신념 말이다.

이 점을 포착한 신자유주의 이데올로그들은 시장을 수용한 중국이야말로 다른 제3세계 나라들이 따라야 할 모범이라고 주장한다. [경제에 대한] 국가 통제를 폐지하기만 하면 그런 나라들도 호황을 누릴 수 있으며 만연한 대중 빈곤도 극복할 수 있다는 것이다.

이런 주장에는 세가지 주된 결함이 있다. [첫째,] 지난 20년 동안 중국의 시장 자본주의가 성공할 수 있었던 것은 그 전 30년 동안 국가 자본주의를 추구했기 때문이다. 동아시아의 다른 두 주요 호랑이들인 한국이나 대만과 마찬가지로 국가가 [경제를] 지도해 기간산업들을 건설하고 강력한 탄압으로 대중의 생활 수준을 계속 억제했다. 자본의 "원시적" 축적이라는 이 선행 시기가 없었다면 중국은 세계 시장으로 진입하는 데 성공할 수 없었을 것이다.

이것은 진정한 의미의 사회주의와 아무 관계도 없었다. 대다수 국민이 굶주림에서 벗어났다고 할 수 없는 아주 가난한 나라에서 국민소득의 약 30퍼센트가 공업 — 흔히 매우 비효율적인 — 과 국방을 건설하는 데 들어갔다. 주민 대중에게 떠넘겨진 부담은 엄청난 것이어서, 그것이 최고에 이른 1950년대 말의 "대약진" 기간에는 기근으로 약 2천만 명이 사망했다. 그런 부담을 강요할 수 있었던 것은 오직 온갖 전체주의적 [억압] 장치들과 개인 숭배였고, 이는 《대륙의 딸들》(Wild Swans)[금토, 1999년] 같은 책들이 묘사하는 "문화혁명" 시기의 마녀사냥에서 절정에 이르렀다.

국가자본주의

그런 공포에 기초한 중공업 성장이 없었다면, 1970년대 말 이래로 중국 수출 산업의 성공도 불가능했을 것이다. 중국의 수출 산업들을 좌우한 것은 동부와 동남부 연안 지역의 새로운 사기업들(흔히 "합작사"라고 부르는)에 값싸고 풍부한 생산요소들을 공급한 북부의 국영 기업들이었다.

둘째, 중국식 "발전"을 찬양하는 신자유주의자들은 그 불균등성(많은 국가 통제 발전 모델에서도 나타나는)을 무시한다. 지금 중국에는 고층 빌딩들이 늘어선 현대식 도심지들뿐 아니라 사람들이 엄청 가난하게 사는 농촌들도 수없이 많다. 세계은행의 추산에 따르면, 중국인 2억 4백만 명 — 여섯 명 중 한 명꼴 — 이 하루 1달러 미만으로 생활하고 있다. 이들은 대부분 농촌에서 살고 있다. 심지어 대도시에 비교적 가까운 농촌들에서도 빈곤은 심각하다. 이것은 몇 년 전 농촌 학교를 다룬 [장이머우 감독의] 중국 영화 <책상서랍 속의 동화>에서도 드러난다. 무역과 공업의 중심지에서 떨어진 곳의 상황은 더 끔찍하다.

그래서 중국사회과학원 소속 연구원 유지안롱이 작성한 보고서는 이렇게 말한다. "도시와 농촌의 관리들은 권력을 직접·간접으로 이용해 사리사욕을 채우고 뇌물을 받고 공갈·협박을 일삼고 향응을 제공받는다. 그 때문에 관리들과 민중 사이에 긴장 관계가 조성되고 있다."

허난성(河南省)의 한 농부는 자신이 납부해야 하는 각종 세금과 공과금을 열거했는데, 촌락 유지비, 공익 비용, 행정 비용, 교육비, 구호 기금, 민병대 훈련비, 도로 보수비, 가족 계획비 등이었다. 심지어 공과금 징수를 위한 공과금도 있었다.(<파이낸셜 타임스> 2003년 9월 23일치)

일부 관리들은 경제 성장으로 창출된 부의 일부가 농촌으로 흘러들어갈 것이므로 전체 빈곤 수준은 중요하지 않다고 말한다. 농업부 연구원 장샤오후이는 어떻게 "냉장고·TV·에어컨·휴대전화 등 내구재에 대한 농촌의 1인당 평균 지출이 지난해에 33퍼센트 증가해 89위 안이 됐는지" 얘기한다.(<파이낸셜 타임스> 2003년 9월 23일치) 그러나 89위안은 겨우 5파운드[약 1만 원]에 불과하며, 이는 농촌의 번영을 보여 주는 것이라고 말하기 힘들다. 그리고 이 총액도 농가들 사이에 균등하게 분배되지 않고 관리나 부농들 수중에 집중될 것이다.

이를 보면, 서구식 생활과 사치품에 점차 익숙해지는 중간계급 이미지들에도 불구하고 [리양 감독의] 중국 영화 〈맹정〉(盲井)에 나오는 사람들과 비슷한 농민이 여전히 1억 명에서 1억 5천만 명이나 존재하는 이유를 알 수 있다. 그들은 해마다 도시로 쏟아져 들어와 갖가지 임시일용직 일자리를 얻기 위해 발버둥치고 있다.

불균등 발전

거기서 그들은 또 다른 3천만 명의 도시 실업자들과 취업 경쟁을 벌인다. 이 수치는 하락할 조짐이 안 보인다. 낡은 중공업들의 효율을 증대시켜 새로운 수출 산업들을 위한 생산요소를 창출하기 위해 그런 낡은 중공업에서 인력을 감축하고 있기 때문이다. 현재 상황을 잘 보여 주는 사례는 페트로차이나(중국 석유·천연가스 유한공사: 여전히 지분의 90퍼센트를 국가가 소유하고 있는)다. 이 회사는 한때 1백60만 명에 달했던 인력의 4분의 3을 감축했다. 중공업에서 일자리를 잃은 사람들은 그와 함께 최소한의 복지 혜택들(저렴한 주거비나 의료비 등) — 이른바 "철밥통" — 도 잃게 된다.

다른 산업들이 성장함에 따라 창출되는 새로운 일자리의 압도 다수는 심각한 빈곤과 비교했을 때만 매력적으로 보인다. 도시 실업자와 대다수 농민은 바로 그런 심각한 빈곤에 처해 있다. 그래서 예컨 대 11만 명을 고용하고 있는 신발회사 푸첸이 노동자들에게 지급하는 대가는 겨우 "월급 약 59파운드(약 13만 원), 즉 주당 최대 69시 간 노동에 시간당 임금 27펜스(약 6백 원)와 엄격한 야간 통금을 지 켜야 하는 이주 노동자용 기숙사뿐이다."(〈파이낸셜 타임스〉 2003 년 2월 4일치)

농촌 빈곤, 실업, 사양 산업의 인력 감축, 저임금은 중국식 "모델"의 우연적 특징이 아니라 핵심적 특징이다. 생산량 증대가 축적률에 좌 우되는 정도는 지령 경제의 전성기보다 지금 훨씬 더 크다.

계산에 따르면, 국민소득의 40퍼센트가 "저축"된다. 즉, 소비되지 않고 이런저런 종류의 투자로 전용된다. 이것은 대다수 국민의 생활 수준을 최대한 억제하지 않으면 불가능하다. 수백만 달러를 소유한 부자들의 수가 몇 곱절 늘어나고 중간계급 일부가 처음으로 서구식 소비재를 이용할 수 있게 됐는데도 말이다. 마르크스 당시의 영국과 마찬가지로, [중국에서도] 부의 축적은 곧 빈곤의 축적이다.

중국식 "모델"을 옹호하는 사람들은 이것이 일시적 현상이라고 주 장한다. 경제가 더 성장하면 농민들이 현대적 부문으로 유입될 것이 고 그 부문의 임금도 국민총생산의 증대와 함께 증가할 것이라고 한 다. 사실, 그들은 중국의 막대한 소비재 수요 덕분에 여전히 가난한 다른 아시아 지역들이 똑같은 산업화 경로를 추구할 수 있는 시기가 올 것이라고 예견한다. 그들은 중국의 성장이 먼 미래까지 평온하게 계속될 것이라고 생각한다.

이것이 그들의 셋째 오류다. 그런 식으로 중국의 성장이 평온하게 계속될 것이라는 보증은 결코 없다. 사실, 중국식 모델에는 여러 요인들이 내재해 있고, 세계체제와 그 모델이 결합되면서 그런 전망의 실현 가능성은 희박해진다.

그 모델은 축적 수준에 달려 있는데, 그 축적 수준은 쉽게 지속될 수도 없지만 그렇다고 포기해 버릴 수도 없다. "새로운" 산업들의 역동성은 생산설비를 확장하기 위해 중국 기업 상호 간에, 그리고 외국 기업들과 미친 듯이 경쟁하는 것에 기초하고 있다.

당장은 이 덕분에 중국의 수출이 증대하고, 국내적으로 중간계급의 부유한 부문이 이용할 수 있는 소비재가 급속히 증대하게 된다. 그래서 [2003년] 10월의 자동차 판매는 1년 전보다 40퍼센트 증가했고 가구 판매는 40퍼센트, 가정용품과 오디오·비디오 판매도 21.5퍼센트 증가했다.

그러나 고전적 자본주의 호황에서 그랬듯이, 심각한 문제들이 표면 바로 아래 숨어 있다.

과잉생산

첫째는 지속적인 과잉생산 경향이다. 축적을 위해 임금과 농민 소득을 억제해야 하고, 이 때문에 국내 시장이 급속히 확장되지 못하고 있는데도, 서로 경쟁하는 기업들은 생산설비를 증설하고 있다. 국가통계국에 따르면, "중국 제조업 제품의 90퍼센트가 공급과잉 상태다." 중국 정부 관리들은 "부동산, 시멘트, 철강, 자동차, 알루미늄을 포함해 많은 부문들이 과잉투자 상태"라고 불평한다.

기업들은 가격을 대폭 인하함으로써 소비재 과잉생산 문제를 해결하려 했다. "중국 기업들 사이에서 가격 전쟁이 특히 격렬한 이유는 경쟁 업체들이 단기 수익성의 개선을 추구하지 않고 흔히 시장 점유율을 높이려 하기 때문이다. … 무자비한 공급 경쟁 때문에 많은 현지 기업들은 매출 이익이 거의 제로에 가깝다. …"(〈파이낸셜 타임스〉 2003년 2월 4일치)

많은 수출품의 수익성도 별로 높지 않다. 해외 시장에서 중국 기업들이 더는 한국 같은 기존 공업국들의 고가 제품과 경쟁하는 것이 아니라 다른 중국 기업들의 저가 제품들과 경쟁하고 있기 때문이다. 이를테면, 더 값싼 중국산 전기제품들의 소매 가격이 하락한 것이 그런 사례다.

과잉생산 경향과 동시에, 노동집약적 기계설비류 투자가 아니라 자본집약적 기계설비류 투자가 지속된다. "흔히 기업들은 노동자를 고용하고 훈련시키는 것보다는 기계화에 돈을 쓰는 것이 더 싸게 먹힌다는 것을 알게 됐다.

그 결과는 최근 몇 년 동안 국내총생산(GDP) 성장에 비해 일자리 창출이 감소한 것이라고 베이징 젱화(淸華) 대학교의 리슈구앙은 말한다."(〈파이낸셜 타임스〉 2003년 10월 23일치)

다시 말해, 시장의 한계까지 생산이 증대함에 따라 노동 대비 [기계설비류] 투자의 비율이 증대하는 것 — 마르크스는 이를 "자본의 유기적 구성 고도화"라고 불렀다 — 이다. 두 요인이 결합돼 실질 산업 이윤을 압박하고 있지만, 이는 기꺼이 대출하려는 은행들에 가려 드러나지 않고 있다.

그러나 이것은 은행 자체에 대한 문제들을 제기한다. "부실 대출"이 GDP의 20~45퍼센트나 되는 것으로 추정된다. 〈파이낸셜 타임스〉는 "어떻게 측정하든 중국의 금융제도는 경제 대국 가운데 가장 취약하다." 하고 논평했다.

정부는 은행 파산을 막기 위해 개입할 수 있고 십중팔구 그렇게 할 것이다. 그러나 그 비용은 정부의 수입을 막대하게 잠식할 것이다.

해외 판매 신장은 수익성에 대한 압박을 덜 수 있는 유일한 방법이다. 그러나 그것은, 적어도 부분적으로는, 중국 정부가 무역수지 혹자 때문에 중국 통화인 위안 화의 가치를 절상하지 않고 그럼으로써 제품의 가격이 낮게 유지되는 데 달려 있다. 미국 정부가 요구하는 위안화 절상은 중국 수출품의 가격을 인상시킬 것이고 중국 국내에서 생산된 제품보다 해외 수입품의 경쟁력을 더 높일 것이다.

이것은 달러화 가치를 높게 유지시키고 자국 통화 가치를 낮게 유지하기 위해 미국 금융기관들에 거액을 대출함으로써 필사적으로 산업을 확장하고 공업화를 달성하는 데 혈안이 된 [중국] 지배자들에게는 분명히 불합리한 상황이다. 결정적인 불합리는 이 돈의 일부가 지금 중국으로 되돌아와 미국계 다국적기업들이 중국 산업의 일부를 지배할 수 있다는 점이다.

중국은 안정된 성장의 길을 가고 있기는커녕, 그 지배자들은 아슬아슬한 줄타기를 하고 있다.

그리고 그 줄타기는 부분적으로 미국 정부의 또 다른 줄타기에 달려 있다. 미국 정부는 중국과 여타 동아시아 나라들의 자금을 계속 끌어들여 달러화 붕괴를 막으려고 노력하는 한편, 미국 제조업자들의 처지를 개선하기 위해 중국 정부에 위안화를 절상시키라는 압력을 넣고 있다.

줄타기가 혹시 효과를 낼지도 모른다. 1990년대 초와 1990년대 말에 중국의 경제 위기가 임박했던 무서운 예언들(예컨대 "중국은 일본병에 걸릴 것"이라던 1998년 10월치 〈이코노미스트〉의 주장)은 잘못된 것이었음이 드러났다.

그러나 제 정신이 있는 사람이라면 중국에 유리한 결과가 무한정 계속될 것이라고 장담할 사람은 아무도 없을 것이다.

자본주의의 호황이 붕괴하면 항상 끔찍한 불황이 찾아오는 것은 아니지만, 그렇다고 해서 그런 일이 결코 일어나지 말라는 법도 없다.

지금처럼 위기가 지속되는 국면에서조차 자본주의에는 역동성이 존재한다. 경쟁의 결과 일부 자본들은 — 가끔은 뜻밖에 — 성장할 수 있고, 다른 자본들은 마찬가지로 뜻밖에 쇠퇴할 수 있다. 그러나 역동성은 체제 전체에 균형 성장이 아니라 불안정을 일으키고, 이것이 이번에는 갑작스런 정치·사회 위기로 돌변한다.

다른 한편, 경제 성장 때문에 노동계급이라는 사회세력의 규모가 커지고 있다. 이들을 두려워한 중국 정권은 1989년 천안문 광장에서 학생 시위를 그토록 잔인하게 진압했었다.

지난 몇 년 동안 낡은 산업뿐 아니라 새로운 산업에서도 빈발한 파업들은 그 세력이 옛 국가자본가들과 그들의 사적 자본가 후손들 모두에 대항하는 독자적 투쟁 전통을 발전시키기 시작하고 있음을 보여 주고 있다.

발전하는 중미 갈등과 동아시아의 불안정

　　남중국해 스카보러섬(황옌다오)을 둘러싼 중국과 필리핀의 영유권 분쟁이 격화하고 있다. 양국의 해상 대치가 장기간 지속되자, 중국 정부는 군함들을 추가로 집결시키고 필리핀 관광도 중단했다. 중국 관영언론 〈인민일보〉는 "더 이상 참을 수 없다면 참지 말라"며 '일전 불사'를 외쳤다. 이 때문에 남중국해에서 조만간 국지전이 발생할지 모른다는 우려마저 나오고 있다.

　　중국이 강경하게 나오는 데는 최근 필리핀이 미국과 군사 협력을 강화하는 것이 관련돼 있다. 4월 16~27일 미국과 필리핀은 남중국해 팔라완과 루손섬 일대에서 연례 합동군사훈련인 발리카탄 훈련을 실시했다. 이때 미국 태평양 해병대 사령관은 "남중국해의 난사군도도 미·필리핀 상호방위조약의 적용 대상"이라고 밝혔다. 즉, 유사시 남중국해에서 필리핀과 중국의 분쟁에 미국도 개입할 수 있다는

김영익. 〈레프트21〉 81호, 2012년 5월 13일. https://wspaper.org/article/11184.

것이다.

즉 이 사태의 배경에는 중미 갈등이 놓여 있다. 남중국해는 한국, 중국, 일본에게 매우 중요한 해상 무역로이며, 주변국들이 영유권 분쟁을 벌이는 곳이다. 이곳에서 미국은 중국의 부상에 긴장하는 주변 국가들에게 보호막을 제공하려 하고, 이에 중국이 민감하게 반응하는 것이다.

또한 미국은 중국 감시 활동에서 공조를 강화하는 등의 내용을 담은 '동적 방위 협력'을 추진하기로 일본과 합의했다. 미군은 일본 자위대와 앞으로 괌과 북마리아나 제도 등에서 훈련 시설을 공동으로 사용하며 합동 훈련을 하기로 했다. 남중국해와 인도양 등지의 분쟁에 신속하게 개입하기 위해 오키나와 주둔 미 해병대 병력 중 9천여 명을

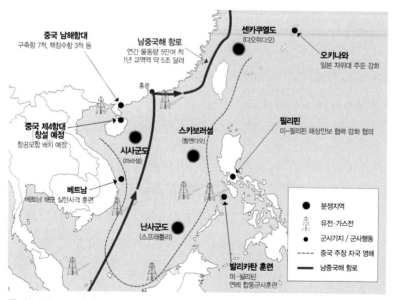

중미 갈등으로 긴장이 고조하는 남중국해. 한·중·일의 주요 무역로이자 자원 수입선인 이곳의 불안정은 동아시아 전체에 큰 파장을 낳을 것이다.

괌, 호주 등으로 분산 배치할 것이다.

이처럼 오바마 행정부는 곳곳에서 중국을 옥죄는 포위 전략을 강화해 나가고 있다.

이런 움직임에 중국 지배자들이 가만히 있을 리 없다. 중국과 러시아는 4월 22~27일 한반도 서해에서 최초의 공식 연합 해상훈련을 했다. 이 훈련에 중국의 함정 16척과 잠수함 2척, 러시아 함정 7척 등 대규모 병력이 참가했다.

이처럼 중국에 대한 미국의 포위 전략과 중국의 맞대응은 동아시아에서 점점 긴장을 고조시키고 있다.

이는 쉽게 해결될 성질의 문제가 아니다. 미국이 '테러와의 전쟁' 패배와 2008년 경제 위기로 휘청거리는 사이에 중국은 상대적으로 부상할 수 있었다. 미국 지배자들은 전통적으로 유라시아에서 자신의 패권을 위협할 경쟁 국가의 부상을 경계해 왔는데, 지금 중국이 바로 그런 국가인 것이다.

중국이 아시아에서 미치는 경제적 영향력은 수년 전부터 급격히 증대했다. 2000년대 아시아 국가들의 대중국 수출 의존도가 매우 커졌고, 중국은 아시아 국가들의 외화 획득 원천과 시장으로서 미국의 구실을 대체하고 있다.

이런 변화 때문에 미국의 핵심 동맹국인 한국과 일본의 일부 지배자들 속에서도 중국과 미국 사이에서 '균형 외교'가 필요하다는 목소리가 제기돼 온 것이다.

"균형자" 전략

자국의 안정적인 경제 성장을 보장하기 위한 중국 지배자들의 외교적·군사적 노력도 미국의 지정학적 영향력에 위협이 된다. 예컨대 중국이 무역로 보호를 위해 해군력을 증강하는 것이 미국의 해상 통제력을 약화시킬 수 있다.

그리고 과거 냉전 시대와는 달리, 지금의 중미 갈등은 경제적 경쟁이 지정학적 경쟁과 맞물리고 있다.

미국은 심각한 무역 적자를 해소하고 국내 경기를 회복하기 위해 수출을 늘리고 싶어 한다. 즉, 미국 자본가들이 아시아 시장에 더 많은 상품과 서비스를 수출하기를 바라는 것이다. 미 국무장관 힐러리 클린턴은 올해 초 "개방된 아시아 시장은 미국에게 전례 없는 투자와 무역 기회와 첨단 기술에 접근할 기회를 줄 것이다" 하고 강조했다.

오바마 정부는 이것을 추구하는 데서 중국이 제일 중요한 고리임을 잘 알고 있다. 미국 정부는 끊임없이 중국에게 위안화 절상을 요구하고, 중국 내에서 미국 기업과 중국 기업이 "공정 경쟁"을 하도록 보장하라고 압박하고 있다.

이런 경제적 이익을 더 확보하기 위해서라도 미국 지배자들은 동아시아에서 중국을 겨냥해 군사적 역량을 강화해 나가는 것이다.

나아가 미국은 동아시아에서 자신이 중요한 "균형자"임을 내세우며 중국이 반미 연대를 구축하지 못하게 주변 국가들과 이간질하고, 자신을 중심으로 동맹들을 더 긴밀히 묶어 두는 전략을 펼치고 있다.

미국은 기존에 군사 동맹을 맺지 못한 국가들에게도 손을 내밀고 있다. 인도와 군사 협력 수준을 높이려 애쓰고, 서로 전쟁까지 한 베트남과도 긴밀한 협력 관계로 나아가고 있다. 심지어 중국 지배자와 가까운 버마 군부에게도 무역 봉쇄 조처 철회를 미끼로 접근한다.

또한 미국 정부가 한국과 FTA를 체결하고, 중국을 배제한 채 환태평양경제동반자협정(TPP)을 추진하는 것은 아시아의 경제 질서를 미국 중심으로 조정하려는 노력이기도 하다.

중국도 미국의 포위망을 뚫으려고 온갖 노력을 다한다. 예컨대 미국과 파키스탄이 잠시 소원해지는 틈을 타, 지난해 중국은 파키스탄 과다르 항구에 해군 기지 건설을 추진하고 파키스탄과 통화스와프를 맺었다. 중국과 러시아가 중심인 상하이협력기구가 2014년에 합동군사훈련을 하기로 하는 등 군사 동맹도 강화하고 있다. 그리고 한미FTA가 발효되자 서둘러 한중FTA 협상을 추진하고 있다.

물론 현재의 중미 갈등을 "신냉전"이라 부르는 것은 다소 과장이다. 아직 두 나라 지배자들은 갈등이 격렬한 충돌로 비화하는 것을 바라지 않는다. 그리고 중국은 여전히 경제력과 군사력 모두에서 미국과 격차가 크다. 무엇보다 냉전 때와 다르게 주변 국가들이 양 진영 중에 반드시 어느 한 쪽에만 속해야 하는 기로에 서 있지도 않다.

그러나 헤게모니를 둘러싼 중국과 미국의 '그레이트 게임' 때문에 동아시아 국가들의 관계는 한층 더 복잡하고 위험해지고 있다. 중미 갈등 속에서 남중국해 분쟁, 한반도 군사 충돌 등으로 동아시아 지역에 긴장이 쌓이는 일이 반복되고 있다.

그리고 이 와중에 한국·일본·인도 등의 지배자들은 '위협 세력'을 핑계로 군사력을 증대하는 등 동아시아 불안정에 일조하고 있다.

따라서 좌파는 한일 군사협정 체결, 북한 선제타격 작전 계획 추진 등 최근 이명박 정부가 추진하는 호전적이고 친제국주의적인 정책에 반대해야 한다. 그리고 지정학적·경제적 경쟁 속에서 군비를 증강하며 재앙을 만들어 내는 제국주의 체제 자체에 반대하는 입장을 분명히 하며 운동을 건설해 나가야 한다.

심화하는 동아시아의 불안정성

중국 정부가 얼마 전 전국인민대표자대회에서 통과시킨 "반국가
분열법"이 제국주의적 침략 법안임은 부인할 수 없는 사실이다. 일부
사람들은 강경파가 요구했던 '통일법'보다 약하다면서 애써 의미를
깎아내렸지만, 이 법에 대한 대만인들의 분노는 이해할 만하다.

중국은 대만을 향해 7백6기의 미사일을 배치해 놨다. 이런 상황에
서 "이 법은 중국이 대만인의 복지를 얼마나 염려하는지 증명한다"거
나 "반국가분열법은 평화를 위한 법이다"라고 주장하는 중국 공산
당 지배자들의 오만이 놀라울 따름이다.

덕분에 대만 정치는 다시 한 번 요동치게 됐다. 최근 친독립 진영인
대만 대통령 천수이볜은 연거푸 정치적 타격을 입었다. 그는 반국가
분열법의 제정을 자신의 정치적 지지를 회복할 기회로 확실하게 활용
하고 싶어하고 벌써 효과를 거두고 있다.

김용욱. 격주간 〈다함께〉 52호, 2005년 3월 30일.

국민당이 동원한 시위에는 10만 명이 참가했지만, 민진당이 동원한 시위에는 무려 50만 명 이상이 참가했다.

아마도 천수이볜과 그의 우파 동맹인 대만단결연맹은 가까운 미래에 독립과 관련된 요구를 가지고 다시 한 번 장난을 벌일지도 모른다.

그러나 '독립'을 둘러싼 대만 지배자 일부의 불장난은 양안 관계에 전혀 도움이 되지 않는다. 대만인의 압도 다수는 현상 유지를 바란다. 그들은 중국의 제국주의적 의도에 반대하지만, 천수이볜 등이 의도적으로 중국과의 관계를 긴장시키는 것도 반대한다.

하지만 지금 중국이 반국가분열법을 통과시킨 것은 단순히 양안 관계의 맥락에서만 보기는 어렵다.

천수이볜은 지난 12월 총선에서 예상보다 저조한 표를 얻은 뒤에, "임기 동안에는 독립을 주장하지 않겠다"고 야당 당수에게 약속했다. 일부 언론은 중국 정부가 이번 전인대에서 반국가분열법을 검토만 할거라고 성급하게 전망하기도 했다.

이런 상황에서 반국가분열법이 제정된 직접적 배경에는 지난 2월 19일에 있은 미-일 공동선언이 자리잡고 있다. 그리고 그 뒤에는 미국을 중심으로 한 동아시아 제국주의 경쟁 체제가 있다.

미국과 일본 정부는 미-일 공동선언에서 대만 해협의 안정이 두 국가의 "공통된 안보 관심사"라고 선언했다. 이것은 중국이 대만을 침공했을 때 일본도 미국과 함께 개입하겠다는 뜻이다.

냉전 시대에 미국이 소련을 견제하기 위해 중국에 접근했을 때, 대만 문제는 대소 봉쇄에 비해 언제나 부차적이었다. 중국은 미국의 동의 하에 세계 자본주의 체제로 편입됐다.

하지만 냉전 이후 1990년대 동안 중국 경제가 고도 성장을 구가하자 모순된 상황이 펼쳐졌다.

미국 지배자들은 〈이코노미스트〉가 "세계 경제의 양대 기관차 중 하나"라고 표현한 중국과의 관계가 지나치게 냉각되는 것을 바라지는 않았다.

하지만 지배자들 내 일부는 성장하는 중국에 대한 경계심을 정책으로 표현하고 실질적인 준비를 하기를 바랐다. 미국 의회와 대통령들은 중국의 팽창을 견제할 수 있는 전략적 요충지인 대만 방어를 주기적으로 선언했다.

또, 미국이 중동 석유를 통제하기 위해 이라크를 침략한 것은 중동 석유에 의존하는 중국을 노린 측면도 있다.

이런 강력한 견제 심리가 발동한 데는 중국의 도전이 새로운 성격의 도전이기 때문이다. 중국의 도전은 1980년대 일본의 도전과 다르다. 당시 도전은 순전히 경제적 도전에 한정된 것이었다. 하지만 지금 중국의 도전은 경제적일 뿐 아니라 군사적이기도 하다.

2001년 하이난 섬 영공에서 중국과 미국 스파이 비행기 충돌, MD 체제를 둘러싼 논란 등 두 국가 간의 군사적 긴장 관계는 주기적으로 불거져 왔다. 최근에는 유럽의 대중국 무기 수출 금지 조처의 해제를 둘러싼 힘겨룸이 있었다.(일단 미국의 승리로 끝났다)

일본이 이런 미중간 긴장 관계에서 한몫 하게 된 것은 단지 미국의 압력 때문이 아니었다. 중국이 아시아에서 일본의 지위를 조금씩 잠식하면서 일본 지배자들내 견제심리도 커지고 있다.

〈워싱턴 포스트〉의 에드워드 코디는 "중국의 대외 진출이 확대되면서 중국은 불가피하게 기존 국제 관계와 충돌하게 됐다. 아시아 지역과 광범한 경제 관계를 맺고 있는 일본이 이런 중국의 영향력 증대를 가장 예민하게 느끼고 있다." 하고 지적했다.

이런 긴장은 때때로 소규모지만 군사 행동으로 연결되기도 했다. 작년 11월 일본 영해로 잠입한 중국 잠수함과 일본 대잠 초계기 사이에 며칠간 추격전이 벌어졌다.

하지만 모순되게도, 일본 자본주의는 중국 자본주의와 매우 빠른 속도로 통합되고 있다. 2004년에는 중국이 미국을 제치고 최대 무역국이 됐다. 이런 점 때문에 일본 지배자들도 미국 지배자들처럼 중국에 대해서 일관되게 봉쇄 정책을 펼칠 수 없다.

그러나 일본은 미국과 마찬가지로 견제 정책을 취하고 싶어한다. 지난 2월의 미·일 공동선언은 이런 점에서 두 제국주의 국가 간 이해관계가 일치했기 때문에 가능했다.

단기간 내에 중국과 미·일이 전면전을 벌일 가능성은 희박하다. 하지만 지금 같은 위기는 계속 반복될 것이다. 대만 문제는 이런 위기를 급격하게 악화시킬 수 있는 악재가 돼 가고 있다.

우리는 여전히 경제적 통합이 진행되면서도 경제적·군사적 경쟁은 더 치열해지는 제국주의 체제에서 살고 있다.

일본 — 기적의 시작과 끝

　1945년 이후 일본은 경제적으로 엄청난 성공을 거두었다. 그 때문에 일본은 많은 서방 자본가들에게 부럽고 신비스러운 존재가 되어 왔다. 정말로 일본의 기적은 끝이 없을 것만 같았다. 게다가 일본에서는 매우 평화로운 노사관계가 '정착'되어 있지 않은가?

　2차세계대전 이후에 일본 경제가 자신의 경쟁자들보다 더 유리한 고지에 올라선 것은 분명한 사실이다. 그러나 그것이 일본 자본주의가 세계자본주의의 리듬으로부터 자유롭게 작동해 왔다는 것을 뜻하지는 않는다. 실제로, 일본이 급성장한 1950년대 중반부터 70년대 중반까지는 세계자본주의가 유례없는 호황을 누리던 시기였다. 한편 1973~75년의 세계자본주의의 위기는 일본조차 예외로 남겨 두지 않았다.

　일본 자본주의가 상대적인 이득을 누리며 '기적'에 가까운 성장을

이 글은 《사회주의 평론》 4호(1995년 7~8월)에 실린 것이다.

할 수 있었던 것은 군사비용의 수준이 매우 낮았던 것과 관련이 있다. 냉전 시기에 미국의 군사력이 일본을 보호하는 그늘이 되어 주었기 때문에 일본은 모든 에너지를 경제성장에 쏟아부을 수 있었다. 어떤 사람은 이것을 두고 "안보의 무임승차"라고 불렀다. 그러나 최근 일본의 급속한 군비증강은 그러한 성장 방식에 한계가 있다는 것을 말해 준다. 냉전이 끝나 새로운 세력 재편이 이루어지는 상황에서 자립적인 군사력이 강하지 않다면 탁월한 경제력조차 온전히 보호될 수 없기 때문이다. 일본이 유엔 안전보장이사회의 상임이사국에 끼어들려고 애쓰는 것도 이와 같은 맥락이다.

전후 복구 과정

2차세계대전이 끝난 후 패전국 일본은 1952년까지 미국의 점령 아래 있었다.

미 군정은 일본 산업의 복구를 급선무로 생각했다. 그러나 종전 이후 몇 년 동안은 좀처럼 안정된 토대를 마련하지 못했다.

산업 생산은 1947년까지 전쟁 전의 3분의 1 수준으로밖에 증가하지 않았다. 생산이 적은 만큼 이윤도 적었다. 식량은 미국의 원조액에 힘입어 겨우 수입할 수 있었지만, 전반적으로 외환이 부족해서 공업 원료를 수입하는 것조차 힘겨웠다. 그래서 국제수지는 1946년과 1947년에 국내총생산(GDP)의 4%에 달하는 적자를 기록했다. 또 인플레이션은 항복 후 6개월 동안 42%까지 치솟았다. 정부는 인플레이션을 억제하기 위하여 1946년에 통화개혁을 실시했지만 별 소용이 없었다. 그 결과 1947년에 물가는 전 해의 세 배 정도로 상승했다. 그것은 자그마치 전쟁 전의 100배에 맞먹는 수치였다.

당연히 노동자들의 실질임금은 계속 낮아졌다. 1947년의 실질임금은 공식 통계에 바탕을 두더라도 전전(戰前) 수준의 30%밖에 되지 않았다. 때문에 노동자들은 노동조합을 중심으로, 저임금과 해고에 저항하는 투쟁을 벌였다.

당시 미 군정은 '민주주의'의 외피를 쓰기 위해 재벌을 해체하고 군국주의자들을 투옥하는 한편, 좌익 투사들과 자유주의자들을 대거 석방하고 노조를 합법화했다. 이것은 노동자들에게 자신감을 주어, 1948년까지 전체 노동자들의 40%가 노조로 조직되었다. 마치 막혀 있던 봇물이 터져 나오는 것과 같았다.

1946년 가을, 전력산업의 임금협상에서 노조의 요구가 대부분 받아들여졌고, 4만 3천 명의 선원 노동자와 7만 5천 명의 철도 노동자를 해고하려던 정부의 계획도 무산되었다. 이에 고무 받아, 노동자들은 때때로 작업 규율의 문제도 쟁점으로 들고나왔고, 심지어 생산에 대한 통제권을 획득하려는 시도까지 보여 주었다. 뿐만 아니라 1946년 봄에 노동자들은 거리로 쏟아져 나와 정부의 타도를 외치며 시위를 벌이기도 했다. 그 해 메이데이에는 도쿄에서 50만이, 전국적으로는 150만이 '민주정부'와 '식량에 대한 인민 통제'를 요구하며 투쟁했다. 그 밖에도 투쟁이 곳곳에서 벌어졌다.

당시의 투쟁 분위기에 영향을 받아, 좌익에 대한 지지도가 매우 높아졌다. 1947년 4월 선거에서 사회당은 26%의 표를 얻었다. 공산당도 같은 선거에서 4%의 표를 얻었고 49년에는 이보다 더 많은 10% 의 득표를 기록했다. 뿐만 아니라 1946년 8월에 150만 명의 노조원 으로 설립된, 전(全)일본산업노동조합회의 산베츠(産別)를 주도한 것 도 공산당이었다.

그러나 이들은 일관되게 노동자들의 이익을 옹호하지 않았다. 사 회당은 자신들의 '광산 국유화' 강령조차 내팽개친 채 보수정당과 연 합했다. 그리고 공산당은 노동자들이 자생적으로 벌이고 있던 '생산 통제' 운동에 대해 생산의 복구를 강조하며 "경영위원회 제도를 도입 함으로써 산업의 총효율을 높일 것"을 요구했다. 이것은 당시 공산 당이 천명하고 있던 '사회주의로의 의회적 길'이라는 목표에 딱 걸맞 는 개량주의적 행동이었다.

점령군 사령관 맥아더는 처음에는 일본 정부에게 파업 노동자들의 경제적 요구를 부분적으로 수용하도록 압력을 넣었다. 그러나 얼마 지나지 않아 그는 "현재와 같은 가난하고 쇠잔한 일본 상황에서 치 명적인 사회적 무기를 사용"하고 있는 노동자들을 비난했다. 뒤이어 파업을 금지했으며 노조가 만약 도전하면 "개별 노동자와 조직된 노 동자의 이익을 크게 제한하는 가장 격렬한 성격의 조치를 취할 것"이 라고 경고했다.** 이에 따라 미군정은 1947년 2월 총파업을 필사적으 로 봉쇄하고 1948년 공공부문 노동자들의 투쟁을 불법이라며 공격 했다. 지배계급의 대응이 그다지 신속했던 것은 아니었지만 노동자

---

* 필립 암스트롱 외, 《1945년 이후의 자본주의》, 동아출판사, 83쪽.

** 같은 책, 83쪽.

들도 지배자들의 공격을 효과적으로 막아낼 수 있을 만큼 강력하지는 못했다. 결국 어느 쪽도 확실한 주도권을 얻지 못한 가운데 투쟁은 교착 상태에 빠졌다.

이런 상황에서 미국은 일본 경제를 활성화시키기 위해 더 적극적으로 개입할 것을 결정했다. 그것이 세계자본주의 체제를 강화하는 길이라고 판단했기 때문이다. 그에 따라 균형 예산, 임금과 물가의 통제, 노동시간 연장과 대규모 해고 등을 골자로 한 '안정화 계획'이 채택되었다. 또 "공산주의적 활동 문제가 매우 첨예한" 도시들에 경찰력을 증강했다. 이것은 노동자들이 머뭇거리고 있는 틈을 타서 뒤통수를 치는 것이었다.

임금인상이 억제되었을 뿐 아니라 약 70만 명의 노동자들이 순식간에 해고되었다. 당시의 유명한 은행가인 조셉 도지는 "이제까지 너무 높은 생활 수준이 허용된 것 같으며", 앞으로는 높은 실업률로 인해 "노동의 효율성이 증가하고 생산도 증가할 것"이라고 밝혔다.* 당시 일본 경영자협회연합은 모든 사용주들을 위해 이러한 권고문을 채택하기도 했다.

　… 사용자와 협조할 성실성이 결여되었다는 이유로 노동자를 해고할 수 있는가 없는가 하는 문제는 그 동안 법적인 문제로 간주되었다. 그러나 최근에 발생한 철도 노동자의 대량 해고는 결정적인 전례를 남겨 주었다. 우리는 기업의 정상적인 경영을 방해하는 행위를 했거나 또는 다른 사람

---

* 　같은 책, 150쪽.

이 이러한 행위를 하도록 도운 노동자들을 해고할 권리를 가지고 있다.
… .*

또 지배자들은 '제2노조'를 만들어 노동자들을 분열시키려 했고 좌익에 대한 마녀사냥을 벌였다. 그 때문에 1만 2천 명의 공산주의자들이 해고되었으며 공산당이 주도하던 노조연맹 산베츠도 붕괴하고 말았다. 그 대신에 반(反)공산주의를 표방하는 새로운 연맹이 출현했다.

1950~51년에 이르자 비로소 실질적인 이윤이 상승하기 시작했다. 산업 생산성도 1951년에는 이미 전쟁 전의 수준을 넘어섰다.

그러나 같은 해, 노동자들의 실질 임금은 여전히 전쟁 전의 수준에 훨씬 못 미쳤다. 이처럼 일본의 '기적'은 노동자 운동을 철저하게 짓밟는 것을 첫출발로 삼았다.

'일본의 기적'

1950년에 시작된 한국전쟁에 힘입어 세계경제는 침체의 늪을 벗어나기 시작했다. 이후의 장기 호황은 70년대 중반까지 세계적인 추세였다. 그 가운데에서도 일본의 성장은 매우 두드러졌다.

미 군정이 끝난 1952년에만 해도 일본의 국민총생산(GNP)은 프랑

---

* 같은 책, 151쪽.

스나 영국의 3 분의 1 수준밖에 되지 않았다. 1949~52년 사이에 수출이 세 배 가량 늘기는 했어도 당시의 경쟁력은 매우 보잘것없었다. 산업구조의 근대화가 거의 진행되지 않기 때문이다. 예컨대 중공업 상품의 경우, 높은 원료비용과 낮은 생산성 때문에 다른 나라들에 비해 가격이 30~40%나 비싼 실정이었다. 생산 장비는 낡아서 덜컹거리거나 비효율적인 것이 태반이었다. 때문에, 수입이 수출을 훨씬 초과했고 국제수지 적자가 심각해지고 있었다.

이에 대해 정부는 낡은 생산설비를 폐기하는 합리화 정책으로 대처했다. 이를 촉진하기 위해서 금융 긴축정책을 펴기도 했다. 그 결과 엄청난 생산성의 증대가 뒤따랐고, 1955년 무렵엔 수출 가격이 세계 수준을 따라잡았다. 덕분에 1955~61년에 팽창을 뒷받침하기 위해 원료 수입이 늘어났어도 이를 충분히 벌충할 수 있을 만큼 수출도 빠르게 늘어났다.

생산성도 빠르게 향상되었다. 특히 그것은 화학, 수송장비, 전기기계 산업에서 두 배 이상 증가했고, 철강 산업에서도 미국의 절반 수준으로까지 향상되었다. 생산수단을 생산하는 부문에서도 생산성이 빠르게 향상되었기 때문에 기계화 비율이 높아져도 자본재의 실질비용은 오히려 감소했다. 말하자면 생산성이 기계화를 앞질러서 증가한 것이다. 덕분에 이윤율은 계속 증가했다.

새로운 기술도 해외로부터 급격하게 도입되었다. 1961년에 제조업 생산의 절반 이상이 해외 기술을 사용하고 있을 정도였다. 전기기계, 수송장비, 철강 등 성장이 빠른 부문에서 그 비율은 더욱 높았다.

결국 1970년대말이 되자 일본의 국민총생산(GNP)은 프랑스와 영국을 합친 것만큼, 그리고 미국의 절반 수준이 될 만큼 커졌다. 그리고 1950~73년 동안 국내총생산(GDP)의 성장률은 선진국 가운데 가장 높은 연평균 10.5%를 기록했다. 심지어 세계경제가 큰 타격을 입은 1973~74년의 석유위기 이후에도 일본은 다른 경쟁국들보다 거의 두 배나 높은 성장률을 유지했다. 그 결과 오늘날 일본은 세계 총생산의 14%를 차지하여, 미국 다음가는 경제대국이 되었다.(1인당 국민총생산(GNP)은 미국을 넘어설 정도이다.) 뿐만 아니라 일본은 최고의 금융대국이기도 하다.

일본의 급성장에 밑거름이 된 것은 다른 나라들이 부러워할 만큼 효과적으로 진행된 산업구조 조정이었다. 그것은 세계경제에 효율적으로 편입하기 위하여 수출에 유리한 중공업 중심으로 산업을 재편하는 것이었다.

그 첫 번째 목표는 조선업이었다. 이미 1947년부터 '계획된 조선' 사업이 추진되었다. 정부는 해마다 건조되어야 할 선박의 종류와 양을 정하고, 어떤 업주들이 참여할 것인지 선택했다. 필요한 자금의 대부분 — 그 비율은 50년대초에 전체 비용의 80%를 웃돌았다 — 은 일본개발은행이 값싼 이자로 공급했다. 때때로 빌려간 돈에 대해 15년간 상환을 연기해 주는 형태로 도움을 주기도 했다. 그 결과, 70년대초에 일본의 조선소들은 세계 선박의 절반 이상을 만들어 냈다. 일본의 첫 번째 '기적'이었다.

선박과 함께 일본의 주된 수출품으로 선정된 것은 철강이었다. 1950년대에 철강산업은 통산성이 주도한 5개년 계획 동안에 급격히 성장했다. 이 기간 동안 철강업은 막대한 정부의 자금조달과 세금감

면의 혜택을 누렸다. 덕분에 1977년이 되자 일본은 생산량이 200 톤을 넘는 용광로를 25 기나 보유할 수 있게 되었다. 그것은 유럽이나 미국보다도 앞서는 규모였다.

자동차 산업의 변화는 더욱 극적이었다. 1950년대초만 해도 일본의 자동차 산업은 한줌의 낡아빠진 트럭 제조업자들로 구성되어 있었다. 수입 자동차들이 대부분의 수요를 충당하고 있었고 국내 산업은 겨우겨우 파산을 면하는 정도였다. 그러나 통산성은 자동차 산업의 중요성을 인식하고는 국내 산업으로 육성하기 시작했다. 외제 자동차 수입과 외국인 투자가 제한되었다. 그러나 반드시 국내 생산을 한다는 조건만 지키면 외국 기술을 수입하는 것은 오히려 장려되었다. 이번에도 일본개발은행의 대부와 각종 조세감면이 뒤따랐다. 그리하여 1960~84년 동안에 세계 자동차 생산에서 일본이 차지하는 비중은 1%에서 13%로 급증했다. 오늘날 일본은 최대의 자동차 수출국이다.

일본이 최근에 가장 주력하고 있는 산업은 컴퓨터 산업이다. 이처럼 일본은 낮은 기술을 요구하는 산업에서 높은 기술을 요구하는 산업으로 그 중심을 꾸준히 이동시켰다. 1960년에 아이비엠(IBM)이 일본 국내 생산을 허가 받으면서 일본 회사들이 미국의 컴퓨터 대기업들과 기술지원협정을 맺기 시작했다. 1960년대 중반에 통산성은 대부와 보조금을 늘리고 공동출자 기업을 조직하는 등 지원을 아끼지 않았다. 심지어 정부는 컴퓨터 산업을 보호하기 위하여 법령을 통해 외국산 컴퓨터 제품은 동일한 일제 모델이 없을 경우에만 구매할 수 있도록 하였다. 그리하여 1980년대에는 컴퓨터 산업이 일본의 가장 중요한 상품이 되었다.

이상에서 알 수 있듯이, 일본의 성장 뒤엔 언제나 국가의 적극적인 개입이 있었다. 경제에 대한 국가의 철저한 통제야말로 일본 자본주의의 가장 커다란 특징이다.

일본 정부는 주력 산업에 투자 금융을 제공하고 다양한 세금 — '특정 수출품'에 대한 소득세, '중요한 장비'에 대한 관세 따위 — 을 감면해 주고 기술개발을 촉진하고 외국 기업의 진입을 규제했다. 뿐만 아니라 통산성을 앞세워, 노후화된 산업을 과감하게 정리하고 산업구조를 재편했다. 이것은 국가가 산업화의 단순한 구경꾼으로 머물러 있지 않고 자본 축적의 과정을 적극적으로 주도한 대표적인 사례였다. 때때로 일본 정부는 철강이 과잉 생산되는 것을 우려하여 새로운 제철소의 허가를 제한하거나 일부 철강회사들을 통합하기도 했다.

그러나 정부와 개별 자본가들의 이해가 언제나 일치하지는 않았다.

1965년에 철강회사인 수미모토는 통산성의 '행정지도'를 벗어나려고 압연설비에 대한 신규 투자를 전면적으로 연기하라는 통산성의 결정을 고의로 어겼다. 곧이어 통산성은 수미모토에게 불이익을 줌으로써 이를 규제하려고 했다. 다른 예로서, 정부는 한때 5대 컴퓨터 제조업체와 통신연구소, 통산성의 전자연구소 그리고 정부가 참여하는 거대한 통합 프로젝트를 컴퓨터 부문에서 추진하려고 했다. 그러나 서로 경쟁하는 관계인 개별 자본가들을 '국익'이란 명분으로 단결시키는 것은 쉽지가 않았다. 결국 그 계획은 좌절되었다.

노동정책

경제가 빠르게 성장했던 1955년경에도 일본 노동자들의 임금은 미국 노동자들 임금의 20%밖에 되지 않았다. 생산단위당 임금 비용도 미국의 절반조차 되지 못했다. 일본 노동자들은 생산성이 눈부시게 향상되는 시기에조차 그에 걸맞는 임금 상승을 누리지 못했다. 이것은 노동자들을 최대한 통제하는 '노무관리'에 의해 가능했다.

가장 먼저 공격을 받은 것은 민간부문 노조들 — 상대적으로 힘이 강력했던 — 이었다. 정부는 이 노조들을 아예 제거해버리려 했다. 물론 이에 대한 반발이 거세게 있었지만 지배자들의 대응도 필사적이었다. 그 결과 1950년대 말엽에는 민간부문에서 전투적인 노동조합운동이 거의 사라졌다.

당시의 상황을 전형적으로 보여 주는 예가 닛산이다. 1953년 닛산의 노동자들은 임금인상을 요구하며 파업과 태업을 벌였다 그러자 닛산의 경영진은 공장을 폐쇄했고 사용주연합은 닛산의 하청업체들이 가동을 중단하지 않도록 다른 주문을 보장해 주었다. 그리고 닛산의 경쟁사들은 그 사이에 닛산의 시장을 빼앗지 않겠다고 약속했다. 사용주들이 조직한 '제2노조'도 노동자들의 파업을 좌절시키는데 앞장섰다. 그 결과 1년 뒤에 닛산의 핵심적인 철강공장은 3천 7백 명의 노동자 가운데 901 명을 해고했다. 노동자들은 이에 반발하며 6 개월 동안이나 투쟁했지만 결국 패배했다.

공공부문에서는 독립적인 노동조합의 전통이 좀더 오래 지속되었다. 대표적인 예가 국유철도노조이다. 이 노조는 1970년대 초반에 작업 규율을 두고 경영진이 취한 공세에 대항하여 투쟁했다. 그러나 곧이어 정부는 이 노조를 분쇄하고 '잉여' 노동자를 '처리'하기 위하여 국유 철도를 민영화했다. 이것을 계기로 하여 계급협조적인 노조와 자본가들의 통제권이 강화되었다.

이렇게 일단 노동자들이 후퇴하자 지배자들은 노조를 더욱더 약화시키기 위해 '평생고용제'와 '연공서열임금제'를 도입했다. 이것을 두고 우익들은 일본의 노사관계가 매우 공정하고 합리적인 것처럼 묘사해 왔다. 그러나 진실은 그와 달랐다.

대기업을 중심으로 하여 실시되는 '평생고용제'에 따르면, 회사에 취직한 노동자들은 평생 동안 그 회사로부터 안전고용을 보장받아야 한다. 실제로 한 회사에 오래 남아 있게 된다면 그 노동자는 미국이나 유럽에서보다 훨씬 큰 임금 상승을 경험할 수 있다. 그러나 같은 직장에서 10년 이상 근무하는 일본 제조업 노동자의 비율은 유럽연합의 소속국들보다 그리 크지 않다. 더구나, 감원 조치가 취해질 때 실직하는 노동자들은 오히려 45세 이상이 훨씬 더 많다. 또, 그 실직한 노동자들이 다른 직장에 재입사할 경우 그는 이전 직장에서의 경력을 거의 인정받지 못한다. 때문에 실업 노동자가 부담해야 하는 '실직 비용'은 그 비율로 따져볼 때 미국 노동자들의 두 배이다. 그나마 여성노동과 임시직에는 평생고용제가 아예 적용되지도 않았다. 뿐만 아니라 노동강도에 못 이겨 대기업 노동자 2명 중 1명 정도가 1년 안에 회사를 그만둔다는 점까지 고려한다면, 평생고용은 완전히 입 발린 말뿐이다.

'평생고용제'를 보완하고 있는 '연공서열제'도 노사협조를 위한 기만적인 정책에 지나지 않았다. 연공서열제에 따르면, 대기업의 신입사원은 상대적으로 낮은 임금을 받지만 업무가 늘어나고 승진의 계단을 하나씩 오를수록 그의 수입은 급속하게 늘어난다. 그러나 근무 기간에 따른 임금의 누적적인 증가가 자동적이거나 모든 노동자들에게 똑같이 이루어지는 것은 아니다. 동일한 직급에 있는 노동자의 승진 속도와 임금은 모두 그들의 실적에 대한 평가에 달려 있다. 때문에 히타치 같은 회사에서는 동일한 직급의 노동자 사이에 임금의 차이가 최고 두 배에 달한다. 또 노동자들에 대한 회사의 이런 평가는 노동강도를 엄청나게 높일 뿐 아니라 노동자들을 낱낱의 경쟁자로 분열시킨다. 심지어 사용주들은 이 제도를 이용하여 비협조적인 노동자를 모(母)회사보다 임금이 보통 20% 가량이나 낮은 자(子)회사로 '파견'할 수도 있다. 뿐만 아니라 농촌 지역에 있는 도요타 같은 회사는 노동자들의 가족을 이용하기도 한다. 개인의 업무 실적과 목표량이 담긴 보고서를 가족에게 보내어 노동자들에게 압력을 넣도록 만들어 그들이 기업정책에 더 순응하도록 하고 있다.

또 70년대 후반에는 노동자들의 건의를 품질향상에 반영하는 '품질 관리조(QC: Quality Circles)'를 도입했다. 도요타를 중심으로 실시된 이 제도가 고품질 달성과 생산성 향상에 기여했다고 발표되자 다른 나라의 자본가들은 이 제도를 앞다투어 수입했다. 이 제도는 노동자들이 품질과 기계보수에 대한 책임까지 떠맡는 결과를 낳았다. 심지어 이 제도를 도입한 회사의 30~40%는 이 활동에 소요되는 시간을 근무외 시간으로 처리했다. 노동자들의 육체와 정신이 더 피곤해졌고, 품질관리·기계보수·감독 등에 소요되던 경비를 절감함으로써 자본가들의 이익이 더 커지게 되었다.

물론 일본의 노동자들은 저임금과 절대 빈곤에 시달리는 노예 같은 처지에 있지는 않다. 오히려 일본 노동자들은 높은 교양과 숙련의 전통을 갖고 있다. 전후 수십 년 동안 일본 노동자 계급은 엄청난 착취를 받았지만 동시에 자신의 생활 수준을 향상시켰다. 그러나 그것은 '기적'에 가까운 성장에 비하면 너무나 미약한 것이었다. 이 점은 형식적인 노조의 보호조차 없는 하청업체 노동자나 일용직 노동자에게서 매우 분명하게 드러난다.

일본 역시 눈부신 성장 뒤에는 강도 높은 착취가 있었다.

기적은 끝나고

장기 호황의 종말을 알리는 1970년대 중반의 위기는 일본에서도 뚜렷하게 나타났다.

이미 1971년에 브레턴우즈 세계통화체제가 붕괴하면서 엔화의 가치도 매우 불안정해졌다. 엔화가 평가절상됨으로써 일본의 경쟁력이 타격을 입었다. 이런 가운데 73년의 석유파동은 일본 경제에 심각한 충격을 주었다. 일본 에너지의 90%가 석유 수입에 의존하고 있었기 때문이다. 기업의 이윤이 줄어들고 74년에는 인플레이션이 24.5%에 이르렀다. 같은 해에 광업과 제조업 생산은 거의 20% 감소했고 설비투자도 현저하게 줄어들었다. 조선·철강·알루미늄 등 전후에 최고의 호황을 누린 부문들에서도 생산감축이 이루어졌다. 일본의 기적이

정말 끝나는 것처럼 보였다.

지배계급은 위기를 벗어나기 위하여 노동자들을 공격했다. 전국노동조합조직은 임금규제를 받아들였다. 그 결과, 인플레율에도 미치지 못하는 임금인상이 있었다. 또 여성과 임시직, 소사업장 노동자들을 중심으로 실업자가 늘어났다. 자본가들이 노동비용을 최대한 절감하려고 했기 때문이다. 대기업조차 '평생고용'의 허울을 집어던지고 노동자들을 감원하거나 노동시간을 단축하는 — 당연히 그에 비례하여 임금도 줄이는 — 조치를 취했다.

정부는 인플레이션을 억제하기 위해 통화를 엄격하게 통제했다. 그에 따라 이자율이 상승했다. 또, 정부는 중화학 공업에 바탕을 둔 성장이 언제까지나 순조로울 수는 없다는 판단으로 전략 산업을 바꾸었다. 통산성이 전자, 자동차, 반도체 등을 중점 관리하는 쪽으로 구조조정을 한 것도 바로 이 무렵이었다. 기업들은 생산기술을 향상시키기 위한 연구에 투자를 확대했다. 그 결과 엄청난 양의 기술 특허가 쏟아졌고 우수한 교육을 받은 기술자도 늘어났다. 서서히 위기의 장막이 걷혀 갔다.

이 시기에 일본이 격렬한 계급투쟁 속에 휘말리지 않을 수 있었던 것은 국가와 자본의 협력 속에 이루어진 구조조정과 그에 따른 공격을 노동조합 관료들이 묵인해 주었기 때문이다.

그리하여 일본 자본주의는 1980년대에 다시 한번 비약적인 성장을 경험했다. 1980~89년에 일본 국민총생산(GNP)의 연평균 성장률은 4.2%였는데 이것은 미국의 2.7%, 독일의 1.9%, 영국의 2.3%보다

분명히 높은 수치였다.* 같은 기간 인플레이션과 실업률도 미국이나 독일보다 나은 2.4%와 2.5%에 머물러 있었다. 이러한 상승세는 일본이 미국이라는 거대한 수출시장을 차지한 덕분이었다. 이 시기를 거치면서 제조업의 생산 기반도 점차 국제적으로 변화했다.

그러나 1985년 선진 5개국 정상회담(플라자 합의)에 따라 엔화의 가치가 오르자 — 이른바 엔고** — 수출이 위축되기 시작했다. 엔고는 달러의 높은 시세를 수정하여 수입초과를 줄이려는 미국의 의도를 반영하고 있다. 이로써 미국과 일본 사이에 무역갈등이 더 첨예하게 벌어지기 시작했다. 일본의 생산자본과 대부자본이 더욱 국제화됨에 따라 나타난 문제들이었다. 국제화에 따른 불안정은 국내에서도 드러났다. 국가와 사적 자본가들 — 어떠한 행정지도와 무역규제도 거부하는 — 사이에 빈번한 충돌이 발생했다. 그러나 다른 한편으로 가장 발전된 산업 부문은 국제적인 무역 마찰이 늘어남에 따라 국가에 더욱 의존했다.

일본 정부는 국내 수요를 촉진함으로써 정체를 벗어나고자 했다. 정부는 우선 그동안 엄격하게 통제해 온 금융체계를 대폭 자율화했다. 이자율이 낮아졌고 그에 따라 기업의 투자가 늘어났다. 투자와 더불

---

* 그러나 이 때 일본의 국민총생산(GNP) 성장률도 그 이전 20년 동안 자신이 경험한 성장률(평균 10%)에 비교하면 절반도 안 될 만큼 줄어들어 있었다. 따라서 1970년대 중반 이후의 일본 경제를 단지 다른 나라들과 '상대적'으로만 비교해서는 안 된다.

** 1985년 달러당 270엔이던 것이 87년에 달러당 130엔으로 상승했다. 이것은 가격 경쟁력을 약화시켜서 수출을 불리하게 만든다. 그러나 다른 한편으로 해외 대부와 이자 수입은 크게 증가시킨다.

어 생산량과 생산성도 나란히 증가했다. 제조업에서 고용도 늘어났다.

그러나 금융자율화가 생산적인 투자로만 연결되지는 않았다. 은행은 국가의 통화정책이 느슨해진 틈을 타서 주식거래와 부동산 투기를 위해 값싼 대부를 해 주었다. 오히려 이것이 이 시기에 나타난 더 두드러진 특징이었다.

주식과 부동산의 가격이 급상승하자 기대에 부푼 소규모 투자자들이 투기를 하기 위해 몰려들었다. 기업들도 다른 회사의 주식을 매매하는 데 열을 올렸다. 때때로 '재테크'에 의한 이득이 생산으로 얻은 이익을 상회했다. 엄청난 투기붐이 일어났고 신용대부가 거품 성장했다. 은행은 이자와 원금을 지불 받으면서, 토지와 주식값이 계속 오르기만 한다면 안정성이 언제까지나 보장될 수 있을 것이라고 생각했다. 때문에 은행의 대출 경쟁이 매우 치열해졌고, 심지어 사업자본은 대출해 주지 않더라도 토지담보금융에는 선뜻 대출을 해 주기도 했다. 이러한 '카지노 자본주의' 역시 일본의 독특한 개성이기보다는 세계자본주의의 공통된 특징이었다.

결국 정부는 1989년 후반에 통화정책을 다시 강화하고 2.5%까지 내려갔던 이자율을 6%까지 끌어올렸다. 그러자 거품은 곧 터져 버렸다. 85년 이후로 89년까지 두 배나 뛰어올랐던 주가가 90년 1/4분기가 되자 30%나 하락했다. 땅값은 다소 오랫동안 버티는 듯 했으나 91년을 경과하면서 하락세로 접어들었다. 토지 금융에 열중했던 일부 은행들 가운데에는 고객들이 예금을 찾으려고 몰려드는 바람에 지불불능 상태가 되거나, 사실상 파산상태에 빠진 경우도 있었다. 이것은 일본 경제 — 특히 금융 — 의 불안정성을 단적으로 보여 주는 사례이다.

그러나 더 큰 문제는 거품과 함께 산업의 성장도 가라앉기 시작했다는 점이다. 경제 성장이 90년 후반부터 둔화되기 시작하더니, 91년 가을 이후로 여러 가지 지표에서 경기 후퇴의 징후가 발견되었다. 이미 세계경제는 90년 이후로 심각한 경기 침체를 겪고 있었다. 기업 이윤이 감소하고 건실한 일류 제조업체 가운데에서도 손실이 발생했다. 이것은 당시 일본의 경제 성장이 이미 매우 취약한 결함을 지니고 있었다는 것을 폭로해 주었다.

첫째, 일본은 경제의 중요한 밑거름인 수출을 주로 미국 시장에 의존해 왔다. 따라서 일본은 미국 경제가 확장될 때에는 설사 수익성이 낮더라도 경쟁력을 키우는 차원에서 미국에 막대한 투자를 해 왔다. 그러나 미국 경제가 1990년대초처럼 깊은 불황에 빠지면 이것은 엄청난 문제를 불러올 수밖에 없었다.

둘째, 1980년대말에 한창 팽창했던 거품이 터지자 그동안 잊고 있었던 이윤율의 문제가 전면에 등장했다. 92년초에 거대 기업의 몇몇 부문들은 이윤율이 하락함에 따라 허둥대기 시작했다. 소니는 경영손실이 2백억 엔이라고 밝혔고, 후지와 도시바 그리고 일본전기(NEC)의 경우 이윤의 하락이 40% 내지 80%에 달했으며 일본 강철은 75%에 이를 것으로 예측되었다.* 그리하여 92년말에 제조업의 평균 수익률은 3년 전 9%에 비해 5%로 떨어졌고, 거대 기업들은 투자

---

* 〈Financial Times〉, 1992, 2, 21, 크리스 하먼, '자본주의는 어디로 가고 있는가?(I)', 《오늘의 세계경제:위기와 전망》, 갈무리, 158~159쪽에서 재인용.

를 20% 내지 40% 삭감했다.* 이것은 단순한 성장 둔화가 아니라 실제적인 불황을 뜻하는 것이었다.

셋째, 국가의 주도적인 개입으로도 산업과 금융의 불안정을 일소할 수는 없었다. 불황까지 통제할 수 있는 '조직된 자본주의'란 존재하지 않기 때문이다. 이것은 미국이나 영국과 같은 자유시장 경제와 꼭 마찬가지로 일본식의 국가 통제 모델도 불황을 예방하는 힘이 없다는 것을 보여 준다. 공황을 창출하는 조건들은 '자본주의 내적 구조 속에 깃들어' 있기 때문이다. 일본이 단지 그 시기를 얼마 동안 늦출 수 있었다 할지라도 결론은 달라지지 않는다.

이상을 통해 알 수 있는 것은 일본 자본주의가 결코 세계경제의 흐름을 일탈한 상태에서 발전하지 않았다는 사실이다. 오히려 일본 경제는 국제 시장에 단단히 결박되어 있었다. 때문에 오늘날 세계자본주의가 겪고 있는 불안정성은 일본 경제에서도 그대로 드러나고 있다. 최근 일본이 엔고와 무역마찰 때문에 위협을 느끼고 있다는 사실을 떠올려 보면, 이 점은 더욱 분명해진다. 더 이상 '기적'이나 '신화' 따위의 낭만이 끼어들 틈이 없다.

군사대국을 향하여

일본은 패전국이라는 이유 때문에 2차대전 이후로 군비 증강이

---

* 〈Far Eastern Economic Review〉, 1992, 9, 5, 같은 책, 160쪽에서 재인용

억제되어 왔다. 덕분에 일본은 경제 성장에 더 주력할 수 있었다. 그러나 일본의 군사력은 미국이나 소련과 같은 초강대국들에 비해 '상대적'으로만 억제되었을 뿐이다. 뒤에서 살펴보겠지만, 일본은 이미 1950년대부터 꾸준하게 군사력을 확대해 왔다. 그리고 이런 경향은 1980년대와 90년대에 비약적으로 커졌다.

결국 일본은 1992년 유엔평화유지활동(PKO) 법안 통과를 계기로, 군사활동의 영역을 국제 무대로까지 넓히기 시작했다. 이제 더 이상 '패전국' 일본은 존재하지 않는다. 자위대의 해외 파병은 많은 사람들에게 2차대전에 대한 끔찍한 기억을 떠오르게 만들었다. 특히 얼마 전, 2차대전에 대한 평가와 부전결의안 채택을 둘러싸고 일본 지배자들이 보여 준 국수주의적인 태도는 이러한 우려를 더욱 부추겼다.

일본이 2차대전에서 항복하자 미국은 '비군사화'를 앞세워 일본 군대를 해산시키고 군국주의 단체를 해산시켰다. 뿐만 아니라 군수 공장을 폐쇄하고 이를 일반 산업으로 전환시켰다. 그러나 곧 미국은 이러한 기본 정책을 어느 정도 수정해야 했다. 그것은 '공산권'의 종주국인 소련과 북한 그리고 중국에 대한 고려 때문이었다. 말하자면 일본의 '적당한' 무장은 미국의 대(對)소련·대아시아 전략에 꼭 필요한 것이었다. 한국전쟁은 이러한 방향으로 전환하는 것을 재촉했다.

1950년 7월에 경찰예비대가 창설되었고 1951년 '샌프란시스코 협정(대일 강화조약과 미·일 안보조약)'이 체결된 직후에는 공직 추방자 중에서 일본군 20만 명이 제외되었다. 1952년 4월에는 해상경비대가 발족했고 같은 해 8월에 경찰예비대와 해상경비대가 통합되어 보안청으로 확대·강화되었다. 1954년 7월에는 '방위청 설립법'과 '자위대법'에 따라 방위청과 육·해·공 세 자위대가 정식으로 발족했다. 당시에 장비는 기본적으로 미국의 대여로 충당되었으나 자위대의 장교들은 경험이 풍부한 옛 일본 '전사'들이었다. 그들은 "육상 자위대의 전력은 옛 일본 육군의 평상시 편성의 10배, 전시 편성의 5.6배에 해당한다."고 호언했다.* 실제로 출범 초부터 이미 자위대는 아시아에서 상대적으로 뛰어난 군사력을 확보하고 있었다.

1953년 한반도에서 휴전협정이 체결되자, 미국은 일본을 남한과 더불어 대(對)소·대공산권 전략의 보루로 삼았다. 그에 따라 미국은 자위대를 자국에 대한 보완력으로 정비·강화하는 데 박차를 가했다. 1954년 3월에 체결된 '미·일 상호방위원조협정'은 이러한 정책을 적극적으로 뒷받침해 주었다.

1957년 주일 미 극동군 사령부가 폐지되고 유엔군 사령부가 남한으로 이전함에 따라 주일 미군이 감소하면서 그 자리를 자위대가 메워 나갔다. 1960년에 주일 미군은 4만 8천 명이었던 반면 자위대는 23만 명이었다.(1952년에 주일 미군은 최고 26만 명이었고, 1955년까지만 해도 자위대는 17만 9천 명이었다.) 이 때부터 더 체계적인 미·일 공동방위, 공동작전 체제가 강화되었다. 마침 이 때 미·일 안보조약이 개정됨으로써, 자위대의 전력을 더 강화하고 (역시 미군의 보조세력으로서) 해외진출 기능을 키우는 데에 중점을 두게 되었다. 이

---

* 한계옥, 《일본 일본군 어디로 가려는가》, 돌베개, 255~256쪽.

시기에 미국의 대극동 작전에는 한반도에서 전쟁이 터져 미군과 자위대가 공동 작전을 벌일 경우를 가정한 이른바 '미쓰야(三矢) 작전' 구상도 포함되어 있었다.

1970년대에 들어서면서 일본의 방위력은 첨단무기에 의한 근대화가 본격적으로 이루어졌다. 이 무렵, 방위력을 정비하는 데 들어간 돈은 일본의 자체 예산으로 충당되었다. 또 이 기간 동안 미·일 공동작전의 효율성이 강조되면서 해상자위대의 방위분담 해역이 3백 해리에서 1천 해리로 확대되었다.

1982년 12월 나카소네 내각의 출범은 일본의 군사력에 하나의 전환점이었다. 나카소네는 '전후 총결산', '전후사의 전환점'을 강조하면서 군비증강을 향해 줄달음질쳤다. 1983년부터 5년 단위의 방위력 정비계획이 추진되면서 자위대의 화력이 질적·양적으로 개선되었다. 또 80년 2월부터 해상자위대가 환태평양 훈련(RIMPAC)에 참가했고, 동해(일본해)에서 실시된 군사훈련은 82년에 71 회(178 일)로 급증했다. 이 때부터 장비의 첨단화, 전력의 효율화, 전자전화라는 일본 방위 정책의 특징이 확고하게 정착되었다.

냉전이 종식되자 일본은 지역 분쟁과 아시아 각국의 군비증강을 이유로 내세워 자위대의 전력을 한층 더 강화시켰다. 꾸준한 군비증강 결과 이제 일본은 군사 예산에서도 미국 다음 가는 세계 2위의

---

* 1967~71년의 '3차 방위력 정비계획' 기간에만도 2조 3천4백억 엔이 들었다. 이것은 2차 정비계획 기간의 2 배에 해당하는 비용이다. 같은 책, 258쪽을 보라.

대국이 되었다.[*]

더구나 1992년부터는 '국제적 공헌' — 이것은 세계 제2위의 경제·군사 대국이 자위(自衛)를 위해 군대가 필요하다는 것만큼이나 기만적인 구실에 지나지 않는다 — 을 명분으로 하여, 자위대를 해외로 파병하는 것에 열을 올리고 있다.

1991년 1월에 벌어진 제2차걸프전은 이러한 경향을 더욱 부추겼다. 이 전쟁에서 일본은 미국으로부터 130억 달러라는 막대한 전쟁 비용을 제공하라는 요구를 받았다.(당시 미국이 산출한 전쟁 총비용이 500억 달러였다.) 이것은 미국이 더 이상 세계를 호령하는 헌병이 아니라 여기저기에서 전쟁 비용을 구걸해야 할 만큼 쇠약해졌다는 것을 보여 주었다. 그러나 아직도 전세계에서 미국 군대에 맞설 수 있는 세력은 없다. 미국이 "일본도 피를 흘리라"고 요구할 때조차 그것은 미국의 '협조자로서'라는 단서를 달고 있었다. 결국 전쟁 이후 중동 지역에 대한 통제권은 군대를 진두 지휘한 미 제국주의에게 모두 돌아갔다. 이것은 일본에게 뼈아픈 교훈을 주었다.

그 뒤 일본은 국내외의 반대 때문에 국회에서 3년 동안 질질 끌어온 유엔평화유지활동(PKO) 협력법안을 92년 6월에 통과시켰다. 이로써 일본군의 해외파병이 합법화되었고, 그로부터 석 달 뒤 자위대가 캄보디아로 파견되었다. 무려 48년만에 일본군이 바다를 건너는

---

[*]   1993년 10월 영국 국제전략연구소(IISS)가 발표한 《밀리터리 밸런스》, 같은 책, 264쪽에서 재인용.

순간이었다! PKO 법안 통과를 반대해 온 일본과 전세계의 노동자들은 침통한 느낌을 감출 수가 없었다.

일본의 딜레마

이제 더 이상 일본은 군사력 약세의 결점을 지니고 있지 않다. 이전 시기에 확보된 경제력이 신속한 군사력 증강을 뒷받침해 주었기 때문이다. 일본이 세계에서 더 큰 군사적 역할을 하려고 노력하는 것은 더 이상 단순한 '무역국가'로서는 자국의 이익을 지킬 수가 없다고 판단했기 때문이다. 결국 일본은 군사력을 통해, 비군사적인 힘으로는 도달할 수 없는 데까지 자국의 영향력을 확대하고 싶어하는 것이다. 이것은 냉전 종식 이후 다극화된 세계자본주의의 정치 상황과 전후 막강한 축적률을 달성한 일본의 경제력 덕분에 가능했다.

이것은 아시아에 대한 미국의 정책과도 어느 정도 일치했다. 미국은 오래 전부터 아시아 태평양 지역의 방위에 대한 부담을 일본과 나누어 갖고 싶어했다. 그러나 이것은 일본이 자신의 패권에 도전하는 것까지 용인하겠다는 뜻은 아니다. 따라서, 아시아뿐 아니라 세계의 패권까지도 장악하려는 일본의 군국화는 미국과 크고 작은 갈등을 겪을 수밖에 없다.*

---

* 예컨대 미국은 일본(독일)이 유엔상임이사국에 들어와 자신들의 특권에 도전하는 것을 꺼리고 있다.

또 일본은 군비증강에 노력을 쏟으면 쏟을수록 이전 시기에 '기적'에 가까운 성장을 할 수 있었던 자신의 '독특한' 메커니즘 — 군비 부담이 상대적으로 적었던 — 을 포기하고 점점 더 보편적인 방식을 따르게 될 수밖에 없다. 그것은 경제가 침체하면 일본도 미국이나 소련처럼, 막대한 군사비용이 경제 회복의 결정적인 장애가 될 수 있다는 뜻이다.

그러나 만일 ⋯ 총수입 중의 큰 몫을 '안보'를 위해 투입하여 '생산적 투자'의 몫을 줄이게 된다면 경제적 생산량이 줄어들고 국민의 소비수요와 국제적 지위를 유지할 수 있는 장기적 능력이 큰 시련을 겪게 될 것이다. 이같은 일은 이미 소련·미국·영국 등에서 일어나고 있다.[*]
물론 '이익'과 '힘'이 병행할 수 있다면 이상적일 것이다. 그러나 정치가들은 예의 그 딜레마에 봉착할 때가 너무 많았다. 그것은 바로 실제의 또는 예상되는 위험이 있을 경우 군사적 안보를 선택하여 국민경제에 부담을 줄 것인가 아니면 군사비를 줄여 자국의 이익이 때로 다른 나라들의 행동에 의해 위협받는 일을 감수할 것인가 하는 딜레마이다. ⋯ 그것은 어느 한 나라, 한 개인이 통제할 수 있는 사태가 아니다.[**]

군국주의화하는 일본이 이전의 초강대국들이 겪은 모순을 되밟게 되리라는 것은 일본이 그만큼 세계체제에 단단히 결박되어 있다는 사실에서 비롯한다.

---

* 폴 케네디, 《강대국의 흥망》, 한국경제신문사, 621쪽.
** 같은 책, 622쪽.

일본의 어려움은 이것만이 아니다. 최근 엔고에 따른 금융과 수출의 불안정은 경제대국 일본조차 자본주의의 모순에 그대로 노출되어 있다는 것을 보여 주었다.

뿐만 아니라 정치권도 매우 불안정하다. 38년 동안 지속된 자민당 독재를 비로소 끝장냈다며 떠들썩하게 출범했던 비(非)자민 연립 정권이 1년 만에 무너지고, 그 자리를 자민당과 사회당의 연립 정권 — 전혀 어울릴 것 같지 않던 두 세력의 결합 — 이 채웠다. 그런가 하면 정부수반은 하나같이 수뢰 혐의로 단명하고 있다.

당연히 이에 대한 노동자들의 반감은 매우 높다. 그러나 그러한 반감은 정부와 노조 관료들의 철저한 노동 통제 때문에 쉽게 행동으로 표출되고 있지 않다. 그것을 뛰어넘으려면 더 큰 자신감과 혁명적 대안이 필요하다. 그러나 일본의 좌익은 매우 지리멸렬해 있는 상태이다. 오랫동안 노동자들의 지지를 받아왔던 사회당도 지금은 우경화할 대로 우경화했기 때문에 노동자들의 지지를 더 이상 받고 있지 못하다. 그 결과, 지난 4월 지자제 선거 때 도쿄와 오사카에서 무소속 후보가 시장으로 당선되는 '이변'이 벌어졌다. 기존 지배자들에 대한 혐오가 새로운 정치 대안과 만나지 못했기 때문이다.

이러한 일본의 모순이 어디까지 깊어질 것인지 잘라 말하기는 어렵다. 그러나 분명한 것은 일본의 운명이 세계자본주의에 종속되어 있다는 점이다. 다시 말해, 계급의 양극화로 나아가고 있는 불안정한 세계 체제가 '극적인' 탈출구를 찾지 못하는 한, 일본에게서도 마술적인 해결책은 나올 수 없다. 더 이상 일본은 '기적'을 만들어 내고 있는 요술지팡이가 아니기 때문이다.

'격차사회'에 대한 누적된 불만과 변화의 열망을 보여 준 일본의 역사적 총선 결과

8월 말 총선에서 자민당이 대패하면서 이른바 '55년 체제'가 붕괴했다. 일각에서는 일본 정치에서 "있을 수 없는 일", "격동"이 벌어졌다고 말한다. 동아시아 역사 연구자 한규한과 본지 발행인 김인식이 한승동 〈한겨레〉 선임기자를 만나 자민당의 패배 배경과 민주당의 성격과 정책 등을 들어 봤다. 한승동 선임기자는 그동안 일본의 정치·사회·경제·대외 정책 등에 대해 많은 글을 써 왔으며, 한반도를 둘러싼 강대국들의 패권 전략을 분석한 《대한민국 걷어차기》(교양인)의 저자이다. [ ]의 말은 독자의 이해를 돕기 위해 편집자가 삽입한 것이다.

이번에 자민당이 역사적 참패를 한 배경은 무엇입니까?

───

〈레프트21〉 14호, 2009년 9월 10일.

대중에게 아마 제일 피부에 와 닿은 것이 일본말로는 '격차사회'라는 것, 우리말로는 양극화 문제죠. 신자유주의 정책을 과감히 도입한 것에 따른 빈부격차 확대인데요. 일본 신문에 나온 유세 과정 반응들을 보면 민주당이 '아, 이거 우리가 확실히 이기겠다' 하고 느낄 [정도였죠.] 가령 시골에 가 보면 아줌마들이 하는 이야기들이, 자기 자식들이 도쿄 같은 큰 도시에서 취업해서 일 잘하다가 어느날 갑자기 내려와서 하는 일도 없이 있다고 해요. 자민당 정책이 낳은 절망 속에 격차사회, 양극화에 따른 실업 문제와 부익부 빈익빈 현상이 가장 크게 피부에 와 닿은 게 아닌가 싶어요.

일본도 비정규직이 30퍼센트가 넘죠. 우리와 비슷해요. 얼마 전에 아키하바라에서 차 몰고 들어가서 칼을 휘두른 [살인 사건이 있었는데,] 출구 없는 막힌 사회에 대한 울분 같은 게 있죠. 특히 중하층 서민들 처지에서요.

예전에는 자민당 조직표가 살아 있었어요. 자민당은 원래 이권배분 정치이기 때문에 지역의 경우 지역 중소기업이라든가 건설 토목이라든가 지역 지자체 관리와 자민당 지구당 조직들이 뭉쳐서 서로 득이 되는 식으로 여론을 좌우하고 표를 좌우했단 말이에요.

그런데 그게 이번에는 안 된 거예요. 자민당 하부조직 자체가 다 부서져 버린 거예요. 가령 중의원 4백80석 중에서 야당표가 개헌선 이상으로 간다든가 아니면 절반을 훨씬 넘어 정권이 교체될 위력을 발휘할 정도로 자민당이 완전히 소수로 전락할 조짐이 보이면서 몰렸다고 합니다. 아예 버린다는 거예요.

예전에 중소업체 같은 쪽이 양다리 걸치면서 어근버근할 때는 그래도 자민당이 다음에 또 돌아올 수 있을 테니까 하고 눈치를 보지만 이번에는 확연히 그걸 넘어서 버렸다는 거예요.

그 다음으로, 자민당이 1993년에 한 번 넘어졌잖아요. 비자금 문제 등등 해서요.

그때 신당 사키가케 등과 연립한 호소카와 비자민 연립 정권이 들어섰죠. 그게 한 1년밖에 못 갔어요. 그 뒤에 결국 무라야마 사회당 당수를 총리로 세워 연립해서 자민당이 다시 대권을 잡고 1996년에 하시모토를 내세워서 자민당으로 다시 돌아갔잖아요.

자민당 체제는 '55년 체제'인데, '55년 체제'는 냉전을 기본 전제로 하고 있었던 거죠. 장기 일당 집권 체제였는데 냉전이 무너지면서 그 이데올로기 자체가 무너지니까 자민당이 휘청했고 그 다음에 부패 스캔들까지 겹쳐서 일시적으로 물러난 거죠. 그런데 그 뒤 하시모토 등이 나서서 다시 복권했는데, 그 후에 한 15년 버텨 온 거죠.

근데 장기적으로 보면 자민당은 이미 그때 깨졌고, 그 다음에는 거의 버텨 온 식으로 지내오지 않았나 [싶습니다.] 그런데 이번에 그게 더는 땜질할 수 없는 한계 상황에 도달했죠. 어떻게 보면 민주당은 자민당과 이념상 큰 차이가 없어 보이기도 하지만 사람들이 강렬하게 자민당이 아닌 대체물[이 필요하다고,] 자민당으로는 한계가 왔다고 느끼며 뭔가 새로운 것을 원한 거죠.

더욱이 이번에는 금융 공황도 큰 구실을 했죠. 사실 옛날에 DJ 정부가 성립될 수 있었던 게 IMF 사태였듯이, 오바마도 이번에 금융 공황이 아니었으면 힘들었겠죠. 아무리 에드워드 케네디나 백인 일부 사회가 지지한다 한들 힘들었을 겁니다. 부시의 네오콘과 신자유주의 정책이 아주 결정적으로 파탄나니까 대중이 변화를 바랐고 그래서 오바마가 됐듯이, 이번에 일본 민주당 압승도 다분히 경제 공황 때문이었습니다. '미국식 월스트리트 자본주의는 희망이 보이지 않는다'는 주장이 피부에 와 닿았잖아요.

하토야마나 간 나오토나 계속 강조하는 것이 '미국이 더는 모델이 될 수 없다'는 것이었죠. 그리고 그걸 보면 결국 이번 금융 공황을 일으킨 서브프라임모기지와 실물 경제의 불황이 민주당 압승에 상당 부분 기여했다고 볼 수 있죠.

연관이 있는 것 같은데 이익배분정치가 이번에 붕괴했다는 평가가 많은데, 자민당이 이익배분정치 시스템을 운영하지 못한 데는 이번 경제 위기가 한몫하지 않았을까요?

그렇겠죠. 원래 이익배분정치의 전제조건은 고도성장기에 만들어진 것이거든요. 그러니까 수출 잘돼서 계속 돈이 쌓일 때, 쉽게 얘기하면 쌓인 돈을 적당히 나눠 주면서 자기표를 만들었던 건데, 일본 경제 절정기가 1980년대 버블 경제 때 아닙니까. 그때는 록펠러 재단 빌딩도 사고 할 때고 일본이 미국을 다 사들인다는 얘기가 있을 정도였죠.

그런데 1980년대 버블이 냉전 붕괴와 거의 같은 국면에서 깨져 버렸어요. 그러면서 일본의 경제적 전성기는 그걸로 끝나는 게 아닌가 하는 전망 속에 저성장기에 들어가게 됐습니다. 자민당의 이익배분정치라고 하는 게 고도성장을 계속 하는 엔진을 전제로 만들어진 것인데, 장기불황기에 들어가면서 그런 식의 정치가 이미 어려워진 것이죠.

자민당이 55년 체제 붕괴 이후 근근이 버텨 온 측면이 많다고 하셨는데, 그게 어느 정도 주류 정치의 불안정성이 심화하는 것을 반영한 것 같습니다. 그런 측면에서 민주당이 미국식 양당체제와 비슷한 정도의 안정성을 보일 거라고 보십니까?

사실 정치권에서 지금의 주역들 — 오자와까지 [포함해서] 다들 — 은 미국식 양당체제로 가는 걸 기대하고, 또 사실 그걸 목표로 선거제도도 고쳤고, 양당체제로 가는 쪽으로 얘기해 왔죠.

이번에 민주당 압승도 사실 다음을 어떻게 기약할지는 몰라요. 2005년에 고이즈미가 우정개혁을 내세워 압승했잖아요. 그런데 2년 뒤인 2007년 참의원 선거에서는 완전히 참패하거든요. 이게 왔다갔다 해요. 그러니까 겨우 2년 간격밖에 안됐는데 완전히 성격이 달랐어요.

이번에는 경제 문제도 있고 2007년의 영향이 그대로 이어지면서 민주당이 압승을 하긴 했는데 …. 아마 주거니 받거니 하는 식으로 가지 않을까요.

미국 공화당이나 민주당이 보기에 따라서는 상당한 차이가 있다고 할 수 있을지 몰라도, 사실 둘 사이에 엄청난 차이가 있는 것도 아니고, 정책에서 큰 차이는 없거든요. 미국만 그런 게 아니고 대개 다 그럴 거예요. 유럽은 조금은 다르겠지만, 하여튼 영국 노동당이나 보수당이나 격차가 없어져 버리지 않았습니까. 일본도 마찬가지로 어느 한 쪽으로 민심이 쏠렸다가 금방 실망하면 저쪽으로 가버리는 식으로 주거니 받거니 하며 갈 가능성이 있지 않을까 싶은데요. 어쨌든 지금 일본 주류 정치인들은 미국식 양당정치 체제를 바라죠.

우리 나라도 은근히 지금 한나라당이 그걸 시도하는 것 같기도 하고요.

이번에 민주당이 복지공약을 많이 내세웠고 대중에게 상당한 호소력이 있었던 듯한데, 민주당이 이런 복지 공약을 지킬 수 있을까요?

민주당이 이번에 농촌 보조금을 직접 현금으로 지급하고, 아동수당도 주겠다고 그러고, 돈 몇만 엔 씩 준다는 공약이 있었잖아요.

그런 것들이 결국은 재정 부담을 늘린 텐데요, GDP에서 차지하는 국가채무 비율이 1백80퍼센트라고 합니다. 1년 GDP의 거의 두 배에 가깝단 말이에요. 이것은 OECD 국가들, 선진국들의 부채 비율의 두 배에 달할 정도로 압도적으로 높단 말이에요.

그러니까 일본이 재정 동원할 여지가 그만큼 없는 거죠. 복지와 연결되는 비용을 어디서 염출할 것인가. 여러 가지 감세정책이나 여러 가지 재정들을 잘 콘트롤해서 많이 남기겠다는데, 이명박 정부가 말하는 것과 비슷한데, 그것으로 과연 가능할지 [모르겠습니다.]

지금 그러지 않아도 일본 예산 중에 복지관련 예산이 26퍼센트로 제일 많고 그 다음으로 국채 이자 대는 게 2위예요. 그게 일본 국가 예산의 24퍼센트나 되요. 국가예산의 5분의 1 이상을 빚 갚는 데 쓰는 거예요. 세금 받아서 빚 갚는 데 쓰는 거라고요.

그래서 민주당이 지금 새로운 재원을 조달해서 과감하게 복지를 늘린다는 것은 굉장히 어렵지 않을까 [생각합니다.]

기업과 부유층에 대한 과세 강화 등의 조세 개혁으로 재원을 마련할 가능성은요?

아마 힘들지 않을까요. 소비세 같은 경우는 일본 서민들에게 전가되는 것인데, 하토야마 쪽은 소비세 늘리는 것에 부정적이거든요.

아마 민주당에서는 세금 늘리는 방법을 쓸 수 없을 겁니다.

대신에 민주당 하토야마 쪽이나 간 나오토 쪽이나, 주류 쪽 생각은 어쨌든 지금까지의 자민당, 특히 고이즈미 이후 신자유주의 정책에 어느 정도 제동을 걸겠다는 거잖아요. 그러니까 민영화 확대나 대기업 위주의 감세나 지원책에는 어느 정도 제동을 걸겠다는 기본 정책은 있는 거 같습니다. 좀더 국가 개입 쪽으로 기운다든가, 복지도 그런 차원에서 아마 시장에 맡겨놓지는 않겠다는 그런 의지는 강한 것 같아요. 하토야마의 '우애' 정치라고 하는 게 그런 뉘앙스를 풍기는 것 같아요. 하토야마는 강자들의 자유경쟁에 완전히 맡겨서 하는 미국식, 월스트리트식의 시장 만능으로 가지는 않겠다는 의지를 표명하고 있거든요.

그런 면에서 본다면 대기업 위주의 지원이나 민영화 등은 어느 정도 제동이 걸리지 않을까요. 민영화 [등에서] 자민당과의 차이를 보이는 길은 그거 아니겠습니까. 사실은 오자와도 하토야마도 오카다도 다 자민당 출신들이에요.

그런데 1993년에 자민당이 많이 깨지고 흔들렸죠. 그때 뛰쳐나와서 호소카와 정권을 만든 사람도 오자와예요. 오자와가 다나까파잖아요. 어떻게 보면 일본열도 개조론이라든가, 그 사람들이 말하는 개혁이라는 게 기본적으로 신자유주의 정책에 가까운 거예요.

특히 1990년대 클린턴 신경제가 잘 나갈 때 유럽이나 일본 모두 미국을 모델로 생각했죠. 그게 나중에 새로운 평가를 받기도 했습니다만, 어쨌든 당시엔 그게 정답 같았죠. 고이즈미 개혁이라는 것도 거기에 자극을 받은 것이고. 그래서 금융개혁을 본격화한 것이죠.

오자와도 그런 사람이었으나 뒤에 조금 바뀌어요. 알다시피 오자와는 선거전략에 능수능란하고 거기에 잔뼈가 굵은 사람이죠. 아마 2005년에 고이즈미가 우정개혁 내세워 압승하고 2년 뒤에 패배했을 때, 오자와가 고이즈미식 신자유주의, 시장만능주의에 대해서 반신자유주의라고 할까 하는 거를 선거용으로 많이 내걸었다고 해요.

그때부터, 그러니까 2007년 참의원 선거에서 자민당이 참패할 당시부터 격차사회 문제와 실업문제 등이 [쟁점이 됐습니다.] [고이즈미가] 개혁을 한다고 했는데 그 개혁이 서민하고는 아무 상관도 없었죠. 2005~2006년부터 경기가 조금 나아진다고 했는데, 좋아졌다는 게 대기업 위주로 수출기업에 좋아졌다는 것이지, 일반 서민은 일자리가 더 늘어난 것도 아니고, 소득이 늘어난 것도 아니어서 실망이 굉장히 컸죠.

그런 상황에서 2007년 참의원 선거 때 오자와가 '아, 고이즈미식 개혁으로는 안 된다' 하면서 색깔만이라도 [반]신자유주의 성격을 부각하면서 어필했다고 하거든요. 2007년 참의원 선거에서 자민당이 참패한 큰 요인이 그거라고 보는데, 사실은 이번 중의원 선거도 그 연장이라고 볼 수 있습니다. 자민당은 2007년 참패한 무드를 바꿔서 어떤 식으로든 [전환(?)]을 만들어 내는 데 실패했고, 민주당은 그 무드를 그대로 끌고 온 거예요.

그러면 오자와가 진정 신자유주의의 맹렬한 반대파냐, 그건 아니에요. 이 사람은 상황에 따라 어느 쪽이 선거에 유리하느냐에 따라서 바뀔 수 있는 사람이죠. 그러니까 '선거 기술자'[라고 하는 거죠.] 어쨌든 선거 기술자가 이번에 성공할 수 있었던 것은 결국은 고이즈미 식 신자유주의 개혁 정책으로는 하등 서민에게 [혜택]이 돌아오지 않는다는 걸 폭로했기 때문이죠.

일각에서는 민주당의 승리라기보다는 자민당의 패배라는 얘기도 있습니다.

그건 분명히 맞죠. 그런데 그것은 양면인 거죠. 이번에는 1993년 실패보다 더 뼈아픈 실패일 수 있어요. 1993년의 실패는 자민당이 아직 여력이 남아 있을 때였어요. 더욱이 그때는 선거제도 자체가 소선거제가 아닌 중선거구제여서 한 선거구에서 다수를 뽑는데, 그때는 여당이 야당과 적당히 나눠 먹을 수 있는 체제였어요. 지금은 중의원 4백80석 중에서 3백 석이 소선거, 한 사람만 뽑아요. 나머지는 1백80석은 비례대표로 뽑는데, 말하자면 그 2백60여 석을 민주당이 차지해 버렸잖아요. 그러니까 자민당은 완전히 참패했어요. 그러니까 선거제도 자체가 완전히 바뀌어 버렸다는 말이죠.

유권자들이 1993년에는 '자민당이 좀 밉다. 부패하기도 하고. 그러니 좀 바꿔 볼까?' 하는 막연한 생각이었어요. 그런데 이번엔 그게 확실히 강해졌어요. 자민당으로는 안 된다는 걸 유권자들이 확실히 표로 보여 준 겁니다. 동반당선이 아니고 내가 이 표를 던지면 어느 당이 국회의원이 된다는 것을 확실히 알고 던진 겁니다. 확실히 선택한 겁니다.

그러니까 자민당으로서는 1993년 패배와 비교가 안 될 정도로 아주 뼈아픈, 어떻게 보면 자민당이 영원히 일어서지 못할 수도 있을 정도로 참패한 거예요. 물론 앞으로 민주당이 얼마나 잘 하느냐에 달려 있겠지만요. [아무튼] 그때하고는 강도가 좀 다르다고 생각합니다.

민주당은 어떤 정당입니까. 한국의 열린우리당과 참여정부와 비교를 하기도 하는데 실제로 지지 기반이나 정책은 어떻습니까?

민주당은 잡색당이에요. 온갖 사람이 다 있어요. 주요 멤버들[하토야마, 오자와, 오카다 등]은 자민당 출신들이 많고 그 다음에 심지어 사회당 출신도 있고, 무소속 등 하여튼 잡색당이거든요.

근데 정강정책을 보면 자민당하고 차이가 큰 것 같지는 않아요.

자민당이 주장하는 가치는 자유민주주의의 세계죠. 그러니까 한국처럼 민주주의를 이뤘고 경제적으로 번영하는 자유민주주의는 같은 편이라고 내세우는 데 비해서 그렇지 않은 쪽은 배제나 타도할 대상이죠. 예컨대 북한이 그렇습니다. 북한은 완전히 배제 대상으로 삼았고, 일본 자민당 우파들은 중국공산당에 대해서도 굉장히 불신합니다.

그런데 하토야마의 우애라고 하는 것은 무엇이냐면, 가치가 달라도 좋다, 체제가 달라도 좋다는 거죠. 공존하는 거라는 거죠. 공존공생. 그 사람의 아시아공동체라고 하는 게 바로 그거예요. 하토야마는 일단 자유민주주의 체제냐 아니냐 그걸 따질 필요는 없다, 다른 체제라도 공존공생할 수 있다, 서로 이익이 될 수 있는 최대공약

수를 만들어내야 하는 거라고 생각합니다. [그러나] 자민당이나 민주당이나 멤버 구성으로 보면 본질적으로 차이가 있어 보이지는 않습니다.

기반의 차이는 없습니까?

없습니다. 하토야마 보면 알잖아요. 할아버지인 하토야마 이치로도 자민당 안에서 55년 체제를 만든 주역 중 하나죠. 그런데 그 사람은 당내에서는 막 반대[하는데도] 소련과 국교정상화를 관철시킨 사람이에요. 어쨌든 하토야마는 귀족집안[출신]이라고 할 수 있어요. 그 증조부도 중의원 출신이고 다 정치 귀족들이죠.

그리고 지금 민주당의 물적 기반이 어찌 보면 하토야마 집안의 돈이에요. 할아버지 때부터 내려오는 것도 있고, 그 처가가 브릿지 스톤, 유명한 타이어 재벌 딸과 결혼했죠. 하토야마는 돈 방석에 앉아 있는 사람입니다. 어떻게 보면 일본자본주의의 핵심 멤버 집안이죠.

다음에 또 하나의 지주라 할 수 있는 오자와 이치로도 마찬가지예요. 오자와 이치로도 대대로 정치집안 출신입니다. 간 나오토는 색깔이 조금 다른 것 같기는 해요. 간 나오토는 시민운동단체 출신이거든요. 관료나 정통 당료 출신은 아니고, 그래서 신선감이 있죠.

민주당은 어찌 보면 55년 체제에서 반대 세력으로서 다른 정당이 다 몰락해 버리니까 몰락한 찌꺼기들이 모여서 하나의 대안정당으로 등장한 것일 뿐인 거죠.

새로운 이념이나 새로운 정강정책을 가지고 등장한 게 아니라 자민당이라고 하는 일당독재체제에 대응세력으로서 이합집산 하다가 뭉친 거예요. 자민당의 장기집권 체제 자체가 근본적으로 동요하니까, 정권교체 가능성이 생기니까 잡색들이 다 모였죠.

민주당은 외교정책 관련해서 '탈미입아(脫美入亞)'를 주장하기도 하는데요.

탈미입아하면 좋긴 한데. 탈미입아는 아시겠지만 '탈아입구'(脫亞入歐)를 변형한 말인데 이번에 하토야마가 그런 얘기 했지 않습니까. 오바마와 전화통화에서요. '미일동맹이 기축이다'고요. 미일동맹이 기축이라고 하는 것은 자민당 이래 죽 들어 온 얘기죠. 즉 미일동맹이란 게 없으면 안 되는 죽고사는 관계라는 말입니다.

[그러나] 그 부분이 굉장히 중요하다고 생각해요. 색깔이 차이가 없다고 생각하지만 사실 굉장히 차이가 날 수 있는 부분이 있어요. 예컨대 2000년 10월에 조명록 북한 차수가 워싱턴에 가고 올브라이트 국무장관이 평양에 가고, 거의 정상 방문도 이뤄질 듯한 분위기가 있지 않았습니까. 그게 10월이고 11월에 미국 대선이 있었잖아요. 그때 앨 고어하고 부시하고 붙어서, 사실은 앨 고어가 표 더 많이 얻었죠. 대법원이 그냥 부시 손을 들어주는 바람에 [플로리다 선거인단이] 부시 쪽으로 가버렸잖아요.

그때 부시가 아니고 앨 고어가 대통령이 됐다면, 우리가 다른 세상에 살고 있었을 거라고 난 항상 주장합니다. 왜냐하면 앨 고어가 됐다면 클린턴이 마지막에 시도한 북한과 국교정상화는 달성됐을 가능성이 크죠. 그랬다면 북한 핵문제라는 거는 물론 없고, 미사일 문제도 없고, 미국과 북한이 국교정상화됐으면 남북관계도 획기적으로 바뀌었을 것입니다. 2002년에 노무현 정권으로 정권이 이어졌고 그래서 뭔가 남북 간에 굉장한 변화가 일어났을 텐데, 부시가 되는 바람에, 클린턴의 모든 정책을 무로 돌렸잖아요. 1994년 했던 제네바 합의라든가 이런 게 다 없어졌죠. 미국이 다 깬 거죠.

미일동맹도 민주당이나 자민당이 큰 차이가 없다고는 하지만 내 생각에는 오카다 가쓰야의 생각도 그렇고 하토야마도 그렇고 미국 일방으로 끌려가지 않겠다는 것이거든요. 얼마나 실제로 그것이 이뤄질지는 모르겠지만, 몇 가지 현안 문제들이 있어요. 오키나와 후텐마 기지 이전 문제라든가 하는 거죠. 미국하고 자민당하고 짝짜꿍해서, 후텐마 기지 반대가 많으니까 옮기는데, 어디로 옮기느냐, 같은 오키나와의 헤노코 연안으로 옮기겠다고 했어요. 그런데 하토야마 같은 이들이 보기에 눈 감고 아웅하는 거죠.

오키나와 사람들은 자기들이 일본 본토에 완전히 점령돼 있다고 생각합니다. 자기들은 피점령국이라는 의식이 강해요.

민원이 끊임없이 올라오니까 어떤 식으로든 그 미군기지 반대하는 사람들은 절대적으로 미군기지를 줄이라고 요구하는데, 지금 자민당이 얘기하는 것은 조삼모사 식이지요. 요쪽에 있는 것을 저리로 하는 식이죠. 물론 그 속에서 해병대 8천 명을 괌으로 이전하는 문제들도 있지만, 사실 그것조차 60억 달러 이상의 비용을 일본이 다 대기로 돼 있다고요.

민주당에서는 당연히 반대하죠. 실제로 기지 이전 비용[60억 달러]을 왜 우리가 대느냐. 우리도 마찬가지 아닙니까. 평택 이전 비용을 다 우리가 대고 있죠. 우리도 원칙적으로 지원할 이유가 없는 거예요. 미국이 다 자기가 필요해서 주둔하고 있는 건데, 우리가 돈을 대주고 있거든요.

민주당은 그런 문제에 문제제기를 하는 겁니다. 사실 거기서 돈만 줄여도 자기들이 말한 재정 부족분의 상당분을 메울 수 있을 겁니다. 규모가 어마어마하거든요. 몇천억 엔씩 일본 정부에서 불법적으로 다 대주고 있는 거예요.

여기서 또 하나 중요한 게 뭐냐면, 민주당이 그런 요구를 강하게 하는 것은 자민당과 차이를 부각하기 위해서도 그렇지만, 내가 볼 때 미국의 몰락을 강하게 반영하고 있어요. 미국 일극체제가 끝난 것입니다. 이제까지 자민당 정책이라고 하는 것은 거의 전적으로 미국에 매달리는 거였어요.

외교도 미국 중심이고 안보 정책도 거의 미국에 [의존적]입니다. 그렇게 해서 자마 기지 같은 경우는 워싱턴주에 있던 [미국] 1군단이 아예 일본에 와서 지휘부를 만든다거나 하는, 거의 양국통합체제로 가는 거였단 말이죠.

그런데 하토야마나 민주당이 볼 때는 그건 이미 시효가 다 돼가는 낡은 정책이죠. 미국 일극체제가 이미 무너진 거예요. 상징적인 게 완전히 수렁에 빠진 이라크죠. 아프가니스탄에도 개입했지만 그렇고, 그 다음에 경제적으로도 [그렇죠.] 서브프라임모기지 이후로 급처방했다지만 앞으로 낙관할 수 없고, 일단 미국 경제가 꺾인 건 사실이거든요. 더욱이 지금 일본이 수출을 제일 많이 하는 데가 미국이 아닙니다. 중국입니다.

자민당이 주도할 때는 중국이 어떻게든 분열하길 바랐죠. 일본 잡지나 책을 보면 중국이 이렇게 분열할 거다 하는 분석이 무지 많아요. 사실 그렇게 되길 바라는 거죠. 중국이 다시 일어설 수 없기를 바라는 거죠. 그런데 지금은 중국은 일어서 버린 데다 앞으로 점점 더 가속도로 붙을 수밖에 없고 미국은 상대적으로 약해진단 말이에요. 동아시아에서 일본 같은 경우, 개인이 이사 가듯이 국토를 떼어 미국 옆에 갖다 붙일 수도 없는 노릇이고 여기서 살아야 한단 말이에요. 이건 현실이죠. 현실론으로 돌아서게 돼 있죠. 중국을 실세로 인정하는 것입니다. 하토야마가 말하는 동아시아 공동체는 그런 현실을 반영한 것이라고 봐요.

민주당이 지금 당장 그 정책[동아시아 공동체]을 실행에 옮기거나 옮길 수 있다고 믿지는 않지만, 앞으로 세월이 걸리겠지만, 기본 과정은 미국의 일국체제는 끝났으니 현실적으로 중국을 실세로 인정해야 한다는 쪽으로 가게 될 거라고 봐요.

민주당이 미국과의 일방적인 관계로 끌려가지 않겠다고 한 얘기는 바로 객관적인 상황의 변화를 반영하고 있는 것이죠. 물론 그렇다고 사사건건 미국에 반대하고 그러진 않겠죠. 하토야마와 오바마가 통화했듯이 '기축은 미일동맹이다', 왜냐하면 이행에는 시간이 걸리니까 그동안에는 미국을 끌어안고 가는 게 좋다는 거죠. 그런데 현실적으로는 중국과 거래한다든가, 어차피 아시아 일원으로서 자기 지분을 차지하기 위한 작업을 해 나가지 않으면 안 된다 그거죠.

그에 비해 자민당은 그렇게 하기 힘들어요. 이제까지 관성이 워낙 크기 때문에, 민주당으로 정권교체는 일본에게는 다행이라고 볼 수 있죠. 민주당의 그런 정책이 현명한 거죠. 물론 그런 정책이 얼마나 오래가고 변질되지 않을지는 모르겠지만, 하토야마나 간 나오토의 아시아 안보정책이라든가 아시아공동체 구상 등은 굉장히 전향적이고 잘되면 일본한테도 좋고, 우리한테도 굉장한 변화가 될 수 있어요. 북한과 일본의 관계가 좋아지면 — 그런데 불행하게도 우리 정권이 이명박 정권이라는 거죠. 이명박 정권은 반대할 거예요, 좋아지지 못하도록.

어쨌든 만일에 일본 민주당 정권 출범 이후 대미관계가 자민당과 다른 길을 걷기 시작하고 아시아 중시에 따라서 중국과 관계를 개선한다면 북일 관계도 바뀌겠죠. 이게 자민당과 분명히 대비됩니다. 자민당은 북한을 고립시켜서 남북분단이라는 상황을 이용하는 게 정책의 기본이란 말이에요. 그러려면 구실이 있어야죠. 핵도 있고 미사일도 있지만 제일 핵심은 납치예요. 일본인 납치만큼 국민들 감정을 자극하는 게 없어요.

2002년 9월 17일 고이즈미가 전격적으로 평양선언을 하고 국교정상화하고 돈도 대주겠다고 평양선언에서 문구로 다 정해 놓았는데 그때 관방부장관으로 따라간 아베 신조가 [망쳤죠.] 김정일이 '고백하겠다. 우리가 한 거다. 잘못했다. 13명 데리고 와서 8명 죽었다. 5명 돌려주겠다.' 이렇게 고백하고 잘못했고 책임자 처벌하겠다고 했는데도, 사실은 그 정도면 잘해 보자는 거였거든요. 일본만 오케이 했으면 잘될 수 있었죠.

근데 아베하고 딱 돌아오자마자 일본 열도는 완전히 광적인 반북 캠페인 속에 휘몰렸어요. 물론 북한이 잘못했지만, 일본은 심했죠. 그 후 무려 몇 년입니까? 7년 동안 계속 반북 캠페인하고 있어요. 그

반북 캠페인의 요체는, 2차대전이나 식민지 시절 일제 침략 이후의 자기들의 위치를 가해자에서 피해자로 바꿔버린 거예요. 그러니까 완전히 상황을 뒤집는데 유리한 호재였죠. 일본 국민들의 절대적인 지지를 받았으니까 자민당 정권 유지에도 도움이 됐단 말이에요.

근데 어떻게 보면 이번의 민주당 압승은 [반북 캠페인의] 약발이 떨어졌다고 할 수 있어요. 약발이 떨어진다는 조짐은 여러 군데 있었어요. 그들이 납치문제에서 말도 안 되는 소리를 한 게 뭐냐면 북한이 분명히 13명을 납치했고 5명 돌려 준다고 했는데, 강경파 쪽에서는 '아니다. 더 많은 사람들이 납치됐고, 8명이 죽었다고 하지만 그 8명이 살아있다'고 했죠. 살아있을 리가 없죠. 나중에 DNA 검사까지 해서 [북한이 뼈를 보냈는데] 그걸 가짜 뼈라고 하고, 관쪽의 검사방법이 정당한 것도 아니어서 일본 쪽 주장이 타당성이 없었다고요. 그런데도 일본 여론은 계속 맹목적으로 했잖아요. 죽었다는 8명 중에 살아 있는 사람이 있을 거라는 것이 거짓말이라는 게 최근에는 유가족들조차도 살아 있다는 것을 안 믿기 시작했다고요. 외고집이 한계에 도달한 거죠.

그러니까 일본의 대북정책이라는 게 사실 아무것도 없어요. 계속 제재 가하고 분단 상황을 이용하고 위협론을 제기해서 자기 정권 유지하고, 특히 자위대라든가 이런 보통국가 일본, 보통 군대를 가진 일본으로 헌법개정하는 데 계속 이용해 먹었잖아요. 그게 이제 한계에 왔다고 할 수 있어요.

워낙 7~8년 동안 거짓말에 가까운 열광을 보냈기 때문에 민주당도 하루아침에 바꾸기는 힘들 겁니다. 잘못하면 표를 확 잃을 수가 있어요. 더욱이 불안한 게 한국에서 지금 노무현이나 DJ처럼 북한하고 어떻게 해 보라고 권유하는 정권이 아니라 결단코 안 된다고 반대하는 정권이 있기 때문에 오카다 가쓰야 외상이나 하토야마는 우선 한국에 접근할 겁니다. 미일동맹이 기축으로 남아 있다고 했듯이 한일관계도 이쪽[남한]을 먼저 하고 북한하고 접근하겠죠.

그런데 아까 그 일본이 미국 일극체제에 맹목적으로 매달리는 정책에서 좀 벗어나겠다, 아시아 중시로 가겠다, 일본의 독자노선을 추구하겠다는 민주당 정책은 장기적으로 보면 굉장히 중요한 전환이 될 수 있겠다는 것이 굉장히 중요하죠. 결과적으로 아까 말한 자민당이 그 토대 위에서 자기 정권을 유지해 왔던, 그 토대 자체가 허물어질 수가 있어요. 대북관계, 남북관계에 상당한 영향을 받을 수 있다고 생각하거든요. 지금 정권에서는 이명박 정권은 떨떠름하고 가능한 이 기조를 유지하려고 하겠지만 이는 길어봐야 3년 남짓이고 일본이 민주당으로 정권교체한 것은 남한 정부에도 상당한 영향을 줄 수가 있죠.

오자와 같은 경우 미국과의 대등과 동시에 자위대 해외파병 헌법개정을 추진하고 있는데 이 대등관계라는 게 실질적이라면 일본의 내셔널리즘의 부활과 어떤 연관이 있을까요

민주당이 독자성을 강화하면 일본 내셔널리즘 대두가 우려된다는 그런 말씀인 것 같은데, 그게 꼭 그리 되는 것은 아닌 것 같습니다. [물론] 개헌하자는 것은 민주당도 마찬가지입니다. 민주당이 호헌론자가 아닙니다. 하토야마도 자위대가 군대가 아니라고 하지만 사

실 어마어마한 전력을 가진 군대다, 그럼 실체로 인정하자고 말하는 거죠. 대신에 민주당은 자민당과는 조금 다르다고 하기 위해 하나를 끼워 넣었는데, 해외파병이나 이런 것들도 미국과만 짝짜꿍해서 미국 요구에 따라 파병하는 거는 안 된다고 하는 거죠. 하지만 평화유지 문제는 개입하겠다고 하거든요. 군대도 필요하면 보내고요.

대신에 유엔의 이름으로 하자는 거예요. 일본 안보주권의 상당 부분을 유엔에 이양할 수도 있다는 거예요. 말하자면 안전장치를 강화해서 일본 내셔널리즘이라는 주변의 우려를 불식시키는 안전장치를 두는 거예요. 오자와의 얘기도 똑같아요. 지금 인도양에 [일본] 수송선이 가서 기름을 공급해 주고 있잖아요. 비군사 활동이라고 하지만 사실상 미군의 아프가니스탄이나 이라크 작전에 동원되는 건데, 그게 미국의 요구에 의해 일본 자위대를 보냈단 말이에요. 민주당은 거기에 반대해야죠. 당연히 그걸 잘한다고 할 수가 없어요. 그런데 앞으로 그런 활동을 일체 안 할 거냐. 그건 아니에요.

그렇지만 미국이 하자고 해서 하는 게 아니라 유엔 결의에서 유엔이 결정하면 거기에 따르겠다, 말하자면 좀더 국제적인 공조 체제 속에서 일본은 움직이겠다는 것이고요.

헌법 9조는 군대 보유도 금하고, 교전권도 금하고, 집단 자위권도 인정하지 않는 모든 전쟁 형태를 할 수 없게 돼 있어요. 군대를 갖지 못한다는 것 자체가 지금 현실과는 너무 유리돼 있죠. 그래서 민주당은 그 허구를 없애고 실체화하는 대신에 주변에 아까 말한 내셔널리즘에 대한 우려가 있으니까 그런 안보 조건에 일부 양보하겠다, 국제연합과 하나의 양보를 해서 좀더 안전장치를 배가하겠다는 거거든요.

그런 정도의 것인데 그건 아주 실속 있는 계산의 결과일 수도 있고, 앞으로 미국에 따라 붙어가는 게 유리하지 않다는 계산도 있죠.

일본 내셔널리즘, 일본 우파들은 좀 다를지 모르겠어요. 지금 자민당 주류들의 꿈은 — 옛날에 기시 노부스케도 그랬고 — 사실 무식하게 말하자면 대동아공영권 부활이거든요. 그러니까 영토적으로 안 된다면 경제적으로라도. 사실상 어느 정도 달성했죠. 동남아시아·조선반도·만주까지 아우르는 대국으로서 옛 일본 영광을 되찾는 거예요.

이번에 몇 가지 사건을 보면, 다모가미 도시오 일본 공군 막료장[공군참모총장]이 자민당으로 넘어와 당선해 떠들다가 짤렸는데, 그 사나이 논문을 보면 과거 일제시대 일본의 지배는 정당했고, [태평양전쟁은] 아시아 해방 전쟁이었고, 일본 때문에 한국이 잘살고 아시아도 다 잘살게 되지 않았느냐, 일본은 계속 그렇게 가야 한다고 주장해요. 이런 사람들이 출세하게 돼 있고, 자민당 안에서도 다수가 그런 생각을 하고 있다고요.

그런 사람들은 지금은 자기들 힘이 절대적으로 모자라기 때문에 미국하고 딱 붙어가지고 미국을 최대한 자기 입장에서 이용하는 거죠. 미국의 세계전략에 편승해서 동아시아에서 강자로서 자기의 위치를 구하는 거였는데, 그게 현실적으로 점점 불가능해져요. 중국이 저렇게 막강해지고 있고, 한국도 예전처럼 그렇게 맘대로 다룰 수 있는 상대는 아니니까, 어떻게 보면 비현실적이라고 할 수 있죠. 민주당 정책은 오히려 그걸 현실화하는 게 아닌가 [생각해요.] 강한 일본을 지향하는 건 사실이되 말도 안 되는 과거로의 복귀라는 게 현실적으로 불가능하니 그렇게 하지 않고 좀더 현실화하는 게 민주당 생각 아닌가 그런 느낌도 있어요.

그렇게 할 때 현실 정치에 있어서는 자민당보다는 훨씬 더 합리적이고 온건하고 그런 색채로 나타나게 되겠죠. 그런데 얼마 전에 윤건차 교수에게도 몇 번이나 물어봤는데 윤건차 교수는 "[민주당에] 별로 기대할 거 없다"고 해요. 그 사람이 65년 동안 자이니치 2세로 살아오면서 일본에 대한 불신이 너무나 강해서 '일본은 조선 사람이나 조선이라는 나라를 단 한 번도 위한 적이 없다. 결국 배신할 거다. 민주당이 된다 해서 별 변화가 없다.' 그렇게 믿고 있더라고요.

제 생각은 아까 말했죠. 근본에서 차이는 없다 하더라도 중앙부에서 나비가 날갯짓 하면 변방에 있는 우리는 폭풍이 분다고요. 그런 정도의 변화가 있어요. 워싱턴에서 약간의 정책 차이나 정권교체라는 게 변방인 한반도에서는 엄청난 폭풍으로 몰아칠 수 있어요. 남북정책이라는 게 정권교체 하나로 180도 달라져 버리잖아요.

그러니까 자민당에서 민주당으로 정권교체가 근본적 변화가 아닐지라도 현상적으로 드러나는 그리고 파급효과는 예상보다 클 수 있다[는 거죠.] 남북관계가 근본적으로 바뀔 수도 있고 역학관계가 바뀔 수도 있어요. 자민당이 민주당으로 바뀌어 봤자 별 거 아니다, 이렇게 해 버리면 안 된다는 거예요.

독도나 과거사 문제 등에서는 변화가 있을 수 있을까요?

생각보다는 훨씬 부드럽게 나오겠죠. 근본적인 변화가 있을까는 모르겠는데, 예컨대 과거사 문제는 가능한 문제가 안 되도록 애쓸 겁니다. '새역모'(새역사교과서를만드는모임)는 직접적 후원자들이 거의 다 자민당 간부들이에요. 아소 다로 자체가 후원자라고요. 그에 비해서 민주당은 그게 현안으로 부각되는 거를 아마 피하려 할 겁니다.

그렇다고 해서 자기들 역사관 — 자민당과 크게 다른 것은 아닌데 — 이 바뀌는 건 아니고, 현실적으로 바보 같은 짓이다, 해 봐야 해결되는 것도 아니고 [하고 생각하겠죠.] 자민당은 그렇게 해서 나오는 마찰음을 자기들에게 유리하게 이용했을지 모르지만 민주당 입장에서는 그렇게 하는 게 자기들에게 불리해요. 독도문제 같은 것들도 기본 자세는 당연히 바꾸지 않겠죠. 영토문제는 잘못 다루면 정권이 날라가 버리죠. 자민당 같은 경우 백서로 자기네 영토라고 명시를 해 놨는데 [민주당이] 갑자기 아니라고 하면 매국노로 찍히니까 갑자기 바뀌진 않겠죠.

대신에 그와 관련된 발언을 가능한 안 하겠죠. 수면 아래 잠긴 문제로 만들려 할 것이고. 역사교과서 문제도 내가 볼 때는 [한일]역사 공동교과서를 만드는 작업을 자민당보다 더 적극적으로 할 가능성이 있어요. 공동교과서라는 게 사실 기본적으로 문제를 푸는 방식은 아니거든요. 근데 어쨌든 공동교과서를 계속 논의하는 한은 문제가 날카롭게 부딪히지는 않아요. 그런다고 해서 결코 영토문제가 해결된다고 생각하지는 않아요. 국제관계에서 영토문제는 결국 힘 관계로 결판이 나지 합의에 의해서 된다는 것은 있을 수 없는 거죠.

어쨌든 현실적으로 어떤 간 큰 정권도 독도는 우리 영토 아니라고 선언할 리는 없고, 대신에 드러나지 않게 쉬쉬하겠죠. 야스쿠니 문제는 대체 시설을 만들 거예요. 대체 시설이라는 거는 천황을 위해 죽었다는 형식이 아니고 그냥 한 시기에 전쟁이 나서 각자 자기 나라를 위해 죽은 사람들을 위문한다는 그런 식으로 정치색을 조금 퇴색시킨 것을 만들어 해소하려 할 것이고, 고이즈미나 나카소네처럼 가서 고개 숙이고 하는 짓은 안 할 거예요. 그게 또 아시아공동체 논리와 부합하죠.

결국은 일본의 피해의식인데, 제가 볼 때 일본 지배층이 절대로 현명하지도 않고 어른스럽지도 않고 유치해요. 일본이 동아시아에서 헤게모니를 유지하는 방법은 그런 방식이어서는 안 되고, 뭐 잘못했다고 고개 숙이는 게 비용이 드는 것도 아니고 그냥 하면 되거든요. 빌리 브란트까지만 하는 거예요. 하다못해 일본 총리가 와서 제암리교회나 금산이나 이런 데서 의병 전쟁 때 잘못했다고 무릎꿇으면 사람들이 다 눈물을 흘리고 일본을 칭송할 거예요. 일본을 의심하지 않을 거예요.

그런데 못하잖아요. 왜 못하겠어요. 딱 하나의 답이 있어요. |일본 지배층이 과거사에 대해 사과하지 않는 것은| 천황제 때문이에요. 천황은 일본의 정신구조에서 절대적 가치예요. 구심점이죠. 헌법상으로는, 상징 천황제라는 말은 안 쓰지만, 내용상으로는 상징 천황제입니다. 옛날 히로이토 천황이 가지고 있던 권한의 상당 부분을 제한했지만 그래도 일본 통합의 상징으로 규정해 놨거든요. 세련된 헌법이 만들어졌지만 천황제는 그대로 존속한 것입니다.

미국이 존속시켰죠. 이용하기 위해서. 왜냐하면 천황 하나만 굴복시키면 거의 비용을 들이지 않고 사람들이 그대로 따라온다는 것을 미국이 알았기 때문이죠. 근데 천황이 한 번도 자기들이 전쟁 잘 못했다고 명시적으로 얘기한 적이 없어요. 우리 힘이 부족해서 어쩔 수 없이 당하는 거니 먼 앞날을 위해 참자고 하지, 이런 전쟁이 정말 잘못했고 이웃에 나쁜 짓을 했다고 인정한 적이 없어요. 무라야마나 이런 사람들이 그나마 종전 50년 돼가지고 했는데 그때도 그게 무라야마니까 가능했죠. 그때가 자민당 정권이 무너지고 나서 1995년에 종전 50주년 기념해 가지고 국회결의로 하려 했는데, 자민당이 반대해서 국회결의는 안 되고 총리 담화로 대체했잖아요. 총리 담화문이라는 게 한때 그런 불행한 결과에 대해 통렬히 반성한다는 정도로 끝났단 말이죠. 근데 그것도 천황이 그렇게 하는 게 아닙니다. 아랫것들이 그렇게 하는 것인 거죠.

천황은 무오류의 절대적인 존재예요. 그러니까 자기들이 잘못했다는 말을 못하는 겁니다. 그걸 하면 일본이 무너진다고 생각하니까. 그게 국체라는 것인데, 2차대전 때 일본이 항복 조건 중에 제1의 조건이 국체호지예요. 그러니까 천황제 유지죠. 결국 관철됐죠. 미국도 그것을 알면서 살려 줬죠. 그러니까 일본은 지금까지 한 번도 잘못한 적이 없어요. 그래서 윤건차 교수도 계속 주장하는 게 모든 문제, 모든 악의 근원은 천황제다 [하는 거죠.] 일본은 천황제를 없애지 않는 한은 어른이 되지 않을 거다. 책임있는 존재로서 그런 게 없어요.

일본 사민당이나 공산당의 성적은 어떻다고 보십니까?

미미하죠. 사민당은 — 옛날 사회당은 — 냉전 붕괴로 몰락했어요.

또 자민당과 연립하면서 사회당은 완전 몰락해 버렸죠. 나중에 이름마저 유지하기 힘드니까 지금 사회민주당으로 있잖아요. 1980년대 자민당이 리쿠르트 부패 스캔들 터지고 할 때 유권자들이 대안 정당으로 생각했던 게 사회당이었어요. 그때 당수가 여성인 도이 다까꼬였는데, '마돈나 바람'이라고 해서 사회당이 엄청나게 성장을 했어요. 그게 끝이었어요. 그 이후로 급전직하로 몰락인데, 1993년도에 자민당 정권이 붕괴하고 호소카와 정권 다음 1년 뒤에, 자민당이 무라야마를 앞세워서 사회당과 연립 정권했는데, 그 후로 사회당은 사회당으로서 존립 이유가 없어진 거예요. 당연하죠. 대안 정당으로 기능했던 사회당이 자민당하고 연립해 버렸으니까. 천황제 문제나 미일동맹 문제나 야스쿠니 문제나 다 자민당과 차별성이 없어진 거죠. 그러니 사회당이 존재해야 할 이유를 스스로 부정한 거죠. 그래서 완전히 몰락했죠. 지금은 중의원 의석이 7석밖에 안 되요.

공산당은 지역 순수 조직으로서 보면 아주 강해요. 점성이 굉장히 강해요. 어떤 점에서는 공명당하고 비슷해요. 공명당은 20석을 얻었는데 소선거구에서 직접 선출된 사람은 하나도 없어요. 전부 비례대표로 정당투표로 당선한 사람들이에요. 조직표죠. 공산당도 마찬가지에요. 공산당도 9석인가 그런데 직접 선출된 사람은 하나도 없어요. 공명당은 일련정종, 이치렌 ― 창가학회 남묘호랑개교라고 한국 남부에 가면 굉장한 위세를 떨치고 있어요 ― 그러니까 일종의 불교 정당인데요. 공명당이 왜 자민당한테 중요하냐면 도쿄 같은 데서 소선거구 선거할 때 공명당표가 밀어주지 않으면 자민당 의원이 당선한다는 보장이 하나도 없었어요. 그런 정도로 자민당에게는 보조 세력으로서 아주 중요한 세력인 것이죠. 그래서 계속 연립을 시킨 것이죠. 참의원에서 의석수 때문에 그렇기도 하지만.

그만큼 공명당표는 확실한 표예요. 종교적 신앙에 따라가기 때문에 정당 정책이 바뀌고 이런 데 흔들리지 않는 확실한 지지표죠. 그에 못지 않게 공산당표가 그래요. 공산당이 절대로 집권할 수는 없지만 지역표가 굉장히 강한데 지역에서 공산당이 굉장히 성실해요. 못사는 사람들 도와주는 데 앞장서고. 어떻게 보면 굉장히 순진한 사람들이 모여 있는 데요. 종교 조직에 버금갈 정도의 순수성이 있어요. 그래서 그 사람들도 흔들리지 않고 투표해요. 불행하게도 그 범위는 아주 제한돼 있죠. 지역조직으로서 건재한 거죠.

최근 공산당이 당세를 상당히 확장했다는 소식도 있던데요.

≪게공선≫ ― 1920년대 처음 나온 소설 ― 이 꽤 인기가 있었는데, ≪게공선≫이 다시 나온 시점이 아까 말한 아키하바라 난동사건과 시점이 일치해요. 일본 젊은이들에게 출구가 없으니까 옛날 프롤레타리아 문학이 갑자기 인기를 얻고, ≪자본론≫은 어려우니까 ≪자본론≫을 해설하는 책들이 지금 막 팔리잖아요. 구조적인 모순에 대한 관심을 갖기 시작한 거죠.

일본 공산당 세가 늘어나는 것은 이런 것을 반영하는 거죠. 이념적으로 뭔가 자각이라고 할까 그런 게 분명히 있는 거죠. 전후 일본이 잘 나간, 한 반세기 동안 일자리 걱정 안 하고 굶을 걱정 안 하고 생각없이 [지냈는데], 최근에 와서 기본적으로 내 개인이 문제가 아니라 구조가 문제라는 그런 의식을 반영하는 것이죠.

그러나 그렇다고 공산당이 갑자기 세가 확 팽창한다거나 그러지는 않을 겁니다. 왜냐하면 일본이 전성기를 지나 몰락하는 과정에 들어섰다고 하지만 그게 몇 년 안에 되는 게 아니라 장기적인 과정인데다, 또 앞으로 어떤 변화를 겪을지 모르지만, 그렇다고 해도 일본은 아직도 2차대전 이후의 그 자본주의 체제의 큰 수혜자죠. 사실 우리하고 위치가 완전히 뒤바뀐 것이죠. 우리는 패전국도 아닌데 나라가 동강이 나고 전쟁까지 했지만, 일본은 패전국임에도 독일과 더불어 가장 성공했잖아요.

이 체제가 완전히 몰락하지 않는 한은 그 혜택을 계속 누릴 것이고, 그 영광은 비록 노을이 시작된다고 할지라도 오래 지속되지 않을까요. 일본이 경제적으로 어렵다고 하지만 여전히 규모가 세계 2위의 경제대국이고 소득수준도 다른 나라에 비하면 높은 편이죠. 1960년대 미일 안보투쟁 때 격렬한 게 있었다고 하지만 우리가 볼 때 순수 계급투쟁과는 거리가 멀었죠. 어쨌든 그런 불만은 일본의 고도성장에 의해 눈 녹듯 사라져 버리고 반대 세력이 없어져 버렸잖아요. 사람이 배가 부르면 만족하고 순화되는 거죠.

일본은 국가 목표가 없어져 버렸어요. 한때는 미국을 따라잡고 유럽을 따라잡는다는 것이 국가 목표였는데 그마저도 어느 정도 달성되고 나니 목표가 없어진 거죠. 일본 우파들이 제일 우려하고 한국을 부러워하는 게 '통일이라는 과제가 남아 있고 군대가 있어서 그나마 젊은 장교들 머리에 집어 넣어가지고 뭔가 만들어 내는데, 일본은 평화나 번영에 중독된 젊은이들만 남았다.' 우파들 생각은 그런 거예요.

최근에 와서 뭔가 일이 일어나니까 중하층 서민 사이에서는 분명 변화가 있는 것 같지만 그 과정은 길게 이어질 거고 단기적으로 이뤄지지는 않을 겁니다. 우리도 비슷하게 돼 가는 거 아닌가요? 우리도 통일이고 나발이고 북한이 굶어죽든 말든 우리와 상관없는 걸로 대충 그런 쪽으로 가기 쉽고, 계급의식이라는 것도 그런 말하면 거의 덜떨어진 사람처럼 돼 버리잖아요. 뭔가 19세기쯤 사고방식을 갖고 있다는 식으로요.

일본은 2000년대 이전의 한국만큼도 진보 쪽에서 전진할 가능성이 없어 보이는 것인지요?

그렇죠. 한국은 전체적으로 일본보다 훨씬 역동적인 사회입니다. 일본은 죽은 사회예요. 움직임이 없어요. 고요해요. 그래서 이번에 이 총선은 정말 대단한 사건입니다. 이거는 있을 수 없는 사건이 일어난 것과 마찬가지죠. 굉장한 변화가 일어난 거죠. 격동이에요. <아사히 신문>도 보면 제목이 격동이에요. 윤건차 선생께 물어봤는데 당신이 65년 살아오면서 정치적 변동으로서 지난 총선만큼의 변동이 있었냐. 없었다. 그 충격이 어떤 식으로 갈지는 모르겠지만 대단한 충격이죠. 지금 당장은 우리가 이러저러하게 예측을 하지만 예측 못할 사태가 올 수도 있어요. 어떤 식으로 발전할 지 솔직히 모르겠어요.

개번 맥코맥 교수 같은 사람은 일본의 헌법 개정 문제 등에서 일본 시민들의 역량을 너무 과소평가 하는 분위기가 있다고 지적한 바가 있었는데요.

맥코맥 교수야 부인이 일본 사람이고 일본말도 좀 하고, 이 사람이 사귀는 일본인 친구들이 9조를 지키는 모임이라든가 9조 수호 모임에 [많죠]. 여기에는 여러 사람들이 모여 있어요. 와다 하루키나 오에 겐자부로 같은 베헤이렌[베트남에 평화를! 시민연합]이라 해서 반전평화하던 사람들이 모여 있죠. 무라야마 [전] 수상도 그쪽이고요.

그게 힘을 발휘하는 건 있어요. 핵 알레르기 때문에. 히로시마나 나가사키의 경험이라는 게 굉장한 공포죠. 그래서 개헌하게 되면 다시 전쟁하게 되는 나라로 가게 된다는 광범한 국민적 거부감이 있어요. 9조 지키는 반대 세력들이 있기 때문에 힘이 있을 수 있어요.

그런데 일본의 반전 무드라고 하는 것은 우리 입장에서는 납득하기 어려운 측면도 있어요. 왜냐하면 희한하게도 가해자와 피해자의 위치가 뒤바뀐 그런 게 있죠. 히로시마평화공원이나 나가사키, 평화축제 가 보면 우리는 금방 느낄 수 있는데 일본 사람들은 그걸 느끼지 못해요. 왜냐하면 일본 사람들 자신을 피해자로 설정해 놓고 하는 거예요. 자기들이 한때 식민 통치를 했고, 아시아를 침략했고, 난징 사건을 일으켰다는 그런 생각이 없어요. 자기들이 원폭 피해자고 도쿄 대공습 피해자고 그런 것만 기억하는 거예요. 그렇게 기억하도록 만들었죠.

좀 다르긴 하지만 어쨌든 일본 사람들이 오랫동안 평화 시기에 누려온 그 덕택에 고도성장을 하면서 성공했다는 그게 있기 때문에 헌법개정해서 전쟁을 하는 보통국가, 자위대를 일본 국군으로 만드는 것에 상당한 거부감이 있는 게 사실이죠. 자민당이 개헌을 쉽사리하지 못하는 게, 장담을 못해요. 국민투표를 해야 하는데 질 수가 있거든요. 그래서 강행하지 못하고 분위기를 만들며 기다리고 있는데 그런 면에서 보면 맥코맥 교수가 한 말이 맞죠. 호락호락하게 이 체제를 바꾸려하지 않는다.

그런데 만약에 사태가 계속 나빠져서 민주당으로 바뀌 봤는데 별 볼일 없고 경제가 더 나빠지고 하면 전혀 다른 사태가 생길 수도 있죠. 그런 점에서 천황제가 굉장히 무서운 거죠. 옛날에도 젊은 군인들이 쿠데타를 일으키고, 결국 도조 히데키 군부와 결합시켜서 전쟁으로 가는 것에 결국 다 천황이 끼어 있어요. 전쟁하고, 쿠데타하고, 암살하고 하는 것도 다 천황 이름으로 한다고요. 절대 무오류의 천황이 어디로 가자 하면 일본은 일거에 아무런 제지 세력도 없이 다 쏠려 간다는 것 아니에요.

이런 극단적 위험은 지금까지의 세계 체제, 질서가 근본적으로 흔들리고 뭔가 중대한 전환기에 들어섰을 때 일본 내셔널리즘이 반등할 때 대략 천황이 어떤 포지션을 취하느냐에 따라서 일본은 맹목적으로 천황을 따라갈 수 있다는 거죠. 이성적으로 그걸 저지할 사회 세력이 존재하지 않는다는 겁니다. 공산당, 사민당 포함해서 천황제를 인정하지 않는 정당이 없어요. 미일동맹도 대부분 인정하고. 옛날에 그런 걸 인정하지 않던 시절의 사회당 안에서는 일본이 미국의 식민지인가 아닌가 그런 논쟁도 있었지만 지금은 그런 것도 없어요.

시민운동 진영과 민주당과의 관계는 어떻습니까?
자민당보다는 확실히 관계가 있죠. 지금 간 나오토도 시민운동

출신이고 옛날 사키가케나 신생당이나 이런 쪽도 연계돼 있고. 그런데 일본은 우리 나라와 굉장히 달라요. 우리 시민운동은 기본적으로 정치색이 강하고 역동적인데, 중앙에서 어떤 협의체를 만들면 딱 조직적으로 움직이는 힘이 있죠. 일본은 비정치적 생활밀착형, 일종의 소비자운동 단체들과 비슷해요. 일본 시민단체가 10만 개도 넘고, 아주 구체적인 현안을 다뤄요. 자기생활 개선에서부터 베트남 난민 도와 주는 거 등 크지도 않고 작지도 않고 어떻게 보면 굉장히 탄탄해요. 생활밀착형이고 착실하게 뿌리를 내리고 정치적 변화에 흔들리지 않은 데 비해서, 그게 하나의 힘으로 결집해서 정치적 변화를 일으키는 데는 거의 무용한, 절대로 안 되는 그런 형식이죠. 앞으로 하기에 따라서는 유권자들의 변화로 나타날 수 있을지는 몰라요. 이제까지는 그렇지도 않았거든요. 그런데 민주당이 이번에 이렇게 된 데는 분명히 하층표가 그런 식으로 움직였다고 봐야죠.

노조 ― 렌고라든가 교직원노조 ― 들이 옛날에는 사회당 쪽하고 가까웠지만 지금은 사회당이 몰락했으니까 어쨌든 민주당하고 가까울 겁니다. 양당체제적 성격이 강해지면 강해질수록 재야나 시민단체들은 일단은 민주당 쪽으로 몰리겠죠. 그런데 옛날의 사회당과 노조들의 밀접한 연계를 현 민주당이 가지고 있는지는 모르겠습니다. 미국 같으면 그게 뚜렷하게 드러나 있는데, 현재 민주당은 모르겠어요.

일본 진보세력의 성장 가능성은 어떻다고 보십니까?

실제로 없어요. 일본은 예전의 우리 낙천운동에 상당한 관심이 있었어요. 그래서 일본에서도 그렇게 해 봤는데 실제 효과를 내지는 못했어요. 아까 말했듯이 전체 합의에 의해서 중앙부에서 결성되고 중앙부에서 결정한 것을 하부조직이 일사분란하게 움직이는 것을 기대하기는 힘들고 하나의 정치적 결집체로서 형성되는 게 힘든 것 같아요. 아까 말했듯이 뿌리가 깊지만, 특히 정치적 사안에 대해 동원하고 하는 것은 없어요. 일본은 생협 같은 것이 굉장히 발달돼 있어요. 우리의 상상 이상으로 발달돼 있어요. 유기농 문제 같은 것에서 시민들이 자발적으로 하고 하는데, 물론 이런 것들은 우리가 본받아야 하는 것이죠. 우리는 그런 것들은 잘 안되고 정치적 동원 세력으로서는 쉽게 잘되잖아요. 어느 쪽이 좋고 나쁘다를 떠나서 이런 것은 역사적 조건을 반영하는 거죠.

우리는 근대라고 했을 때의 미완의 근대 과제를 너무나 많이 안고 있고, 일본은 나름대로 달성한 게 많이 있죠. 일본 우파는 우리의 결함에서 비롯한 다이내미즘을 부러워하고 있지만, 거꾸로 보면 그만큼 우리는 가야 할 길이 멀다는 거죠. 일본은 저출산 고령화 사회, 인구구성의 변화 때문에 자민당 우파들이 위기 의식을 느낄 만하죠. 일본으로서는 정점에 와 있으니까 내려갈 일이 훤히 보이니까. 사실 일본이 극도로 올라와 있는 것 자체가 정상적인 게 아니죠. 동아시아에서 일본만이 저렇게 특출하게 된 것은 메이지 이후 중국 몰락, 조선 몰락이라고 하는 특수한 상황, 서구가 동아시아를 침탈할 때 일본을 파트너로 삼아서 엄청나게 키워 준 것인데, 냉전 때도 완전히 교두보였으니까요. 그런 상태가 자연 상태는 아닌 것이죠. 지난 2천 년을 봐도 일본이 저렇게 올라간 적은 없죠. 일본의 몰락, ― 완전히 망한다는 게 아니라 — 상대적 지위 격하는 정상화되는 것입니다. 중국이 상대적으로 올라가고, 조선도 본래 자리를 찾는 것이고 일본은 너무 극단적으로 올라갔던 것이 내려오고 그게 정상화, 균형화하는 거죠.

일본은 그런 것을 두려워하죠. 자신의 특권 지위가 하락하는 것에 초조해하고, 그래서 일본 우파는 무리수를 두는 것이고, 천황의 무오류를 주장하고, 사과하지도 않고, 미국의 힘을 빌려서 자기의 절대적 지위를 유지하려 하고. 그런 것은 도덕적으로 정당하지도 못하고 현명하지도 못한 것이죠.

우리 우파들은 일본 우파를 너무나 부러워하고 그런 지위를 갖길 꿈꾸지만 그것도 해답은 아니죠. 일본과 똑같은 아류 일본이 되고자 하는데, 북한은 우리 지위를 갉아먹는 짐으로만 여기고, 스스로 무너지면 적당히 해서 흡수통합이나 할 생각이나 하고 있는 것이죠.

평화헌법 형성과 함께 뿌려진 재앙의 씨앗

[편집자] 최근 동중국해 댜오위다오(센카쿠 열도)에서 중국 전투기가 접근하고, 이에 대해 일본 자위대가 "경고 사격"을 공언하는 등 동아시아의 긴장과 갈등이 갈수록 격화하면서 심각한 우려가 제기되고 있다. 이런 상황에서 일본 총리 아베 신조는 재무장과 우경화에 가속도를 내고 있다. 두 차례의 연재를 통해 1) 평화헌법이 형성된 배경과 모순 2) 1990년대 이후 본격화된 일본의 군국주의화에 대해 살펴본다.

아베와 일본 우익들이 개정하려는 헌법은 1946년, 제2차세계대전 직후 미군에 의해 제정된 이른바 '평화'헌법이다. 이 헌법 9조에 따르면 일본은 전쟁을 벌일 수도, 이를 위해 전력을 가질 수도 없다.

그런데 모순이게도 "현행 헌법의 '무장금지' 조항에도 불구하고,

이현주. 〈레프트21〉 97호, 2013년 1월 26일. https://wspaper.org/article/12434.

[일본에는] 자위대와 주일미군이라는 실질적 전력과 무장이 존재한다. 자위대와 현행 헌법이 기묘하게 '동거'하고 있는 것"이다.(성공회대 권혁태 교수)

어떻게 이런 일이 가능한가? 이를 설명하려면 이 헌법이 누구에 의해서 어떻게 형성됐고, 그 모순은 무엇인지를 살펴봐야 한다.

제2차 세계대전 이후 일본을 점령하게 된 미국은 일본을 자신의 똘마니로 삼고자 했다. 연합군 총사령관으로 일본에 온 맥아더는 이를 위해 천황제를 그대로 두는 게 낫겠다고 판단했다.

이런 방식은 미국에게 새삼스러운 일은 아니었다. 비슷한 시기 미국은 해방된 조선에서도 친일 세력을, 독일에서는 나치를 적극 활용했다.

그래서 "맥아더는 천황의 측근까지도 진지하게 제기한 퇴위 문제를 비밀리에 기각하면서 새로운 민주주의의 지도자는 다름 아닌 천황이라는 공공연한 찬사를 늘어놓기까지 했다."

그러나 이것은 "맥아더 장군과 측근들이 천황의 전쟁 책임, 나아가 그의 이름으로 잔혹한 전쟁이 치러지는 것을 수수방관한 도덕적 책임까지도 면제해 주기로 결단하지 않았다면 불가능"한 것이었다.(존 다우어, 《패배를 껴안고》)

전범으로 기소될 처지였던 일왕은 기꺼이 미국의 점령 정책을 도울 태세가 돼 있었다.

그런데, "천황제 중심의 국가체제를 회복하려면 불과 얼마 전까지 천황의 이름으로 움직인 군대 때문에 고통받은 아시아의 다른 나라들에 일본이 다시는 아시아에서 전쟁을 일으키지 않을 것이라 보장해 주는 일이 필수적이었다. 그리하여 [새 헌법의] 천황과 관련된 1조부터 8조까지의 조항에는 국가적 평화주의 선언인 9조가 필요했다."(개번 매코맥, 《종속국가 일본》)

즉, 헌법 9조는 주변국을 안심시켜 천황제를 유지하기 위한 꼼수였다.

이렇듯 '평화'헌법은 전범인 일왕을 "일본의 상징"으로 규정해 놓음과 동시에 '평화주의'를 선언하고 있었다. 개번 매코맥 교수의 지적처럼, 이 헌법은 "매끈한 일체가 아니라 서로 연관된 한묶음의 모순들을 한데 합쳐 놓은 것"이었다.

미국과 일본 지배자들 모두 잉크가 채 마르기도 전에 9조의 '평화' 조항을 고치고 싶어 했다. 이것은 전후 냉전체제의 형성과 관련이 있다.

1945~46년 초까지만 해도 미국은 일본을 단지 미국에 순종하는 작은 나라로 만들 생각이었다.

그러나 중국에서 국민당 장제스가 패색이 짙어지자 아시아에서 일본의 전략적 중요성은 매우 커졌다. 1949년 소련의 핵실험 성공은 미국을 더 다급하게 만들었다. 일본은 중국을 대신해 미국의 아시아 진출을 위한 핵심 동맹이자 병참기지로서의 구실을 담당해야 했다.

미국은 점령 정책의 방향을 "강력한 일본 정부를 육성"하는 것으로 전환했다(이른바 '역코스 전략'). 미국은 일본을 "극동의 공장"으로 재건하려고 힘을 쏟고, 신속히 무장시키기 시작했다.

"점령군이 추진해 온 재벌해체·경제집중 배제·배상징수와 노동기본법의 용인 등의 비군사화, 민주화 정책은 중지되고 경제부흥·배상중지·경찰력의 강화·국가 및 지방 공무원의 단체교섭권·쟁의권의 부인 등 반공의 방파제로써 일본을 강화하는 방향으로 정책이 전환된 것이다."(우에하라 카즈요시 외, 《동아시아 근현대사》)

한국전쟁 중에도 일본은 미국의 후방 병참기지 구실을 했다. 이것은 일본이 동아시아에서 미국의 요충지로서 중요하다는 인식을 한층 부각시켰다.

미국은 일본에 (장차 자위대로 발전할) 경찰예비대 창설을 요구하며 무장을 촉구했다. 전쟁 책임자들은 대거 사면됐다. 아베 신조의 외조부인 A급 전범 기시 노부스케도 이때 수혜를 받았다. 구일본군 장교들이 경찰예비대에 다시 들어가게 됐다.

미일 안보 동맹

1951년 샌프란시스코 조약(대일강화조약)이 일본에게 비교적 관대한 내용으로 채워진 것도 이런 배경에서다.

일본 지배자들은 이런 미국의 움직임에 한껏 편승했다.

이렇듯, 헌법 9조는 처음부터 모순을 품고 있었고, 미국의 '역코스 전략'에 따라 그 모순은 더 커졌다.

무엇보다 핵심적인 모순은 주일미군의 존재였다. 1951년 미국은 미일안보조약을 통해 일본에 계속 주둔할 수 있게 됐다. 일본 지배자들은 '주일미군은 헌법이 금지한 무장에 해당하지 않는다'는 궤변으로 주일미군의 존재를 정당화했다.

특히 미국은 1972년까지 오키나와를 직접 지배하면서 이곳을 주일미군의 집결지로 바꿔 놨다. 이 과정에서 오키나와 주민들이 겪은 엄청난 고통은 지금도 계속되고 있다.

일본 지배자들은 일찌감치 헌법 9조를 없애 헌법과 현실 사이의 모순을 해소하고 싶어 했다. 그러나 또다시 전쟁에 휘말리고 싶지 않았던 일본의 다수 평범한 사람들은 이런 시도에 거세게 반발했다. "정복자[미군]의 명령이라는 그리 유망하지 않은 기원에서 출발했을망정 지금까지 그것을 개정하려는 모든 시도는 실패했다."

그래서 20세기까지 실제로 이를 밀어붙인 총리는 없었다. 이들은 그것을 정치적 자살행위라고 여겼다. 일본 지배자들은 대개 자국의 안보를 미국에 맡기고 경제 성장에 주력하는 편을 택했다.

그래서 성공회대 권혁태 교수는 일본의 "평화주의가 특수한 조건 하에서 작동된 것"이라고 지적한다. 주일미군이라는 거대한 군사력이 일본을 지켜 줬기 때문에 헌법 9조가 유지될 수 있었다는 것이다.

그러나 냉전기 동안 경제 성장을 거듭하며 일본 지배자들은 점점 더 경제력에 걸맞는 군사력과 위상을 원하기 시작했다. 이것은 모순과 위험을 더 격화시키기 시작했는데, 이 점을 다음에 살펴볼 것이다.

본격화한 일본의 재무장을 누가 막을 것인가

[편집자] 두 차례 연재를 통해 1) '평화'헌법이 형성된 배경과 모순 2) 1990년대 이후 본격화된 일본의 군국주의화를 살펴본다. 이번이 그 둘째다.

"북한이 로켓을 빨리 쏘면 좋겠다." 지난해 말 일본 관방장관은 무심코 자기 본심을 드러냈다. 아니나 다를까 일본은 최근 북한 핵실험을 기회 삼아 군사대국화에 박차를 가하려 한다.

최근 일본 총리 아베 신조는 "[북한 미사일] 기지 공격은 헌법상 자위권 범위에 포함된다"며 선제공격론에 해당하는 섬뜩한 말을 했다. 일본 지배자들은 '평화'헌법 개정을 서두르고 핵무장을 해야 한다는 목소리를 높이고 있다.

일본 지배계급은 지난 20년간의 경기 후퇴, 이른바 '잃어버린 20년'

이현주. 〈레프트21〉 100호, 2013년 3월 16일. https://wspaper.org/article/12711.

속에서 군사력 증강 야욕을 키워 왔다. 동아시아 지역에서 일본의 위상을 추월한 중국의 부상은 이를 더한층 자극했다.

미국은 '중국 견제'라는 목표 아래 동맹국 일본의 재무장을 부추겨 왔다.

1990년대 초에 본격화한 일본의 군사대국화는 전후 냉전기 동안의 일본 자본주의 성장이라는 물밑의 변화를 반영한 것이었다.

경제 '기적'

제2차세계대전이 끝났을 때 패전국 일본의 미래는 어두워 보였다.

그러나 일본은 1955년부터 1970년대 초까지 연 10퍼센트 정도씩 성장해, 이미 1968년에 서방 세계 2위의 경제 대국이 됐다. 1990년대 이래 중국이 받고 있는 경제 성장에 대한 찬사는 원래 일본의 것이었다.

일본의 경제성장률은 유럽과 미국보다 월등히 높았다. 미국이 안보를 책임져 준 덕분에, 일본은 군비 지출을 GDP의 1퍼센트 정도로 낮게 유지할 수 있었다. 그래서 더 많은 돈을 산업(기술개발)에 투자할 수 있었다.

미국은 일본을 아시아의 '반공 방벽'으로 키우려고 지원을 아끼지 않았다. 미국은 핵심 산업 기술을 일본에 공짜로 넘겨주고, 일본의 국내시장 보호 정책을 눈감아 주고, 미국 시장을 개방해 줬다. 미국 경제는 막대한 군비 지출로 한동안 호황을 유지했는데, 이것은 일본

(과 독일) 같은 나라들에 수출 시장을 제공했다.

일본을 대하는 미국의 '관대함'은 일본 정부가 전략 산업으로 정한 산업들에서 일본이 미국을 따라잡는 현상이 분명해질 때까지도 계속됐다.

이런 눈부신 경제 성장을 이루며 일부 일본 지배자들은 이미 1970년대부터 경제력에 걸맞은 군사력이 필요하다고 느끼기 시작했다.

1971년 미 국방정보국이 쓴 '일본 방위 정책의 진전'이라는 보고서는 당시 분위기를 이렇게 설명했다.

"일본이 경제적인 성공을 거두었기 때문에 국력에 필요한 군사 능력을 발전시킬 것이라는 추측도 있다. 일본 내에서도 민족주의 감정의 증대로 인해 특히 국가 안전 보장을 타국에 의존[하는] … 것에 깊은 불만을 나타내는 집단도 있다."

이 보고서는 특히 '재계가 방위력 증강을 주장하고 있다'고 지적했다.

일본 지배자들의 관심은 먼저 아시아를 향했다. 1970년대 초 일본은 동아시아 지역 최대 투자자였기 때문이다. 아시아로 진출한 자본을 보호하고 안정적 수익을 보장하려면 강력한 군사력이 뒷받침돼야 했다.

그러나 이들의 관심은 아시아에서 멈추지 않았다. 일본 자본주의는 중동 석유에 크게 의존(전체 석유 수입의 80퍼센트 차지)한다. 그래서 중동에서 동아시아로 이어지는 석유 수송로의 '안정'을 지키는 것도 사활적이었다.

일본 경제는 어느 순간 미국 경제와 격차를 줄이기 시작했다.

1970년대부터 대일 무역 적자는 미국에 심각한 문제로 떠올랐다.

1980년대가 되자 이 문제를 해결해야 한다는 목소리가 미국 내에서 커졌다. 1985년 플라자 합의는 미국의 대일 무역수지 적자를 만회해 보려는 시도였다. 이렇듯 냉전 후반기에 미국과 일본은 군사적으로는 더 긴밀해졌지만, 경제적으로는 긴장을 빚었다.

이런 상황에서 냉전 해체는 일본이 정치·군사적으로 운신의 폭을 넓힐 수 있는 여건을 마련했다. 냉전 종식으로 미국은 '유일 초강대국'이 됐지만, 동시에 서방 열강들을 자신의 우산 아래 단결시킬 명분('소련 위협')도 잃어버렸다.

미국의 가장 큰 걱정은 '일본(과 독일)이 경제적으로 강력할 뿐 아니라 군사적으로도 강력해질 것인가?' 하는 문제였다. 일본이 동아시아에서 미국의 통제를 벗어날지도 모를 일이었기 때문이다.

걸프전

그러나 일본(과 독일)은 군사력에서는 결코 미국의 엄청난 군비 지출과 막강한 무기의 수준·규모에 비할 수가 없었다. 1991년 걸프전은 이런 일본(과 독일)의 한계를 부각시키는 계기였다.

"걸프만 위기는 일본과 독일이 군사강국으로 발전하는 데 버티고 있는 장애물이 얼마나 큰지를 생생하게 보여 주고 있다. 양국 모두 그 위기에서 주변적인 구실만을 담당했는데, 이유인즉슨 한편으로 대외 군사 개입에 대한 국내의 반대 때문이기도 했고, 다른 한편으로는 이라크전과 같은 원거리 작전에 참여할 수 있을 만큼 충분한 장비를 갖추지 못했기 때문이기도 했다(특히 독일)."(알렉스 캘리니코스, 《역사의 복수》)

"[또,] 일본은 걸프전에 거금 1백30억 달러를 내놓았는데도 헌법을 근거로 다국적군에 참여하길 거부했다는 이유로 [미국한테서] '너무 적은 일을 너무 늦게 했다'는 호된 비판을 받았다. 도쿄는 이런 비판에 충격뿐 아니라 … 심지어 상처까지 받았으며 이후 헌법이라는 '장애'를 극복하고자 분투했다."(개번 매코맥, 《종속국가 일본》)

이때부터 일본은 헌법 해석을 변경하는 '꼼수'를 부리거나 이마저도 안 되면 헌법을 아예 대놓고 무시하는 식으로 본격적인 군국주의화 행보를 했다.

1990년대 일본은 '유엔평화유지활동(PKO)협력법'(1992년)과 '주변사태법'(1999년) 등을 통과시키면서 재무장과 해외 군사 개입의 길을 조금씩 열었다.

실천을 뒷받침하기 위한 이데올로기적 우경화도 뒤따랐다. 과거의 침략 전쟁을 미화하며 '자학사관에 기초한 교과서를 수정해야 한다'는 우익들의 목소리가 커졌다. 아베는 이를 주도한 사람 중 하나다.

중국의 부상을 배경으로 일본은 미국의 MD 체제(당시 TMD 체제)에도 가입했다(1998년). 미국은 중국에 대한 일본의 우려를 자극해, 냉전 이후 잠시 삐거덕거렸던 미일 동맹을 다잡을 수 있었다.

그리고 2000년대 들어 일본은 미국의 '테러와의 전쟁'에 동참하면서 질적으로 '도약'했다. 예컨대, 2001년 일본은 아프가니스탄 전쟁을 도우려고 인도양에 이지스함을 파견했다. 이것은 10년 전 걸프전에 돈만 댔던 것에 비추면 큰 변화였다. 뒤이어 2004년 일본은 드디어 육해공을 망라한 자위대를 이라크에 파병했다. 60년 만에 처음으로 일본 군대가 전쟁에 참여한 것이었다.

이 모든 일들은 '평화'헌법하에서 진행됐다. 그 결과, 지난 20년 동안 헌법 문구와 현실 사이의 모순은 점차 심해졌다. 현재 일본은 세계 2위의 해군력을 보유하고 있고 정예부대로 구성된 육상자위대, 최첨단 함정과 항공기를 보유하고 있다. 일본은 마음만 먹으면 곧장 핵무기도 만들 수 있는 상황이다.

모순

따라서 개헌 등 아베의 시도까지 관철된다면 일본은 아주 순식간에 군사대국으로 발전할 수 있다. 이것은 동아시아 정세에 지대한 영향을 끼칠 것이다.

물론 아베의 시도가 순탄하게 관철되리라는 보장은 없다.

먼저, 아시아 주변국의 '반일 감정' 문제가 있다. 일본의 식민지 경험이 있는 한국과 중국의 민중은 일본의 재무장을 우려한다. 물론 한국 지배자들은 일본의 재무장을 진지하게 반대할 리 없다. 지난해에는 한일군사협정도 추진했다. 지배자들은 과거사나 독도 문제도 일본과의 협력 추진에 걸림돌이라는 점에서 접근한다. 그럼에도 이들은 자국민들의 우려를 신경쓰지 않을 수 없다.

둘째, 미일 동맹 문제다. 미국의 후원은 일본의 군국주의화에 상당한 구실을 했다. 그러나 앞서 봤듯이 일본이 미국의 바람 때문에 재무장한 것만은 아니다. 우리는 미국과 일본 사이의 잠재된 모순도 봐야 한다.

미국은 일본이 더 강해지고 동아시아에서 더 큰 구실을 하기를 바라는 동시에 자신의 통제하에 두고자 한다.

미국은 일본이 한국을 지나치게 자극하는 것을 바라지 않는다. 한미일 삼각 동맹을 구축하는 데 도움이 되지 않기 때문이다. 한편, 미국은 일본이 독자적 핵무장까지 나아가는 것은 꺼려한다. 미국 지배자들은 북핵 위기가 일본의 핵무장을 부추기는 점은 달가워하지 않았다.

마지막으로, 무엇보다 아베는 여전히 국내 반대 여론을 의식해야 한다. 최근 경기 부양에 대한 기대감으로 아베의 지지율이 오르긴 했지만, 일본의 평범한 사람들 사이에서 군사대국화 행보에 대한 지지는 높지 않다. 헌법 9조 개정에 대해서 여전히 찬성보다 반대가 더 많다.

최근 도쿄에서는 후쿠시마 핵발전소 사고 2주년을 맞아 4만 명이 국회를 둘러싸고 '원전 제로' 정책을 촉구했다. 이 운동은 일본의 재무장에 맞서는 운동으로 나아갈 잠재력이 있다. 일본의 반전 평화 운동은 강력한 역사와 전통이 있다.

물론 이런 잠재력이 실현되려면 이 운동은 제국주의와 재무장을 반대해야 할 뿐 아니라, 경제 위기 고통 전가에 맞서는 노동자들의 운동과도 만날 필요가 있다.

좌파는 이런 정치적·조직적 대안을 건설하며 일본 정치의 불안정과 양극화 속에서 목소리를 키워야 할 것이다.

자본주의 경쟁은 군사적 경쟁을 낳고, 이것은 재앙으로 나아갈 가능성을 낳는다. 일본의 재무장과 우경화도 이런 맥락에 있다. 이 메커니즘은 20세기 초중반에 일본이 야만적 침략으로 나아가게 만들었고, 동시에 일본 민중을 인류 최초 핵 재앙 피해자로 만들었다. 그런데 섬뜩하게도 이 메커니즘이 오늘날 다시 작동하고 있다.

사회주의자들이 일본 재무장에 반대하고 근본적으로는 제국주의 체제에 맞서야 하는 이유다.

제4장 러시아

체첸과 러시아 민족문제

최근에 옐친은 독립을 요구하는 체첸인들의 무장 인질 시위에 대해 대규모 군사력을 동원해 초토화 작전을 펼쳤다. 옐친은 테러에 맞서는 '평화의 사도'인 양 위선을 떨었지만, 체첸인들이 인질 시위를 벌인 근본 원인은 제국주의 러시아가 소수민족을 억압한 데 있다. 또 옐친은 안전한 퇴로를 약속해 놓고도, 인질로 잡힌 사람들의 생명이 위태로울지도 모르는 상황에서 무차별 폭격을 했다.

서방 지배자들은 러시아의 체첸 침공이 "국내 문제"라며 옐친의 행동을 암묵적으로 지지했다. 그들은 얼마 전에도 터키 정부가 쿠르드족의 민족독립 요구를 억누르는 것을 지지했다. 서방이 체첸에 대해 동정의 시늉조차 보내지 않는 이유는 그들 역시 캅카스 지역의 석유에 눈독을 들이고 있기 때문이다. 서방 제국주의는 러시아의 지배 질서에 도전하는 나라를 편들 생각이 조금도 없다.

이 글은 《사회주의 평론》 8호(1996년 3-4월)에 실린 것이다.

옛 소련의 지배자들이 경제위기를 맞아 '시장개혁'을 했지만 경제위기는 끝날 줄 모르고 있다. 한때 세계 2위였던 러시아의 생산 규모는 지금 남한의 3분의 1 수준까지 떨어졌다. 옐친은 경제 상황을 회복하고 또 노동자 계급의 불만을 민족주의로 희석시키기 위해 체첸을 공격했다.

하지만 고르바초프가 아르메니아–아제르바이잔 등의 민족분리 운동에 부딪혔을 때나 1994년 11월에 체첸을 공격했을 때와 마찬가지로 옐친은 자신의 궁색한 처지만 드러냈다. 체첸에 대한 공격은 러시아 지배계급의 분열과 그 체제의 위기가 얼마나 뿌리깊은지를 보여주었을 뿐이다.

소련 제국주의

러시아의 제국주의 역사는 차르 시대까지 거슬러 올라간다. 18~19세기에 러시아는 주변에 있는 비러시아계 민족들을 정복하여 지배했다. 이때 폴란드·핀란드·리투아니아·에스토니아·우크라이나·그루지야·아르메니아·우즈베크·카자흐 같은 민족들이 러시아 제국주의의 식민지로 전락했다.

하지만 1917년 러시아 혁명으로 모든 민족억압이 사라졌다. 볼셰비키가 이끈 노동자 혁명이 권력을 장악하면서 이런 일이 가능할 수 있었다. 물론 볼셰비키는 전세계 노동자 계급의 더 광범한 단결을 옹호했지만, 철저히 자발적인 의사에 따를 때만 진정한 단결을 이룰 수 있다고 믿었다. 그래서 민족주의에 대해 원칙으로 반대하면서도, 억압 민족의 민족주의와 구별하여 피억압 민족의 민족주의를 옹호하는 입장을 가졌던 것이다. 1922년에는 우크라이나, 벨라루스, 카자흐, 러시아가 자발적인 연합의 형태로 '소비에트 사회주의 공화국 연방'을 결성했다.

1922년에 스탈린은 비러시아계 공화국들을 모스크바에 종속시켜 중앙에서 통제하는 '자치(공화국)화 계획'을 세우고, 그루지야도 연방에 강제로 편입시키려 했다. 레닌은 스탈린의 자치화 계획을 비판하면서 모든 공화국의 '평등'에 기반한 연방을 옹호했다. 그는 그루지야에 대한 스탈린의 태도를 비판하고 그에 맞서 투쟁했다.

서유럽의 혁명들이 실패하면서 러시아의 노동자 국가가 고립되었고, 안팎의 적들로부터 군사적 공격에 직면하면서 노동자 권력은 관료적으로 왜곡되었다. 1928년 강제집산화로 스탈린의 반혁명이 결정적으로 승리하면서 혁명의 성과들도 사라졌다. 이와 함께 소수민족들이 누려왔던 모든 권리들도 사라졌다. 볼셰비키와 스탈린의 '대러시아 국수주의' 사이에는 피의 강물이 흘렀다.

반혁명에 성공한 소련의 관료 지배계급은 서방 제국주의 나라들과의 경쟁에서 승리하기 위해 노동자와 농민을 착취하고 또 더 많은 민족들을 억압해야 했다. 각 공화국 지도자들을 숙청하고 주민들을 강제로 이주시키면서 스탈린이 보인 민족억압의 광기는 절정에 달했다. 1937~1938년에 걸친 대숙청 기간에 30개 공화국의 지도자들 거의 대부분이 숙청되었다. 그들의 주된 혐의는 소연방 탈퇴를 도모했다는 것과 "트로츠키주의자"라는 것이었다.

1940년대에는 민족 공화국들이 완전히 해체되었다. 1941년 8월에는 1백만 명에 이르는 볼가 독일 공화국의 민족 전체가 우랄 산맥 동쪽으로 강제 이주되었다. 국경 근처에 거주하던 조선 민족도 카자흐와 우즈베크 지역으로 강제 이주되었다. 그 밖에도 크리미아 타타르 소비에트 자치공화국, 칼무크 소비에트 자치공화국, 체체노 잉구슈 소비에트 자치공화국이 폐지되었고, 그 곳에 살던 주민들은 강제 이주되었다.

관료 지배계급은 러시아 제국 건설의 선구자였던 차르에게 호감을 가질 수밖에 없었다. 그들은 갈수록 노골적으로 차르의 제국주의를 미화했다. 1950년에 〈프라우다〉는 다음과 같이 썼다. "제정 러시아가 캅카스와 트란스캅카스를 병합한 것은 그곳 인민들의 사회·경제·문화적 발전과 민족의 생존을 위한 유일한 길이었다. … 러시아에 병합되는 것이 그들 자신을 구원하고 그들의 고대 문화를 보존하고 경제·문화적 발전을 이룩하기 위한 유일한 방법이었다."

억압에 맞선 체첸 민족의 역사

체첸은 캅카스 북부의 아주 작은 공화국이다. 19세기에 러시아에 정복당한 이 나라는 거의 2백 년을 러시아 제국주의에 맞서 한 치도 물러서지 않고 투쟁해 왔다. 1817~1869년에는 캅카스 전쟁으로 인구의 절반을 잃었을 정도이다.

1917년 혁명 이후에 체첸은 다시 독립을 위한 투쟁을 시작했다.

민족억압에 일관되게 맞선 볼셰비키의 입장에 고무된 체첸인들은 적군을 지지했으며 백군 사령관 데니킨에 맞서 혁명을 지키기 위해 싸웠다.

그러나 스탈린의 반혁명이 승리한 뒤에 체첸은 다시 러시아 제국주의의 지배를 받게 됐다. 강제이주 정책에 따라, 1944년에는 체첸 민족 전체가 카자흐스탄의 사막으로 추방되었다. 스탈린은 체첸인들이 나치에 협력했다는 이유로 자신의 행위를 정당화했다. 추방당한 사람들 가운데 3분의 1이 끌려가던 도중에 배고픔과 추위로 죽었다. 1957년에 귀향할 자유가 주어졌을 때, 그들 가운데 절반만이 살아 돌아갈 수 있었다.

1980년대 들어 고르바초프는 더욱 악화된 경제 상황을 해결하기 위해 경제개혁과 부분적인 정치개방을 하지 않을 수 없었다. 그래서 1988년 이후에는 민족주의 운동이 훨씬 복잡한 양상으로 나타났다. 고르바초프가 '시장개혁'에 저항하는 옛 공산당 관료들을 공격하려는 목적으로 중간계급 지식인의 지지를 얻어내기 위해 글라스노스트를 실시하고, 또 위기 해결 방식을 둘러싸고 지배 계급이 분열하면서 억압당해 왔던 민족들이 분리하려는 움직임을 재촉했다.

1991년에 소연방이 해체되고 각 공화국의 경제위기가 커지면서 급격하게 분출하기 시작한 분리독립의 움직임이 더욱 확산되었다. 그러나 독립운동을 지도하던 정치 지도부는 옛 소련 연방에서 관료의 지위까지 올라갔던 민족 지배자들이었다. 예컨대 두다예프는 공군 장성 출신이다. 따라서 러시아 소수민족들이 독립하려는 운동에 마땅히 지지를 보내야 하지만 그 한계를 잊지 말아야 한다.

이런 분위기에서 체첸에서도 민족 독립을 위한 투쟁이 다시 시작되었다. 1991년 9월에 체첸의 민족 지도자인 두다예프가 대중봉기를 일으켜 1991년 8월의 보수파 쿠데타를 지지했던 옛 공산당 지배자들을 타도하고 독립을 선언했다. 뒤이은 자유선거에서 두다예프는 압도적인 지지를 받고 대통령으로 선출되었다.

옐친의 대응

체첸의 독립선언은 옐친에 대한 직접적인 도전이었다. 1991년 11월에 탱크를 앞세운 러시아 군대가 체첸으로 쳐들어갔다. 하지만 대중의 거대한 저항에 맞부딪혀 러시아 군대는 꼬리를 내리고 도망칠 수밖에 없었다. 체첸인들의 저항이 워낙 거셌기 때문에, 옐친은 체첸의 수도인 그로즈니를 점령하기 위해 1968년에 체코의 프라하나 1979년에 아프카니스탄의 카불을 점령했을 때보다 훨씬 많은 시간과 노력을 들여야 했다.

1994년 11월에 러시아 군대는 체첸으로 다시 쳐들어갔다. 체첸 침공은 아프카니스탄 침공 이후 러시아가 벌인 최대의 군사작전이었다. 옐친의 군대는 인구가 140만 명밖에 안 되는 아주 작은 공화국을 침공하는 데 6백 대의 탱크와 무장 차량, 1만 명의 군대와 어마어마한 공중 지원병력을 동원했다.

하지만 러시아 군대는 곧바로 대중의 저항에 직면했다. 체첸 국경의 다케스탄에 사는 체첸인들과 다른 지역의 주민들이 59명의 죄수들을 인질로 삼고 차량을 파괴하면서 이틀 동안 군대를 막았다. 그루지야와 아제르바이잔에서도 6천여 명이 러시아 경비대와 무장 충돌을 벌였다. 다케스탄을 비롯한 러시아 남부 지역에서는 '캅카스민족연합'을 결성하고 두다예프 정권을 지지하기 위해 의용군을 파견했다. 러시아 상원의원에 따르면, 체첸에 사는 거의 모든 사람들이 탱크를 막기 위해 거리로 나왔다.

거대한 군사력에도 불구하고 러시아가 체첸을 재공격하는 것은 커다란 도박이었다. 러시아 군대는 전투 경험도 부족했고 사기도 쉽게 꺾였다. 처음부터 군인들의 탈영이 끊이지 않았고, 명령 불복종과 항명이 군대 안에 만연했다.

체첸인들은 러시아 군대에 비하면 규모도 작고 무장 수준도 형편없었지만 결의에 차 있었다. 최첨단 무기로 무장한 러시아 군대는 구식총과 기관총밖에 가지지 못한 체첸인들과 싸워서 3번씩이나 실패를 거듭한 후에야 대통령궁을 장악할 수 있었다.

체첸이 보인 저항에 동정하는 여론이 캅카스 지역 전체를 압도했다. 평범한 러시아인들도 모스크바의 정치 지도부가 너무 심하다고 생각하고 정부의 군사작전을 지지하지 않았다. 이러한 상황 때문에 옐친은 더욱 심각한 위기에 직면했다.

체첸 공격의 배경

1994년 여름 무렵에는 러시아를 갈갈이 찢어놓았던 민족분리 경향이 사그라드는 듯 보였다. 옛 소연방에서 분리해 나갔던 나라들 여럿이 러시아와 경제·정치적으로 다시 통합하려는 움직임을 보였다. 옐친 정부가 애쓰지 않아도 독립을 고집하는 체첸에 대한 압력이 늘어나고 있는 듯했다. 러시아 지도부는 오랫동안 '아프카니스탄 신드롬' — 아프카니스탄 전쟁 이후로 대중이 군대 동원을 반대하는 것 — 을 없앨 기회를 찾고 있었는데, 체첸 공격이 좋은 기회였다.

체첸 공격의 또 다른 배경에는 남부 지역의 석유 통제권을 장악하려는 러시아의 야심이 존재했다. 최근에 아제르바이잔이 카스피해의 풍부한 유전(油田)에 대한 권리를 주장하고 영국·미국·터키의 석유 회사들을 개발에 참여시키려 함으로써 이 지역에 대한 러시아의 주도권을 직접 위협했다. 1994년 9월에는 아제르바이잔이 송유관을 둘러싼 협상에 이란을 포함시킨다는 폭탄 선언을 하면서 러시아가 가지고 있던 송유관에 대한 독점권에 도전했다. 그로즈니를 통과하는 송유관에 대한 통제권을 잃게 된다면, 러시아가 옛 소련 지역에서 통제해 왔던 독점적 지위에 커다란 손상을 입을 수밖에 없는 상황이었다. 이 때문에 러시아의 지배자들은 필사적으로 체첸의 석유를 통제하려고 하는 것이다.

옐친에게는 체첸을 고분고분하게 만드는 일이 경제와 군사전략 모두에서 절실했다. 루슬란 하스불라토프 — 체첸인이고, 1993년 10월에 옐친을 도와 의회 해산을 지도했다 — 는 러시아의 재정·군사적 후원을 받아 러시아의 영향력을 확대하고 또 자신이 두다예프 정부의 반대파 지도자가 되고자 했다. 체첸의 옛 공산당 지도자이자 1991년 9월의 체첸 민중봉기로 타도되었던 도쿠 자프가예프도 옐친

행정부로 들어가서 두다예프의 자리를 노렸다.

1994년 11월의 공격에서 러시아는 군사적으로 크게 패배했다. 러시아 탱크에 타고 있던 군인들 70명이 포로로 잡혔다. 이제 진실이 드러났다. 연방방첩본부(KGB의 후신)는 체첸을 공격하는 전쟁에 참여할 러시아 장교들을 모집했다. 모스크바는 이제 와서 굴욕적이게 후퇴할 수도 그렇다고 전면 공격을 감행할 수도 없는 진퇴양난의 처지에 직면했다.

옐친이나 러시아의 군장성들이 전쟁을 벌였던 데에는 러시아의 정치상황이 크게 작용했다. 계속해서 루블화가 폭락했고, 1995년에는 경제 생산의 하락폭이 1994년보다 훨씬 더 클 것이라고 예측되었다. 게다가 대통령 선거의 암울한 전망 등을 앞두고 옐친은 바닥을 기는 인기를 만회하기 위해 민족주의 카드를 사용하고 싶은 충동을 강하게 느꼈다.

군 지도부 또한 그 직전에 대중의 반대에 직면했다. 1994년 10월에 유명한 저널리스트인 드미트리 콜로도프가 자신의 사무실에서 폭탄으로 살해되는 사건이 벌어졌는데, 여러 증거로 보아 군대나 보안기구의 소행임이 너무나 분명했다. 콜로도프는 군대 내부의 부패를 깊이 파고들었고 의회에서 이를 증언하려는 순간에 살해되었던 것이다.

하지만 콜로도프가 고발할 대상이었던 파벨 그라초프 국방장관은 콜로도프를 비웃었고 옐친은 그라초프를 지지했다. 몹시 추운 휴일 아침에 치러진 그의 장례식에 1만 명이 참여함으로써 대중은 정부와 군부에 대한 분노를 표현했다. 이것은 옐친과 민중이 맺었던

'연합'의 장례식이었다.

콜로도프 살해 사건으로 군대 안에서 분열이 일어났다. 군대 안의 '온건파' 장성들은 그라초프를 공공연하게 비난했다. 그라초프는 추락한 자신의 위신을 회복하기 위해 체첸에서 힘 자랑하는 길을 선택했다.

지배계급의 분열

옐친이 처음에 의도했던 바와는 달리, 그와 러시아 지배자들은 체첸 공격으로 더욱 곤란한 처지에 빠져 들었다. '강한 지도자'라는 인상을 주어서 분열된 지배계급을 하나로 모으고 러시아가 직면한 위기 상황을 탈출하려는 옐친의 의도는 꿈에 지나지 않았다.

전쟁으로 군대 안의 분열은 더 심해졌다. '칠레의 피노체트'가 썼던 방법이 필요하다고 주장해 온 레베드 장군은 그로즈니로 군대를 이끌고가서 그라초프를 지원했다. 반면에 다른 장군들은 체첸 침략이 혼란을 가져올 것이라며 반대했다.

옐친은 대중의 지지를 만회하지도 못했다. 정부 관리들은 체첸인들이 사람들을 창문 밖으로 던지고, 소녀들을 강간하고, 아이들을 인질로 삼는가 하면, 여자와 아이들을 방패막이로 삼고 있다고 악의적인 선동을 했다. 그렇지만 여론조사 결과는 70%가 침략에 반대하고, 12%만이 찬성하는 것으로 나타났다. 검열의 위험이 있었지만, 모스크바의 주요 일간지들은 전쟁에 반대하는 입장으로 일관했다.

의회 안의 옐친 반대파는 시체로 돌아오는 군인들이 옐친에게 향할 화살이 될 것이라며 옐친에 반대하는 입장을 분명히 했다. 체첸 침공을 유일하게 지지한 세력은 나치인 지리노프스키와 극소수의 극단적인 자유주의 분파였다. 대중조직인 '민주러시아'는 확고하게 전쟁에 반대하는 입장에 섰다. 반면에 예고르 가이다르가 이끄는 '선거연합'은 입장이 분열되어서, 외무장관인 코지레프는 연합을 떠났고 가이다르는 재정 지원자들의 압력 때문에 옐친을 탄핵해야 한다는 처음의 주장을 철회하지 않을 수 없었다.

하지만 전쟁에 반대하는 정치세력들 가운데 어느 하나도 체첸의 자결권을 방어하지 않았다. 개혁파든 옛 공산당이 변신한 '좌파'든 현재의 경제위기를 벗어나는 것을 자신의 당면 과제로 여겼다. 그래서 이들은 노동자와 피억압 소수민족을 착취하고 억압하는 데 근본적인 이해관계를 공유하고 있었다.

진정한 대안

체첸 위기로 러시아에서는 여러 차례 정치적 긴장이 드높았다. 1994년 12월 중순에는 '테러의 위협'을 핑계로 모스크바에 군대와 무장차량이 등장했다. 옐친이 비상사태를 선포해서 의회를 해산하고 군대에 실권을 줄 것이라는 소문이 무성했다.

압도 다수의 대중은 체첸 공격에 반대했지만 곧바로 적극적인 행동을 보이지는 않았다. 군대가 체첸으로 이동하기 시작했을 때 모스크바에서 열린 두 차례의 시위에는 3천 명만이 참여했다. 그리고나서 세 번째 시위는 극우익들이 벌였다. 하지만 체첸에 이웃한 캅카스에서 체첸의 저항을 지원하는 움직임이 확대되자 상황이 바뀌었다. 1994년 12월 26일에는 러시아의 무력침공에 반대하는 러시아 노동자들의 시위가 러시아 공화국에서 벌어졌다.

러시아의 정치가 우경화하고 있는 것은 사실이지만, 지배계급이 '민족'을 내세우며 노동자들에게 생활수준 삭감을 받아들이게 설득하는 일은 여전히 어렵다는 점이 최근의 체첸 위기에서 드러났다. 1996년 1월말에 있었던 러시아의 광부 노동자와 교사 들의 파업은 옐친이 체첸을 진압하는 데 성공했더라도 노동자들의 투쟁에서 벗어날 수는 없음을 보여 주었다.

어떤 길을 선택하더라도 옐친의 '개혁'에는 탈출구가 없다.

옐친의 제국주의적 야만에 저항한 피억압 민족들의 투쟁과 노동자 계급의 행동에만 희망이 존재한다. 1991년에 '리투아니아에서 손을 떼라'고 요구하며 수십만 명이 모스크바에서 행진을 벌였던 것처럼 말이다. 러시아에서 대중의 반대운동이 발전한다면, 옐친이 이끌고 있는 이른바 '개혁파'와 지금은 옐친에게 반대하는 척하는 '공산주의자'와 파시스트 들 모두를 몰아내고 1917년에 그랬던 것처럼 '다양한 민족의 자유로운 연합'이 이루어질 수 있다.

러시아 민족주의의 본질

소련 국가보안위원회(KGB) 본부 건물 밖에 세워진 펠릭스 제르진스키(Felix Dzerzhinsky)의 동상을 사람들이 무너뜨리는 모습은 실패한 소련 쿠테타가 우리에게 전해 주는 가장 인상깊은 장면들 가운데 하나였다. 좌익 진영의 많은 사람들이 그것을 보고 목욕물을 버리려다 애까지 같이 버리는 격이라고 느꼈을 것이다.

이러한 불안감은 떨쳐버려야 마땅하다. 제르진스키의 동상과 같은 상징물들이 그대로 남아 있는 한 볼셰비키가 실제로 옹호한 진정한 전통은 전혀 회복될 수 없을 것이다. 무너지는 동상들은 구 스탈린주의 정권의 상징물들이다. 제르진스키의 동상은 1958년에 세워졌고, 스베르들로프의 동상은 느지막이 1978년에 가서야 세워졌다. 모든 동상들 및 명칭들과 마찬가지로 그것들은 실제로는 볼셰비키의 전통에 침을 뱉으면서도 볼셰비키의 전통을 이어받고 있다고 자처하

이 글은 《도대체 사회주의란 무엇인가》(1991년 12월 발간)에 실린 것이다.

는 정권을 찬양하기 위한 것들이었다.

일찍이 페트로그라드를 레닌그라드로 개칭한 것도 혁명이 타락하는 경향의 표현으로 여겨야 마땅하다. 레닌에 대한 추모는 상층부에서 권력장악을 위해 투쟁하는 새로운 집단들을 정당화하기 위한 우상으로 바뀌어야 했다. '레닌주의'라는 말 자체도 레닌이 살아있는 동안에는 거의 사용되지 않았다. 레닌이 죽은 뒤에 거의 모든 사람들이 저마다 자기 나름대로, 자기 구미에 맞게 '레닌주의'를 창조하여 자신들의 입장을 정당화했다. 그리고 마침내 스탈린은 권력을 장악하고 나서 자신의 권력을 이용하여 자기 식의 '마르크스·레닌주의'를 강요했다.

레닌의 시신은 모든 우상들 가운데 가장 커다란 우상이 되었다. 레닌의 시신은 화강암으로 만든 묘지에 안치되었고, 묘지를 관리하는 사람들이 시신을 계속 돌보았고, 시신 전담 제복기술자들이 레닌의 옷을 갈아입히곤 했다. 그러는 동안에 소련 지도부는 레닌이 남긴 진정한 유산을 짓밟았다. 이러한 점에서 레닌과 진정한 볼셰비키 전통은 모든 우상들이 파괴되고 레닌의 시신을 화장해서 재로 만들어 바람에 날려보내기 전까지는 소련에서 결코 부활되지 않을 것이다.

제르진스키의 동상이 무너지는 것을 보고 환호성을 질렀던 소련인들은 그들이 살고 있는 사회가 1917년과의 연속성에 바탕을 두고 있다는 말을 수십년 동안 들어 왔다. 그들에게 신화는 현실이고 그것도 유일한 현실이다. 그리고 신화에 젖어 살아 온 그들은 이제 새로운 신화와 자유시장이라는 새로운 종류의 우상을 받아들이라는 부추김을 받고 있다.

이러한 사태는 거리에서 사람들이 외친 주된 요구들이 정치적 요구로 귀결되게 했다. 시위군중과 파업노동자들은 정치체제를 바꾸려 했지, 소련 권력의 실질적인 계급적 토대를 공격하려 하지 않았다. 민주주의를 쟁취하는 것은 일보 전진이지만, 현재의 소련 권력의 계급적 토대를 건드리지 않는 것은, 동유럽에서 이미 그랬듯이, 지배계급이 자신을 재편하고 자신의 지배형태를 바꾸고 지배계급 가운데 대중의 미움을 가장 많이 사는 부분을 희생시켜 지배계급 다수를 이롭게 함으로써 자신의 지위를 새로운 방식으로 확립시키게 할 뿐이다.

동유럽에서 이러한 변화를 촉진한 요소는 민족주의였다. 그것은 소련의 경우에도 마찬가지이다. 민족주의는 계급 적대를 은폐함으로써 지배계급이 속임수를 써서 곤경에서 탈출할 수 있게 해준다.

소련의 경우, 가장 관심을 끌었던 것은 '주변 지역들'의 민족주의였다. 그러나 소련 쿠데타로 주로 득을 본 것은 보리스 옐친이 이끄는 러시아 연방의 러시아 민족주의였다.

러시아 연방은 소련의 중심부에 위치하고 있으며 1억 5천만의 인구를 갖고 있고 그 가운데 83%가 '러시아인'이다. 러시아 연방 이외의 다른 공화국들에는 2천 4-5백만의 러시아인이 살고 있고, 그들 대다수가 노동계급이다. 러시아 민족주의자들은 전반적으로 볼 때 소련 노동계급의 3분의 2가 러시아 출신이라고 주장한다.

가장 약삭빠른 민족주의자들은 이러한 사정이 갖는 정치적 의미를 벌써 알아차렸다. 소련 노동계급이 지난 2년 동안 움직이는 모습을 보고, 그들은 노동계급이 부분적으로는 소련 노동계급의 자격으로, 그리고 부분적으로는 소련 전체의 러시아 민족의 표현으로서 움직였다고 썼다. 다시 말해서 그들은 노동자들이 노동자들로서 싸운 것인가 아니면 러시아인으로서 싸운 것인가를 알고 있다는 말이다.

옐친의 성공은 의도적인 분열을 조장하는 이러한 종류의 생각을 크게 부추겼다. 러시아는 결국 고개를 높이 쳐들고 있는 셈이다. 현재 러시아는 '민주 러시아'이지만 이미 승리한 순간부터 러시아 민족주의적 구상이 만들어지고 있었다. 그것은 다른 공화국들의 민족주의와 충돌을 일으키고 있고, 그리하여 민족주의적 경쟁이 반복되게끔 위협을 가하고 있다. 민족주의에 대항해서 사람들의 관심을 끌 수 있는 중심 세력이 없기 때문에 민족주의적 강령을 제출하는 세력들의 힘이 무척 크다.

옐친은 러시아 민족이 제발로 일어서야 한다는 호소를 세련되게 했다. 그는 러시아가 너무 오랫동안 제정 러시아의 제국주의를 낳은 주범이라는 비난을 받아 왔고 그리하여 러시아 자체의 품위가 손상되고 소련 내에서 착취당해 왔다고 주장했다.

그의 연설은 인상적이었지만 역사적으로 따져볼 때는 헛소리이다. 실제로는 러시아가 소련이었고, 러시아는 소련에서 지배 세력이었다. 그러나 청중들은 가만히 앉아서 그의 얘기를 들었다고 한다. 이것은 러시아 민족주의가 지닌 고상한 모습 — 러시아 문화에 대한 찬양에서 러시아인을 영구보존하기 위해 합리적 인구계획을 마련해야 한다는 요구에 이르기까지 — 이었고 옐친의 얘기는 상당한 반향을 얻었다.

러시아 민족주의가 지닌 덜 고상한 모습은 다른 측면에서, 즉 최근에 추방된 불가리아인 이민노동자들(그들은 불가리아인들을 '야만적인 돼지들'이라고 부른다)에 대한 두려움과 혐오에서, 시베리아 남부의 상인들에 대한 인종주의적 태도에서, 그리고 시베리아에 사는 타타르족에 대한 의심에서 발견할 수 있다.

민족주의는 계급 적대를 감출 수 있는 이데올로기이다. 그러나 민족주의는 또한 매우 부서지기 쉬운 이데올로기이기도 하다. 해체되어 가는 소련에는 보다 폭넓은 노동계급의 독립적 운동과 그들의 정신을 위한 투쟁이 발전할 수 있는 시간과 새로운 민주의적 가능성들이 존재한다. 그러나 그것이 성공을 거두기 위해서는 권력의 계급적 성격에 대한 명확한 관점이 필요하다. 명확한 관점을 가지려면 일련의 구호들이나 이름을 외운다는 의미에서가 아니라 진정한 모순들을 냉철하게 살펴본다는 의미에서 마르크스주의적 인식을 갖춰야 한다.

아프가니스탄은 어떻게 러시아 제국의
무덤이 됐는가?

1990년대 초반 모스크바 지하철에서는 군복을 입은 청년들이 구걸하는 모습을 흔히 볼 수 있었다. 그들은 보통 다리가 없었다. 그들은 러시아의 재앙적 아프가니스탄 침략의 희생자였다.

소련군의 침략은 1979년 크리스마스 전야에 시작됐고, 9년 뒤 소련군이 우크라이나로 퇴각하면서 끝났다.

최소한 소련군 1만 5천 명 이상이 사망했다. 소련군은 아프가니스탄인 50만 명을 학살했다. 더 많은 이가 불구자가 됐고, 수백만 명이 난민이 됐다.

소련군은 전폭기, 네이팜 폭탄, 탱크, 지뢰와 헬리콥터를 동원해 아프가니스탄 게릴라, 즉 무자헤딘과 싸웠지만, 결국 패배했다.

데이브 크라우치(영국 사회주의노동자당(SWP) 활동가). 〈레프트21〉 14호, 2009년 9월 10일. https://wspaper.org/article/6940.

소련의 패배는 소련군 무패 신화의 종말을 알리는 신호탄이었고, 이윽고 대중적 민족주의 운동이 소련 제국을 해체했다.

오늘날 미국과 영국 군대의 지휘관들은 옛 소련의 패배 기억에 시달리고 있다. 미 육군 소령 한 명은 2005년에 이렇게 말했다. "우리가 어떤 결정을 내리든, 우리는 곰을 뒤쫓아 숲으로 뛰어들어서는 안 된다."

그러나 소련이 아프가니스탄에서 철군한 지 20년이 지난 지금, 아프가니스탄 주둔 나토군 규모는 당시 소련군 규모와 비슷하다. 나토 앞에 똑같은 운명이 기다리고 있을까?

서방 국가 정상들은 이번 아프가니스탄 전쟁은 러시아의 아프가니스탄 전쟁과 다르다고 말한다. 미국과 나토군은 탈레반에 반대하는 아프가니스탄인들의 지지를 받고 있다는 것이다.

그러나 옛날에 소련 정부도 잔혹한 침략을 정당화하려고 민간인으로 구성된 꼭두각시 정부를 세웠다.

또, 오늘날 미국 정부처럼, 당시 소련 정부도 처음에는 제한적 목표로 소규모 병력을 동원해 아프가니스탄을 침략했지만, 곧 통제할 수 없는 전쟁에 빠져들었다.

처음에 소련 정부는 18개월 전에 집권한 인기없는 아프가니스탄 공산당 정부를 지원하려고 들어왔다.

당시 아프가니스탄 공산당 정부는 붕괴 일보직전이었고, 소련 남부 공화국들에서 이슬람주의 저항의 물결이 크게 확대될 가능성이 컸다.

소련 특전사들은 자신의 앞잡이 바락 카말을 대통령으로 임명했다. 그들은 주요 도시들을 점령했고, 통제를 유지하려고 아프가니스탄군을 육성했다.

소련 정부는 그 전부터 아프가니스탄에 개입해 왔기 때문에 성공할 자신이 있었다.

소련은 1930년대부터 아프가니스탄과 무역을 터 왔고, 1950년대부터 소련의 군사·경제 자문단이 아프가니스탄에 파견돼 왔다. 소련 자문단이 아프가니스탄의 도로를 대부분 건설했다.

그러나 소련 침략에 맞선 저항이 즉각 시작됐다. 1980년 2월 23일 밤, 카불의 거의 모든 주민들이 소련군 진입에 항의해 건물 지붕 위에 올라가 '신은 위대하다' 하고 외쳤다. 소련군은 저항에 나선 아프가니스탄인들을 상대해야 했다.

소련군 장교들은 추가 파병을 요청했다. 육군참모총장 니콜라이 오가르코프는 주둔군 규모를 11만 5천 명으로 제한한 것을 "무모하다"고 비판했다. 그는 병사가 다섯 곱절 더 필요하다고 주장했지만 거부당했다.

대신에 소련 정부는 막강한 화력을 동원하면 승리할 수 있을 거라 믿었다. 그들은 저항세력을 꺾기 위해 공업 강국이 보유한 끔찍한 군사기술을 모두 동원했다.

그러나 이 시도는 실패했다. 소련군은 도시를 벗어나면 도처에서 위협받았고, 기동력이 탁월한 게릴라 전사들이 벌이는 효과적 공격의 제물이 됐다.

"잔디 깎기"

소련 기갑부대는 공군의 지원을 받아 저항세력의 거점들을 파괴하려고 농촌 지역으로 이동했다. 그 결과 아프가니스탄 민간인들과 작물들이 엄청난 타격을 입었다. 이 때문에 더 많은 아프가니스탄인이 저항을 지지하게 됐다.

예컨대, 1984년 공세 기간에 소련군은 헤라트 시(市)에서 서쪽으로 20킬로미터 반경 안에 있는 모든 교외 거주지와 촌락 들을 파괴했다.

무자헤딘의 거점을 파괴한 후 소련군은 철수했고, 무자헤딘은 곧 다시 돌아왔다.

오늘날 미군과 나토군도 동일한 양상을 반복하고 있다. 미군과 나토군은 이것을 "잔디 깎기"라고 부른다. 저항세력을 소탕하자마자 새로운 저항이 자라나기 때문이다.

이른바 '민심'을 얻겠다는 말은 위선일 뿐이다. 지난달 아프가니스탄 주둔 미군과 나토군 총사령관인 스탠리 맥크리스털은 장병들에게 보내는 지침에서, 주둔군이 민간인을 살해한 결과로 [민간인] 친척들이 무기를 들게 된다면 "우리가 몰락을 자초하는 꼴이 될 것"이라고 말했다.

미군과 나토군은 기지를 벗어나자마자 위협에 직면한다. 매달 도로를 통해 주둔군 필수품을 수송하는 과정에서 트럭 수백 대가 탈레반에 의해 파괴되고 있다.

오늘날 미국처럼, 당시 소련 정부도 15만 명에 이르는 아프가니스탄군을 육성해 대신 싸우게 만들려 했다.

그러나 아프가니스탄인들은 소련 정부를 믿지 않았다. 그들은 자기들이 가장 위험한 임무를 맡는데도, 장비와 훈련이 턱없이 부족한 것에 불만을 품었다. 러시아인들의 인종차별주의적 태도는 아프가니스탄군의 불만을 더 크게 만들었다.

그 결과, 당시 아프가니스탄군 안에 저항세력에 동조하는 군인이 꽤 많이 있었고, 이들이 종종 무자혜딘에 중요한 정보를 제공했다.

소련군은 징집된 군인들로 구성됐고, 복무 조건은 처참했다. 9년의 점령 동안 소련군 약 65만 명이 아프가니스탄에 파병됐다. 그 중 거의 4분의 3이 부상하거나, 간염·이질·말라리아·발진티푸스 등 심각한 질병으로 고통받았다.

소련군 병사들은 저항세력한테서 침낭이나 군화를 획득하면 기뻐했는데, 자기 것이 너무 형편없었기 때문이었다. 그들은 고귀한 이상을 지키기 위해 사악한 적에 맞서 싸우고 있다는 말을 들었다. 그러나 소련군 병사들은 자기 삶의 방식을 지키려는 가난하지만 자존심센 아프가니스탄 농민들을 상대로 싸우고 있음을 깨달았다. 그래서 소련군의 사기는 매우 낮았다. 약물과 알코올 중독이 만연했고, 성폭행과 폭력 범죄가 흔하게 발생했다.

소련군 장교들은 아프가니스탄 복무를 끔찍이 싫어했다. 그들은 승리가 불가능한 상황에서 필연적 패배에 대한 비난을 자신들이 뒤집어 쓸 것을 알고 있었다.

1983년에 소련 언론은 6명의 사상자만 보도했지만, 실제로는 6천 명 이상이 죽고 1만 명 이상이 부상했다.

그러나 소련 육군이 대규모 징집 장병들로 구성된 마당에, 청년들이 무의미하고 잔인한 전쟁에서 죽어가고 있다는 진실이 퍼지는 것을 언론 통제만으로 막을 수는 없었다. 아들을 아프가니스탄으로 보내지 않기 위해 가족들은 온갖 수단을 동원했다.

소련의 패배를 분석한 미국의 모든 군사 저술가들은 러시아인들이 승리할 의지를 잃었다고 지적한다. 그들은 이것을 "비대칭적 전쟁의 모순"으로 부른다.

모순이 존재한다고 말하는 이유는 상식적으로는 군사적 초강국이 가난한 적을 당연히 늘 이겨야 하지만, 실제로는 그렇지 않은 경우가 있기 때문이다.

비대칭적 전쟁의 모순

"비대칭적"이라고 부르는 이유는 이 전쟁이 러시아인보다는 아프가니스탄인에게 더 큰 의미가 있기 때문이다. 아프가니스탄인에게 이 전쟁은 죽고 사는 문제이자 총력전이었다.

오늘날 미국도 마찬가지 처지다. 따라서 전투 의지를 먼저 잃을 쪽은 아프가니스탄인보다는 미국이나 영국 쪽이 될 것이다.

게릴라군은 기술적으로 열등하기 때문에 점령군과 전면전을 벌이려 하지 않는다. 대신에, 그들은 매복과 사제 폭탄으로 점령군의 사기를 조금씩 꺾는다.

1980년대 소련 정부에게는 다른 문제도 있었다. 당시 소련 경제는 붕괴하고 있었고, 아프가니스탄에서 벌어지고 있는 일에 대한 국제적 공분이 있었다.

당시 국내에서는 체제에 대한 환멸이 위험수위에 도달했다. 아프가니스탄에 머물기 위해 지불해야 하는 대가가 너무 커진 것이다.

어떤 이는 소련군의 패배에서 미국의 무자헤딘 지원이 매우 중요했다고 주장한다. 그들은 1986년 최첨단 스팅어 대공 미사일을 제공한 것이 결정적이었다고 주장한다.

그러나 미사일을 얻기 전에도 저항세력은 헬리콥터와 탱크 수백 대를 파괴했다.

1985년 미하일 고르바초프는 지도자로 취임하자마자 소련 장군들에게 아프가니스탄 전쟁에서 이기는 것이 과연 가능한지 물었다. 대답은 '아니다'였다. 소련의 패배 원인은 기술적 이유보다는 정치적 이유였다.

아프가니스탄인은 침략군이 들어올 때마다 용맹하게 맞서 싸웠다. 그들은 19세기 영국이 가장 막강한 군사강국일 때 영국군을 물리쳤다.

그들은 1980년대 전 세계에서 두 번째로 막강한 군사강국인 소련을 무찔렀다. 2001년 9·11 이후 미군이 아프가니스탄 폭격을 시작할 때 한 CIA 간부는 이렇게 경고했다. "미국은 조심스럽게 일을 진행해야 한다. 그러지 않으면 우리도 아프가니스탄 역사가 낳은 쓰레기 더미의 일부가 될지도 모른다."

미국 제국주의의 새로운 전선 — 그루지야

[편집자] 2008년 8월 러시아·그루지야 전쟁은 오늘날 세계가 얼마나 불안정한지를 분명하게 보여 주는 사건이었다. 미국과 러시아 정치인들은 서로 호전적 말들을 쏟아냈다.

영국 사회주의자이자 동유럽 전문가인 데이브 크라우치는 이 사건 뒤에 냉전 이후 제국주의 열강 간 갈등이라는 근본적 배경이 있음을 지적한다.

지난달 캅카스에서 벌어진 전쟁을 다룬 영국 언론의 보도는 거의 천편일률적이었다. 작고 약한 민주주의 국가가 이웃 강대국 러시아의 횡포에 시달린다는 식이었다. 그러나 실상을 더 자세히 들여다보면 뭔가 다른 모습이 드러난다. 그것은 전 세계의 시장과 석유를 지

데이브 크라우치(동유럽 전문가·영국 사회주의자). 〈저항의 촛불〉 6호, 2008년 9월 25일, https://wspaper.org/article/5853.

배하고 자국의 영향력을 확대하기 위한 미국의 노력을 은폐하는 '테러와의 전쟁'이 위험 수위에 달했다는 것이다.

미하일 사카슈빌리가 이끄는 그루지야 정부는 조지 부시의 가장 긴밀한 전쟁 동맹 가운데 하나고, 미국의 경제적·정치적 야욕을 전폭 지지해 왔다. 모스크바 주재 〈뉴욕 타임스〉 수석 특파원은 미국과 그루지야의 관계를 다음과 같이 요약했다.

"미국은 … 취약한 그루지야 국가의 군비 증강을 지원했다. 미국의 지원을 받아 집권한 사카슈빌리는 아프가니스탄과 이라크에서 미국이 추진하는 임무들을 확고하게 지지했다."

〈뉴욕 타임스〉는 다음과 같이 보도했다. 사카슈빌리의 출세는 "이라크 전쟁으로 곤경에 처한 미국에게 정치적 지지와 외국 병력이 절실히 필요하던 시점과 기가 막히게 일치했다. 사카슈빌리가 그루지야 군대를 이라크에 파병하겠다고 제안하자 미국 국방부는 그 보답으로 그루지야 군대를 머리끝에서 발끝까지 혁신시켜 줬다. 고위급 수준에서는 그루지야 군사교범을 혁신하고 지휘관·참모장교 등의 훈련을 지원했고, [말단] 분대 수준에서는 미국 해병대와 병사들이 그루지야 병사들에게 전투의 기본 원칙들을 훈련시켰다."

권위있는 스톡홀름 국제평화연구소에 따르면, 그루지야군은 세계에서 가장 빠르게 성장한 군대다. 사카슈빌리를 권좌에 앉힌 2003년의 '장미 혁명' 이래로 그루지야의 국방비 지출은 40퍼센트 이상 증가했다. 그루지야는 이라크에 2천 명을 파병했고 아프가니스탄에도 수백 명을 더 파병하겠다고 제안했다.

그루지야 국내에서 사카슈빌리의 자유 시장 '개혁'은 빈민들의 처지를 악화시켰다. 지난해 11월 부패와 부정·비리에 항의하는 대중 시위들은 군경의 무자비한 탄압을 받았다. 그런 상황에서 지난달 전쟁 직전에는 그루지야에서 미군이 대규모 군사 훈련을 실시했다. 7월 15~31일 실시된 '신속 대응 2008' 작전에 미군 1천 명과 그루지야군 6백여 명이 참가했다. 그런 연례 전쟁 연습은 그루지야 사상 처음이었다. 전에는 보통 폴란드나 불가리아에서 그런 훈련이 실시됐다.

그 훈련이 끝난 지 하루 뒤인 8월 1일 그루지야 군대와 그루지야에서 분리 독립한 남오세티야 군대가 충돌해 여러 명이 사망했다. 그것은 오랫동안 분쟁이 끊이지 않았던 이 지역에서 일어난 최악의 폭력 사태였다. 사건의 흐름을 시간 순으로 살펴보면, 상황을 진정시키기 위해 노력했다는 미국 외교관들의 주장이 웃기는 소리라는 것을 알 수 있다. 미국은 화약고나 다름없는 그 지역에 총기와 병력을 쏟아붓고 전쟁 기술을 전해 줬다.

1주일 뒤인 8월 7일 밤에 그루지야군은 남오세티야의 수도인 츠힌발리에 대한 포격을 개시하면서 폭력 사태를 격화시켰고, 이튿날에는 그루지야 지상군이 남오세티야로 진격했다.

오세티야의 인권 활동가인 라리사 소티예바는 전문적이고 믿을 만한 소식통들의 목격담으로 유명한 '전쟁과 평화 조사 연구소'(Institute of War and Peace Reporting)에 당시 상황을 다음과 같이 설명했다. "그루지야는 [츠힌발리] 시를 집중 공격하기 시작했어요. 그루지야 공군의 지원을 받은 온갖 중화기 공격이 14시간 동안

쉬지 않고 계속됐어요. 포탄이 비 오듯 쏟아진 끔찍한 하룻밤이 지나자 도시는 완전히 폐허가 돼 버렸어요."

흔히 미국이나 그 동맹국들을 편드는 오류를 범하는 미국의 인권 단체 휴먼라이츠워치가 8월 13일 츠힌발리에 들어갔다. 그 단체의 연구원들이 보고한 목격담은 다음과 같다. "포격으로 수많은 아파트와 집들이 파괴됐다. 그중 일부는 민간인 거주 지역에서 사용이 금지된 그라드 로켓포[우박이라는 뜻의 다연발 로켓포]의 공격을 받아 파괴됐을 가능성이 농후하다. 그라드 로켓포는 군사 시설만을 겨냥해서 공격할 수 없다. 따라서 그루지야군은 처음부터 무차별 공격을 퍼부은 것이다."

휴먼라이츠워치는 다음과 같이 말했다. "몇몇 건물들은 근거리에서 탱크의 포격을 받은 듯하다. 민간인들이 흔히 피난처로 이용하는 지하실을 겨냥한 발포 증거도 있다."

"목격자들의 증언과 파괴 시점을 종합해서 판단하면 대부분의 파괴는 그루지야군의 포격 때문이라고 할 수 있다." 휴먼라이츠워치는 츠힌발리에서만 44명이 사망하고 2백73명이 부상했다고 발표했다. 이 글을 쓰는 지금 러시아는 남오세티야에서 적어도 1백33명의 민간인이 사망했다고 주장하고 있다.

통제

그렇다면 왜 그루지야군은 이 유혈 낭자한 공격을 감행했는가? 그들은 무엇을 원했는가? 그리고 왜 러시아는 그루지야 본토를 폭격하고 민간 무장 조직들을 동원해서 [그루지야] 민간인들을 공격하게 하는 등 잔혹하게 대응했는가?

1991년에 옛 소련이 붕괴하자 미국과 러시아의 세력 균형에 일대 지각 변동이 일어났고, 이 지진이 전 세계에 불러일으킨 진동은 아직까지도 느낄 수 있다. 옛 소련 정권이 사라지고 일본 경제가 위기에 빠지자 미국은 세계의 유일 초강대국이 됐다.

미국은 그 결실을 거두기 시작했다. 세계은행이나 국제통화기금(IMF) 같은 주요 금융 기관들에 대한 지배력을 이용해 옛 소련 블록의 약소국들이 경제를 개방하도록 만들었고 이 새로운 시장에서 미국 기업들의 우위를 확보해 줬다. IMF에서 대규모 차관을 대출받은 그루지야 같은 나라들은 그 대가로 시장에 대한 규제를 완전 폐지하는 '구조조정 프로그램'을 받아들여야 했다.

그와 동시에 미국은 옛 소련 블록 나라들이 러시아를 두려워하는 점을 이용해 미국의 군사 동맹으로 결속시키면서 과거 냉전 시절의 적대국[러시아]을 더한층 고립시켰다. 폴란드·헝가리·체코공화국이 1999년에 나토 회원국이 됐고, 2004년에는 슬로바키아·슬로베니아·불가리아·루마니아·발트해 연안 국가들도 나토 회원국이 됐다.

미국은 조지 소로스 같은 억만장자들이 후원하는 NGO들의 네트워크를 구축해서 이 나라들의 고학력 청년 엘리트들에 대한 서방의 영향력을 강화했다. 이 나라들에 정치 위기가 닥치자, 미국이 설립했거나 선정한 단체들 — 세르비아의 오트포르[저항이라는 뜻], 그루지야의 크마라['이제 그만'이라는 뜻], 우크라이나의 포라['때가 됐다'는 뜻] — 이 대규모의 그러나 대체로 수동적인 반정부 운동들을 주도해서 친미 정치인들이 민주주의의 깃발 아래 집권할 수 있도록 도와줬다. 그러나 이 새로운 정권들은 전임 정권들과 마찬가지로 탐욕스럽고 부패한 세력이라는 것이 순식간에 입증됐다.

그리고 마지막으로, 그래도 여전히 서방의 말을 듣지 않는 일부 나라들에 대해서 미국은 자신의 엄청난 군사력으로 그들을 굴복시킬 기회를 노렸다. 1991년 사담 후세인을 상대로 한 제1차 걸프전은 그런 군사 작전의 효시였다. 1999년에 나토군이 세르비아의 공장, 다리, TV 방송국 등을 폭격한 것은 주로 발칸 반도에 대한 서방의 지배력을 유지하기 위한 것이었지 세르비아의 민간 무장 조직들에게서 코소보인들을 보호하기 위한 것이 아니었다.

뉴욕 세계무역센터에 대한 9·11 공격으로 미국은 '테러'에 맞서 싸운다는 명분 하에 군사적 완력을 휘두를 수 있는 기회를 얻었다. 아프가니스탄 전쟁을 이용해 미국은 석유가 풍부한 중앙아시아 지역에 군사 기지들을 확보하고, 그래서 미국의 새로운 경제적 라이벌인 중국과 더 나아가 러시아도 포위할 수 있었다. 이라크 침략은 중동을 '민주화'하려는, 다시 말해 동유럽에서 잘 먹혔던 방식을 아랍 국가들과 이란에 적용하려는 훨씬 더 광범한 계획의 일환이었다.

그루지야의 최근 사건들의 핵심에는 이런 전략이 있었다. 미국과 그루지야의 군사 협력은 그루지야와 체첸의 접경 지역인 판키시 계곡에 숨어 있는 알 카에다를 소탕하기 위한 것으로 포장됐다. 또, 그루지야는 석유와 천연가스가 풍부한 카스피해 연안과 중앙아시아 지역으로 통하는 핵심 요지이기도 하다. 카스피해 연안에서 시작된 주요 송유관 두 개가 그루지야의 영토를 지나간다.

그러나 그루지야가 나토와 가까워지고 그루지야와 미국의 군사 협력이 강화되자 압하지야와 남오세티야에 대한 지배권을 되찾으려는 그루지야 자신의 야심도 커질 수밖에 없었다. 그루지야에서 분리 독립한 압하지야와 남오세티야는 러시아의 지원을 받고 있었다. 1990년대 초 이래로 그루지야와 압하지야·남오세티야 사이에는 마찰이 끊이지 않았다.

이 긴장이 지난 8월 전쟁으로 폭발한 것이다. 이 전쟁은 미국과 다른 주요 열강의 충돌 가능성을 보여 줬다.

러시아군이 남오세티야로 진격하면서 내세운 표면적 이유는 그루지야의 공격으로부터 민간인들을 보호한다는 것이었다. 그러나 9년 전 나토의 세르비아 공격과 마찬가지로 러시아의 속셈은 따로 있었다. 러시아는 그루지야 민간인들을 겨냥한 잔인한 보복에 책임이 있고, 남오세티야의 러시아 똘마니들은 분명히 충돌을 격화시키는 구실을 했다.

1990~91년에 옛 소련 제국이 붕괴한 뒤 러시아 지배자들은 과거의 지배력을 되찾으려 애를 썼다.

그런 노력의 첫 번째 대상이 북오세티야 — 러시아의 작은 공화국으로 남오세티야와 같은 언어를 사용하는 지역 — 였다. 1992년에 러시아는 북오세티야의 정권을 되찾기로 결심하고 북오세티야 수도인 블라디캅카스의 인근 지역 — 1944년에 스탈린이 이웃 잉구셰티야에서 떼어내 북오세티야에 합병시킨 — 에 살던 잉구슈족 7만 명을 쫓아냈다. 오세티야의 우익 민간 무장 집단들이 조직적으로 잉구슈족의 집에 불을 지르는 동안 러시아 '평화유지군'은 이를 수수방관했다.

그 뒤 북오세티야는 캅카스에서 러시아의 군사적 전초 기지 구실을 했다. 북오세티야의 인구 1인당 무기 보유량은 세계 최고 수준이었다. 1994년 12월 러시아가 체첸을 침략해 유혈 낭자한 제1차 체첸 전쟁을 시작했을 때도 러시아군은 북오세티야의 기지들에서 출격했다. 그 전쟁에서 체첸 저항세력은 사기가 떨어지고 지리멸렬한 러시아군을 격퇴했다. 그러나 1999년에 러시아의 새 대통령 블라디미르 푸틴은 나토가 세르비아를 공격한 직후 일어난 민족주의 물결을 이용해 체첸을 다시 침략했다. 이번에는 러시아군이 체첸 저항세력을 분쇄했다.

러시아가 1990년대 초의 불황에서 빠져나오고 석유와 천연가스 가격이 치솟자 푸틴은 러시아 군대를 재건할 수단을 확보했다. 그리고 카스피해 연안의 석유와 관련해서 전략적으로 엄청나게 중요한 그루지야가 러시아의 주요 표적이 됐다.

지난해에 러시아는 그루지야에 대한 경제 봉쇄를 단행하고 그루지야와 교통·우편을 모두 차단했다. 또, 그루지야 이주민 수백 명을 추방하고 러시아 전역에서 영업중인 그루지야 기업들을 괴롭혔다. 러시아 국가가 통제하는 언론들은 그루지야인들에 대한 인종 차별적 보도를 쏟아냈다.

여러 해 동안 그루지야는 러시아의 세력 약화에 익숙해져 있었지만, 이제 러시아가 무력에 의존할 준비가 돼 있다는 것이 점차 분명해졌다.

그루지야에 반항하는 남오세티야 정권은 그루지야와 크게 전투가 벌어지면 러시아가 개입해 자신들을 편들 것이라는 점을 잘 알고 있었다. 7월에 미국과 그루지야가 군사 훈련을 실시하고 있을 때 남오세티야에서도 군사 훈련이 실시되고 있었다. 8월 1일 그루지야군과 충돌이 일어나 첫 사상자가 발생한 지 몇 시간 만에 남오세티야는 여성과 아이들 1천여 명을 대피시켰고, 북오세티야에서는 자원병 수백 명이 무기를 들고 남오세티야로 넘어 왔다. 며칠 만에 블라디캅카스에서는 츠힌발리에서 전투가 벌어지면 참가하겠다는 자원자가 1만 명을 넘어섰다.

그래서 권위있는 러시아 주간지 〈인디펜던트 밀리터리 리뷰〉는 그루지야가 오세티야의 도발에 말려든 셈이라고 결론지었다. 그러나 그루지야 국방부 차관 바투 쿠텔리야는 그루지야 국기와 나토 깃발이 함께 걸려 있는 그의 집무실에서 〈파이낸셜 타임스〉와 인터뷰하면서, 그루지야는 러시아가 보복하지 않을 것이라는 오판(誤判)에서 남오세티야의 수도 츠힌발리를 점령하기로 결심했다고 시인했다.

어쨌든 간에 사카슈빌리는 남오세티야 공격을 실행했고, 러시아는 이 기회를 이용해 옛 식민지에 자신의 권위를 각인시키고 서방을 조롱했다. 그 과정에서 수많은 그루지야 민간인들을 학살했다.

지진

큰 지진 뒤의 새로운 진동이 단지 여진일 뿐인지 아니면 새로운 지진의 전조인지는 확실히 알 수 없다. 9·11 공격을 둘러싼 지정학적 지진들은 전 세계에 여진을 남겼지만, 주요 열강이라는 지각 판들이 계속 서로 부딪히면서 새로운 격변도 끊이지 않고 있다.

지난달의 충돌은 충돌의 당사자 중 하나가 미국의 예속 국가였지만 사실은 제국주의 간의 충돌이었다. 그러나 만약 그루지야가 나토 회원국이었다면 정말로 두 핵 강대국 간의 전쟁이 벌어졌을 것이다.

영국의 노동당 정부가 비굴하게 지지하는 미국의 '테러와의 전쟁'은 이라크와 아프가니스탄에서 수렁에 빠져 있고, 경기 침체가 세계를 강타하고 있다. 이런 상황에서 미국이 취약하다는 것은 다른 국가의 지배자들이 대담하게도 미국 권력의 한계를 시험해 보고픈 충동을 느낄 수 있다는 것을 뜻한다. 러시아가 그랬듯이 말이다.

확실한 것은 그 대가를 평범한 사람들이 치를 것이라는 점이다. 권력과 이윤을 얻기 위해 각 나라들이 서로 충돌하는 제국주의의 논리를 깨뜨리는 것이 시급하다. 우리도 미국 권력의 한계를 시험해야 한다. 전쟁을 불러일으키는 체제에 맞선 우리의 저항으로 말이다.

재앙과 희망이 교차했던 캅카스의 역사

석유가 풍부한 캅카스 지역에서는 2백 년 넘게 충돌이 끊이지 않았다. 차르 치하의 러시아가 그 지역을 정복하는 과정에서 수많은 사람들이 목숨을 잃었다. 그 뒤 러시아는 그 지역에 대한 지배권을 둘러싸고 영국이나 오스만 제국과 경쟁했다. 1944년에 스탈린은 저항을 분쇄하기 위해 그 지역 사람들을 모두 시베리아로 추방했다.

옛 소련이 붕괴하자 19세기의 '거대한 게임'이 되살아날 길이 열렸다. 캅카스의 지배권을 놓고 주요 제국주의 열강들이 서로 다툴 여지가 생긴 것이다. 1999년에 체첸을 침략한 뒤 러시아는 이 "세계 열강들의 충돌" 와중에서 "우리는 캅카스의 교두보에 있는 우리 진지를 방어해야 한다"고 말했다.

그러나 1920년대는 캅카스에서도 상황이 얼마나 달라질 수 있었는지, 그리고 오늘날 무엇을 지향해야 하는지를 보여 준다.

1917년의 사회주의 혁명을 이끈 블라디미르 레닌과 볼셰비키 혁명가들은 러시아 제국을 해체하고 국민들에게 민족적·종교적 자유를 충분히 보장하겠다고 약속했다. 1919년에 캅카스 북부 지역 주민들이 혁명을 지지하며 봉기했다. 1921년에는 현지인들이 주도하는 '산악 주민들의 자치 공화국'이 수립됐다. 체첸의 역사가 아프토르하노프는 당시를 "다양한 캅카스 민족들 간의 정치적 평화와 조화가 최대한 보장되고 소비에트 정부의 인기가 최고에 달한 시기"로 묘사했다.

혁명이 고립되자 이런 성과들이 무너지기 시작했다. 산악 주민들의 공화국은 1924년에 해체됐다. 스탈린이 직접 개입해서 북오세티야와 남오세티야의 재통일을 가로막았다. 스탈린의 반혁명으로 소비에트 생활의 모든 영역에서 러시아의 지배가 되살아났고 캅카스에서 레닌의 유산은 파괴됐다.

미국과 러시아의 제국주의 경쟁이 낳은 전쟁

러시아-그루지야 전쟁

러시아와 그루지야가 남(南)오세티야를 놓고 충돌하면서 또 다른 전쟁이 발생했다[8월 13일 현재 중단된 듯 보인다]. 남오세티야는 러시아와 그루지야 사이 캅카스 산맥에 위치한 지방으로 그루지야의 자치주(州)다.

남오세티야 지위 문제는 나토 동맹을 [그루지야로] 확대해 친서방 정부들로 러시아를 포위하려는 미국 정부의 시도라는 더 큰 갈등과 결합돼 있다.

미국 정부는 그루지야 정부를 지원하고, 러시아 정부는 남오세티야 분리주의자들을 지원해 왔다. 이런 제국주의 경쟁이 군사적 충돌로 연결됐다.

최근 미국 정부는 캅카스 지역의 갈등에 불을 붙이는 행동을 취해

아닌디야 바타차리야(〈소셜리스트 워커〉 기자)·사이먼 아사프(〈소셜리스트 워커〉 기자). 〈저항의 촛불〉 2호, 2008년 8월 14일, https://wspaper.org/article/5726

왔다. 미국 국무장관 콘돌리자 라이스는 올 6월 "그루지야는 곧 나토 회원국이 될 것이다" 하고 말하며 그루지야 "영토의 통일성"을 지지한다고 선언했다.

많은 평자들은 이런 미국 정부의 행동이 그루지야 정부가 츠힌발리 공격을 감행하도록 부추겼다고 지적했다. 이런 갈등과 충돌은 미국이 옛 소련 지역으로 진출한 결과다.

옛 소련 붕괴 후 미국과 러시아가 작성한 '신사협정'에 따르면 미국은 군사력을 동유럽 지역으로 확대하지 않겠다고 약속했다. 그러나 미국은 약속을 어기고 폴란드와 체코에 레이더 기지를 설치했고 옛 소련의 일부였던 공화국들을 러시아 압박 도구로 이용하기 시작했다.

러시아는 미국의 새로운 동맹들과 갈등 관계에 있는 지역들을 지원하는 것으로 대응했다. 올 4월 러시아는 남오세티야·압하지야와 관계를 더 긴밀히 하는 조처들을 발표했다.

이에 그루지야는 자치주들을 침략하겠다고 위협했다. 러시아는 콘돌리자 라이스가 그루지야를 방문했을 때 수도 트빌리시 상공에 전폭기를 띄워 그루지야의 나토 가입 야망에 경고를 보내는 것으로 응수했다.

그루지야는 지난주[8월 둘째 주] 남오세티야 국경에 자국 군대를 대거 집결시켰다. 국경 곳곳에서 총성이 들리더니 곧 포격이 시작됐고, 이윽고 전면전으로 연결됐다.

러시아가 나토의 팽창에 좀더 단호하게 반응하고 있지만, 아직은 옛 힘을 회복하지 못했다. 러시아는 지난해 코소보가 세르비아에서 독립할 때 미국의 승인을 막지 못했다.

'테러와의 전쟁' 아래 미국이 진행한 전쟁과 침략을 지지해 온 서방 정치인들이 러시아의 지정학적 야심을 비난하는 것은 황당한 일이다.

그러나 러시아가 '테러와의 전쟁'을 이용해 체첸 — 오세티야 근처고 그루지야와 국경을 맞대고 있다 — 같은 국경 지역의 분리주의 세력들을 잔혹하게 탄압해 온 것은 사실이다.

캅카스 지역은 중동과 중앙아시아 바로 옆에 있는데, 미국 정부는 이들 지역을 세계적으로 가장 중요한 전략 요충지로 여겨 통제력을 확대하려 한다.

[그러나 미국의] 이라크와 아프가니스탄 침략·점령이 걷잡을 수 없는 상태에 빠지면서 이들 지역 전체가 불안정해지고 있다. 현재 캅카스의 갈등과 전쟁은 이런 큰 맥락과 연관돼 있다. 전쟁과 파괴를 낳는 세계 [제국주의]체제 자체를 끝낼 필요성이 다시 한번 제기되는 것이다.

캅카스의 석유 쟁탈전

그루지야는 온갖 석유·천연 가스 수송관들이 관통하는 곳이다. 바쿠(아제르바이잔)-트빌리시(그루지야)-세이한(터키) 석유 수송관 (BTC 송유관)은 이미 2005년 5월부터 가동에 들어갔다.

또 다른 석유 수송관은 아제르바이잔에서 시작해 그루지야의 흑해 연안 도시인 숩사에서 끝난다. 세 번째 수송관 프로젝트인 나부코 수송관은 아제르바이잔, 그루지야, 터키를 가로질러 중부 유럽과 오스트리아까지 미칠 예정이다.

러시아는 중앙아시아와 동유럽 국가들에 대한 석유와 천연가스 공급을 통제하고 있다. 그러나 이 새로운 수송관 중 어느 것도 러시아나 친러시아 국가들을 통과하지는 않는다.

그 결과 이 수송관들은 이들 지역에서 세력 균형을 러시아로부터 서방 경쟁 국가들로 이동시키고 있다. 제국주의 집단들 사이의 경쟁이 전 세계를 지배하는 상황에서 그런 변화는 이들 지역 전체를 불안정하게 만들고 궁극으로는 전쟁을 가져올 수 있다.

네오콘의 충견 그루지야

그루지야는 캅카스에서 네오콘의 충견 구실을 해 왔다. 그루지야 정부 재정 중 약 70퍼센트가 국방 예산이다. 여기에는 이스라엘산 무인정찰기와 박격포탄 구입비와 이스라엘인 훈련 교관 인건비가 포함돼 있다.

그루지야 대통령 사카슈빌리는 자국 병사 2천 명을 이라크로 파병했는데, 이것은 미국과 영국에 이어 최대 규모다.

그루지야에 대한 서방의 지원은 옛 소련이 붕괴하고 그루지야가 독립을 선언하면서부터 시작됐다. 1995년 옛 소련 외무장관 예두아르드 셰바르드나제가 쿠데타로 권력을 잡았다. 셰바르드나제 정부는 부패의 대명사가 됐지만 미국은 계속 외교적·군사적 지원을 보냈다.

2003년에 이르러 셰바르드나제 정권은 이른바 '장미 혁명'으로 몰락했다. 덕분에 사카슈빌리가 대통령이 됐고, 그는 그루지야를 캅카스 지역에서 미국의 핵심 동맹으로 만들었다.

'장미 혁명'에 대한 환멸이 대중적으로 확산되면서 2007년 말에 대규모 시위가 발생했다. 사카슈빌리는 전투 경찰을 동원해 시위대를 공격했고 야당 연합을 '러시아 *끄나풀*'이라고 비난했다. 경제 위기가 심화할수록 사카슈빌리는 미국 쪽으로 기울어졌고, 미국 고위 관료들이 잇달아 방문하면서 두 나라 간 동맹 관계가 깊어졌다.

국내의 불만 고조와 미국의 계속적 지원 약속이 결합된 상황에서, 사카슈빌리는 미국이 남오세티야 군사 작전을 전폭 지원할 거라 계산한 듯하다. 이것은 계산착오였던 것으로 보인다.

오세티야 — 분열과 전쟁의 역사

캅카스 지역은 여러 민족·종족 집단들의 거주지로 나뉘어 있다. 오세티야는 그런 민족 집단 중 하나다. 오랫동안 오세티야의 언어와 문화는 억눌려 왔다. 그러나 1917년 러시아 혁명은 이 지역을 변화시켰다.

남오세티야와 그루지야는 독립을 추구했고, 독자적 소비에트 공화국을 건설했다. 1922년에 남오세티야와 압하지야는 그루지야의 자치주가 됐다.

러시아 혁명이 고립·패배당하고 스탈린의 독재 정권이 등장하면서 캅카스 지역에서도 억압이 강화됐지만 캅카스 지역의 민족 집단들 간 관계는 우호적이었다. 민족 간 혼인이 활발했고 그루지야인, 오세티야인, 압하지야인이 서로 어울려 살았다.

그러나 1980년대 말 옛 소련이 해체되면서 갈등이 심해졌다. 1990년 12월 그루지야 정부는 남오세티야의 자치 지위를 폐기했고, 한 달 뒤 러시아로부터의 독립을 선언했다.

이에 대응해 남오세티야는 독립을 선언했다. 그루지야는 군대와 전투 경찰을 보냈다. 오세티야인들은 그루지야군을 물리쳤고, 러시아는 수천 명의 군대를 파병했다. 러시아 정부는 그루지야에 맞선 남오세티야 분리주의 세력들을 지지했다.

UN 회원국들 중 아무도 남오세티야와 압하지야를 [독립 국가로] 승인하지 않았다. 이 새 공화국들은 살아남기 위해 러시아의 품으로 돌아갔다.

압하지야와 남오세티야는 독립을 원할 충분한 역사적 이유가 있다. 그러나 불행히도 그들의 민족 운동은 이 지역의 평범한 사람들의 이익에 관심이 없는 미국과 러시아 간 경쟁에 이용당하고 있다.

우크라이나 사태의 역사적 배경

우크라이나는 "변경"을 뜻한다. 이것은 우크라이나가 유럽 중심으로부터 멀찍이 떨어져 있는 나라라는 점을 암시한다.

그러나 많은 우크라이나인들은 자신들이 유럽 한가운데 살고 있다고 믿고 있다. 이것은 일리가 있다. 우크라이나는 많은 부분 러시아와 국경을 맞대고 있지만, 그와 동시에 몰도바뿐 아니라 벨라루스·폴란드·슬로바키아공화국·헝가리·루마니아와 접하고 있다.

인구가 거의 5천만 명에 이르는 우크라이나는 많은 열강에게 중요한 곳이다. 러시아에게 우크라이나는 "가까운 외국"이고, 미국과 유럽연합에게 우크라이나에 대한 영향력은 러시아를 더욱 구석으로 내몰 수 있는 수단이다.

마이크 헤인스. 격주간 《다함께》 45호, 2004년 12월 8일. https://wspaper.org/article/1686.

우크라이나인은 누구인가?

우크라이나 민족주의자들은 한때 위대하던 민족이 수세기 동안 여러 왕국(폴란드, 오스트리아-헝가리, 러시아)의 억압에 시달려 왔다고 얘기한다. 그러나 모든 민족주의는 낭만적 신화에 기초하게 마련이다. 그래서 스코틀랜드 민족주의자들은 멜 깁슨의 몽상인 〈브레이브 하트〉를 좋아한다.

우크라이나 민족주의도 비슷한 종류의 꾸며낸 얘기에 근거하고 있다. 우크라이나 국가와 우크라이나 민족주의는 지난 1백 년 동안 만들어낸 창조물이다.

19세기에 서유럽에서 자본주의가 급속하게 발전했다. 동유럽의 지식인들은 자신들이 갈수록 퇴보하는 지역에 속박돼 있다고 깨닫게 됐다.

어떤 이들은 자본주의에 대한 비판을 발전시키고, 성장하는 사회주의 운동에 참가했다. 다른 이들은 서유럽 자본주의가 이뤄낸 업적을 동경하면서 자기들도 그 같은 업적을 이루기를 바랐다. 그들은 자신들의 문제를 단순히 민족 억압의 문제로 생각했다.

그러나 독립적 자본주의 발전을 이룰 수 있는 가능성이 낮았고, 그러한 사회에서 민족주의자들의 정치 전망도 희망적이지 않았다. 인구의 대다수는 촌락 생활에서 벗어나지 못했고, 일부는 자신을 우크라이나인이나 러시아인으로 여길 뿐 아니라, 무엇보다도 노동자로 여겼다.

1917년 러시아 혁명 이후 우크라이나 민족주의자들에게 기회가 왔다. 볼셰비키는 러시아 국수주의를 약화시키기 위해 우크라이나의 독립을 인정했고, 우크라이나에서 혁명을 고무하고 자발적인 사회주의적 연방의 기초를 쌓기 위해 노력했다.

볼셰비키는 일부 우크라이나인들로부터 긍정적인 반응을 얻었다. 그러나 대부분의 우크라이나 민족주의자들은 반혁명으로 기울었고, 그 중 많은 이들은 유대인 혐오주의자였다.

그들은 유럽 열강과 타협하고 일련의 단명한 꼭두각시 정권들을 세웠다. 1920년대에 러시아에서 내전이 끝났을 때, 진정한 사회주의 연방을 세우려는 시도가 있었다.

그러나 1920년대 말 스탈린이 떠오르면서 이러한 시도는 사라졌다. 스탈린 치하에서 우크라이나는 "제2의 소비에트 공화국"으로서 중요한 구실을 담당했다. 이 곳의 방대한 경작지는 소련을 위한 곡창지대가 됐다. 많은 석탄과 철 매장량 덕분에 돈바스에서는 석탄과 철강 공업단지가 건설될 수 있었다. 스탈린은 급속한 발전을 위해서 우크라이나인들을 쥐어짰다.

우크라이나 민족주의자들은 스탈린이 우크라이나인들에게 일부러 고통을 주고 우크라이나인들을 대량 학살했다고 주장한다. 이것이 과연 사실인지는 불분명하다. 1932~33년과 1946~47년 기근 때 수많은 사람들이 죽었다. 그러나 이 기근은 우크라이나에 한정된 것이 아니었고, 소수의 우크라이나인들은 다른 이들이 굶는 동안 풍족하게 살았다.

소련 붕괴 후 무슨 일이 일어났나?

우크라이나에서 페레스트로이카와 글라스노스트로 알려진 개혁 과정은 천천히 진행됐다. 그러나 결국 가장 영리한 레오니드 크라프추크가 이끄는 지도자들은 새로운 상황에 적응하지 못하면 자기 자리가 위태로워질 수 있음을 깨달았다.

1991년 소련에서 쿠데타가 발생하자, 이 집단은 우크라이나 독립을 선언했다. 그러나 많은 대중은 과연 우크라이나 독립이 무슨 의미가 있는지 의구심을 품고 있었다.

새로운 국가는 러시아·미국·유럽 사이에서 균형을 취하려 애썼다. 우크라이나는 러시아의 뒷마당에 있고, 두 국가의 경제는 긴밀하게 연관돼 있다.

미국에게 우크라이나는 미래의 전략적 자원이다. 이 곳에서 영향력을 획득하면 러시아에 압력을 넣을 수 있고, 다른 중앙아시아의 천연가스와 석유자원에 접근할 수 있는 발판이 될 수 있다.

유럽연합도 친서방적 우크라이나에 이해관계가 있기 때문에 연합에 가입시키기 위한 협상을 진행했다. 그러나 폴란드·터키·우크라이나 같은 커다란 국가를 흡수하는 것은 작은 국가를 흡수하는 것보다 훨씬 어려운 일이었다.

우크라이나 지도부는 오락가락했다. 1994년에 레오니드 쿠치마는 러시아에 친화적으로 보이는 정책을 통해 대통령이 됐다. 하지만 그는 집권기 동안 미국에 접근했다. 1999년에 그는 강력한 반대를 무릅쓰고 나토의 세르비아 침공을 지지했다.

최근 러시아에 접근하는 것은 부분적으로 푸틴이 집권한 뒤 러시아의 힘이 어느 정도 회복됐기 때문이지만, 동시에 서방에 대한 실망이 커진 결과이기도 하다. 예를 들어, 유럽연합이 확대되면서 이제 우크라이나는 무역과 비자 문제에서 폴란드와의 관계가 더 어려워졌다.

2003년에 쿠치마는 러시아·벨라루스·카자흐스탄과 "공동경제구역"을 설립하기 위한 협정을 체결했다.

그러나, 실제로는 그는 이라크 전쟁에서 미국을 지지했고, 한때 부시의 "의지의 동맹"에서 네 번째로 많은 군대를 파병하기도 했다.

최근 선거에서 빅토르 야누코비치는 러시아의 지지를, 빅토르 유시첸코는 미국의 지지를 받았다. 비록 현 총리로서 야누코비치가 정적을 상대로 시스템을 동원할 수 있는 능력이 더 많았지만, 두 후보 모두 선거 부정을 저질렀다.

하지만 두 후보 모두 그들을 지지하는 열강의 허수아비는 아니다. 오히려 그들은 서로를 상대하기 위해 외국의 도움을 이용하는 지배계급 내 서로 다른 분파를 대표한다.

우크라이나 지배계급은 누구인가?

예전의 우크라이나는 소련처럼 공장, 광산과 농장을 철저하게 지배하는 지배계급이 통치했다. 1991년 이래 그들은 이러한 지배를 사유화했고, 이 과정에서 이득을 챙겼다. 이러한 새로운 사기업가들이 과두적 파벌을 형성해서 자기 구성원을 보호하고 다른 파벌과 경쟁했다.

이 때문에 다양한 파벌들이 집권 연합과 소원해지거나 가까워지면서 정부가 계속 뒤바뀌었다.

대다수 우크라이나인들이 더 가난해지는 동안 이 엘리트 집단은 더 부유해졌다. 1998년의 산업생산은 1989년 수준의 40퍼센트에 불과했다. 광범한 사람들의 생활수준이 급격하게 하락했다. 많은 사람들은 비공식 경제나 뒷밭에서 스스로 식량을 재배해서 생존했다.

하지만 우크라이나 사회의 꼭대기에 있는 자들 중 아무도 이러한 생활수준의 하락을 막는 데는 관심이 없었다.

개혁은 고통스러웠고, 나라를 분열시켰다. 우크라이나는 이미 상대적으로 서방과 친하고 가톨릭을 믿으며 우크라이나어를 말하는 서부와, 상대적으로 러시아와 친하고 러시아정교를 믿으며 러시아어를 말하는 동부로 분열돼 있다.

그리고 지배 엘리트는 보통 사람의 고통 위에 약탈한 것들을 기꺼이 나누었다. 이들의 부패는 너무 엄청나서 묘사하는 데만 책 한 권이 필요할 것이다. 사실, 이러한 책이 우크라이나에서 여러 권 출판됐고, 일부 저자들은 자기 목숨을 그 대가로 치러야 했다.

하지만 이것을 세 단계로 단순하게 묘사해 보겠다. 첫째 단계에서 그들은 경제, 국가, 대중을 약탈했다. 예를 들어, 우크라이나의 '통합 에너지 공급 체제'라는 회사는 한 러시아 회사에게서 실제로는 단위당 가격이 40~45달러인 가스를 단위당 80달러에 구매했다. 차액은 러시아와 우크라이나 회사가 나눠 먹었다.

둘째 단계에서는 이렇게 번 돈을 마구 썼다. 그들은 왕처럼 살면서 자기를 보호해 줄 사설 군대를 보유하기조차 했다.

셋째 단계에서는 우크라이나에서 신속하게 돈을 빼돌려서 안전한 곳으로 보냈다. 1990년대에는 이러한 '자본 도피'가 외채의 3배에 달했다.

부패가 하도 만연해서 누가 청렴한 사람인지 분간하기 힘들었다. 유시첸코는 1999년 12월~2001년 4월까지 친서방·친개혁 총리로서 정치적으로 두각을 나타냈다. 그의 재임 기간 우크라이나 중앙은행으로부터 수상한 자금 이동에 관한 소문이 무성했다.

2004년에는 무엇이 바뀌었나?

1998년 이래 러시아와 밀접히 연관된 경기 회복이 있었다. 그와 동시에, 푸틴은 러시아의 영향력을 회복하기 위해 "부드러운 제국주의"를 시작했다. 쿠치마와 야누코비치 주변의 통치집단은 이 때문에 러시아에 더 접근해야 한다고 생각했다.

그러나 경쟁자인 유시첸코 집단에게 경제성장은 체제에 어느 정도 질서와 개혁을 가져올 수 있는 기회였고, 우크라이나가 아직 취약한 러시아에 얽매일 필요는 없다고 생각했다. 그들은 서방의 후원자들에 접근할수록 유리하다고 주장했다.

유시첸코는 부패한 체제 전체에 도전할 의도가 전혀 없다. 사실, 그 자신도 부패를 통해 부유해졌다. 그의 선거 운동의 한계는 협상을 통해 권력을 쟁취하려는 모습에서 명백하게 드러났다.

이것은 폭력을 피하고 싶은 이타적 동기에서 나온 것이 아니었다. 어느 쪽도 우크라이나가 쪼개지기를 바라지 않는다. 체코슬로바키아처럼 평화적이든, 유고슬로비아처럼 폭력적이든 이것은 재앙적 시나리오일 것이다.

우크라이나에서 시위를 벌이고 있는 대규모 군중은 아직 독자적으로 행동할 능력이 없다. 갈등이 두 경쟁 후보 사이에서 있는 한, 이것은 다수의 대중이 참여하는 분파 투쟁일 뿐이다.

야누코비치 측의 승리는 권력을 가진 과두체제에서 가장 부패한 자들이 계속 집권하는 것이기 때문에 노동자들에게 이득이 되지 않는다. 하지만 유시첸코 측이 승리해 상대적으로 정치판이 깨끗해지더라도 이 자체가 대다수 우크라이나인의 상황을 호전시킬 수는 없다.

이를 위해서는 대중이 자신만의 요구를 내세울 필요가 있다. 여기에는 진정한 정치적 민주주의뿐 아니라, 우크라이나 경제를 약탈한 두 후보를 모두 공격해야 한다.

장담컨대, 지금 지배계급의 분파들이 선거를 둘러싸고 서로 갈등하고 있지만, 그들은 이러한 상황을 피해야 한다며 결국 합의할 것이다.

러시아 반푸틴 저항은 어디로

[편집자] 3월 4일 러시아 대선을 앞두고 푸틴 반대 운동도 성장해 왔다. 마이크 헤인스는 반푸틴 운동이 러시아 지배자들에 대한 도전과 결합돼야 한다고 지적한다. 마이크 헤인스는 울버햄튼 대학교 역사학 교수이며, 《러시아: 계급과 권력 1917~2000》(Bookmarks) 등 러시아에 관한 책을 여러 권을 저술했다.

러시아에 대한 사람들의 예측은 툭하면 빗나간다.

블라디미르 푸틴은 석유 수출 호황에 힘입어 질서를 회복했고 러시아를 "관리 민주주의" 체제로 만들었다.

그러나 이제 러시아는 잘못 관리된 것으로 보인다. 경제 위기로 푸틴의 인기는 하락했고 사람들은 푸틴 정부의 부패를 더 용납하기 어

마이크 헤인스(울버햄튼 대학교 역사학 교수). 〈레프트21〉 76호, 2012년 3월 2일. https://wspaper.org/article/10939.

려웠다.

푸틴이 2012년 대통령으로 복귀하며 2024년까지 그 자리에 머물 수 있다는 소식이 발표되자 사람들은 환멸감을 토했다. 그러나 2011년 9월에 시위를 벌인 사람은 수백 명에 그쳤다. 내년 대선 예행 연습인 12월 두마(러시아 의회) 선거에서 저질러진 부정에 항의해 수만 명이 시위를 벌이는 상황이 도래할 것이라고 예상한 사람은 아무도 없었다.

이제 낙관주의자가 된 과거의 비관주의자들은 푸틴과 그 일당들의 종말이 온 것이 아닌지 묻는다.

미래를 확실히 예측할 수는 없지만 푸틴이 시계를 거꾸로 돌리기는 쉽지 않을 것이다.

공식 통계를 보면 12월 두마 선거에서 푸틴의 러시아통일당은 과반에 약간 못 미치는 표를 얻었다. 이것은 2007년 총선에서 얻은 득표율 64퍼센트에 한참 못 미치는 것이다. 그러나 많은 이는 이번 선거에서 러시아통합당의 실제 득표율은 35퍼센트에 그칠 수 있다고 말한다.

사람들은 푸틴과 주변 인사들을 대놓고 비꼰다. 푸틴은 이제 정체기 소련을 통치했던 옛 지도자 브레즈네프에 비교된다. 사람들은 푸틴이 얼굴 주름을 없애려고 보톡스를 주입했다는 얘기를 하며 그를 조롱한다. 푸틴이 반푸틴 시위 참가자들의 리본을 콘돔에 비유하자 재치있는 사람들은 '푸틴주의'가 일종의 성병이기 때문에 콘돔이 필요하다고 응수했다.

성병

따라서 푸틴 정권은 민족주의적 주장 — 현 정부에 반대하는 자들은 외국의 사주를 받았다 — 과 약간의 후퇴와 온건한 탄압을 결합해 대응해야 했다. 정부는 반부패 활동가이저 블로거인 알렉세이 나발니를 포함해 시위 지도자들을 감옥에 가뒀지만 그들의 의지는 꺾이지 않았다.

지금 새로운 시위가 계획되고 있다. 그러나 정부가 한판 붙으려고 준비하고 있는 만큼 앞으로 싸움이 더 힘들어질 것이다. 러시아에서는 정권 인사들이 변화의 열망을 좌절시키려고 유령 정당과 가짜 야당인사 들을 이용하는 일이 빈번히 발생한다.

아랍의 봄은 미리 정해진 저항 방식보다 정치적 창의성이 더 효과적임을 보여 줬다. 나발니가 권력자들을 "사기꾼과 도적 들로 구성된 무리"로 비꼰 것은 많은 사람들에게 영감을 줬다.

그러나 어떤 투쟁이든 진정한 성과를 거두기 위해 적용해야 하는 보편적 요소들이 있는 것도 사실이다.

첫째, 저항 운동은 대중에게 더 깊이 뿌리를 내려야 한다. 반푸틴 시위는 1993년 이후 러시아에서 발생한 최대의 정치 행동이지만 연금 삭감에 항의해 2백50만 명이 항의를 벌인 2005년 시위에는 한참 못 미친다.

현 시위를 '중간계급 시위'로 나태하게 규정하는 것은 잘못이지만 참가자 수는 수만 명에서 수십만 명으로 확대돼야 한다. 나발니는 인터넷에서는 영웅이지만 이번 시위 전에 그의 이름을 들어본 러시아인의 비율은 고작 7퍼센트뿐이고 아직도 많은 사람이 그를 모른다.

둘째, 반푸틴 운동은 푸틴에 맞서 싸울 적절한 방안을 제시해야 한다. 두마 선거 이전에 어떤 사람들은 선거 보이콧을 주장했다. 공식 통계상으로 40퍼센트의 유권자들이 투표에 참가하지 않는다. 나발니는 푸틴을 제외한 누구에게 투표를 해도 상관없다고 주장했다. 푸틴 정권을 망신줄 수 있기 때문에 이 입장이 단기적으로 호응을 얻을 수 있다. 그러나 온갖 가짜 대안이 판치는 상황에서 "푸틴만 아니면 된다"는 입장은 장기적으로 올바른 입장일 수 없다.

셋째, 공정 선거 요구와 부와 권력을 장악한 자들에 대한 도전을 결합해야 한다. 2008년 세계 경제 위기가 닥쳤을 때 러시아 부자들은 다시 한 번 러시아의 부를 강탈해 해외로 빼돌렸다.(특히 더러운 돈의 출처를 묻지 않는 영국으로)

잡지 《코머산트》 편집자가 "엿먹어라 푸틴"이 적힌 무효 투표 용지 사진을 게재하자 푸틴 친구인 알리셔 우스마노프는 즉시 편집자를 해고했다.

대선에서 승리하려면 푸틴은 최소한 50퍼센트를 득표해야 하지만, 그의 현 지지율을 볼 때 이것은 쉽지 않다.

이 경우 푸틴이 권좌에 남으려면 지난 12월 선거 부정은 우습게 만들 엄청난 선거 부정을 저질러야 한다.

제5장 중동

중동 역사를 피로 물들여 온 제국주의

중동의 혁명들은 제국주의 질서를 위기에 빠뜨렸다.

이것은 지난 1백년 동안 서방 열강의 계획에서 중동 지역 통제가 매우 중요했기 때문이다. 그래서 열강들은 이 지역을 통제하려고 모든 수단을 동원했다.

19세기 가장 강력한 제국주의 열강이었던 영국과 프랑스는 군사력을 이용해 중동 일부를 점령했다. 그들은 직접 점령하지 않는 지역에는 자기 말을 잘 듣는 정권을 세웠다.

영국은 이 지역을 이용해 제국의 범위를 동쪽으로 확장하는 데 관심이 있었다. 그래서 1882년 이집트를 점령했다.

제1차세계대전 때까지 중동 나머지 지역은 서방의 직접적인 통제 바깥에 있었다.

사이먼 배스케터. 〈레프트21〉 53호, 2011년 3월 24일. https://wspaper.org/article/9472.

나중에는 이탈리아도 제국주의 쟁탈전에 뛰어들어 1911년에 오늘날 리비아가 된 지역을 점령했다.

오늘날 이라크, 사우디아라비아, 시리아, 요르단, 팔레스타인을 구성하는 지역은 당시 터키에 근거를 둔 오스만 제국의 수중에 있었다.

제1차세계대전 동안에 영국은 아랍 지도자들을 설득해 당시 독일과 연합했던 오스만에 맞선 항쟁을 벌이도록 했다. 그 대신에 영국은 이 지역에 독립 아랍 국가를 세우는 것을 지원하겠다고 약속했다.

물론, 영국 지도자들은 아랍 지도자들에게 거짓말을 한 것이다. 영국 지도자들은 이 지역의 석유에 관심이 있었다.

이간질

서방 기업들은 석유가 매장된 것으로 예측되는 지역에 대한 통제권을 얻으면서 지역 통치자들에게 쥐꼬리만한 돈을 지불했다.

오늘날과 마찬가지로 당시에도 열강들은 자신의 도둑질과 지배를 그럴듯한 이름으로 감추려 했다. 그들은 '해방'이나 '자치'같은 단어로 자신의 제국주의적 개입을 정당화하려 했다.

프랑스와 영국 관리들은 지배를 쉽게 만들기 위해 수니파와 시아파 무슬림, 기독교도와 무슬림을 서로 이간질시켰다.

1916년 영국과 프랑스는 비밀리에 사이크스-피코 협정을 맺고 이 지역을 나눠 먹었다. 그들은 지도 위에 선을 그었고, 이것은 이 지역에 살고 있는 수많은 사람의 운명을 결정했다.

그들은 자를 대고 지도에 선을 그었다. 그래서 오늘날 많은 중동 나라의 국경이 그토록 곧은 것이다!

제국주의 나라들 사이의 이런 거래는 영국과 프랑스 둘 다 진정한 독립 아랍 국가를 바라지 않는다는 점을 보여 줬다.

이제 중동 지역의 석유는 국제 외교를 움직이는 윤활유가 됐다.

이렇게 제국주의 세력이 자기 마음대로 정치 지도를 작성할 때마다 저항이 있었다. 영국 정부는 이라크와 이집트에 친영 왕정을 수립했지만 몇 년 뒤 독립 운동이 일어났다. 영국 정부는 부족장들의 권한을 강화하는 것으로 대응했고, 이들은 나중에 지역 세금 징수자이자 '법질서'의 수호자를 자임했다.

그러나 영국 정부를 지지하는 이 부족장들도 1920년 국제연맹이 영국 정부에게 이라크에 대한 신탁통치권을 부여했을 때 대중의 분노가 폭발하는 것을 막을 수는 없었다.

영국군은 이라크 항쟁을 가까스로 진압했고 이집트의 시위와 파업을 분쇄했다.

식민지 관료들은 두 가지 전략을 구사했다. 대중 시위를 잔인하게 진압하면서 동시에 토착 엘리트들과 동맹을 수립했다.

정당성을 잃은 아랍 지배자들은 오랜 전통이 있다. 그들은 제국주의자들이 개입할 때마다 점령자들과 협력했다.

1920년대에 이르면, 중동 지역에 엄청난 석유가 매장돼 있다는 점이 명백히 드러났다. 석유는 세계 자본주의의 핵심 상품이 되고 있었다.

1950년대 영국 외무장관 셀윈 로이드는 서방 열강이 원하는 것을 노골적으로 표현했다. "무슨 수를 쓰든 이런 유전 지대는 서방의 수중에 있어야 한다. 그것을 위협하는 것이 나타나면 우리는 무자비하게 개입해야 한다."

제2차세계대전 후 미국이 중동에서 가장 강력한 제국주의 세력이 됐다. 미국은 중동을 통제하려고 두 가지 전략을 추구했다.

하나는 아랍 지배자들을 지원하는 것이다. 미국 정부는 아랍 나라들의 대중적 불만이 폭발해 아랍 지배자들이 서방에 도전해야 한다는 압력을 받거나, 근본적 변화를 가져오는 혁명으로 발전할까 두려워했다.

1950년대와 1960년대 가말 압델 나세르가 서방 정부에 도전하자 이런 두려움은 현실이 됐다. 1979년 이란 혁명이 미국의 핵심 동맹인 샤를 쫓아냈을 때 그 두려움은 한층 커졌다.

그래서 미국 정부는 이스라엘을 지원했다. 이스라엘은 중동 지역에서 '경비견' 구실을 하면서 나세르의 도전을 꺾는 데서 중요한 구실을 했고, 여전히 미국의 전략에서 중요한 지위를 차지하고 있다.

서방 열강들은 지배를 유지하려고 이 지역에서 몇 차례 전쟁을 벌였다. 1956년 수에즈 위기 때 아랍 민족주의자들을 분쇄하려 개입했지만 영국, 프랑스, 이스라엘 연합군은 굴욕을 맛봤다.

그러나 나세르와 다른 아랍 민족주의 지도자들은 혁명의 폭을 제한하려 했다. 그러나 이들은 서방 제국주의에 위협이 됐기에 1967년 이스라엘은 6일 전쟁을 벌였고, 아랍군대를 무찔렀다.

패배한 후 아랍 정권들은 서방 제국주의와의 적대 관계를 청산하기 시작했다.

친미 독재

이집트와 다른 나라들은 미국과 거래하고 이스라엘과 타협했다. 그렇게 하길 거부한 정권들은 고립되고 군사 공격을 받았다. 미국이 칭한 "아랍 전선"은 깨졌다. 결국 강력한 압박에 직면해 이 지역 국가들은 친미 독재 국가들로 변신했다.

그들은 신자유주의를 채택했고, 석유에서 얻은 부가 몇몇 특권 가문 손에 집중되면서 아랍 사회에서 양극화가 심화됐다.

그리고 중동은 여전히 [서방 제국주의에게] '역사상 최대의 물질적 선물'이다.

그래서 서방 열강들은 여전히 친서방 국가를 후원하거나 자기 이익을 지키려고 개입하는 것이다.

1991년과 2003년 이라크 전쟁과 2001년 아프가니스탄 침략은 미국 제국주의 영향력을 강화하는 것이 목표였다. 그러나 이 전쟁들은 미국 제국주의의 한계를 보여 줬다. 그러나 자본주의는 여전히 석유에 집착한다. 따라서 석유 자원을 강력하게 통제하려 한다.

올해 혁명이 일어나 상황을 유동적으로 만들기 전까지 대다수 중동 나라들은 미국 제국주의의 강력한 동맹이었다.

아랍 지배계급은 세계 자본주의에 깊숙이 발을 담그고 있다. 몇

몇 아랍 독재 정권들은 리비아 개입을 승인하는 유엔 결의안을 찬성했다. 사우디아라비아를 포함한 일부 나라들은 이미 바레인 민주화 운동을 탄압하려고 파병을 했다.

서방의 리비아 유린 역사

리비아 현대사에도 제국주의의 그림자가 짙게 드리워 있다.

1911년 이탈리아는 '아프리카 쟁탈전'의 일환으로 오늘날 리비아 지역을 점령했다.

1934년 이탈리아는 이 식민지의 공식 명칭을 리비아로 정했고 강력한 폭력을 사용해 통치했다. 이탈리아가 제2차세계대전에서 패하자 영국과 프랑스가 리비아를 통치하게 됐다. 리비아는 1951년 친영·친미 이드리스 국왕 아래 독립국이 됐다. 나중에 리비아에서 상당량의 석유 자원이 발견됐다.

무아마르 카다피는 1969년 이드리스를 몰아내고 권력을 잡았다. 그는 미국과 영국군 기지를 폐쇄했고 외국계 석유 회사와 기업을 부분적으로 국유화했다.

서방은 카다피를 적으로 봤다. 미국 대통령 로널드 레이건은 1986년 카다피를 암살하려고 전투기를 보냈다. 미군 미사일은 빗나갔고 트리폴리 주택가를 파괴해 무고한 1백 명을 죽였다.

2년 뒤 여객기 팬암 103호가 로커비에서 폭발해 2백70명이 죽었다. 1991년 걸프전을 앞두고 서방은 리비아를 비난했다.

오랫동안 리비아를 고립시킨 서방 정부들은 2004년 경제 제재를 해제했다. 서방 기업들은 이 나라의 석유 자원에 눈독을 들였다. 2007년 영국 석유 기업 BP는 토니 블레어 전 영국 총리가 지켜보는 가운데, 리비아의 국영석유공사와 석유 탐사 계약을 체결했다.

2008년 영국이 리비아에서 수입하는 석유량은 66퍼센트 증가했고 리비아에 대한 수출은 50퍼센트 늘었다.

이스라엘 — 미국 제국주의의 경비견

4월 11일부터 이스라엘 군대는 시리아의 베카 계곡과 남부 레바논의 40여 개 마을을 공격했다. 이스라엘의 공격으로 이 지역에 살던 많은 팔레스타인 난민들과 레바논 주민들이 목숨을 잃었다. 30만 명이 살던 곳을 등지고 피난길에 올랐다.

이어 16일에는 팔레스타인 난민 7만여 명이 살고 있는 레바논 남부 지역을 폭격했다. 레바논 주둔 유엔잠정군(UNIFIL)의 한 대원은 "TV로 사라예보의 학살장면을 보았지만, 그것은 여기에 비하면 아무것도 아니다." 하며 분통을 터뜨렸다.

또 이스라엘 폭격기는 베이루트로 송전하는 전기 발전소를 폭격하여 베이루트 시내를 암흑에 잠기게 했다. 베이루트에 대한 폭격은 1982년 '레바논 사태' 이후 처음 있는 일이다.

다음 날 시몬 페레스 이스라엘 총리는 국제적인 비난에도 아랑곳

이 글은 《사회주의 평론》 9호(1996년 5-6월)에 실린 것이다.

하지 않고 "이스라엘은 베이루트를 공격할 권리가 있다." 하고 말했다. 베냐민 네타냐후가 이끄는 리쿠드 당은 헤즈볼라 — 레바논에 있는 이슬람 근본주의 무장조직 — 가 폭격한 것을 되갚기 위해서라도 레바논을 공격해야 한다고 주장했다.

미국의 클린턴은 "불필요한 도발"을 중단하라고 헤즈볼라한테 경고하면서 이스라엘의 편을 들었다. 이스라엘이 팔레스타인인들을 억압하고 주변 국가들을 위협하며 심지어 핵무기까지 보유하고 있는 것에 대해 제국주의 국가들은 기껏해야 말로만 비난할 뿐이다. 미국은 이스라엘이 1987년 팔레스타인인들의 인티파다 봉기를 진압하면서 대량학살을 저지르고 5만 명을 수용소에 가두었을 때에도 침묵을 지켰다. 중동에서 진정으로 평화를 해치는 것은 이스라엘과 그 후견인인 미국 제국주의이다.

시몬 페레스 총리는 총선을 6주 앞둔 지금, 중동에서 제국주의 질서를 제대로 수호하고 있지 못하다는 내부의 반발을 잠재우기 위해 애쓰고 있다.

시온주의의 등장

이스라엘의 정치 철학인 시온주의는 역사적 뿌리를 갖고 있다.

성경에는, 유대인은 신에 의해 선택된 민족이고 로마의 박해를 피해 전세계에 흩어진 것은 일시적일 뿐이며 메시아가 재림하면 선조들의 땅인 팔레스타인을 다시 찾을 수 있을 것이라고 되어 있다.

그러나 종교적인 믿음이 아무리 강했어도 19세기 전까지 유대인들은 몇 천 년 전에 선조들이 살던 곳으로 돌아가고자 하는 열의나 희망을 거의 보이지 않았다. 이미 그들의 80~90%가 유럽과 러시아에서 오랫동안 살고 있었다. 유대인들의 물질적·문화적 모습은 완전히 '유럽적'이었으며, 유럽의 문학과 예술 그리고 과학의 발전에서 유대인들은 많은 기여를 했다.

19세기말에 이르러 시온주의가 근대적 정치운동으로 정립되었다. 당시 러시아와 유럽에는 반(反)유대주의가 널리 퍼져 있었기 때문에 많은 유대인들이 시온주의를 지지했다.

반유대주의 밑바닥에는 경제적인 이유가 있었다. 19세기말 자본주의가 극심한 공황을 겪게 되자 유럽의 지배자들은 아래로부터 일어나는 분노가 자신들을 비켜갈 수 있도록 해 줄 희생양이 필요했다. 그래서 유대인들이 경제위기의 주범이라는 주장이 널리 퍼졌다.

특히 러시아의 차르는 다수의 농민과 노동자의 불만이 자신에게 쏟아지지 않도록 하기 위해, 유대인들을 박해하고 그들의 생활조건을 14세기 수준으로 떨어뜨렸다. 프로이센의 철혈재상 비스마르크도 반유대주의 입장을 공공연히 밝혔다.

이러한 박해 때문에 희망과 기회의 땅으로 가려는 유대인들의 대규모 이주가 나타났다. 처음에 선택된 땅은 미국이었다. 1920년대말까지 거의 40년 동안 3백만 명의 유대인이 동유럽과 러시아에서 빠져 나와 미국으로 향했다. 1930년 당시 팔레스타인에 정착한 유대인은 12만 명밖에 되지 않았다.

1930년대 독일에서 파시즘이 등장하면서 유대인 학살이 대규모로 저질러졌다. 이것은 영국 제국주의가 쇠퇴기로 접어들 무렵, 새로이 부상한 독일 제국주의가 노동자 계급을 분열지배하기 위해 사용한 방법이었다. 게르만족의 우월성이 찬양되었고, 이방인과 동성애자들 그리고 유대인은 가장 혹독한 박해를 받았다.

요컨대 시온주의는 제국주의가 낳은 반유대주의에 대한 유대인들의 대응이었다. 일부 유대인들은 반유대주의의 본질이 사회적 통제를 목적으로 하는 잔혹한 분리지배라는 점을 깨닫고는, 억압받는 다른 집단이나 사회주의자들과 연대하여 인종주의의 여러 형태와 맞서 싸우기도 했다.

다른 한편으로는 정치적 시온주의가 등장했는데, 그 주창자가 테오도르 헤르츨이었다. 그는 반유대주의는 불가피하므로 유일한 대안은 유대인들이 모두 유럽을 빠져나와 '자신의' 고국을 건설하는 것이라고 생각했다. 그는 1895년 프랑스의 드레퓌스 재판을 폭로했던 유대계 오스트리아인 저널리스트였다.

테오도르 헤르츨은 시온주의와 제국주의 사이에 다리를 놓은 사람이었다. 그는 제국주의에게 유대인의 자치 영토를 확보해 줄 것을 요청했다. 1897년 8월 바젤에서 열린 세계 최초의 시온주의 대회에서 그는 유대인에게 모국을 법적으로 보장해 줄 수 있는 인물로 독일 황제를 지목했다. 그후 1898년 10월에 콘스탄티노플을 방문한 독일 황제를 만났지만, 그에게는 이 운동을 지원할 의사나 능력이 없었다.

이후 헤르츨은 '대영제국'에 눈을 돌렸다. 그리고는 로스차일드 상원의원과 식민장관 체임벌린에게 도움을 구했다. 마침내 제국주의 세력의 후원으로 유대인 국가를 세우는 전략이 성공하는 것처럼 보였다. 1917년 11월 영국의 밸푸어 외무장관이 '영국 정부가 유대인들이 그들의 본고장인 팔레스타인에 국가를 건설하도록 도울 것'이라고 선언했기 때문이다.

헤르츨의 전략을 이어받은 와이츠만은 1921년에 처칠과 식민장관에게 이렇게 말했다.

유대인의 팔레스타인이 존재하게 된다면 당신은 어떤 정책이든지 절대적으로 자유롭게 구사할 수 있게 될 것이며, 만일 당신이 원한다면 이집트에서 아주 철수하여 팔레스타인에 주둔하고 있는 당신의 군대와 함께 파나마 운하 지역에 집중할 수도 있을 것입니다. … 아랍 운동에 대해 보거나 듣게 되는 모든 것들로 인해 사람들은 그것이 반유럽적이라고 믿습니다. 팔레스타인 시온주의 정책은 결코 낭비가 아니며, 우리는 적은 비용으로 당신들이 필요한 보증을 제공할 것입니다.

이렇게 해서 제국주의 세력이 유대인 국가를 세우는 것을 지지하게 되었다. 1933년 뒤에는 나치의 박해를 피해 팔레스타인으로 이주해 온 유대인들이 급증했다. 1930년대 중반에 이주한 유대인의 수는 44만 명으로 1930년대초보다 3배 가량 많았다.

이주한 유대인들은 당시 중동 지역을 식민지로 지배하던 영국의 정책을 적극적으로 지지했다. 유대인 공동체는 처음 정착했을 때부터 팔레스타인인들을 철저히 배제했다. 노동조합도 유대인만으로 조직했다. 히스타드루트라고 부르는 이 조직은 이후 팔레스타인인들에 반대하는 활동에 중심 역할을 했다.

히스타드루트의 지도자들은 이 조직의 강령이 '사회주의적'이라고 말했다. "유대인의 땅, 유대인의 노동, 유대인의 생산"이라는 슬로건에서도 나타나 있듯이, 이 조직의 이념이나 행동은 매우 배타적이고 반동적이었다. 토지도 유대인에게만 팔거나 임대해 주었고, 산업에서 팔레스타인 노동자들은 배제했으며, 아랍인들이 생산한 제품은 아예 사지도 않았다. 이 조직은 미래 이스라엘 국가의 근간이 되었다.

더욱 중요한 것은 이 조직이 농촌공동체인 키부츠를 건설하여 자신의 영토를 확장하는 노력을 편 것이다. 그들이 유대인 대중에게 자유와 평등을 공공연히 떠들었던 것의 이면에는 언제나 아랍인들에 대한 철저한 억압이 있었다. 1923년에 세워진 시온주의 비밀 군사조직 하가나는 팔레스타인인들이 몇 천 년 동안 경작했던 토지를 장악했다.

물론 처음에는 이주한 유대인과 토착 팔레스타인인들을 통합하려는 시도도 있었다. 유대인과 아랍인 두 민족이 완전한 평등에 기초해 나란히 살아갈 수 있는 팔레스타인을 세우기 위해 예루살렘 자치위원회가 조직되었다. 하지만 1941년에 이스라엘 노동당은 이 자치위원회의 제안을 거부했다. 1947년에 UN에서 '팔레스타인 분할 결의안'이 가결되었고, 1948년 5월에는 이스라엘 공화국이 선포되었다.

이스라엘의 탄생

팔레스타인에서 시온주의 운동은 처음부터 제국주의 국가의 이해관계를 철저하게 대변했다.

영국이 중동을 지배하고 있을 당시 팔레스타인에 정착한 유대인들은 영국 군대가 원하는 군수품을 납품하는 것으로 산업을 발전시켰다. 영국의 분리지배 전략을 가장 적극적으로 추진했던 것도 시온주의 세력이었다. 이들은 아랍의 독립을 추구하는 많은 투사들을 궤멸시키는 데 앞장섰다.

영국 자체의 영향력이 쇠퇴했기 때문에 1948년에 건국한 이후로 이스라엘 경제는 영국 군대로부터 이익을 얻지 못했다. 또 아랍의 여러 국가들이 이스라엘 제품을 사지 않았기 때문에 이스라엘은 고립될 수밖에 없었다. 그래서 이스라엘로서는 지원을 해 줄 새로운 국가가 필요했고, 그 역할을 한 것이 바로 미국이었다.

이스라엘이 해외로부터 많은 자금을 동원할 수 있었던 것은 특히 북미에서 시온주의 운동이 탄탄한 토대를 갖고 있었기 때문이다. 그렇지만 미국은 시온주의 조직보다 오히려 더 많은 노력을 기울였다. 미국 정부는 이스라엘에 기부하는 사람들에게 세금을 감면해 주었다. 이스라엘에게 돈을 주는 것이 박애로 여겨졌다. 미국은 개인과 조직을 동원하여 이스라엘을 후원했다. 1950~1960년대에 이러한 방식으로 만들어진 돈은 경제 개발과 새로운 이주자 모집 그리고 이스라엘 예산의 50%에 이르는 무기 구입비로 사용되었다.

이스라엘은 처음 등장했을 때와 마찬가지로 계속 제국주의의 도움으로 성장했다.

그러나 시온주의 지도자들은 국가가 계속 존속하기 위해서는 서방과 공식적인 관계를 형성하는 것이 필요하다고 생각했다. 중동에 대한 서방 제국주의의 전략에 주체로 참여하기 위해 이스라엘 지배자들은 미국에게 자신들의 유용성을 입증해 보일 필요가 있었다. 이것은 그들이 거의 20년에 걸쳐 달성한 과제였다.

제2차세계대전 이후 미국은 석유 때문에 중동에 더 큰 이해를 갖게 되었다. 1945년에 미 국무성은 "이 지역[중동]에 정치적 공백이 있으며, 미국이 이 공백을 메우지 않는다면 소련이 들어와 헤게모니를 장악할 것"이라고 말했다. 만약 소련이 중동에서 영향력을 장악하게 된다면, 이는 미국에게 치명적이었다.

실제로 소련은 서방에서 그리스, 발칸 그리고 터키를 지나 이 지역을 장악하려 했고 이란에서도 영향력을 발휘하고 있었다. 당시 이란의 노동자 운동은 친소련 성격의 투데당(Tudeh Party)이 주도하고 있었다. 그래서 미국은 중동에서 자신의 정치적·전략적 이익을 지키기 위해 몇 억 달러를 중동의 동맹자들에게 쏟아부었다. 예컨대 사우디아라비아의 이븐 사우드 왕은 해마다 1천만 달러를 받았다.

이집트와 이란에서 미국의 지위가 위협받는 상황에서 이스라엘은 미국의 목적에 꼭 맞는 세력으로 부상했다. 1949~1952년에 이스라엘은 마샬원조의 형태로 8650만 달러와 대부로 1억 3500만 달러를 받았다. 물론 이 돈은 미국으로 보면 작은 액수였다. 그러나 인구가 140만 명밖에 되지 않는 이스라엘로서는 엄청난 돈이었다.

이 때만 하더라도 미국은 이스라엘에게 군사원조를 하지는 않았다. 미국과 이스라엘의 관계는 우호적이었지만 그 정도로 친밀하지는 않았다. 이 상황은 이스라엘의 지배자들에게 그리 좋은 일이 아니었다. 이스라엘은 경제적 안정과 이 지역에서의 군사적 패권을 위해 서방과 유기적으로 연결되어야 했다.

1951년에 모하마드 모사데크의 부르주아 민족주의 정부가 이란에서 권력을 장악하면서 국가의 석유자원을 국유화하려고 했다. 이 정부는 영—이란 석유회사를 추방하여 대영제국에 치명타를 입혔다. 1952년 7월에 이집트에서는 군사 쿠데타로 가말 압델 나세르와 그가 이끄는 자유장교단이 권력을 장악했다. 나세르는 영국군을 추방하고 '아랍 사회주의' 개혁강령을 도입했으며, 서방의 주요한 기지(수에즈운하)를 위협했다.

이러한 상황 때문에 이스라엘은 서방의 관심을 끌었다. 서방의 이해를 잘 대변해 줄 수 있는 것은 이스라엘밖에 없다고 판단했기 때문이다. 이 때부터 이스라엘에 대한 미국의 지원이 늘어났다. 1951년에 이스라엘은 10만 달러의 원조만을 받았다. 그러나 이집트에서 쿠데타가 일어난 뒤부터 이 수치는 8640만 달러로 순식간에 늘어났다.

그러나 이스라엘이 이 지역에서 미국의 '앞잡이' 노릇을 잘 할 것이라는 확신을 처음부터 주지는 못했다. 이스라엘이 군사적 신임을 얻을 수 있었던 결정적 기회는 1956년 수에즈운하 사건이었다. 이집트가 이 운하를 국유화한다고 결정했을 때, 영국의 수상 안소니 이든은 "이집트의 통제력과 러시아의 영향력 아래서 아랍 국가들이 석유자원을 장악하는 새로운 아랍 혁명이 일어날 것"에 대한 두려움을 표현했다. 이스라엘은 영국과 프랑스를 설득하여 공동 군사행동에 참여하게 했다. 이들 군대는 재빨리 시나이 반도와 가자 지구를 공격하고는 이집트 군대를 물리쳤다. 영국과 프랑스의 비행기들이 이집트 도시들을 폭격했고, 낙하산 부대가 운하를 통제했다.

수에즈운하 사건을 통해 이스라엘은 독자적 힘이 있다는 것을 잘 보여 주었다. 이스라엘이 서방과 긴밀한 관계에 의존하고 있었지만, 단지 미국 정책의 도구만은 아니었다. 이스라엘은 식민지 국가에서 벗어나 독립성을 갖고, 더 많은 영토와 더 많은 지역을 통제하려고 했다.

1958년에 이집트와 시리아가 범아랍주의에 바탕을 두고 통일아랍 공화국을 세웠다. 몇 달 뒤에 이라크에서 영국이 후원하던 국왕 파이잘 2세가 카심 대령이 이끄는 민족주의 세력에 의해 전복되었다. 레바논에서도 이슬람 민족주의 세력이 서방과 친한 극우 기독교도 대통령 카밀 샤모운에게 저항하고 있었다. 아랍 민족주의의 파고가 제국주의 질서를 무너뜨리는 듯했다. 미국은 이 지역에서 자신들의 이권을 빼앗길 수 있다는 두려움 때문에 1만 4천 명의 해군을 이끌고 레바논을 침공했다.

이 개입으로 미국은 레바논에서 민족주의의 약진을 막을 수 있었다. 미국과 영국은 이라크에서도 비슷한 행동을 하려고 했다. 그러나 그들은 이라크를 침공할 수 없었다. 우선 이러한 행동이 더 많은 민족주의 운동을 불러 일으키고 나아가 소련의 개입을 불러올까봐 두려웠기 때문이다.

미국은 전략을 바꾸었다. 중동 지역에서 미국과 소련을 포함한 초강대국이 직접 경쟁을 하는 대신에 그들이 후원하는 지역 국가들이 경쟁하게 만든 것이다. 이스라엘의 야심이 이러한 전략과 맞아떨어졌다. 이스라엘 지배자들은 이 지역에서 아랍 민족주의가 부상하지 못하도록 막는 서방의 든든한 보루 역할을 자처했다. 이 때부터 이스라엘은 제3세계에서 미국의 이해관계를 대변하는 경비견 역할을 하기 시작했다.

제국주의의 경비견

이스라엘이 이 역할을 수행하면서 미국의 경제적·군사적 원조가 더 많아졌다. 1959년에 이스라엘에 제공된 군사 원조는 40만 달러였지만 1966년에는 9천만 달러로 증가했다. 그 결과 1960년대 중반에 이스라엘의 군사력은 주변의 아랍 국가들을 모두 합한 것보다 더 컸다. 그러나 여전히 서방의 완전한 신임을 받고 있지는 못했다. 그 시험대가 바로 1967년이었다.

1960년대 중반에 예멘에서 반식민지 운동이 일어나 영국을 곤란하게 만들었고, 시리아에서는 바트 정권이 석유 산업을 국유화했다. 서방은 더 많은 손실이 생길까봐 두려워 했고, 소련은 아랍 세계에 눈독을 들이고 있었다. 이 때부터 이스라엘에 대한 미국의 무기공급이 다시 늘어났다. 1967년의 6일전쟁은 이스라엘에게 승리를 안겨주었다. 이집트, 시리아, 요르단에 대한 군사적 승리는 완벽했다. 아랍 민족주의는 허물어졌고, 나세르는 잠시 대통령에서 물러났다.

이 당시 미국은 베트남 전쟁 때문에 중동에 효과적으로 개입할 수 없었다. 영국이나 프랑스 같은 열강들도 이 지역에 개입하는 것에 흥미를 잃고 있었다. 이 때 이스라엘이 미국의 이해관계를 충실히 대변하면서 군사적 승리를 거두었다.

직접적인 개입없이 이익을 얻은 미국은 그 이전까지 주저하던 태도를 싹 거두어들였다. 나중에 대통령이 된 제럴드 포드는 1969년에 하원에서 이렇게 말했다. "이스라엘의 운명은 미국의 국내 안보와 밀접히 연결되어 있다는 점을 나는 확신하고 있습니다. 그러므로 나는 미국 행정부가 이스라엘을 팔아 나일강에 빠뜨리는 상황을 상상할 수조차 없습니다."

이 전쟁으로 이스라엘은 이집트, 요르단, 시리아로부터 각각 가자지구, 서안, 골란고원을 빼앗았다. 미국은 시나이 반도에서 수에즈 운하까지 점령함으로써, 러시아의 팽창에 대한 효과적인 방어벽을 쳤다고 생각했다. 소련의 선박이 수에즈 운하를 지나 지중해에서 인도양으로 가는 것을 막았기 때문이다.

미국의 경비견이 된 이스라엘이 또 한번 시험에 봉착한 것은 1970년 9월, 요르단 국왕 후세인이 팔레스타인 민족운동으로 정권을 잃어버릴 위험에 빠졌을 때였다. 후세인 국왕은 미국, 영국 그리고 이스라엘에게 도움을 요청했다. 유럽에 있던 미군이 경계태세에 들어갔고, 미국의 지중해 함대가 다섯 척의 군함을 출동시켰다. 만약 시리아가 군대를 보내 요르단의 팔레스타인인들을 돕는다면, 이에 맞서 이스라엘과 미국은 무력 개입으로 후세인 국왕을 도울 예정이었다. 결국 시리아는 군사개입을 할 수 없었고, 후세인 국왕은 왕위를 지킬 수 있었다.

1960년대 후반부터 이스라엘의 무기 요청과 군비 지출이 껑충 뛰었다. 한 미국 정치가는 이렇게 논평했다. "히틀러와 한창 투쟁하고 있을 당시의 영국도 지금 이스라엘이 미국으로부터 받는 것 같은 백

지수표를 받지는 못했다." 이스라엘은 미국의 첨단 무기들을 공급받기 시작했다. 최첨단 비행기들은 나토군조차 갖고 있지 못한 것이었다. 또 미국은 핵무기를 가질 수 있는 기술을 지원하기도 했다. 1972년에 이스라엘의 수상 골다 마이어는 이렇게 주장할 수 있었다. "비행기를 포함한 군사적 지원은 우리 두 나라 사이의 영구적인 원칙이다." 1973년 10월전쟁이 일어나기 직전에 미국은 이스라엘 군대에 무기를 공급하는 거의 유일한 국가였다.

석유와 제국주의

미국에게 중동은 여전히 불안정한 지역이었다. 영국이 아라비아 반도의 서쪽 접경지역인 아덴에서 패배했고, 카다피가 이끄는 민족주의 정권이 리비아에서 권력을 장악했다. 게다가 팔레스타인인들이 하나의 정치세력으로 등장했다.

제국주의 국가들의 주된 관심사는 이러한 정세가 석유에 어떤 영향을 미칠까 하는 것이었다. 비록 미국이 중동의 석유 가운데 직접 사용하는 양은 조금밖에 되지 않을지라도, 미국의 주요 석유기업들은 중동의 석유를 통제함으로써 막대한 이윤을 올리고 있었기 때문이다.

석유는 상대적으로 손쉽게 약탈할 수 있는 원재료였다. 중동에서 1배럴당 생산비용이 6센트밖에 되지 않는 것이 미국에서는 1.75 달러였다. 엄청난 이윤 때문에 중동의 석유에 대한 제국주의 국가들의 관심과 집착은 매우 컸다. 석유산업은 미국의 해외수입 가운데에서 가장 많은 액수를 차지했다.

하지만 상황은 매우 복잡하게 전개되었다. 무엇보다도 '급진적'인 산유국인 리비아와 여러 중동 국가들 사이에 단결이 이루어졌다. 1970년에는 리비아가 석유가격을 인상하기 위해 석유수출국 기구(OPEC)를 만들었다. 이러한 움직임은 석유회사들뿐 아니라 미국을 포함한 서방 국가들에게 불안감을 주었다.

1973년 10월에 이집트가 이스라엘을 공격한 일이 발생했다. 자기 동맹자가 위험에 빠지자 미국은 재빨리 움직였다. 10월 13일 미국 대통령 닉슨은 이스라엘을 돕기 위해 대규모 공습을 감행했다.

이 사건을 계기로 이스라엘은 중동 지역에서 미국의 확고한 동맹자로서 자리를 굳혔다. 이 전략에 따라 헨리 키신저는 텔아비브에서 아랍 국가들과 이스라엘의 평화협상을 주선하여 이스라엘을 지역 열강으로 인정하도록 했다. 이 전쟁 이후로 이스라엘에 대한 미국의 원조는 더욱 급증했다. 1973년에 미국의 원조 총액은 4억 6300만 달러였는데, 그 다음 해에는 500%로 뛰어 25억 달러가 되었고, 그 가운데 15억은 군사 원조였다. 이것은 미국이 자기 동맹국들에게 제공한 원조액 가운데 단연 으뜸이었다.

이 시기에 이루어진 미국과 이스라엘의 거래는 세계체제에서 이스라엘의 위상을 바꾸어 놓았다. 이제 이스라엘은 지역 열강일 뿐 아니라, 스스로의 힘으로 무기를 제조하는 주요 국가로 발돋움했다. 이스라엘은 라틴 아메리카의 미국 동맹국들, 즉 칠레, 아르헨티나, 니카라과, 온두라스 그리고 과테말라 등지에 무기를 수출하기도 했다.

또 이란과 레바논 그리고 신나치인 팔랑헤와도 친밀한 관계를 가졌고, 남아프리카공화국에도 무기를 팔아 이윤을 얻었다.

테러 국가 이스라엘

미국에게 1970년대 중반은 안정된 시기였다. 비록 레바논에서 불안이 존재했지만 주요 관심 지역은 비교적 잠잠했다. 이집트에서는 나세르가 죽고 사다트가 등장해서 친서방적인 '문호개방' 정책을 폈다. 중동의 석유생산은 꾸준히 증가했고, 석유수출국기구 덕분에 석유 가격이 인상되어 미국의 석유 기업들이 커다란 이익을 얻었다.

미국은 중동 지역의 동맹자들에게 꾸준히 무기를 공급했다. 이집트의 사다트와 이란의 모하메드 레자 팔레비가 그 대상이었다. 1970년대 중반 이란에 대한 무기판매는 엄청나게 늘어났다. 1970년에 총 1억 1300만 달러였던 것이 1977년에 58억 달러로 껑충 뛰었다. 미국은 이란을 이 지역에서 자신의 석유를 지켜줄 '제2의 이스라엘'로 생각하고 팔레비를 후원했다. 그러나 몇 년 뒤에 일어난 혁명으로 팔레비 정권이 몰락하자 그 꿈은 사라졌다.

이란혁명에 대한 미국의 첫 번째 대응은 이스라엘에 대한 지원을 강조하는 것이었다. 이스라엘에 대한 군사적 지원이 1979년에 27억 달러나 이루어졌다. 또 이스라엘에 대한 미국의 원조 총액도 1978년 18억 달러에서 1979년에는 48억 달러로 늘었다.

1980년대 초반이 되자 미국과 이스라엘의 중동 정책은 거의 구분할 수 없을 정도가 되었다. 이스라엘이 팔레스타인 저항군을 공격하기 위해 레바논 남부를 공격해도 미국은 개의치 않았다. 심지어 미국은 이스라엘이 1982년 레바논을 전격 공습했을 때조차 반대하지 않았다.

레바논 사태는 이스라엘이 자신의 이해관계에 따라 독자적으로 행동할 수 있다는 것을 확인해 주었다. 비록 그것이 미국의 정책에 딱 들어맞는 침공이었다 하더라도, 그 침공이 미국의 계획에 따라 수행된 것은 결코 아니었다. 1956년 수에즈 사건 이후 이스라엘은 미국의 뜻을 크게 벗어나지 않으려고 노력했다. 하지만 1982년에 이스라엘의 지배자들은 이제 자신감을 가지고 행동했다. 미국은 자신의 경비견이 성공적으로 그 지역을 누비고 있는 것을 보았다. 하지만 다른 한편으로, 그 경비견을 묶고 있는 고리가 끊길 위험이 있었다.

그러나 이것 때문에 미국이 이스라엘에 제공하는 금융적·군사적 후원이 결코 줄어들지는 않았다. 오히려 1980년대 중반에 이 수치는 엄청나게 늘어났다. 1985년에 이스라엘은 39억 달러의 원조를 받았는데, 이것은 1982년보다 30%가 늘어난 액수였다.

미국이 제공한 거액의 무상원조와 대부 덕분에 이스라엘은 수많은 적들 속에서도 생존할 수 있었다. 또 이스라엘은 이러한 원조 덕분에, 빼앗긴 영토를 되찾으려는 팔레스타인인들을 박살낼 수 있는 힘을 갖게 되었다. 서안과 가자지구가 점령지로 들어온 1967년 이후 거의 20년 동안 이스라엘은 군사력을 동원하여 팔레스타인인들을 지배했다.

중동의 석유가 서방 제국주의의 관심을 끄는 한, 이스라엘은 그 지역에서 제국주의의 이해관계를 대변하는 주요한 국가로 남아있을 것이다. 이스라엘의 미래는 이스라엘이 중동 지역을 다스리는 제국주의의 경비견 노릇을 얼마나 잘 하느냐에 달려 있다. 그러므로 중동에서 이스라엘에 효과적으로 맞서 싸우기 위해서는 제국주의 체체와 대결하는 것이 필요하다.

이스라엘 ─ 중동 전쟁의 화근

[리영희 교수의 편자 주] 전쟁 ─ 그것도 기습 전쟁 ─ 을 유일한 수단
으로 삼고 끊임없이 영토 연합과 살륙을 일삼는 이스라엘은 오늘날
세계의 양심에 박힌 가시가 되었다. 구약성서와 전설을 이데올로기
로 빚어 가지고, 서양 문명의 기형아, 나치에게서 받은 유대인 학살에
대한 동정심을 방패로 삼아 아랍 민족에 대한 지배와 학살을 감행
해 온 지 30년이 넘는다. 이스라엘 지배자들의 이데올로기는 시오니
즘이다. 시오니즘의 희생자는 아랍 민족이고 그 중에서도 '유대 종교
국가주의'의 제단에 바쳐지는 제물이 팔레스타인이다. 아리송한 종
교적 비어(秘語)에 싸인 유대인 '선민' 의식의 본질은 무엇이며, 팔레
스타인 민족 국가의 말살 정책은 어떤 식으로 계속되어 왔는가? 중
동에서 끊임없이 전쟁의 불씨가 되었고, 세계적 전면전쟁의 잠재적 방

핼 드레이퍼. 이 글은 리영희 교수가 번역·출간한 《80년대 국제 정세와 한반도》 (동광
출판사, 1984)에 실렸던 것이다. 최근 또 다시 전운이 감돌고 있는 중동 상황을 이해하
는 데 유용할 것이다.

화자로 인정받고 있는 시오니즘과 이스라엘 국가, 그리고 그 집권 세력의 사상과 심리적 특징을 정확히 이해하는 것은, 중동 정세는 물론 유대인의 국제 정치상의 지위와 역할을 파악하는 데 빼놓을 수 없는 중요한 과제이다. 선택한 글은 미국 캘리포니아에서 발간되는 평론지 New Politics 편집인 드레이퍼(Hal Draper)의 The Origin of the Middle East Crisis(The Israel — Arab Reader Bantam Edition, pp. 287~300)이다.

시온주의의 이념

이스라엘 지도자들의 행동을 지배하는 시오주의(Zionism)의 이념은 세 가지로 이루어져 있다.

첫째는, 유대인은 세계 어느 곳에 어떤 상태로 어떻게 살고 있든 반드시 모여서 하나의 단일국가(생존권)를 구성해야 한다는 부족적·혈연공동체적·종교적 신비 교리다. 그들은, 그들을 배척하는 '반유대주의자'가 유대인에 대해 비난하는 말 그대로, 유대인은 세계 어느 곳에 있으나 불가불[결국] '이방인'이라고 스스로 주장한다. 이 점에서는 '반유대주의자'의 감각은 정확하다. 이것이 시온주의의 첫째 요소다.

둘째는, 유대인은 어떤 한 '국가영토' 속에 자신들의 '국가'를 재구성(재건)해야 한다는 믿음이다. 그렇다고 '아무 곳'이나 좋다는 것은 아니다. 실제로 시온주의와는 달리 팔레스타인이 아니라도 어디든 하나의 땅에 유대인 국가를 건설하면 된다고 믿는 '유대민족 영토주의'가 그들 일부에서는 있었다. 그러나 시온주의는 그것과는 엄격히 달라서, 유대인이 팔레스타인 — 지구상에서 오직 팔레스타인 — 을 점거하여 그 곳에 유대인 국가를 건설해야 한다는 주의다. 그들이 말하는 팔레스타인은 고대의 유대인 부족국가의 땅(가나안)과 그 인접 지역을 뜻한다. 그 영토가 아니면 안 된다. 이것이 부족·혈연·종교 신비주의가 요구하는 것이다.

셋째로, 이 시온주의 이데올로기는, 이렇게 세워진 유대인 국가에는 그 곳에 살고 싶어하는 유대인이 가서 살면 되는 것이 아니라, 지구상에 살고 있는 모든 유대인은 반드시 여기에 '이주'해서 사는 국가여야 한다는 주장이다. 이것이 바로 오늘날 이스라엘의 국가 이념이다. 시온주의 용어로 이 이주를 '유랑(피추방)자의 복귀적 집결'이라고 부른다. 이 이념에 의하면 다른 곳에 사는 유대인은 문자 그대로 영원히 '피추방자'의 삶을 사는 것이며, 따라서 영원히 이방인일 수밖에 없다. 이 사상의 신봉자들은 설득에 의한 귀환이 여의치 않을 때에는 물리적 협박도 불사해야 한다고 확신하고 있다.

이주를 망설이거나 거부하는 유대인에 대한 설득이 중상·비방과 협박으로까지 확대된 좋은 실례는, 이스라엘 건국 직후인 1950년대 초에 다비드 벤-구리온 수상이 미국 방문 중, '미국 시온주의 조직' 지도자들이 미국 내 유대인을 '한 사람도 남김없이' 이스라엘로 이주시키는 운동에 적극적이지 않다며 그 지도자들을 '반역자'라고 매도한 것으로 알 수 있다. 이스라엘과 세계 곳곳의 유대인 국가주의자들은 세계의 모든 유대인을 이스라엘 국가로 '복귀 집중'시키는 것을 자신의 숭고한 소명이라고 경건하게 확신하고 있다. 그리고 그들은 그 소명을 위해서 신명을 바쳐온 것이다.

유대인 국가주의자들은 그들의 '특수민족' 상태에 진저리가 난다고 주장하면서, 이제는 그만 그 멍에를 벗을 때가 됐다고 주장한다. 그들은 유대인이 다른 민족과 다름없는 민족이기를 바라며, 다른 나라들과 다름없는 국가를 갖기를 원한다고 말한다. 그들은 이스라엘에서 이 목적을 달성한 셈이다. 즉, 이스라엘은 날이 갈수록 다른 나라들과 다름없는 나라가 되어 갔다.

마이모니데스에서 스피노자에 이르는 수많은 인물들에 의해 구현된, 유대 민족의 영광이었던 '유대적 인본주의'는 이 노골적인 유대인 국수주의 국가에서 오직 극소수에게만 남아 있을 뿐이다. 그나마 오늘의 이스라엘에서는 그들의 목소리조차 들을 수 없게 됐고, 유대인 왕국인 미국에서는 그 흔적조차 찾아볼 수 없다. 그런 속에서 우리가 일체감을 느낄 수 있는 이스라엘이 있다면 그것은 바로 이 소수자가 대표하는 부분이다.

팔레스타인 침략의 역사적 단계

최근 레바논 거주 팔레스타인 양민 대량학살에 이르기까지 유대인 국수주의자들에 의한 팔레스타인인 국가의 파괴는 여러 단계를 거쳐서 진행됐다.

역사적으로 그 첫 단계는 시온주의 운동의 대두부터 제1차세계대전 종말까지다. 이 시기는 유대인이 외지로부터 더딘 속도로 팔레스타인에 이주하고 점차적으로 토지를 매입한 기간이다. 이 기간의 말기 무렵에는 팔레스타인의 유대인 주민은 총 인구의 약 10퍼센트였다. 이주와 토지 매입이 아랍인이 거주하는 땅에 유대인 국가를 건설하기 위한 장기적 목표라는 쐐기의 한 모서리를 박는 것이라고 시온주의 지도자들이 공언하고 있었음에도 불구하고 아랍인들은 그것을 눈치채지 못했던 까닭에 별다른 저항에 직면하지도 않았다. 아랍인의 저항을 불러일으킨 것은 1917년의 '밸푸어 선언'이 계기가 됐다.

이 지역을 장악한 영국 제국주의는 이 시기에 제국주의적 지배력 유지를 위해 아랍 민족에게 유대민족을 맞붙임으로써 어부지리를 얻는 수법을 사용했다. 시온주의자들은 그 의도를 알고 기꺼이 영국 제국주의에 협력했다. 그들은 이 당시, 자기 땅에 살고 있는 아랍인들을 자신들의 힘으로 지배할 수는 없으므로 영국의 힘을 빌어야 한다는 사실을 잘 알고 있었다. 정확하게 말해서 그들은 영국의 '꼭두각시'는 아니었다. 차라리 서로가 자기 이익을 위해서 상대방을 이용하고 있는 한 쌍의 공범자 중 '똘마니'라고 부르는 게 적절할 것이다.

이 때는 한편으로 아랍 민족주의와 아랍 민족 해방 운동이 태동한 시기였다. 이 운동은 영국으로부터(중동의 다른 지역에서는 프랑스로부터)의 해방을 위해서 투쟁할 모든 권리를 갖고 있었다. 아랍민족 해방 운동 지지자의 눈에는 유대인 국가주의가 그 본질 그대로, 다시 말해서 유럽 제국주의의 방조자로 보일 수밖에 없었다. 유대인이 영국에 대한 충성 때문이 아니라 자기들 자신의 팽창을 위해서 했다 하더라도 그 악독한 역할을 수행했다는 사실에는 하등의 변화가 있을 수 없다.

엄연한 사실은, 영국이 유대인 국가주의를 수단으로 이용하여 유대인 정착민 수를 증가시킴으로써 아랍 원주민과의 싸움을 부채질했다는 것이다. 그런 까닭에, 아랍 원주민에게는 유대인 정착민이 제국주의적 지배의 앞잡이로 비쳤다 하더라도 나무랄 수 없는 일이었다. 그것은 명백한 사실이었다.

이렇게 해서 1920년대에 들어서면서 처음으로 팔레스타인에서 유대인 이주민에 대한 아랍인의 공격이 때때로 발생했다. 그러는 과정에서 아랍인들 사이에는 영국에 대해서만이 아니라 그 동맹자로 눈앞에 나타난 자, 즉 자기들 땅에 침입한 시온주의자들에 대한 아랍 민족 해방 운동의 물결이 처음으로 술렁이기 시작했다.

다른 한편으로 — 바로 이것이 이 이야기의 처음부터 끝까지 일관하는 전형적으로 비극적인 요소다 — 이 같은 술렁임들은 아랍 세계의 진보적 세력들이 아직 허약하고 노동자 계급의 형성이 겨우 시초 단계에 있던 까닭에, 전반적 아랍 민족 해방 운동에서 사회적·종교적 지향이 강한 역행적 성향을 띠고 나타났다. 그렇다고 하더라도 정통적 민족주의 운동이 일어났음에는 차이가 없다.

셋째 단계라고 할 수 있는 시기 — 이것이 가장 결정적 단계지만 — 는 나치의 유대인 박해운동의 개시이다. 처음에는 독일 내부에서 전개되어 제2차세계대전 확대에 따라 나치 점령 하의 나머지 유럽 지역에 확대되어 마침내 대량수용 및 학살로 끝나기까지의 기간이다.

종전 직후에 상당히 큰 규모의 소련 내 유대인 박해 운동이 일어남으로써 전쟁 기간 중에 일어난 사태에 박차를 가한 사실도 추가되어야 한다.

이 시기에 관해서는 너무도 많이 알려져 있어서 흔히들 더 알 것이 없다고 생각하기 쉽다. 하지만 근시안적 시야에는 보이지 않는 더 많은 것이 있다.

사실 목숨을 건진 유대인에게는 유럽은 연옥이었다 — 그들은 무슨 방법으로든지, 어느 곳으로든지, 하여간 도망을 가야 했다. 사람의 사람에 대한 야수성의 역사에서도 가장 흉악한 것 중의 하나인 유대인 피난민의 이 환난은 전 세계의 모든 양식 있는 사람들의 동정을 선풍적으로 얻게 됐다. 세계의 이 동정심이 유대인의 팔레스타인에로의 탈출과 결부됐다.

거기까지는 틀림없는 사실이지만 그것과 관련해서 한 가지 꼭 알아야 할 일이 있다. 그 소름 끼치는 인간고와 전 세계의 뜨거운 동정에도 불구하고 서구 국가들 가운데서 이 유대 피난민들에게 문을 열어 준 나라는 하나도 없었다는 사실이다.

시온주의 운동의 허상

이 몇 해 동안에 미국의 독립사회당 인사들은 히틀러주의의 광기 속에서 목숨을 부지한 유대인 희생자들에게 미국의 문을 열어 주자고 호소했다. 그렇지만 자유주의자들이 우글거리는 소위 '너그러운 나라'라는 거대한 미국에서, 말로는 가슴이 찢어질 것만 같다고 하는 그들 사이에 이 불쌍한 유대인들에게 자기 나라의 문을 열어 맞아들이라는 말은 거의 한 마디도 들리지 않았다

왜 그랬을까? 그 이유는 지극히 간단 명료하다. 이 호소에 앞장섰던 저명한 인권·자유 운동가인 모리스 에른스트 변호사의 말은 참으로 시사적이다. 즉, 시온주의 운동 지도자들이 그들의 영향력을 총동원하여 이들 유대인 피난민들의 미국 입국을 거부하도록 정부와 언론에 압력을 가했다는 것이다. 시온주의 지도자들이 그렇게 행동한 이유는 간단하다. 바로 그 고통 받는 유대인들을 팔레스타인으로 몰고 가기 위해서였다. 이것이 바로 시온주의의 이데올로기가 요구한 것이었다.

'백인 기독교 국가 미국'(White Christian America)이 얼마나 이 '해결 방식'에 인색했던가! 고작해야 10만, 20만의 이 가엾은 유대인 피난민이 미국에 들어오는 것을 바란 사람이 몇이나 있었던가? 나치의 잔악성에 가슴이 찢어졌다는 우리의 자유주의적 미국인은 개방적이지 못했다. 영국인도 마찬가지였다 — 그들은 겨우 체면치레로 얼마쯤을 받아들였을 뿐이다. 다른 어느 백인 국가도 마찬가지였다.

그 유대인 희생자들은 이 지구상에서 비자 없는 민족이었다. 미국의 자유주의자들에게는 그들의 섬세한 양심의 문제를 해결하는 편리한 구실이 있었다. 그것은 시온주의자들이 끈질기게 그들에게 제공한 해결 노선, 즉 "그들은 오직 팔레스타인에만 가고 싶어한다"를 앵무새처럼 되풀이하면 됐던 것이다.

에른스트 변호사가 말하는 이 설명이 어느 만큼이 진실이고 어느

만큼이 진실이 아니냐는 것을 놓고 따지는 것은 부질없는 일이다. 왜냐하면, 유대인 피난민들이 정말 팔레스타인 이외의 다른 곳에는 절대로 가지 않으려 했는지, 다른 나라들이 문을 열어 주어도 안 가려 했는지, 그것은 어느 나라도 실제로 문을 열어놓고 그들의 마음을 시험해 볼 기회를 주지 않았던 까닭에 따져 볼 필요도 없는 일이다.

어쨌든 유대인 국가주의자들과, 그리고 '백인·앵글로 색슨계·신교도'(WASP) 엘리트들에 못지 않게 미국 사회에 가난한 유대인의 무리가 '범람'하는 것을 바라지 않던 그 밖의 '유력한' 유대인들의 협조로 그들의 미국 이주의 문은 닫혔다.

처음에 팔레스타인만을, 선택할 수 있는 유일한 피난처로 요지부동하게 몰고 간 다음, 그 후에 마치 그들에게 자유로운 선택의 여지나 있다는 듯이 다른 곳에 가겠느냐고 묻다니 말이 되지 않았다. 나의 견해로는 이것이 시온주의 지도자들이 저지른 가장 야비한 범죄 중의 하나다.

이 같은 방법을 통해서 히틀러 살인 수용소에서 살아남은 유럽 유대인들은 팔레스타인으로 몰려갔다. 첫째는 미국과 유럽 국가들이 그들의 존재로 더럽혀지는 것을 방지하기 위해서였고, 둘째는 시온주의자들의 입장에서는 그렇게 해서 그들을 팔레스타인으로 집결시킬 수 있도록 하기 위해서였다.

사실인즉 팔레스타인은 그 당시 영국 통치 하에 있었던 까닭에 실제로 개방돼 있지도 않았다. 그렇지만 적어도 여기서는, 시온주의에 찬성하여 뉴욕보다는 팔레스타인이 유대인 피난민들에게 훨씬 적절한 피난처라고 확신하는 많은 미국 내 유대인들의 막강한 재정적 지원을 얻은 시온주의자들이 규합할 수 있는 모든 힘을 동원하여 문을 박차고 난입할 수 있었던 것이다.

사태가 이렇게 되자 여태까지 영국 제국주의와 똘마니 동반자였던 시온주의 운동은 영국 제국주의와 대립하게 됐다. 공범자의 길이 갈라진 것이다. 등 뒤에 닥친 공포에 쫓기고, 사방의 길이 막혀버린 유대인 피난민들은 시온주의자들이 반세기 전에 구상한 목표, 즉 팔레스타인의 아랍인 국가를 밀어내고 그 자리에 유대인 국가를 건설하는 목표를 실현하는 데 이용될 인간적 볼모가 됐다. 또한 그들에게는 상당한 세계적 동정심의 뒷받침이 있었다.

이 같은 사태에 직면한 팔레스타인 아랍인과 그 이웃 아랍인들이 할 말은 아주 간단했다 — "히틀러의 유대인 근절 계획은 중대한 범죄다. 그렇다고 해서 하필 '우리'가 유대인들을 위해서 땅을 내놓아야 한단 말인가? 이것은 세계 전체의 문제이지 우리만의 문제일 수가 없지 않는가?" 나는 이 주장을 반박할 수 있는 사람이 있다면 만나보고 싶다.

시온주의의 영토 쟁취 과정

이 단계에 와서는, 시온주의자들이 유대인 국가 건설을 위해서 팔레스타인을 탈취하려는 공언된 의도를 드디어 실천한 사실을 주목해야 한다. 이것은 1942년, 소위 '빌트모어 프로그램' 구상으로 나타났다(그 때까지 시온주의자들은 사태를 얼버무리기 위해서 '유대인의 고향 땅'에 관해 앞뒤가 맞지 않는 소리를 하고 있었다).

그들이 이 계획으로 그 동안 숨겨 두었던 '패'를 딱 까고 나오자 일부 시온주의자들 — 내지는 적어도 스스로 시온주의자를 자처했던 사람들 — 까지도 격분했다. 유대교 율사 유다 마그네스에 의해서 팔레스타인 유대인 — 아랍인 '복합국가안'이 제창된 것이 이 때이다. '유대인 국가'라는 시온주의 공식 계획에 대항해서 제창된 이 구상은 아랍인과 유대인이 함께 평화스럽게 어울려 살 수 있는 국가 건설안인데 시온주의자들에 의해서 거부당했다. 그들은 "우리의 목표는 전 영토를 지배하는 것이다"라고 공언하고, 실제로 실천에 옮겼다.

그 과정을 간략하게 기술해 보자. 강대국들(그 중에서도 미·영·소)의 일련의 속임수 외교 끝에 1947년, 유엔이 분할안을 가결했다. 팔레스타인 영토를 양분하여 한쪽에 유대인 국가, 다른 쪽에 아랍인 팔레스타인 국가를 세우게 하는 결의이다. 이 무렵에는 유대인 쪽으로 지정된 지역에는 실제로 유대인이 다수(60퍼센트 안팎)를 점하고 있던 터여서 그들은 민족자결권이 당연히 부여돼야 한다고 생각하고 있었다.

이 순간부터 시온 국가주의 세력은 반동적 행적과 아랍인에 대한 인종주의적 제거 작업을 개시했다. '중동 비극'의 새 무대가 여기서부터 열리게 된 것이다. 유대인에 대해서 감행된 히틀러의 범죄에 비하면 가벼운 편이지만 그것은 최근 세상에서 가장 파렴치한 범죄 중의 하나이다.

1948~1949년 사이에 유대인 국가주의자들은 주변 아랍국가들(팔레스타인 아랍 민중이 아니라)의 공격이 있을 때마다 그것을 구

실 삼아 일련의 입법 조치와 실력 행위로서 '팔레스타인 아랍인'을 그 영내에서 추방하기 시작했으며 이러한 행위는 30년 동안 꾸준히 계속됐다. 유엔 결의 당시, 유대인 쪽에 지정된 땅에 있던 40퍼센트의 아랍 인구가 이스라엘 신국가 창립 때에는 10퍼센트 정도로 줄어 들었다. 아랍인들이 소유해 온 막대한 토지가 소위 '합법적' 방법으로서 그들로부터 문자 그대로 갈취됐다. 1954년의 시점에서는 이스라엘 국내의 유대인 인구의 3분의 1 이상이 팔레스타인 아랍인에게서 갈취한 토지에 정착한 상태였다.

유엔의 분할 결의로 창설된 팔레스타인 아랍인 국가는 실제로 건립될 사이도 없이 이스라엘과 아랍 국가들 사이에 벌어진 전쟁에 휘말려, 전쟁이 끝났을 때는 그 영토의 5개 지역이 이스라엘에 강탈당한 채 영원히 반환되지 않았다. 그 일부인 서부 요르단 지역은 요르단 국가에 병합되고 말았다. 이렇게 해서 아랍인의 팔레스타인 국가는 파괴되고 말았다. 어떤 현존하는 국가 — 이스라엘을 포함해서 — 의 파괴를 주장하는 데 대해서는 물론 반대해야 하지만, 서방 세계에서 번지고 있는 소위 이스라엘에 대한 파괴 위협만을 열심히 떠들어대는 사람들에 의해서 꾸며지고 있는, 이 같은 최근 역사의 진실을 인식할 필요가 있다.

이스라엘의 합법적 강도 행위

이스라엘 내의 아랍인들로부터의 대규모 토지 강탈 행위는 한 민족 전체에 대한 약탈이었다. 그 방법과 방식은 대체로 다음과 같은 것이었다. 전쟁 동안에 이유 여하를 막론하고 살고 있던 마을을 떠난 아랍인은 '부재자'로 선고되고, 그의 토지는 시온주의 단체에 의해서 몰수됐다.

시온주의자들의 신화는 "그러한 사항에 해당하는 모든 아랍인이 외부로부터 온 아랍인 침공자들의 명령에 따라 마을을 떠났고 그들에 협조했다"고 되어 있다. 이것은 새빨간 거짓말이다. 전쟁이 휩쓸고 있는 땅에서 아랍 침공군이 두려워서 도피했다 하더라도, 그리고 잠시 이웃 마을로 피난을 갔다 하더라도, 그들은 무조건 '부재자'가 됐다.

국가 없는 팔레스타인 아랍인은 영국인에게서 도망쳐야 했고, 아랍 침공군에게서 도피해야 했을 뿐 아니라 시온주의 군대로부터도 도망쳐야 했던 것이다. 이것은 데이르 야신(Deir Yassin) 학살 사건 이후에 더욱 그러했다.

데이르 야신은 팔레스타인의 한 아랍인 촌락이고, 그 주민들은 두드러지게 아랍 침공군에 대해서 '적대적'이었다. 1948년 이르군 (Irgun : 유대인 국가주의 세력의 우파)군 1개 대대가 이 마을을 공격했다.

마을에는 무장한 사람도 없었고, 무기도 없었다. 이르군 부대는 순전히 폭력 행사의 목적을 가지고 이 마을을 습격, 남자·여자·어린이 할 것 없이 2백5십 명을 살해하고 떠났다. 시체 1백5십 구가 우물 속에 처박혀 있었고 90구는 아무렇게나 내동댕이쳐져 있었다. 이 학살 사건은 실제로는 '유대인에게 우호적인' 것으로 알려져 있는 마을에 대해서도 한 본보기로 자행된 것이다.

이 비열한 행동은 우파 군대에 의해서 저질러진 것이지만 시온주의 공식 군대인 하가나는 그 계획적 학살 음모를 사전에 알고 있었다. 사건 직후, 이르군은 시온주의 운동의 격분이나 비웃음을 사기는커녕, 오히려 하가나의 환영을 받고 협력 관계로 받아들여졌다.(1982년 레바논 침략 전쟁의 내각 수상인 베긴이 바로 그 때의 이르군 지도자였다. 그는 1967년 이스라엘 — 아랍 제3차 전쟁 직전에 다얀 장군과 함께 이스라엘 각료로 발탁되어 입각했다.)

이 이르군은 준파시스트적 노선을 취하고 있었고, 곧 하가나 지도자들이 그들의 행동을 따랐다. 제1차 전쟁이 끝나기 전에 벌써 하가나도 (유대인 국가주의의 좌파로서 민주적이고 '사회주의'적이었기 때문에) 이르군처럼 잔인하지는 않았지만 비무장·비공격적 아랍인 마을들에 대한 공격과 점거를 하기 시작했다

데이르 야신 학살 사건 후부터는 유대인 군대가 나타나기만 하면 팔레스타인들이 서로 다투어 도망치지 않을 수 없게 된 것은 지극히 당연한 일이다.

그 후 여러 해에 걸쳐서 이렇게 도망간 아랍인은 '부재자'로 규정되고, 자의적으로 만들어진 각종 '법률'의 이름으로 그들의 토지는 몰수됐다. 이스라엘의 정당은 좌익이건 우익이건 모두 그 '법률적' 강도 행위를 승인했다. 심지어 '거주하는 부재자'라는 법 규정이 있는데, 그것은 이스라엘의 아랍계 시민으로 버젓이 거주하는데 다만 어떤 일정한 날짜에 거주지에 있지 않았다는 이유만으로 법률적으로 '부재자' 판정을 받고, 따라서 '합법적으로' 토지를 박탈당할 수 있는 그

런 경우이다.

이렇게 해서 강탈한 토지의 대부분이 키부츠로 넘겨졌다. 그 토지는 마파이(Mapai : 우파 사회민주주의를 지칭하는 계열)뿐 아니라, 이스라엘 아랍계 시민의 딱한 처지에 가슴이 터질 것만 같다고 기회 있을 때마다 공언하고 있는 지도자들이 이끄는 마팜(Mapam : 좌파 사회주의를 자처하는 세력)에게도 분양됐다.

중동 비극의 희생자들

국경 주변에 거주한 많은 팔레스타인 아랍인들이 가자 지구 또는 요르단 국가쪽으로 밀려 나갔으며, 그들이 되돌아오는 것이 발견되면 그 현장에서 '불법 침입자'로 사살됐다. 이 같은 수법은 그 많은 것 중의 몇 가지에 지나지 않지만 그런 방법으로 이스라엘의 통치자들은 엄청난 아랍 피난민 문제를 낳았다.

그들은 국가의 주변을 문자 그대로 증오심 — 자신들이 만들어낸 증오심 — 으로 둘러싸 놓았다. 그것은 국경선 너머로 자기 고향을 바라보고 있는 팔레스타인 아랍인들, 자기들을 쫓아낸 자리에 수천 마일 먼 곳에서 시온주의자들이 데려온 생소한 사람들이 자기 땅을 경작하고 있는 것을 바라보고 있어야만 하는, 밥줄이 끊어진 팔레스타인 아랍인들의 증오심이다.

그 외래인의 일부가, 유럽에서 어떤 제3자에 의해서 범해진 범죄 행위의 희생자인 유대인 피난민이라는 사실만으로 이 강도 행위가 정의로 탈바꿈될 수는 없다.

이런 말살 정책의 결과로 이스라엘에 남아 있는 10퍼센트의 팔레스타인 아랍인들 — 그들은 무기를 들지 않았을뿐더러 도망가지도 않았다 — 은 점령당한 적국인들처럼 군사 통치 하에 놓이고 온갖 방법으로 차별당했다. 그들이 '이스라엘의 흑인'이라고 불리우는 데는 그만한 이유가 있다. 그렇지만 미국의 흑인들이라 할지라도 이스라엘의 아랍계 주민이 30년이나 참아온 식의 굴욕을 참으려 하지는 않았을 것이다.

약탈당하고 쫓겨난 아랍인들은 국경 지역(가령 가자 지대) 여러 곳에서 이집트의 지배하에서 처절한 생활을 해야 했다. 이집트는 그들에게 도움이라고는 거의 주지 않으면서 자기들의 목적 달성을 위한 볼모로 이용할 뿐이었다. 그들은 이집트 본토에의 입국이 허용되지 않았다. 이집트인들은 그들을 국경 지대에 처박아 둠으로써 그들의 궁핍과 증오심이 이스라엘의 목에 걸린 가시로 남아 있기를 원했다. 한편, 이스라엘도 아랍 피난민 문제의 해결에는 나세르 대통령만큼이나 무관심했다.

그런데 이 피난민들 중에서 자기 땅이나 집을 찾아가 보거나, 자기 땅을 경작하거나 소유물을 가지고 나오기 위해서 몰래 국경선을 넘어 들어가는 일이 자주 발생했다. 그들은 이스라엘 경찰의 총알받이가 되어 목숨을 잃었고, 이스라엘측은 거꾸로 그런 몹쓸 짓을 하는 소위 '침범자'에 관해서 세계에 불만을 털어 놓았다. 소위 '침입자'들은 자기들한테서 이스라엘이 강탈한 재산을 파손하거나 곧장 그 강도들을 공격하기도 했다 — 이스라엘인들은 아랍인들을 복종시키기 위해서 조직적·군사적 보복 행동에 호소했다. 30년 동안에 그들이 감행한 이 같은 군사적 보복 조치는 그 수를 헤아릴 수 없다.

이스라엘 통치자들은 자신의 범죄 행위의 결과로 발생된 문젯거리에 대한 해결책을 군사력에 의존하는 수밖에 없게 된 까닭에 점점 더 '예방전쟁' 수법을 애용하게 됐다. 예방전쟁은 군국주의적·영토 확장주의적인 정신 상태에 있는 자들이 자행한 전통적이고도 고전적인 수법이다. 이스라엘의 무력 숭배자들도 상대방을 굴복시키기 위해서는 어떤 무력 행사도 서슴지 않았다.

이것이 여태까지 여러 차례에 걸쳐서 아랍 국가들에게 감행된 이스라엘 시온주의자들의 전쟁의 본질이다.

아랍 독재 정권의 담보로서의 이스라엘

아랍인 피난민의 곤경을 해결하기 위한 협상은 오랫동안 계속됐으나 이스라엘과 이집트, 그리고 그 밖의 아랍 국가들 어느 누구도 진정한 문제 해결을 위한 성의를 보이지 않았다. 아랍측을 한때 대표했던 나세르에게 곤궁에 처해 있는 아랍인 피난민은 이스라엘을 괴롭히는 하나의 효과적 수단일 뿐이었다.

이스라엘측은 그들이 강탈한 토지를 아랍인들에게 되돌려 줄 수 없다고 주장하면서 한편으로는 예멘과 모로코 등지에서 (벤-구리온이 그토록 데려오고 싶어했던 미국에서는 물론) 유대인 해외 거주자들을 대량으로 들여와 정착시키는 데 전력을 다했다. 수십만의 새로운 유대인 정착자에게 나누어 줄 땅은 넉넉히 있었지만 아랍인 피난민 문제의 협상에서는 분양해 줄 만한 땅은 한 뙈기도 없었다.

명심해 두어야 할 분명하고도 결정적 사실은, 시온주의자들의 입장에서는 팔레스타인에서 추방된 아랍인 한 사람의 재정착을 허용하면 한 사람의 해외 거주 유대인이 '복적 집결'할 땅이 없어짐을 뜻한다.

나세르를 비롯한 아랍 국가 지도자들에게 이스라엘은 아랍 세계 내부 투쟁의 한 담보였다. 그것은 또한 국내적으로 아무런 진보적 정책이나 계획을 갖지 못하는 관료 ― 군인 정권들의 내정 실패로부터 국민 대중의 관심을 밖으로 돌리게 하는 데 유용한 재료였다. 이집트와 요르단에서는 국내의 피난민 문제의 압력은 피난민의 적개심을 밖으로 (이스라엘에) 향하게 하는 방법으로 완화하곤 했다.

이스라엘로서는 아무리 아랍인의 영토를 무력으로 병합해도 시온주의자의 목표로서의 '이스라엘의 땅'은 충분치 않은 셈이다. 그들에게 '이스라엘의 땅'은 새로이 병합한 땅의 다른 저 쪽의 아랍인의 땅까지를 포함한 것이다. 그들은 이 사실을 묵시적으로 시인하고 있고, 앞으로도 계속 세계 각지에서 데려와야 할 몇 백만의 유대인의 생존 공간을 생각한다면 인접 아랍인의 영토가 무한정으로 필요한 것이다.

1955년 이스라엘 지도자들은 바로 그 필요 때문에 이집트와 아랍 동맹국가들에 대한 전쟁을 개시할 수 있는 좋은 구실을 찾고 있었다. 이것을 안 영국과 프랑스 제국주의는 그들을 부추겨서 직접 침략 전쟁을 감행케 했다.

이것이 1956년, 전 세계가 지켜보는 가운데 두 개의 주요 유럽 제국주의와 손을 맞잡은 이스라엘이 영·불 두 협력자가 수에즈 운하를 강타하는 것과 때를 같이하여 이집트를 침공한 전쟁의 본질이다.(이 침략 전쟁에서도 이스라엘은 그 전의 전쟁에서와 마찬가지로 역시 똘마니 협력자였다.)

나세르의 본성은 이미 세상에 드러난 대로이기 때문에 여기서 문제 되는 것은 나세르가 과거에 평화의 비둘기였느냐 아니냐, 또는 지금(그 당시) 평화의 비둘기이냐 아니냐 하는 점이 아니다. 나세르가 평소의 허장성세와는 전혀 달리 전쟁에서 무기력을 드러낸 한 가지 이유는 그가 국내 문제에 정신이 없었고 그로 인해 너무도 허약했다는 것이다.

설사 나세르가 비둘기가 아니었다 하더라도 이스라엘이 유럽 제국주의와 동맹한 공공연한 침략자임을 스스로 온 세상에 드러낸 사실에는 변함이 없다. 사태가 지난 뒤에 보면 이스라엘에게 비난의 화살이 퍼부어졌던 온갖 비열한 영토 팽창주의적 계획은 그 하나하나가 모두 사실이었음이 입증됐다.

그뿐 아니라 영국과 프랑스의 모험이 실패한 뒤에도 이스라엘은 이집트에게서 빼앗은 영토를 움켜 쥐려고 버둥거리다가 막강한 국제적 압력에 직면해서야 그것을 내놓았다.

이스라엘의 불안한 운명

이상과 같은 온갖 사실의 역사를 통해 볼 때, 앞으로 중동 분쟁에서 웬만큼의 아랍인들은 장기적으로 이 투쟁에서 살아남겠지만 과연 이스라엘의 유대인이 살아남을 것인지는 의심스럽다.

유대인 국가 영토 팽창주의자들은 이스라엘을 하나의 새로운 유형의 게토(Ghetto : 외국에서의 유대인 집결 특수 거주 구역), 즉 국가적 영역의 게토로 만들어 버렸다. 그것은 유대인에게는 새로운 생존양식이 아니며 그들로서도 오랜 세월 동안 싫증이 났을 것이 틀림없는 낡은 생존양식의 한결 역겨운 재탕이다.

이 시대의 이스라엘을 지배하고 있는 시온주의 강경론자들의 집단은 아랍인들에게는 하나의 저주 덩어리이다. 그들이 얼마나 더 많은 전쟁의 승리를 거둘지는 모르지만 그들을 둘러싸고 있는 아랍인을 깡그리 말살하지는 못할 것이며, 하나의 승리를 거둘 때마다 그들에 대한 아랍 이민의 증오심은 커질 것이다. 아랍인들이 이스라엘에 대해서 대등한 전쟁을 수행할 수 있을 만큼 현대화되려면 앞으로도 10년이나 20년의 세월이 걸릴지 모른다. 그렇게 되는 날에는 이스라엘의 장래를 예측하기 위해서는 전쟁 영웅들에 관한 도취감 이상의 것이 필요해질 것이다.

이 글에서 이야기된 사실들을 알고 있고 또 말하는 사람은 이스라엘 내에도 얼마쯤은 있다(사실상 많은 사람이 알고는 있으나 말을 할 만한 사람이 적다). 그러므로 바라건대, 다음 세대는 몰록(전쟁과 재앙의 신)을 숭상하는 자들의 말을 들을 것이 아니라, 유대 인도주의와 사회적 이상주의의 역사에서 최고의 덕성을 대표한 그런 유형의 유대인들의 말에 좀더 경건히 귀를 기울였으면 하는 것이다.

유대 시온주의의 본질

[리영희 교수의 편자 주] 유대인은 평화와 인도주의를 상징하는 존재였다. 정치와 군사를 제외한 모든 인간생활의 분야에서 인류발전에 남긴 공헌으로 존경과 찬사를 받은 민족이었다. 스피노자·하이네·마르크스·아인슈타인 등의 이름들과 그 밖의 무수한 이름들이 서구문명사에 영원한 빛을 남겼다. 나치에게 6백만의 동족을 제물로 바쳐야 했던 유대인들은 인간의 양심을 구현하는 사회를 지구상에 실현하기 위해 제2차세계대전 이후 가나안의 성지에 모였다. 그 국가건설에는 소련이 제 1착으로 국가 승인을 할 정도로 전 세계의 동정과 지지가 있었다. 유대인 자신들도 평등·자유·박애·평화의 정신이 꽃피는 키부츠 공동생활체로써 '지상의 낙원'을 위해 땀 흘리는 것으로 믿어졌다. 모두가 그렇게 희망했었다. 그러했던 이스라엘은 1948년 건국 초부

아이작 도이처. 이 글은 리영희 교수가 번역·출간한 《80년대 국제 정세와 한반도》(동광출판사, 1984)에 실렸던 것이다. 팔레스타인 지역의 테러 국가 이스라엘 지배자들이 표방하고 있는 시온주의를 설명하는 글이다.

터 시대착오적인 제국주의적·식민지적 아랍 침략전쟁으로 중동평화의 화근이 되어 버렸다. 그리고 인구 3백50만의 이스라엘에게 연전연패의 고배를 마시는 수억의 아랍민족의 수난은 계속되고 있다. 이스라엘 국가·유대인 대 팔레스타인 민족·아랍 세계의 분쟁을 모든 측면에서 공평하고 명쾌하게 해부해 주는 아이작 도이처에게서 듣는다. 도이처는 새삼스럽게 소개할 필요도 없는 유대계 시인·사상가·철학자·역사가이자 러시아 혁명 연구의 최고 권위자이다. 여기 소개한 논문은 그가 사망하기 전인 1968년에 영국의 《옵저버》에 연재한 것이지만 그 분석과 관점은 오히려 오늘에 와서 더욱 탁월함이 입증된다.

중동의 프로이센 제국

이스라엘은 프로이센 제국이 지난 세기에 유럽에서 했던 역할을 지금 중동에서 연출하려고 결심한 듯이 보인다. 이것은 역설적이면서 또 불쾌한 현상이다.

이스라엘은 벌써 세 번이나 인근 아랍 국가들을 유린했다. 1세기 전 유럽에서 프로이센은 불과 몇 해 사이에 덴마크·오스트리아·프랑스 등 인접 국가들을 모조리 유린했다. 그들의 연전연승으로 프로이센인은 마음 속에 자신의 우월성에 대한 절대적 자신과, 군사력에 대한 맹목적 신뢰감, 그리고 쇼비니즘(배외적·호전적 애국주의)의 오만함과 타민족에 대한 멸시감을 키웠다. 그와 같은 퇴화 — 그것은 퇴화, 바로 그것이다 — 현상이 이스라엘 국가의 정치적 속성이 되는 것 같아 두렵게 생각한다.

그러나 이스라엘을 중동의 프로이센이라고 하더라도 이스라엘은 허약한 모조품에 지나지 않는다. 프로이센인은 적어도 잇따른 승리를 이용하여 제국의 판도 속에 오스트리아-헝가리 제국 밖에 사는 독일어를 쓰는 민족을 규합하여 하나로 만들 수가 있었다. 독일의 인근 국가들은 상호간 이해·역사·언어·종교 등의 차이로 분열되어 있었다. 비스마르크와 빌헬름 2세, 그리고 히틀러가 이 나라들을 서로 대립·반목시킬 수 있었던 것은 그 때문이다.

이스라엘을 둘러싸고 있는 것은 아랍 민족뿐이다. 아랍 국가들을 서로 반목·대립시키려는 시도는 거시적으로 볼 때 실패하기 마련이다. 이스라엘이 아랍과 제1차 전쟁을 치렀던 1948년에는 아랍 국가들은 서로 불화 상태였다. 1956년, 이스라엘이 제2차 전쟁을 감행했을 때 그들의 대립은 다소 완화되어 있었다. 1967년의 제3차 전쟁에서 아랍 국가들은 공동전선을 형성했고(1973년의 제4차 전쟁에서는 나세르의 이집트군에게 초전의 승리를 주어야만 했다), 아랍 민족은 앞으로 이스라엘과의 대립에서 훨씬 강력한 단결력을 보일 것이다.

독일 민족은 그들의 체험을 빈정대는 투의 표현에 압축시켰다. "사람은 스스로 사지에 몰아넣어야 비로소 이길 수 있다!" 이스라엘이 한 일이 바로 이것이다. 그들은 감당할 수 없을 만큼 큰 땅을 아랍인들에게서 뜯어냈다. 유대인이 정복한 땅에는 약 1백50만 명의 아랍인이 살고 있고, 이스라엘 인구의 40퍼센트를 넘는다. 도대체 이스라엘인들은 점령 지역의 '안전'을 위해 이 많은 아랍인을 추방하려는 것인가? 결국 그런 행동은 가뜩이나 골치 아픈, 그리고 훨씬 위험하고 대규모의 새로운 피난민 문제를 만들어낼 것이 틀림없다. 그들은 정복한 땅을 내놓을 것인가? "천만에!"가 거의 모든 이스라엘 지도자들의 어김없는 답변이다.

이스라엘의 배외적·맹목적 국가지상주의의 악령인 벤-구리온은 요르단에 대해, '아랍-팔레스타인 국가'를 만들어 그것을 이스라엘의 보호국으로 할 것이라고 우겨댔다. 그는 아랍 민족이 그 따위 보호국 구상을 수락할 것으로 기대할 권리라도 갖고 있다고 자처하는가? 아랍 민족은 결사적으로 저항하지 않을까? 이스라엘 국가의 어느 정당도 '아랍-이스라엘 복합 민족 국가' 같은 것을 생각할 낌새조차 보이지 않고 있다. 수많은 아랍인들에게 팔레스타인-요르단의 정든 집을 놓고 나가도록 하는 강압적 조치들이 취해지고 있다. 점령 지역의 아랍 팔레스타인 주민에 대한 처우는 20여 년 간 군사 통치 하에 놓여 있는 이스라엘 내의 아랍 소수 민족에 대한 처우보다도 훨씬 가혹해졌다.

이스라엘의 승리는 틀림없이 패배보다도 나쁜 결과를 이스라엘에 가져올 것이다. 여러 차례의 승리는 이스라엘을 더욱 불안정하게 만들었다. 아랍 민족의 복수와 유대인 멸종 정책을 이스라엘이 두려워할 것이지만, 이스라엘은 그 환상을 현실의 위협인 양 행동하고 있다.

이스라엘에 대한 서구의 책임

현재의 상태는 어느 정도까지는 제2차세계대전, 아니 제1차세계대전 이래의 아랍과 이스라엘의 관계의 과정의 집약이다. 그렇지만 나는 그 선택의 상당 부분이 이스라엘 국민의 마음에 달려 있다고 생각한다. 나는 언젠가 다음과 같은 이유를 들어서 이 문제를 이스라엘의 청중에게 제기한 일이 있다.

어떤 사나이가 불타고 있는 지붕에서 뛰어내렸다. 그 집안에서는 그 사나이의 가족들이 대부분 다 죽어 있었다. 그 사나이만은 요행 살아났지만, 뛰어내렸을 때 그 아래 서 있던 사람을 덮쳐 다리와 팔을 부러지게 했다. 사실 뛰어내린 사람으로서는 어쩔 수 없는 일이었다. 그러나 팔다리가 부러진 사람으로서는 뛰어내린 사람이 자기의 재화의 원인일 수밖에 없다. 만약 이 두 사람이 슬기롭게 대했다면 서로 원수가 되지 알고 지냈을 것이다. 타는 집에서 도망친 사나이는 정신을 차리는 즉시 자기 때문에 병신이 된 사람을 돕고 위로하고 사과했을 것이다. 불행을 당한 사람은 아침 일진이 나빠서 그렇게 된 것이니, 두 사람이 다 별도리가 없었다는 것을 알게 됐을 것이다.

그러나 이 두 사람이 이성을 잃고 행동하면 어떻게 될까? 부상당한 사람은 자기의 재앙을 뛰어내린 사람의 책임으로 비난하면서 손해 배상을 요구할 것이다. 뛰어내린 쪽은 병신된 사람의 복수를 두려워한 나머지, 만날 때마다 그 사나이를 모욕하고 걷어차고, 주먹질을 할 것이다. 이렇게 당한 쪽은 다시 복수심을 굳히고, 또 얻어맞고, 욕을 본다. 이 대립 관계는 애당초 단순한 우연의 결과였지만 차츰 격화하여, 서로 깨질 줄 모르는 증오심을 불태우면서 끝내는 두 사람의 온 인생을 암담하게 만들어 버릴 것이다.

여러분(이스라엘인 청중에게 말한 것이지만)은, 이 불타는 집에서 뛰쳐나온 사람이 이스라엘에 이주해 와 있는 유럽계 유대인의 생존자를 두고 하는 말임을 쉽게 알아차렸을 것이다. 부상당한 사람은 두말할 것도 없이, 유대인들 때문에 집과 땅을 잃어 버린 1백만 명 이상의 아랍계 팔레스타인인들이다. 이들은 원한을 품고 있다. 그들은 국경 너머로 자기들이 조상 대대로 살아온 정든 고향을 힐끔힐끔 바라보고, 기회만 있으면 당신들을 습격하려 하고, 복수를 다짐한다. 당신들은 그들을 가차없이 때려눕히고, 짓누르고 있다. 당신들은 그들에게, "그런 짓을 하면 이렇게 당한다."고 혼을 내야 한다고 우겨대고 있다. 그렇지만 이 전 과정이 어떤 의미를 가지는 것일까? 당신들의 행동의 결과가 어떤 것이겠는가?

아우슈비츠·아이다네크·게토가 상징하는 유럽에서의 유대인의 학대와 학살의 비극은 전적으로 서구의 부르주아 문명이 져야 할 책임이다. 왜냐하면, 나치는 타락한 체계였지만 어쨌든 서구 문명의 아들이었기 때문이다. 그런데 엉뚱하게도 서구 세계가 유대인에 대해 저지른 범죄의 보상을 강요당한 것은 아랍 민족이었고 아랍 민족은 여태껏 남의 죄의 대가를 치르고 있다. 서구는 '켕기는 양심' 때문에 유대인 이스라엘을 토닥거리기 위해서 아랍인을 해치고 있다. 그리고 이스라엘은 아주 쉽사리 서구의 거짓 '상납금'(탈세자가 후회해서 이름을 밝히지 않은 채 국고에 납입하는 돈)으로 매수되고 우롱당하고 있다.

유럽 제국주의의 앞잡이

이스라엘-아랍 두 민족의 정상적 관계는, 만일 이스라엘이 조금이라도 그럴 생각이 있다면, 다시 말해서 불타는 집에서 뛰어내린 사람이 아무런 죄도 없는 자기로 인한 희생자와 우호관계를 맺고, 자기 행동의 결과에 대한 보상을 하려고만 마음먹었다면 그렇게 됐을 것이다. 그러나 그것은 실현되지 않았다. 이스라엘은 아랍인들의 불만을 결코 인정하지 않았다.

유대인들은 처음부터 '순수 유대인 국가'의 전설에 전념하고, 팔레스타인의 아랍인들을 추방하면서 쾌재를 불렀다. 이스라엘 정부는 여태까지 한번도 진지하게 아랍 주민의 원한을 풀어주고 화해를 모색하려는 시도를 하지 않았다. 그들은 아랍 국가들이 먼저 이스라엘 국가를 승인하고, 먼저 정치적으로 항복해 들어오지 않는 한, 1백만 명이 넘는 아랍인 피난민 문제의 해결을 위한 협상을 할 의사가 없다고 주장해 왔다. 이것은 지금까지 협상 회피를 위한 구실이었다.

아랍-이스라엘 두 민족 사이의 감정이 극도로 악화된 것은 수에즈 운하 전쟁(1956년) 때이다. 이스라엘은 후안무치하게도, 그들의 공통의 이권(수에즈 운하)과 이집트를 틀어쥐려고 단말마적 몸부림을 치는, 파산 상태에 있는 낡은 유럽(영·프) 제국주의의 앞잡이로 행동했다.

이스라엘은 수에즈 운하의 주주들의 편을 들 것이 아니었다. 어느 쪽에 명분이 있는가 하는 것은 물을 필요도 없이 명백한 일이었다. 이스라엘은 도의적으로나 정치적으로나 전적으로 악한 쪽에 붙었던 것이다.

아랍 민족주의의 문제점

피상적으로 보면, 아랍-이스라엘의 싸움은 단순히 적대적 두 민족주의의 충돌로서 각자가 자기 정당화와 야망의 달성을 위한 공허한 이론구조 속에서 행동하고 있는 것에 지나지 않는다. 추상적 국제주의의 입장에서 보면, 쌍방이 다같이 무의미한 반동 세력이라고 한마디로 규정해 버릴 수도 있을 것이다. 그러나 그와 같은 해석은 사회적·정치적 현실을 무시한 견해일 수가 있다. 독립을 위해서 싸우고 있는 식민지나 반식민지 여러 나라와 지역 민중의 민족주의를, 정복자의 국가 중심주의와 동일한 도의적·정치적 차원에서 논하는 것은 부당하다. 전자는 역사적 정당성을 지니고 진보적 측면을 갖는 반면, 후자에는 그런 것이 없다. 이스라엘과는 달리 아랍의 민족주의는 아직까지는 분명히 전자에 속해 있다.

그렇다고 하더라도 아랍측에도 문제는 있다. 착취받고 박해받는 쪽의 민족주의라도 그 전개에 여러 단계가 있고 보면 전적으로 비판에 대한 면책권을 누릴 수는 없다. 어느 단계에서는 진보적인 포부가 지배적이지만 다른 단계에서는 반동적 경향이 표면에 나온다. 독립을 쟁취한 순간부터 민족주의는 혁명적 측면을 버리고 반동의 이데올로기가 될 수도 있다. 이스라엘을 포함한 여러 지역의 여러 나라들에서 그것을 볼 수 있다. 민족혁명의 단계에서조차 민족주의는 으레 비논리적 색채를 띠고, 배타주의, 국가지상주의적 에고이즘, 민족적 우월감 등을 과시하려는 경향이 있다. 아랍 민족주의는 역사적으로 보아 적지 않은 장점과 진보적 꿈이 깃들어 있었지만 그 속에도 이와 같은 반동적 요소가 있다.

이스라엘-아랍 사이의 여러 차례의 전쟁에서(특히 1967년 위기에서) 아랍 국가들의 정치사상이나 행동양식에 근본적 취약점이 드러났다. 그들에게는 정치적 대책이 없고, 감정적 자기도취에 빠지는 경향이 있으며, 민족주의자의 대중 선동에 좌우되는 흠이 있다. 이 같은 취약성이 아랍 민족의 연전연패의 결정적 원인이 되었다. '이스라엘을 멸망시킨다!'느니 심지어 '유대인종을 멸종시킨다!'느니 하는 따위의 허장성세 — 그것이 얼마나 빈말에 지나지 않는가 하는 사실은 전쟁할 때마다 드러나는 아랍 국가들의 군사적 미숙 상태로 입증되었다 — 를 일삼아 왔고, 그런 선동가들은 거꾸로 이스라엘 유대인들의 배타적·맹목적 애국심의 불길에 기름을 붓는 결과가 되었다. 이스라엘 정부는 국민 대중의 공포심을 난폭한 침략 전쟁으로 유도했고, 결과적으로 그 협박은 아랍 민족 자신의 머리 위에서 폭발하곤 했다.

전쟁이 정책의 연장임은 분명하다. 여태까지의 아랍-이스라엘 전쟁은 아랍 국가 정권들의 상대적 미숙함을 여지없이 노출시켰다. 이스라엘의 군사적 승리는 단순히 그 선제공격의 탓만이라고는 할 수 없으며, 그들이 훨씬 현대적인 경제·정치·군사적 조직력을 가진 탓이라 할 것이다. 여태까지의 전쟁의 결과는 이스라엘이 아랍 땅에 국가를 건설한 이후의, 특히 수에즈 운하 전쟁 이후의 아랍 사회의 발전의 결산서라 해도 과언이 아닐 것이다. 그리고 그 결산서는 아랍측의 엄청난 무능을 입증했다. 이집트를 비롯한 아랍 국가들의 사회·경제 구조와 아랍 민족의 정치 감각의 근대화는, 현재의 아랍 체제를 이상적인 것인 양 과신하고 있는 많은 아랍 국민들이 생각하기보다 훨씬 그 속도가 더디다는 것도 입증되었다.

그 끈덕진 후진성의 뿌리는 물론 사회·경제적 조건에 있다. 하지만 아랍 민족의 이데올로기와 조직방식도 그 자체로서 취약성의 요인이 되고 있다. 그것은 '일국일당 전제체제', '나세르주의', '언론 자유의 결여' 등을 두고 하는 말이며, 그런 것으로 말미암아 대중적 정치 교육과 사회 의식의 계몽이 크게 제약 받고 있다.

그와 같은 저해 요인의 결과는 여러 수준과 측면에서 느껴진다. 모든 주요 결정은 거의가 독재적 '지도자'가 혼자 결정하고, 평상시에도 정부 정책의 실시과정에 진정한 국민의 참여가 없고, 아래로부터의 체계적이고 적극적 의식이나 이니셔티브도 없다. 이 상태는 여러 가지 저해적인 결과를 나타내고 있으며 군사적 실패도 그 결과이다.

초기의 전쟁에서 재래식 무기로 감행된 이스라엘군의 선제공격은, 만약 이집트군이나 다른 아랍 국가 군대가 통상적으로 각급 장교나 사병층의 자발적 협동의식을 권장하고 있었다면 그토록 철저한 파멸적 결과에는 이르지 않았을 것이다. 군사적 무능은 넓고 깊은 사회적·정치적 취약성을 반영하고 있다.

아랍 국가들이 군대식·관료식 사고방식과 행동양식으로 일관하고 있는 것도 아랍 해방 운동의 정치적 통일을 저해하고 있다. 민족주의의 민중 선동은 쉽게 열기를 돋군다. 하지만 그것이 국가적·민족적 통합을 지향하는 진정한 기구나 분열된 봉건적·반동적 힘에 대한 인민의 군대의 참된 동원을 대치할 수 없는 것이다.

아랍 국가들을 엄습한 여태까지의 위기에서 한 사람의 '지도자'에의 지나친 의존상태가 아랍 국가들의 운명을 사실상 강대국들의 간섭과 외교 홍정의 노리개로 만들어 버렸으며 그 결과가 얼마나 참담한 것이었는가 하는 사실을 거듭 목격했다.

미국의 등장

이스라엘의 '기적' 같은 전쟁 승리들은 이스라엘과 아랍 국가들이 직면하고 있는 문제들을 해결하는 데 아무런 도움이 되지 않고 있다. 오히려 그와는 반대로 그것은 해묵은 난제들을 더욱 꼬이게 하고, 더 위험한 새로운 문제들을 만들어내고 있다. 이스라엘군의 너무도 간단한 승리는 멀지 않은 장래에 그것이 이스라엘에게 비극의 시점이었음이 판명될 것이다.

국제 정세적 배경을 살펴보자. 이 전쟁들은 강대국들간의 힘의 싸움과 그 싸움의 핵심인 세계의 이데올로기적 대립과의 관련에서 생각해야 한다. 지난 여러 해 동안의 미국의 공격주의와 그를 돕는 세력은 정치·사상·경제·군사 등의 면에서 아시아·아프리카의 광대한 지역에서 공세를 폈다. 아랍-이스라엘 전쟁은 고립된 사건이 아니라 언제나 그와 같은 국제 정세의 움직임에 속하는 사건의 하나로 연출되었다.

중동에서 미국이 '앞을 바라보는(진보적)' 자세를 취하게 된 것은 비교적 최근의 일이다. 수에즈 운하 전쟁 때만 하더라도 미국은 '반식민주의'의 입장을 취했다. 미국은 외견상, 소련과 손을 잡고 영·불

양국을 중동에서 철수시키도록 행동했다. 미국 정책의 근본 방침은 이스라엘의 국가 형성기인 1940년대 말과 같았다.

미국의 지배층이 낡은 식민지 강국들을 아시아와 아프리카 대륙에서 밀어내는 것을 최우선적으로 생각하고 있는 동안은 백악관은 '식민주의 반대'의 깃발을 들고 있었다. 그러나 그 정책으로 몇 개의 낡은 제국의 몰락을 거든 이후, 현지의 혁명세력이나 소련, 또는 그 양자가 차지할지도 모르는 '힘의 공백'을 두려워했다.

이 때부터 중동에서 영·불의 구식민국의 뒷자리에 미국이 '등장'했다. 수에즈전쟁, 그 다음은 이스라엘 — 아랍 전쟁이 그랬고, 1958년 미국 해병대의 레바논 상륙은 중동, 특히 이라크에서의 혁명의 고조를 가로막기 위한 목적에서였다. 그 후에는 미국은 소련의 온건정책을 믿고 중동에 대한 공공연한 직접적 군사 개입을 피하면서 초연한 태도를 취해 왔다.

이스라엘의 대외의존성

이스라엘은 물론 자신의 의지로 행동한 것이지 단순한 미국 정책에만 편승해서 행동한 것은 아니다. 지도자들과 대중은 자기들이 아랍 국가들의 보복의 위협을 받고 있다고 믿고 있다. '피에 굶주린' 아랍 민족의 "이스라엘을 지도에서 말살하자!"는 선전과 선동이 이스라엘 국민을 공포 속에 몰아 넣은 것도 사실이다. 이스라엘의 유대인들은 과거 유럽에서 유대인이 겪은 비극을 언제나 기억에 되살리면서, 지금도 원한에 찬 몇 천만의 아랍인 세계 속에 포위되어 고립되어 있음을 실감하고 있다.

이스라엘의 입장을 지지하는 논객들은 아랍측의 격렬한 발언을 이용해 중동에서 제2의 '최종적 해결'(히틀러가 유대인 전멸 정책에 사용한 슬로건)이 시도될 것이라는 공포심을 유대인에게 불어넣으려 힘써 왔다. 이런 선전가들은 성서의 신화나 유대 역사에 나오는 고대 종교 국가적인 상징을 총동원해 가면서, 시나이 반도, '통곡의 벽'(예루살렘 서쪽 성벽의 일부로서, 파괴된 솔로몬 신전의 일부라고 믿고 있다), 요르단령, 예리고성(예루살렘 북동쪽)을 향해 돌진했던 옛 이야기의 유대인 조상들의 투쟁심·광포함·광신적 열정의 폭풍을 부채질했다. 현재의 광기와 횡포 속에는 아랍 민족에 대한 이스라엘의 억눌리고 있는 죄책감 — 아랍 민족은 이스라엘이 그들에게 한 짓을 결코 잊지 않을 것이고 또 용서하지 않을 것이라는 생각 — 이 있다.

아랍 민족은 땅을 빼앗기고, 1백만 명이 넘는 난민 문제를 안고, 여러 차례 군사적 패배의 굴욕을 당했다. 아랍 민족의 복수가 두려워서 반광란 상태가 된 이스라엘 국민은, 자기 정부의 기동력이 되고 있는 '원칙' — 이스라엘의 안전을 지키기 위해서는 몇 해마다 한번씩 아랍 국가들을 반신불수 상태로 만들어 버리는 전쟁을 해야 한다는 원칙 — 을 두말 없이 받아들였다.

그러나 동기와 공포가 어떤 것이든 이스라엘 정부가 전쟁을 단독으로 감행한 일은 없었고 또 할 수도 없다. 이스라엘이 외부 강대국에 의존하고 있는 상태는 건국 이후 이스라엘 역사의 한 요소를 구성하고 있다. 지금까지 이스라엘의 역대 정권은 그 집권 정당의 차이와 관계 없이 한결같이 나라의 생명을 '서구 지향'에 걸어왔다. 이 사실만으로도 이스라엘은 중동의 서구 '최전선 기지'로 변했다. 따라서 해방을 위해 싸우는 아랍 민족과 제국주의(또는 신식민주의)와의 일대 투쟁 속에 말려들어가지 않을 수 없다.

그밖에도 또 하나의 요소가 작용하고 있다. 이스라엘 국가는 형편 없는 경제적 수지와 그 성장을 해외의 시온주의자(팔레스타인에 순수 유대인만의 국가를 건설하려는 주의자)들의 경제 원조, 그 중에서도 미국의 기부와 원조에 의존해 왔다. 이런 송금은 이 신생국가로서는 '위장된 악'이었다. 그것은 이스라엘 정부의 적자를 처리해 주는 것이었다.

정상적 국가의 경우 적자는 인근 국가들과의 무역을 통해 결제되는 것이 상례이다.

외국으로부터의 그와 같은 형태의 자본 도입은 이스라엘의 경제 구조를 왜곡시켰고, 대규모의 비생산적 부문의 성장과, 이스라엘 국가 자체의 생산이나 소득과 무관한 생활 수준의 상승을 촉진하는 결과를 초래했다. 그럴수록 이스라엘은 아랍 세계에 있으면서 '서방 세력권' 속에 편입되어 갔다.

이스라엘은 식량의 태반을 서방 사회에서 수입한다. 미국 정부는 이스라엘로 보내는 '기증'이라는 특별 지정된 수입이나 이익금을 재무행정상 면제 취급하고 있으며, 그 결과로 워싱턴의 재무부는 이스라엘의 재원을 장악하고 역으로 이스라엘 경제는 미국 원조에 의존하게끔 되었다. 그런 까닭에, 이스라엘 정부가 중요한 장기적 국가 정책으로서 주변 아랍 국가들과의 무역이나 긴밀한 경제적 제휴, 또는 소련이나 동구 국가들과의 경제 관계 개선을 고려하는 일은 허용되지 않았다.

타국에의 경제적 의존은 필연적으로 이스라엘의 국내 정책이나 '문화적 모습'에 작용하고 있다. 미국의 기부자는 바로 '성지'에서 활약하는 가장 중요한 외국 투자가이다.

미국의 산업·재정의 중심지에 앉아서 스스로 '세속적 기업가'를 자처하고 있는 부유한 유대계 미국인들은 마음 속으로는 자기가 '선민'의 한 사람임을 자부하면서 이스라엘의 보수 세력과 반동을 뒷받침하고 있다. 자유기업 체제를 신봉하는 그들은 이스라엘 사회의 기초인 키부츠의 온건 사회주의에 대해서마저 적개심을 가지고 그 억압에 한몫을 하고 있다. 특히 그들은 유대교의 랍비(성직자)를 원조하여 유대민족의 탈무드(유대율법)적 배타주의와 우월감을 부채질하고 있다. 그리고 그 모든 것이 합쳐져서 이웃 아랍 민족에 대한 적개심의 형태를 취하여 불타오르게 한다.

냉전과 중동 문제

냉전은 이스라엘의 반동세력에 큰 구실을 제공하여 아랍 민족에 대한 분쟁을 격화시켰고 명확한 반공주의 입장에 서게 했다. 두말할 나위도 없이 스탈린의 만년의 정책과 소련 내에서의 반유대운동의 대두, 스란스키·라이크·코스토프 등의 재판으로 나타난 반유대적 의도, 허무맹랑한 종류의 아랍 민족주의까지도 지지하는 소련 정책 등이 이스라엘의 그 같은 태도에 대한 일단의 책임을 져야 함은 물론이다.

그럼에도 불구하고 잊지 말아야 할 사실은 스탈린이 바로 이스라엘 국가 탄생의 대부라는 것이다. 유대인들은 스탈린의 명령으로 공급된 체코슬로바키아제 무기로 1947~1948년까지 영국 점령군 및 아랍 민족과 싸웠다. 유엔에서 이스라엘 공화국을 가장 먼저 승인 투표 한 것이 소련 대표였다. 이스라엘에 대한 스탈린의 태도 변화는 이스라엘이 친서방쪽으로 돌아섰기 때문이다.

이렇게 해서 이스라엘의 정책은 아랍 민족의 단결과 서구 제국들로부터 민족 해방을 지향하는 아랍의 숙원에 대해서 화해할 수 없는 적대 관계를 지켜나가는 것으로 고정되었다. 그리고 바로 이것이 여태까지 이스라엘이 감행해 온 전쟁의 역할이다.

서구 식민주의자들과 마찬가지로 이스라엘 정부는 아랍 민족을 분열과 후진성 속에 묶어놓고 아랍사회 속의 반동적 또는 봉건적 세력들을 부추겨 공화주의와 민족주의적 혁명 세력에 대항시키는 것을 최상의 국가 정책으로 추진하고 있다.

새로운 해결방안 — 중동연맹

문제는 다시 아랍으로 돌아간다. 아랍과 이스라엘의 대립은 군사적 수단으로는 해결되지 않을 것처럼 보인다. 물론 어느 누구도 아랍 국가들이 패전 이후 군대를 재건을 할 권리를 부정할 수는 없다.

그렇지만 지금 아랍 국가들에게 진실로 당장 필요한 일은 사회적·정치적 조치이며 해방을 위한 투쟁에서의 새로운 방책이다. 여태까지의 반이스라엘 일변도의 정책을 고집해서는 안 된다. 아랍인들은 이스라엘이 그 점령 지역을 반환하지 않는 한 협상을 거부할 것이고, 요르단이나 가자 지대의 이스라엘 점령군 정부에 저항할 것이다. 그렇다고 그것이 전쟁의 재발을 뜻하지는 않는다.

'성전'이나 선제 공격에 의한 것보다도 더 큰 이익을 아랍 민족에게 주는 길이 있다. 그것은 그들에게 진정한 승리, 문명의 승리를 안겨 줄 것이지만 그 방책의 실시를 위해서는 무엇보다도 먼저 아랍계 경제 구조의 힘찬 현대화가 제1 요건이다.

그리고 낡은 제국주의자들이 만든 것을 이어받은 제멋대로 그어진 국경선과 분할 통치의 수법 때문에 아직껏 분열 상태에 있는 아랍 민족의 현 상태에 진정한 통일이 이루어져야 한다. 이 힘겨운 과제는 아랍 세계 내의 진보적 요소가 강화되지 않는 한 그 실현이 불가능할 것이다.

끝으로 아랍 민족주의가 해방 세력으로서 지금과는 전혀 다른 생명력을 발휘하려면, 국제주의적 사상에 의한 훈련과 합리화가 필요하다. 그래야만 아랍 민족은 이스라엘과의 문제를 좀더 현실적으로 처리할 수 있게 될 것이다.

아랍측은 언제까지나 이스라엘 민족의 국가적 생존권을 부정하거나 호전적 언사를 함부로 해서는 안 될 것이다. 경제적 성장, 공업화, 교육의 확장, 더 능률적인 사회 조직화, 더 냉정한 정책 등만이 단순한 인간의 머리의 수나 이스라엘에 대한 증오의 뜨거움만으로는 얻을 수 없었던 것을 아랍 민족에게 가져다 줄 것이 틀림없다. 아랍 민족 자신이 현실적 우위를 이룩하게 되면 그것으로써 저절로 이스라엘은 제 분수의 틀 속으로 되돌아갈 것이며 중동에서 자신에 어울리는 분별 있는 역할을 하게 될 것이다.

물론 이 같은 과업이 하루 이틀에 달성되기는 어렵다. 그렇다고 해서 엄청난 시간을 요하지는 않아도 될 것이다. 그리고 그것만이 가장 간단한 해결의 길이기도 하다. 민중을 선동하거나 보복 행위를 일삼거나 전쟁에 호소하거나 하는 일이 얼핏 보기에는 지름길 같으면서도 사실은 얼마나 위험한 길인가 하는 것은 여러 번의 전쟁을 통해서 십분 입증되고도 남았다. 아랍측의 정책은 이스라엘 정부의 어깨 너머로 이스라엘 국민, 노동자나 키부츠원들에게 직접 호소하는 것부터 시작해야 한다. 이스라엘 국민의 정당한 권리는 존중되고, 이스라엘도 장차 '중동연맹'의 일원으로 받아들여진다는 분명한 약속과 보장으로써 이스라엘인들의 공포심으로부터 해방돼야 한다. 그렇게 되면 이스라엘의 배타적·맹목적 애국주의의 광기도 진정되고, 시온주의의 영토 확장주의적 지배 정책에 반대하는 이스라엘 내부 세력을 형성할 수 있게 될 것이다. 그와 같은 호소에 호응하는 이스라엘의 노동자를 위시한 국민의 수는 결코 적지 않을 것이다.

국제적으로는 강대국들의 힘의 농간에서 스스로를 단절시켜야 한다. 강대국들의 농간은 중동 지역의 사회적·정치적 발전을 기형화시켜 왔다.

앞서 나는 미국의 세력이 이스라엘의 정책에 현재와 같은 추악한 반동적 성격을 주입하는 데 얼마나 많은 작용을 했는가를 설명했다. 그러나 그와 동시에 러시아의 세력은 그것대로 내용도 없는 슬로건을 공급하여 민심 선동에 열을 올림으로써 아랍인들의 마음을 일그러뜨리는 데 큰 작용을 하는 반면, 모스크바의 에고이즘이나 기회주의는 그들의 실망과 조소를 자아냈다.

이스라엘과 아랍 국가들이 언제까지나 강대국들의 이기주의적 중동 정책의 농간의 노리개가 되고 있는 한 장래 전망은 암담하다. 아랍인과 유대인에게 다같이 애정을 가지는 사람으로서 가장 솔직하게, 그리고 분명하게 충고하고 싶은 것이 그것이다.

의심이 필요한 때

　미국인 이슬람교도 7백만 명(그 중 아랍인은 2백만 명에 불과하다)에게 지난 9월 11일 참사 이후의 나날들은 견디기 힘들 뿐 아니라 매우 불쾌한 시간이었다. 국내에서 무고한 아랍인과 이슬람교도 몇 명이 폭행을 당했다는 사실 외에도 아랍인과 무슬림 모두에 대한 증오의 분위기가 여러 형태로 나타나고 있다. 조지 W 부시는 신이 미국 편인 것처럼 말하면서 그 끔찍한 만행을 저지른 "놈들"에게 전쟁을 선포하고는 생사 불문하고 현상수배했다. 그래서 대다수 미국인에게 이슬람을 대표하는 신출귀몰한 광신도 오사마 빈 라덴이 무대의 전면에 등장했음은 누구나 아는 사실이다. TV와 라디오는 팔레

에드워드 사이드. 월간 《다함께》 7호, 2001년 12월 1일. https://wspaper.org/article/270. 에드워드 사이드는 팔레스타인 출신의 미국 컬럼비아 대학교 영문학 교수다. 오늘날 세계에서 가장 저명한 문화 평론가 가운데 한 사람이다. 주요 저서로는 《오리엔탈리즘》(교보문고), 《문화와 제국주의》(창), 《전쟁이 끝난 후에》(이후)가 있다. 이 글은 미국의 이라크 전쟁 직전에 씌어졌다.

스타인의 여성과 어린이 들이 미국의 참사에 "환호"하는 장면을 보도하는 것과 아울러 빈 라덴의 사진과 천박한 소문(옛날에 플레이보이였다는 얘기)들을 쉴새없이 내보냈다.

전문가와 TV 프로 진행자 들은 이슬람과 "우리의" 전쟁 얘기를 끊임없이 해댔고, "지하드"나 "테러"같은 단어들이 이미 전국을 휩쓸고 있는 이해할 만한 두려움과 분노를 가중시켰다. 이미 두 명(그 중 한 명은 시크교도)이 악에 받친 시민들에게 살해당했는데, 살인자들은 아마도 국방부 부장관 폴 울포위츠가 "[이슬람] 나라들을 끝장내"고 적들을 핵무기로 공격하자고 말한 것에 자극받은 것 같다. 수백 명의 무슬림 및 아랍인 가게 주인, 학생, 히잡을 쓴 여성, 그리고 평범한 시민 들이 욕설을 들었고, 금방이라도 이들을 죽여 버리겠다는 낙서와 포스터가 도처에 나붙었다. 미국의 주요 아랍계 미국인 조직의 회장은 한 시간에 평균 열 번의 욕설, 협박, 소름끼치는 언어폭력을 경험한다고 오늘 아침 나에게 털어놓았다. 어제 발표된 여론 조사 결과에 따르면, 아랍인들(미국 시민권자라도)이 특별 신분증을 소지해야 한다는 생각에 미국인의 49퍼센트가 찬성했다(49퍼센트는 반대했다). 미국인의 58퍼센트는 아랍인들은 미국 시민권자라도 더 강화된 특별 보안 검사를 받아야 한다고 요구했다(41퍼센트는 반대했다).

그런데 조지 W 부시가 우방국들의 소극적인 태도를 감지하면서 정부의 호전적 태도가 점차 누그러지고 있다. 부시의 측근 가운데 그나마 분별력이 있는 듯한 콜린 파월은 아프가니스탄을 침공하는 것이 텍사스 민병대를 보내는 것만큼 간단한 일은 아니라고 조언한다.

파월과 그의 참모들에게 강요된 극도로 혼란스런 현실은 부시가 국민의 이름으로 표방한 마니교 같은 선과 악의 단순한 대결 구도를 무색하게 만들었다. 경찰과 연방수사국(FBI)이 아랍계 미국인과 무슬림 들을 괴롭히고 있다는 소식이 계속 흘러나오고 있지만 긴장은 눈에 띄게 완화됐다. 부시는 워싱턴에 있는 이슬람 사원도 방문했고, 지역 사회 지도자들과 의회에 증오를 부추기는 말을 자제하라고 부탁했다. 이제 부시는 적어도 말로는 "우리 편" 아랍 및 이슬람 친구들(요르단, 이집트, 사우디아라비아)과 아직 밝혀지지 않은 테러범들을 구별하기 시작했다. 상하원 합동 연설에서 부시는 미국이 이슬람을 상대로 전쟁을 하는 것은 아니라고 말했지만, 유감스럽게도 무슬림과 아랍인, 그리고 겉모습이 중동인 같은 사람들에게 가해지는 폭행과 폭언 사례가 전국에서 증가하고 있는 사실에 대해서는 일언반구도 없었다. 파월이 현재의 위기를 틈타 팔레스타인인들을 더욱 억압하는 이스라엘과 아리엘 샤론에 대해 여기저기에서 불만을 표시했지만, 전반적으로는 미국의 대외정책은 예전과 동일선상에 있다는 느낌이 든다. 다만 차이가 있다면 지금은 거대한 전쟁을 준비하고 있다는 점이다.

그러나 공적인 영역에서 아랍과 이슬람에 대해 현재 나돌고 있는 극히 부정적인 이미지를 완화시켜 줄 만한 긍정적인 인식은 거의 없다. 음탕하고 복수심이 강하고 난폭하며 비이성적인 데다가 광신적인 아랍인이라는 고정 관념이 잔존하고 있다. 미국에서 팔레스타인 사람들의 대의를 이해하는 사람은 별로 없다. 더반 회의 이후에는 특히 더 그렇다. 학생 및 교수진의 지적·인종적 다양성으로 유명한 우리 대학[컬럼비아 대학교]에서조차 꾸란에 관한 강의는 좀처럼 개설되지 않는다. 영어로 쓰인 단행본 중에서 단연 백미라 할 수 있는 필립 히티의 《아랍의 역사》는 절판됐다. 구할 수 있는 책 중 대부분은 논란의 여지가 있거나 적대적이다. 그런 책에서 아랍과 이슬람이라는 주제는 문화적·종교적 연구 주제가 아니라 논란의 대상일 뿐이다. TV나 영화에는 끔찍하리만치 혐오스럽고 피에 굶주린 아랍인 테러리스트들로 가득 차 있다. 유감스럽게도 세계무역센터와 국방부를 공격한 테러리스트들이 비행기를 납치해 대량 살상 무기로 이용하기 전에도 이런 편견은 존재했다. 그런 테러 공격은 종교가 아니라 범죄 병리학적인 문제다.

출판업계에서는 세계무역센터와 국방부에 대한 공격이 팔레스타인인들의 자살 폭탄 테러와 똑같은 방식으로 진행됐으며 그래서 "이제는 우리 모두가 이스라엘 사람들과 같은 처지"라는 생각을 주입시키려는 시도가 있는 듯하다. 물론 이 과정에서 팔레스타인 민중에게 가해진 박탈과 억압은 기억에서 완전히 지워진다. 동시에 나를 포함한 많은 팔레스타인 사람들이 자살 폭탄 테러를 비난한다는 사실도 잊혀진다. 그 때문에 9월 11일의 참사를 미국의 행태와 관련지어 설명하는 일체의 시도는 테러 공격을 두둔하는 것으로 간주되어 비난받거나 무시당하기 십상이다.

이해하는 것과 두둔하는 것은 완전히 다를 뿐 아니라 진실과도 거리가 멀기에, 이러한 태도는 지적·도덕적·정치적으로 재앙적이다. 대부분의 미국인들이 믿기 어려운 것은 중동에서 미국 정부가 저지른 일들 — 이스라엘에 대한 무조건적인 후원, 사담 후세인을 구원해 주고 수십만 명의 무고한 이라크인들을 죽음과 질병과 영양 실조의 나락으로 빠뜨린 경제 제재, 수단 폭격, 이스라엘의 1982년 레바논 침공(당시 사브라와 샤틸라에서 학살된 사람들을 포함하여 2만 명의 민간인이 목숨을 잃었다)을 "승인"한 것, 사우디아라비아와 걸프 지역을 마치 미국의 봉토(封土)처럼 이용하는 것, 억압적인 아랍 및 이슬람 정권에 대한 지원 등이 사무치는 원한을 사고 있으며, 당연하게도 그런 일들이 미국인의 이름으로 자행되는 것으로 비춰진다는 사실이다. 평범한 미국인이 알고 있는 것은 그들이 의식하든 안 하든 해외에서 실제로 벌어지고 있는 냉혹하고 부당한 정책과 사뭇 다르다. 이스라엘의 정착촌 건설과 민간인 학살을 비난하는 UN 안보리의 성명에 대해 미국이 거부권을 행사할 때마다 아이오와나 네브라스카의 주민들은 그것을 별로 중요하지 않은 일로 지나칠지 모르지만 이집트, 팔레스타인 또는 레바논 사람들은 이러한 사건들로 인해 큰 상처를 받으며, 또렷이 기억한다. 다시 말해 미국의 특별한 행동과 미국에 대한 태도 사이에는 상호연관이 존재한다. 미국에 대한 이런 태도는 미국의 부와 자유, 또는 국제 사회에서 미국이 거둔 전반적인 성공에 대한 질투나 증오와는 아무 관련이 없다. 그와 반대로, 내가 얘기해 본 거의 모든 아랍인 또는 무슬림은 미국처럼 엄청나게 부유하고 훌륭한 나라가(그리고 미국인들처럼 좋은 사람들이) 왜 약소국 사람들을 그토록 냉혹하게 무시할 수 있는지 의아해 했다. 더구나 많은 아랍인과 무슬림은 친 이스라엘 로비스트들이 미국 대외정책에 입김을 넣고 있다는 것도 알고 있고, 〈뉴 리퍼블릭〉이나 〈코멘터리〉 등의 친이스라엘 잡지들의 그 무시무시한 인종차별주의적 광기에 대해서도 알고 있으며, 찰스 크로서머, 윌리엄 새파이어, 조지 윌, 노먼 포더레츠, A M 로젠탈 등의 피에 굶주린 칼럼니스트들이 주기적으로 아랍인과 무슬림에 대한 증오를 부추긴다는 것도 잘 알고 있다. 그러한 주장은 판매 부수가 적은 출판물의 뒷면에 묻히는 게 아니라 주요 매체(예컨대 〈워싱턴 포스트〉의 사설)를 통해 누구나 접할 수 있다.

우리는 혼란스럽고 불안하며 금방이라도 폭발할 듯한 분위기에서 살고 있다. 더 많은 폭력과 테러가 일어날 것이라는 전망이 사람들의 의식을 지배하고 있다. 특히, 9월 11일의 끔찍한 만행이 아직 사람들의 기억 속에 생생히 남아 있는 뉴욕과 워싱턴에서는 더욱 그렇다. 나 또한 내 주변 사람들과 마찬가지로 그렇게 느낀다.

대중매체의 역겨운 보도에도 불구하고 그나마 위안이 되는 것은 평화적 해결을 요구하는 목소리가 서서히 등장할 뿐 아니라, 아직까지는 매우 소수일지라도, 더 커다란 폭격과 파괴와는 다른 대안을 요구하는 작은 목소리가 점차 확산되고 있다는 사실이다. 나는 이와 같은 사려 깊은 행동이 매우 중요하다고 생각한다. 무엇보다도 정부가 전화를 도청하고 중동계 사람들을 테러 혐의만으로 체포하여 수감할 뿐 아니라 매카시즘을 방불케 하는 경계와 의심과 비상 동원의 분위기를 조성함으로써 시민적 자유와 개인의 사생활을 침해할 수도 있는 것에 대한 우려가 확산되고 있다. 도처에서 성조기를 흔드는 미국인들의 습관은 보기에 따라서는 애국적으로 비쳐질 수도 있으나, 애국심은 또한 편협함, 증오 범죄[소수인종이나 소수민족, 동성애자, 장애인, 노인 등 사회적 약자에게 증오심이나 인종적 편견을 갖고 가하는 범죄 행위] 그리고 갖가지 불쾌한 집단적 발작을 유발하기도 한다. 수많은 논평가들이 이를 경고했으며, 내가 위에서 밝혔듯이, 대통령 자신도 연설에서 "우리"는 이슬람 또는 무슬림과 전쟁을 하는 것이 아니라고 밝혔다. 하지만 그러한 위험은 상존하고 있다. 다행히도 다른 논평가들이 이에 대해 언급했다.

둘째로, 최근의 여론 조사에 따르면, 미국인들의 92퍼센트가 찬성한다던 군사 작전의 전반적인 문제를 논의하기 위한 모임들이 많이 열렸다. 그러나 부시 정부가 이번 전쟁의 목표("테러 근절"이라는 말은 매우 추상적이다)·방법·계획을 구체적으로 명시하지도 않았기 때문에 우리의 군사적 지향이 무엇인지는 상당히 불분명하다. 하지만 전반적으로 종말론적이거나 종교적인 언사는 줄어든 반면 — 십자군 전쟁이라는 말은 거의 완전히 사라졌다 — 이제 "희생" 또는 "전례 없이 긴 전쟁"과 같은 막연한 표현이 아니라 무엇이 필요한지에 더 비중을 두는 분위기다.

대학교, 교회, 회의장 등에서는 미국의 대응 방안을 두고 수많은 토론이 벌어지고 있다. 나는 무고한 희생자의 가족들이 군사 보복은 올바른 대응이 아니라고 공개적으로 주장했다는 얘기도 들었다. 중요한 것은 미국이 취할 행동에 대해 많은 사람들이 고민하고 있다는 것이다. 하지만 아쉽게도 아직은 중동 및 이슬람 세계에 대한 미국의 대외정책을 비판적으로 조명해 볼 시기는 무르익지 않은 것 같다. 언젠가 그 때가 오기를 바랄 뿐이다.

헌법상의 기본권을 방어하는 차원이든, 이라크인들과 같은 미국 열강의 무고한 희생자들에게 손길을 건네는 차원이든, 동정과 합리적 분석에 의존하는 차원이든 장기적인 관점에서 볼 때 이런 양심과 공감의 공동체가 인류의 미래에 가장 큰 희망이라는 점을 더 많은 미국인과 다른 사람들이 받아들인다면, "우리"는 지금껏 해온 것보다 더 잘 할 수 있을 것이다. 물론 그것만으로 당장 팔레스타인 정책이 바뀌거나 국방 예산이 줄어들거나 환경 및 에너지 정책이 합리적으로 바뀌지는 않을 것이다. 그렇지만 이렇게 침착하게 되돌아보는 방식이 아니라면 도대체 어디서 희망을 찾겠는가? 어쩌면 이렇게 하는 사람들이 미국에서 많아질 수도 있다. 나는 팔레스타인인의 한 사람으로서 이런 사람들이 아랍 및 이슬람 세계에서도 많아지기를 바란다. 우리는 시온주의와 제국주의를 비판함에도 불구하고 우리 사회를 지배하게 된 빈곤과 무지, 높은 문맹률, 억압, 커져가고 있는 악에 대한 책임이 우리에게도 있음을 인정해야 한다. 예를 들어, 우리들 가운데 비종교적인 세속 정치를 공개적으로 솔직하게 옹호할 수 있고, 이스라엘과 서방이 유대교와 기독교를 이용하는 것을 비난하는 것만큼 열의를 갖고 아랍에서 이슬람교를 정치에 이용하는 현실을 호되게 비판할 수 있는 사람들이 과연 몇 명이나 되는가? 우리들 중에서 식민지 정착민들의 만행과 비인간적인 집단 응징을 뼈저리게 경험했음에도 불구하고 모든 자살 테러를 부도덕하고 잘못된 것이라고 비판할 용기가 있는 사람이 몇이나 있을까? 우리에게 가해진 불의를 더 이상 참고 넘어가서는 안 되듯이, 우리가 싫어하는 지도자들을 미국이 후원한다고 한숨만 쉬고 있어서는 안 된다. 이제 무차별 살인 행위를 단호히 반대하는 새롭고 세속적인 아랍의 정치가 등장해야 한다. 그 점에 관해서 더 이상 모호한 태도를 취하지는 말자.

나는 오늘날 아랍인의 주요 무기는 군사적인 것이 아니라 도덕적인 것이라고 여러 해 동안 주장해 왔다. 나는 또한 자결권을 요구하는 팔레스타인인들의 투쟁이 남아공의 아파르트헤이트 반대 투쟁처럼 세계의 주목을 받지 못하는 이유는 우리의 목표와 수단을 명확히 하지 않은 데다가 우리의 목표가 배타주의나 목가적이고 신비적인 과거로의 회귀가 아니라 공존과 포용임을 충분히 밝히지 않았기 때문이라고 주장해 왔다. 이제 우리는 많은 미국인과 유럽인 들이 하고 있는 것처럼 지금 당장 우리 자신의 과거를 재평가하여 앞으로의 정책에 반영해야 한다. 우리는 다른 사람들에게 기대하는 만큼 우리 자신에게도 요구해야 한다. 모든 사람들이 우리 지도자들이 우리를 어디로 데려가는지, 왜 그런지 살펴봐야 할 때다. 의심과 재평가는 사치가 아니라 꼭 필요한 것이다.

페르시아만 주둔분담금을 지원하지 말라!
페르시아만에 파병하지 말라!

중동 지역 지도를 펼쳐놓고 살펴보면, 터무니없다는 느낌이 앞선다. 호르무즈 해협에서 북쪽으로 페르시아만의 아라비아 남부쪽 해안을 따라가다 보면 아랍에미리트연방(UAE)이라는 이상하게 조합된 연방국가들이 나타나는데, 베두인족 족장들의 갑부 후손들이 자신들의 유정(油井)을 지키며 아부다비 또는 두바이 같은 인공 도시들에서 사치스럽게 살고 있다. 유정 관련 작업들은 이민 노동자들이 도맡아 하고 있는데, 그들은 주민의 다수를 차지하면서도 아무런 정치적 권리를 누리지 못하고 있다.

200년 전에 이 사막 지대에는 한줌밖에 안 되는 베두인 족이 살고 있었다. 1880년대에 수에즈 운하의 개통과 더불어 이 지역에 대

이 글은 1990년 9월말에 작성됐으며, 나중에 《후세인에게 승리를 부시에게 패배를》에 실렸다.

한 영국 제국주의의 발호가 급증했다. 1886년에는 이집트가 병합되었고, 1896년에는 쿠웨이트가, 1886년에서 1914년 사이에는 오늘날의 남부 예멘에 해당하는 아덴이 조각조각으로 합병되었다. 이렇게 해서 영국은 아랍 반도의 해안 지역들을 지배할 수 있게 되었다.

중동의 나머지 지역(이란은 제외)에서는 여전히 오토만 제국이 명목상의 지배자였지만, 세기 전환 무렵 이란과 이라크에서 석유 발견은 곧 이러한 상황을 바꾸어 놓았다. 영국은 이란을 사실상의 식민지로 만들어 버렸고, 이란의 석유는 영페석유회사(Anglo-Persian Oil Company: 오늘날에는 영국석유 British Petroleum)의 수중에 장악되었다. 이라크의 석유는 영터석유회사(Anglo-Turkish Petroleum Company) — 영국 정부가 51%의 지분을 소유했다 — 의 손에 들어갔다. 제1차세계대전이 끝나고 이라크는 터키에서 떨어져 나오게 되어 영국 수중에 들어왔다. 이라크 지배 방식을 놓고 영국 지배계급 내부에 분열이 있었다. 어떤 지배계층은 이라크를 식민지로 취급하자고 했다. 반면에, 다른 지배계층은 반(半)식민지로 취급하자고 했다. "지금 시점에서 우리가 창출해야 하는 것은 우리가 배후에서 조종하면서 안심하고 맡길 수 있는, 아랍적 제도를 갖춘 행정부이다," 결국, 1932년에, 이라크는 "독립"을 허용받았다. 하지만 영국 군대와 영국 석유회사들은 그대로 남아 있었다.

아랍 민족주의의 부상

사실, 이라크에게 독립을 허용하기로 한 결정은 1931년 이라크를 뒤흔든 일련의 폭동과 파업에 자극받은 것이었다. 영국 지배계급은 1920년에 이라크를 병합할 때도 폭동에 직면했는데, 그 때에는 유혈 진압으로 맞섰다. 이란·이라크 전쟁 당시 후세인의 화학무기 공격을 받은 바 있는 이라크 북부의 쿠르드족은 그 당시에는 영국의 공중 폭격을 받았다.

1936년 영국령 팔레스타인의 노동자, 농민, 소상인들은 영국 지배와 영국이 장려한 시온주의자 이주 정책에 반대해 6개월간 총파업에 들어갔다.[*] 아랍인과 페르시아인들은 제국주의가 자신들의 모국을 점령하고는 제멋대로 분할하는 것에 완강히 저항했다. 저항은 양차 대전 사이에 거듭 타올라 2차대전 이후에는 절정에 달했다.

철도와 항만 노동자들, 그리고 테헤란·카이로·바그다드 같은 도시와 유전 지대에서 노동자 계급의 성장으로 공산주의 정당들의 형성을 위한 토대가 마련되었다. 최초의 공산당은 1920년 이란에서 탄생해 그 해의 파업 운동에서 적극적인 역할을 수행했다. 하지만 중동의 공산당들이 대대적인 영향력을 행사하기 시작한 것은 1940년대와

1919년의 밸푸어 선언은 팔레스타인에 유대인들로만 이루어진 국가기구를 세운다는 시온주의 계획에 대한 지지를 확인한 바 있다. 외무장관 밸푸어경은 또한 그 해 비밀 비망록에서도 4대열강이 시온주의에 충실함을 분명히 해두기도 했다. 영국을 비롯한 4강이 유대 민족을 좋아해서가 아니었다. 1920년에 윈스턴 처칠이 밝혔듯이, "대영제국의 참된 이익에 도움이 되고 그것과 조화되기" 때문이었다.

1950년대가 되어서였다. 이 당시 공산당들은 소련 지배계급의 철저히 스탈린주의화한 종복들이었다. 이러한 정치적 타락은 비극적 결과를 낳았다.

그래서 그 뒤를 이어 앞장을 서온 조류는 세속적인(즉, 비종교적인) 민족주의였다. 이 일련의 민족주의 운동들의 지도자들은 보통은 중간계급 지식인들이었고, 때로 군 장교들이기도 했는데, 이들은 자기 나라의 발전과 자기의 출세를 방해하는 제국주의에 반대할 충분하고도 남을 이유를 갖고 있었다.

다른 한편, 제2차세계대전의 종결은 더욱 충분한 독립의 기회를 열어줄 것으로 보였다. 영·프의 경제는 전쟁으로 휘청거리고 있었으며, 이로 말미암아 세계 열강간 세력 균형은 미국 쪽으로 기울었고, 미국은 그렇게 해서 얻은 영향력을 직접적인 식민지 지배에 대항하는 압력으로 이용했다. 영·프 두 유럽 열강은 어쨌든 식민지 지배의 비용을 치를 수 없었던 터인지라 탈식민지화로 전환했다. 게다가 사우디아라비아나 쿠웨이트 같은 좀더 보수적이고 후진적이며 다루기 쉬운 국가들에서 석유가 발견됨으로써 서방은 이란이나 이라크를 지배하지 못하게 되더라도 탈식민지화 때문에 입은 손해를 만회할 수가 있게 되었다.

미국의 부상

탈식민지화에도 불구하고, 제국주의로부터의 진정한 독립의 가능성은 잔인하게 짓밟혔다. 영국은 페르시아만의 재산 보호를 위해 군사기지를 계속 존속시켰다. 미 제국주의는 영 제국주의보다 더 열렬히 시온주의를 지지하여, 이스라엘을 유럽의 중무장한 고립소국(남의 영토에 둘러싸인 내륙국)으로 만들었으며, 1948년과 1967년에는 이웃 아랍 국가들과의 전쟁에서 이스라엘 편을 들었다.

그러나 단기적으로는 제국의 속박이 느슨해졌으며 이 틈을 이용해 반제 운동이 강화되었다. 1940년대 말 이란과 이라크에서 공산당은 일련의 파업 물결을 타고 급부상했으며, 이 물결은 1948년 이라크에서 대규모 봉기로 정점에 이르렀다. 파업과 대중 폭동을 통해 학생과 노동자는 민주공화국 요구를 중심으로 단결했다. 운동의 선봉에 서서 운동을 지도하기보다는 운동에 의해 떠받쳐져서 지도부의 지위에 '앉혀진' 이라크 공산당은 운동을 제한하려 했다. 공산당은 특히 왕정 타도 요구에 반대했고, 그 요구를 단순히 우익 "얼굴마담" 살림 자브르 타도로 대체했다.

섭정을 행하던 국왕은 분노의 에네르기가 자기를 피해서 빗겨나가 엉뚱한 데로 향하는 것을 보고 기회를 놓칠세라 재빨리 움켜잡았다. 그는 살림을 퇴진시키고 그 대신에 1920년 봉기 출신의 고령 퇴역군인 하나를 권좌에 앉혔다. 이 자는 잠시 뒤로 물러서는 것 같더니 이내 곧 대대적인 탄압으로 ― 특히 공산당에 대해 ― 맞섰다.

그 뒤 반제 투쟁의 중심은 이란으로 옮겨갔는데, 거기서는 1951년 모하메드 모사데크라는 민족주의자의 지도 아래 선출된 정부가 통치하고 있었다.

모사데크의 "민족전선" 정부는 영국 석유회사들의 재산 몰수로 나아갔는데, 이러한 조처는 영국 지배계급을 분개시켜 그들로 하여금 모사데크 제거를 위한 팔레비 교사에 나서도록 만들었다. 하지만 모사데크 제거 음모는 발각되었고, 팔레비는 민중 봉기로 축출당했다.

그 민중 봉기는 바야흐로 사회혁명으로 발전할 찰나였다. 다시금 공산당은 운동을 이끌기보다는 제한하기 위하여 최선을 다했다. 그래서 그들은 노동자 혁명의 물꼬를 딴데로 돌려버리는 데 성공했지만, 사회 불안은 중간계급의 일부를 놀라게 했고 군부를 팔레비의 품 속으로 기어 들어가게 했다.

1953년에 영·미 정보공작책들은 쿠데타를 사주해 성공했고, 팔레비가 돌아와 그 뒤로 26년 동안이나 지속될 야만적인 지배를 시작하였다.

같은 해에는 이집트에서 매우 다른 종류의 쿠데타가 일어났다. 일단의 군 장교들이 주동이 되어 민족주의자인 압델 나세르 중령을 권좌에 앉혔다.

나세르는 혁명의 수사(修辭)를 동원해 소련에 추파를 던졌고, 1956년에는 수에즈 운하를 국유화시켰다. 특히 후자의 조처는 영·프·이스라엘의 합동 군사 개입을 초래했다. 하지만 미국은 나세르를 협상할 수 있는 대상이라고 보고 영국의 개입에 훼방을 놓았다.

제국주의 사이에 분열을 일으키고 군사개입을 주저케 만든 나세르는 아랍 대중의 눈에는 영웅으로 보였다. 그래서 이라크 같은 나라에서 민족주의 운동을 강화시켰다. 많은 나라에서 나세르를 추종하는 정당들이 생겨났으며, 한때 시리아와 이집트는 아랍연방공화국(United Arab Republic)으로 통일되어 아랍 민족의 통일에 대한 꿈을 일깨우기도 했다.

1956년 이라크에서 누리 알사이드의 극우 반동 정부가 자기 못지 않게 친서방적인 사우디아라비아와 노골적으로 반나세르적인 '바그 다드 협정'을 체결했다. 의회가 그 협정을 비준할지 안 할지 확신하지 못한 알사이드는 부정선거를 계획했다. 공산당과 신생 민족주의 정당은 친시리아적인(그리고 더 우익 민족주의적인) 바트 당과 공동 보조를 취해 '민족단결전선'을 창설했다.

1958년 군부 쿠데타가 일어나 각별히 유혈이 낭자했던 일련의 시위들을 분쇄하는 동시에 알사이드를 퇴진시켰다.

그 뒤 불안정의 시기가 이어져 다양한 반대 세력들이 영향력 쟁탈을 위해 각축전을 벌였다. 자신들이 1948년에 그랬고 이란 공산당이 1953년에 그랬듯이, 다시 한 번 이라크 공산당은 노동자 혁명은 저 발전국에서는 불가능하다는 스탈린주의 교리에 사로잡혀 무력화되었고, 따라서 지도력을 발휘할 수도 없었다.

좌익 탄압이 증대하던 3년간의 세월이 지났을 때, 바트 당이 쿠데타로 정권을 잡고 공산당원들을 학살하기 시작했다. 그 때 이후로 이라크는 "바트 사회주의"라는 말 같지도 않은 슬로건을 내세우는 우익 군사정부의 지배를 받아 왔다.

1973년 OPEC(석유수출국기구)의 석유 수출 제한 조치는 서방에게 큰 충격을 미쳤지만, 서방은 이럭저럭 극복해 냈다. 하지만 1989년의 이란 혁명은 훨씬 심오한 도전을 제기하는 것이었다.

노동자 혁명을 향하여

1979년 이란 혁명은 서방에서 묘사되듯이 광란적인 이슬람 근본주의 향연이 아니었다. 노동자 계급이 핵심적인 역할을 했던 것이다. 호메이니가 혁명을 낚아채 좌익 반대세력을 학살하고 마침내 노동자 운동까지 분쇄할 수 있게 해준 것은, 다시금 스탈린주의로 말미암아 방향감각을 상실하고 결국 지도력도 발휘할 수 없었던 좌익의 오류 때문이었다.

그러나 이란 혁명은 미 제국주의에 대한 녹다운 펀치였고 미 제국주의는 아직도 그 후유증에서 벗어나지 못하고 있다. 미국은 페르시아만 산유국들 가운데 가장 강력하고 가장 충성스러운 지지자였던 팔레비를 잃었다. 바로 이 때문에 미국은, 오늘날에 비추어 회고해 보건대 "폭군"으로 판명된 사담 후세인이 이란을 침공했을 때 그를 지지했던 것이다.

또한, 바로 그것 때문에 미 제국주의는 페르시아만 위기를 이용해 자기의 군사 개입권을 다시 확립하고, 아랍인들이 너무 '도도하게' 군다 싶으면 언제든지 자기의 의지를 실증하고자 ─ 그들 전에는 영국이 그랬듯이 ─ 하는 것이다.

한 세기 이상이나 서방 제국주의는 중동 인민의 생활을 비참하게 만들어 왔고, 인위적으로 국경선을 그었으며, 페르시아만에서 석유 이윤을 계속 뽑아내겠다는 바람에서 흉측한 독재정권들을 세워 왔다.

(중략)

중동 인민을 압제에서 구원할 수 있는 유일한 세력은 지난 몇십 년 동안 엄청나게 성장한 노동자 계급이다. 노동자 계급은 제국주의가 야기해 유지해 온 중동의 정치적 난국을 돌파할 수 있는 잠재력을 거듭 보여준 세력이다. 후세인 같은 압제자는 전복되어야 마땅하리라 — 하지만 그 자신의 인민에 의해서이지, 미 제국주의 군대는 아니어야 한다.

사회주의자들은 왜 이라크를 지지해야 하는가?

페르시아만 사태가 발발한 이래로 남한의 부르주아 언론은 아랍 인민을 "광적"이라는 둥 "야만적"이라는 둥 종교적 광신자들이라는 둥 친제국주의적 모욕을 삼가지 않아 왔다. 하지만 이라크는 비교적 세속적인 국가이다. 후세인은 레이건이나 부시가 자기 신(神) — 하느님 — 을 언급하는 횟수만큼이나 드물게 자신의 신 — 알라 — 을 언급해 왔다. 부르주아 언론은 또한 이라크 병사들에 의해 강간당한 백인 여성들 이야기로 가득 차 있다. 하지만 이러한 난폭한 성폭행은 아랍 세계에만 고유한 것이 아니다. 똑같은 부르주아 신문의 바로 몇 페이지 옆의 사회면을 보라. 얼마나 흉측스럽고 인륜파괴적인 성범죄들이 지면을 채우고 있는지를. 더욱이 부시의 우방 사우디아라비아와 쿠웨이트에서 여성의 지위는 이라크보다도 훨씬 더 열악하다. 그리고 제국주의자들의 광장(포럼)인 UN조차도 아랍 국가들에서의 인권 상황이 이스라엘의 팔레스타인 점령지구보다 더 나음을 인정하고 있다.

"야만성"으로 말하자면 서방을 능가할 데가 도대체 어디 있겠는가? 미 제국주의는 공공연히 이라크에 핵폭탄을 떨어뜨릴 수도 있다는 위협을 언론에 흘리고 있다. 서방 제국주의의 그 밖의 다른 야만 행위들을 따져보자.

누가 양차 세계대전을 일으켰는가? 아랍인들인가? 핵무기를 만들어 히로시마와 나가사키에 떨어뜨린 놈들은 누구인가? 베트남과 캄보디아 인민에게 몇 백만 톤의 네이팜탄을 떨어뜨린 놈들은 누구인가? 몇 세기에 걸쳐 제3세계를 수탈하고 그 인민을 비참하기 이를 데 없는 후진 상태로 내몬 놈들은 누구인가? 인디언과 흑인을 짐승처럼 다룬 놈들은 누구였나? 조선 청년을 총알받이로 내몰고 강제노동 수용소에서 부려먹었으며 티없이 맑은 처녀들을 정신대로 묶어 집단으로 겁탈한 놈들은 또 누구였나?

누가 진짜 야만인인가?

페르시아만 사태에 대한 사회주의자들의 입장은 절대적으로 명확해야 한다 — 우리는 이라크가 미 제국주의와 그 동맹자들을 패퇴시키고 이기기를 원한다.

이것이 우리가 사담 후세인을 좋아한다는 뜻은 아니다. 후세인은 역겨울 만큼 잔혹한 독재자이다. 그는 수천의 노동조합 운동가들과 사회주의자들을 고문하고 학살했다. 만일 이라크 노동자 계급이 그를 타도한다면 우리는 기뻐할 것이다.

우리가 이라크를 지지하는 것은 우리가 그 지배자를 어떻게 보느냐와 아무런 관계가 없다. 우리의 입장은 제1차세계대전중에 레닌과 볼셰비키가 발전시킨 제국주의론에서 도출된 것이다.

제국주의 시대가 도래함과 더불어 열강들 사이에 세계 분할이 이루어졌다. 식민지·반식민지·종속국들은 체계적으로 억압과 착취를 당하였다.

마르크스를 좇아 레닌은 선진국 노동자들이 자신들의 지배계급에 의해 지배당하는 피억압 민족의 자결권을 위해 싸우지 않는다면 그들은 해방될 수 없을 것이라고 주장했다. 레닌은 또한 민족 반란들 ― 아일랜드·인도·폴란드·우크라이나 민족들의 ― 이 세계 주요 지배계급들의 통제력을 약화시킬 수 있는 주된 요인이 될 수 있음도 보여주었다.

스탈린주의 시대에 기회주의적으로 희석되고 곡해된 이러한 사상은 오늘날 중동 사태를 분석하는 데 핵심적인 중요성을 지닌다.

미·소 두 초강대국들끼리 세계를 분할해 자기들의 의지를 관철시키던 세계질서는 이제 끝났다. 그러나, 부르주아지와 스탈린주의 기회주의자들이 주장하는 바와는 사뭇 달리, 평화의 시대가 도래하기는커녕 세계는 더욱 위험한 상태로 내몰리고 있다.

쇠퇴하던 미 제국주의는 소련이 타월을 던지고 서구의 가치들과 자유시장경제를 받아들인 데 고무되어 기고만장하고 있다. 그런데 웬 피라미가 감히 대들어? 그래서 미 제국주의는 지금 페르시아만에서 석유를 지키기 위해, 그래서 이윤을 지키기 위해, 그 지역에서의 패권을 잠식당하지 않기 위해 발호하고 있는 것이다.

만약 미 제국주의의 봉쇄조치가 성공한다면, 제국주의의 지지를 받는 모든 정권들은 자신감을 갖게 될 것이다. 엘살바도르의 군부, 이스라엘 그리고 니카라과의 차모로 정부는 모두 강세를 보일 것이다. 16만의 무장 투사들이 벼르고 있는 아르메니아, 아제르바이잔, 발트해 연안 국가들, 중앙아시아 그리고 이제는 우크라이나에서도 발기하기 시작하는 민족반란들을 제압하기를 원하는 소련 제국주의도 강해질 것이다.

이라크가 미국에 밀린다면, 영국의 북아일랜드 지배도 강화될 것이고 일본의 동남아시아 지배도 두드러지기 시작할 것이다. 무엇보다도, 미국 자본가 계급의 노동자 계급에 대한 투쟁이 강화될 것이다.

최근 미국의 개입 강화를 돌이켜보라. 무장하지 않은 민간 항공기를 격추시키는 등의 만행을 저지르면서 — 그리고 이라크를 화학무기로 무장시키면서 — 이란에 맞서 개입한 이란-이라크 전쟁, 산디니스타의 패배, 7,000명을 학살한 대(對)파나마 개입이 현재 미 제국주의의 반이라크 페르시아만 개입에 선행하지 않았던가.

이제 미 제국주의는 이라크를 두들겨 패기 위해서 25만 병력을 파견하고 있다. 군비 예산 삭감안이 격렬히 거부당하고 있다. 따라서 재정적자는 더욱 늘어날 것이다. 사회복지기금 감축은 뻔한 일이다. 아랍 민족주의의 위협을 핑계로 해서 군대를 증강하려 할 것이다.

세계의 최대 열강에 패퇴를 안겨준다면 그게 누구든지 간에 우리의 대의를 돕는 것이다 ─ 승자가 후세인 같은 잔인하고 야만적인 독재자일지라도 말이다.

지금 아랍 대중은 미 제국주의의 개입을 자신들에 대한 위협적인 폭행으로 보고 있다. 후세인이 승리한다면, 아랍 대중은 중동 지역의 정권들에게도 도전할 수 있다는 자신감을 얻게 될 것이다. 베트남 전쟁 이후의 상황이 바로 이랬다.(니카라과와 이란의 민족혁명들이 가장 대표적인 예들이다.)

만약 레닌이 살아 있다면 사담 후세인을 지지할까?

우리 사회주의자들은 민족주의를 자본주의 이데올로기라 하여 반대한다. 그러나 동시에 우리는 제국주의에 대항하는 민족 투쟁의 단호한 지지자들이다. 실로 우리는 페르시아만에서 미국이 이라크에서 패배하는 것을 명백하게 지지한다. 무엇 때문에?

카를 마르크스는 영국 사회주의자들이 아일랜드 독립 투쟁을 지지하는 것이 매우 중요하다고 주장했다. 1870년에 마르크스는 이렇게 썼다. "현재 영국의 모든 상공업 중심지의 노동자 계급은 영국인 프롤레타리아와 아일랜드인 프롤레타리아라는 두 적대 진영으로 나뉘어 있다. … 바로 이러한 적대가 영국 노동자 계급의 무기력의 비밀이다. … 자본가 계급이 자신의 권력을 유지하는 비밀도 바로 그것이다." 따라서 영국 사회주의자들은 자국 노동자 계급을 단결시키는 투쟁의 일부로서 아일랜드 독립을 지지해야 한다는 것이었다.

그로부터 50년의 세월이 흐른 뒤 마르크스가 분석한 영국 노동자 계급의 분열 현상이 제국주의에 의해 세계적 현상으로 되자 레닌은 마르크스의 주장을, 제국주의 국가들의 노동자들의 정신을 지배하는 국수주의 관념을 깨부수기 위한 필수 전제조건으로서 피억압 민족의 자결권을 전면적으로 옹호하자는 주장으로 확대시켰다. 레닌은 또한 반제 투쟁에 대한 지지는 식민지 대중이 떨쳐 일어나 열강에 대항하게 해주는 수단임도 강조했다.

민족독립 요구가 억압에 대항하는 대중 투쟁의 핵심적 요구로 자리잡은 곳에서 혁명가들의 임무는 그 투쟁에 참여하고 지도력을 획득하기 위해 투쟁하는 것이다.

그렇다고 해서, 민족주의 이데올로기를 설사 그것이 아무리 혁명적일지라도 받아들이자는 말은 아니다. 그런 말이 아니라 마르크스주의자들이 노동자 계급의 투쟁 방법들에 바탕을 두고 민족자결을 쟁취할 수 있는 명확한 전략을 제시해야 한다는 것이다.

또한, 외국 제국주의 열강의 지배는 피억압 민족 내부의 계급 대립을 희석시켜 계급 적대를 왜곡하거나 은폐하는 경향이 있다. 바로 이 때문에 사회주의자들은 반제 투쟁을 지지해야 하는 것이다.

민족적 억압을 당하는 민족은 민족적 자유를 일차적 관심사로 삼는다. 그리고 자신들의 적이 누구인가에 대한 인식은 그들이 민족적 억압을 당한다는 사실에 의해 지배되는 경향을 띨 것이다. 제국주의 지배로부터의 해방은 장기적으로 민족 내부의 계급 갈등을 심화시키는 조건들을 조성하는 효과를 낼 것이다.

피억압 민족에 속한 사회주의자들이 민족 투쟁에 지도력을 행사할 수 있는 여지가 커질수록, 제국주의 권력에 대한 승리를 국내 및 외국 자본에 대항하는 폭넓은 사회적 투쟁으로 전화시킬 수 있는 가능성 또한 커진다.

트로츠키가 영구혁명론에서 주장한 바와 같이, 노동자 계급이 민족 투쟁의 지도력을 갖는다면, 노동자 계급은 그 투쟁을 노동자 권력 투쟁으로 전환시켜 승리한 사회주의 혁명을 다른 나라들로 확산시키기 시작할 수 있을 것이다.

비판적 지지 전술

그러나 마르크스주의자들이 제국주의에 대항하는 세력들의 승리를 지지한다고 해서 그것이 무비판적인 지지를 한다는 말은 아니다. 그래서, 예를 들어, 우리는 사담 후세인이 반제 투쟁을 끝까지 수행할 것이라는 환상을 전혀 품고 있지 않다. 그는 기회주의적으로 쿠웨이트를 점령했기 때문에 미국과 충돌하게 되었지만, 이라크 지배계급에게 이익이 된다고 생각하면 이란·이라크 전쟁 당시 미국과 동맹을 맺었을 때와 마찬가지로 제국주의와 기꺼이 타협할 것이다. 최근에 신문과 방송에 보도되는 "무력을 사용하지 않을 수도 있다"는 부시의 발언은 모종의 협상이 진행되고 있음을 시사한다.(물론 아무런 부분적 충돌도 없이 '스무드'하게 타협에 이르지는 못할 것이다.)

바로 이러한 이유 때문에 중동 전체의 아랍 대중은 후세인 정권을 조금이라도 믿어서는 안 된다. 후세인 정권은 아랍 대중을 얕잡아보고 있을 것이다. 투쟁을 진전시키려면 아랍 대중은 자신들의 독립적 행동과 아래로부터의 자주적 선제력에 의지해야 한다. 사실, 중동 지역의 사회적 폭발은 미국, 이스라엘 그리고 아랍의 부유한 왕족들과 족장들의 이익뿐 아니라 후세인 정권을 비롯한 시리아와 리비아의 '민족주의' 정권들의 이익까지도 위협할 것이다.

마르크스주의자의 태도는 이러한 반제 투쟁 세력들의 군사적 승리를 지지하면서도 민족주의 세력이 공인하는 지도부를 정치적으로 지지하지 않는 것이다.

좌익 진영의 대부분의 사람들 — 반미 민족해방(NL) 혁명가들, 반독점 민중민주(PD) 혁명가들, 그 밖의 다양한 스탈린주의 좌파들 역시 — 지지를 무비판적 지지로 이해하는 경향이 있다. 그리하여 그들은 반제 투쟁 세력을 낭만적으로 묘사하거나 그렇지 않으면 반제 투쟁에서 아예 어느 편도 들지 않는다. 베트남 전쟁 당시에 대부분의 좌익은 베트남 스탈린주의자들의 우두머리 호치민과 캄보디아의 폴 포트에게 완전히 무비판적인 태도를 취했다. 그들은 베트남과 캄보디아 인민의 이익을 옹호하는 사회주의자들로 종종 묘사되곤 했다. 이러한 상황은 캄보디아와 베트남에 세워진 전제적인 정권들의 실상이 가장 경직된 스탈린주의자들을 제외한 모든 사람들에게 명백하게 드러나자 엄청난 환멸을 일으켰다.

혁명적 마르크스주의자들은 그러한 환상을 전혀 품지 않았다. 그들은 사이공 노동자 계급 운동의 트로츠키주의 지도부를 도살하고 봉기 대중을 학살한 베트남 스탈린주의자들이 사회주의는 고사하고 다소나마 민주적인 정권도 세우지 않으리라는 것을 너무나도 잘 알고 있었다. 그럼에도 불구하고, 이들이 미국에 맞서 싸우는 동안 혁명적 마르크스주의자들은 이들의 군사적 승리를 조건 없이 지지했다.

바로 얼마 전까지만 해도 역시 대부분의 좌익은 니카라과의 산디니스타와 마오쩌둥의 중국공산당을 낭만적으로 묘사했다.(후자의 경우에는 지금도 은밀한 동조를 받고 있다.) 그들은 이러한 "훌륭한" — 그들의 눈으로 볼 때 — 운동들을 완전히 무비판적으로 지지하는 것이 옳다고 여겼다. 이러한 태도 때문에 최근의 니카라과 선거에서 산디니스타의 패배와 같은 예기치 않았던 "문제들"이 발생하면 그들은 혼란에 빠지고 만다. 또한 그러한 태도 때문에 그들은 별로 "마음에 들지 않는" 반제 투쟁에 대해서는 "중립적"이거나 심지어는 반동적인 태도를 취하고 만다.

대부분의 좌익들은 이란과 아랍의 이슬람 민족주의자들이 마르크스·레닌주의를 표방하지 않는 단순한 테러리스트들이기 때문에 그들을 지지하기를 주저한다. 그리고 그들은 사담 후세인이 야만적 독재자라는 이유를 내세워 이라크를 공공연하게 옹호하지 않고 있다.

하일레 셀라시(Haile Selassie)에 대한 트로츠키의 태도

이러한 태도는 문제의 핵심을 완전히 놓치고 있는 것이다. 마르크스주의자들에게 본질적 문제는 반제 투쟁 지도부의 정치노선이 아니다.

그 대신 우리는 반제 투쟁의 **사회적 성격** — 제국주의의 패배는 세계 도처에서 야만적 제국주의의 체제에 맞서 싸우는 모든 사람들에게 일보전진을 뜻한다는 사실 — 에 기초해서 판단한다.

이것의 고전적 사례로는 1930년대 이탈리아의 에티오피아 침공을 들 수 있다. 당시에 하일레 셀라시 황제가 지배하는 에티오피아는 믿을 수 없을 만큼 반동적이었다. 게다가 노예제가 여전히 광범하게 존재했다. 이것에 비하면 무솔리니가 지배하던 이탈리아는 오히려 더 진보적인 사회였다. 그럼에도 불구하고 사회주의자들은 이 '더 진보적인 사회'에 맞서 에티오피아를 옹호했다.

만약 에티오피아가 승리했다면 이탈리아 제국주의에게 타격이 되었을 것이다. 그랬다면 이탈리아를 비롯한 여타 제국주의 열강들이 다른 피억압 국가들을 지배하는 것을 더욱 어렵게 만들었을 것이다. 그렇지만 이탈리아가 승리했기 때문에 세계를 마음대로 휩쓸어 버릴 수 있다는 제국주의 열강들의 자신감이 더욱 굳어졌다.

게다가 이탈리아의 패배는 무솔리니 정권을 뒤흔들어 이탈리아 노동자들이 **자신들의** 자본가 계급에 맞서 투쟁할 수 있는 여지를 넓혀 주었을 것이다. 그렇지만 이탈리아가 승리했기 때문에 무솔리니 정권은 강화되었고, 이탈리아와 유럽 여러 나라들에서 계급투쟁은 타격을 입었다.

혁명적 마르크스주의자들은 민족 문제에 대한 이러한 관점을 1980~88년의 이란·이라크 전쟁에도 구체적으로 적용했다.

이란 노동자 계급은 1978~79년 이란혁명에서 팔레비 국왕을 타도하는 데 결정적인 역할을 했다. 그러나 이란 좌익의 정치적 무능력 때문에 아야톨라 호메이니가 권력을 장악하고 혁명의 주요한 성과물들을 제거한 체제를 강요하고, 노동자 착취와 여성 및 소수민족 억압을 반동적 이슬람 근본주의 이데올로기로 정당화시켰다.

그러나 호메이니 정권은 부분적으로 '대악마' 미 제국주의에 대항하는 투쟁을 이끌고 있음을 자처했기 때문에 지배력을 확립할 수 있었다. 이것은 국내적으로 상당한 효과를 낳았다. 대부분의 이란 좌익은 테헤란 주재 미 대사관을 회교도 학생들이 점거하자 호메이니 정권을 지지했던 것이다.

중동 전역에서 좌익은 파산 상태에 처해 있다. 그 이유는 무엇보다도 아랍 민족해방 운동이 중동 지역의 노동자 계급보다는 "진보적" 아랍 정권들을 신뢰하게끔 부추긴 스탈린주의의 영향을 받았기 때문이다. 중동 지역의 모든 나라들에서 좌익이 파산하자 이슬람 근본주의가 부상해서 특히 도시 빈민에게 급진적 반제국주의 이데올로기로서 호소력을 갖게 되었다.

이란의 근본주의가 페르시아만 국가들에게 정치적 불안 효과를 가져올지도 모른다는 두려움이 바로 1980년 8월에 이란·이라크 전쟁을 촉발시킨 한 요인이었다. 이란 혁명의 여파가 자신들에 미칠 것을 두려워하던 사우디아라비아와 다른 산유국들은 이라크의 후세인 정권을 부추겨 이란을 공격하게 했던 것이다. 전쟁은 중동 지역의 패권 장악 투쟁으로 급속히 발전했다. 이라크는 이란의 팔레비가 맡았던 페르시아만의 군사적 맹주 역할을 맡고 싶어 했다. 다른 한편, 호메이니도 페르시아만에서 자기 자신의 지배력을 확립하고자 했다.

피비린내 나는 이란·이라크 전쟁은, 세계적 헤게모니가 아니라 지역적 헤게모니를 장악하기 위한 두 개의 작은 열강들 사이의 전쟁이라는 점을 제외하면, 소모전이라는 점에서 제1차세계대전과 비슷한 양상을 띠었다. 이러한 상황에서 혁명가들이 취해야 했던 태도는 1차대전 당시의 레닌과 볼셰비키가 취했던 태도와 똑같은 것일 수밖에 없었다. 다시 말해서, 각 교전국의 노동자와 농민은 "자국" 정부의 전쟁 노력을 반대해야 했다.

그러나, 1987~88년에 미국 군대가 페르시아만에 주둔함에 따라 상황은 근본적으로 달라졌다. 이제 이란에 대한 이라크의 공격은 레이건이 조종하는 보다 광범위한 제국주의 책략의 일부가 되었다.

이러한 상황에서 혁명가들이 이란의 패배를 환영한다는 것은 미제국주의와 한편이 되는 것을 뜻했을 것이다. 마르크스주의자들은 전술을 바꿔 미국과 미국의 동맹 — 이라크를 포함한 — 에 맞서 호메이니 정권을 지지해야 했다.

사회주의자들과 지금의 이라크

이란에 맞서서 미국과 동맹했던 이라크가 이제는 쿠웨이트를 침공해서 서방 제국주의의 이익을 위협하고 있다.

미국이 이라크를 이긴다면 미국은 더욱 의기양양해져서 자기가 자본주의를 위해서 세계를 지키는 경찰 노릇을 계속할 수 있는 권리를 갖고 있으며 또 성공적으로 그 역할을 할 수 있다는 확신을 굳힐 것이다. 게다가 이 같은 확신은 파나마 침공 — 이 야만적인 행동으로 하룻밤 새 7,000명의 파나마인이 살해당했다 — 과 같은 '경찰' 활동을 더욱 확대시킬 수 있을 뿐이다. 미국의 그러한 자신감은 미국의 해외 군사 개입을 막아 왔던 '베트남 증후군'을 종식시킬 것이다. 아이러니하게도, 이란·이라크 전쟁에 무난히 개입할 수 있었던 미국의 능력, 그 당시 후세인에 대한 미국의 성공적 지지는 이제는 후세인을 위협하고 있다. 왜냐하면 지금 부시는 후세인을 제압하기 위해 페르시아만에 대규모 군대를 파병할 수 있다는 자신감을 갖고 있기 때문이다.

그렇다고 해서 혁명가들이 사담 후세인의 권위주의적 정권에 대한 반대를 중단해야 하는가? 절대로 그래서는 안 된다.

우리는 이라크의 후세인 정권의 군사적 승리를 지지하지만 후세인 정권을 정치적으로 지지하지는 않는다. 이라크 내에서 이것이 뜻하는 바는, 혁명가들은 전쟁이 대중에게 만족스럽게 종결될 수 있는 유일한 길은 혁명적 방법들 — 노동자의 공장 장악, 지배계급 부의 장악, 소수민족의 자결권 — 을 이용하는 것임을 주장해야 한다는 것이다.

이라크의 혁명적 마르크스주의자들은 후세인 정권과 후세인의 전쟁 수행 방식(화학 무기 사용 등)에 대한 노동자 계급의 불만을 고무해야 할 것이다. 그러나 마르크스주의자들은 이러한 불만을 제국주의에게 이익이 될 수 있을 뿐인 조건으로 전쟁을 종식시키자는 요구가 아니라 **혁명전쟁** 요구로 돌릴 것이다. 이 같은 요구는 후세인 정권에 대한 혁명적 도전에 기초를 두어야만 충족될 수 있다.

예를 들어, 이라크 마르크스주의자들은 후세인 정권은 쿠르드족

(터키 동남부·이란·이라크에 걸친 고원 지대 쿠르디스탄에 살고 있는 민족) 억압, 이라크 부르주아지의 사치스러운 소비 지원 등 때문에 제국주의에 효과적으로 대항할 수 없다는 것을 설명할 것이다. 마르크스주의자들은 후세인 정권에 대한 신뢰를 조성하려는 모든 시도(예를 들어, 일반 노동자들에게 일은 많이 하고 소비는 적게 하라는 후세인 정권의 요구)에 반대할 것이다.

그러나 혁명가들은 전선의 즉각적 붕괴와 제국주의의 승리를 낳을 수 있는 모든 행동(예를 들어, 전선에 탄약 공급을 못하게 하는 파업)을 지지하지 않을 것이다.

페르시아만 위기는 우리가 마르크스주의적 관점에서 민족 문제에 대처하려면 구체적 상황을 구체적으로 분석할 필요가 있음을 보여 주고 있다. 민족주의에 대한 단순한 추상적 반대는 아무짝에도 쓸모가 없다.

레닌은 이렇게 말했다. "'순수한 혁명'을 기대하는 사람은 살아 생전에 결코 혁명을 보지 못할 것이다." 사람들은 민족주의를 비롯해서 다양한 경로를 통해서 자본주의에 대항할 수 있는 것이다.

이것을 인정하는 것이 민족주의에 투항하는 것은 아니다. 오히려 그와 반대이다. 반제 투쟁에 대한 지지는 세계 노동자들에 대한 민족주의 이념의 지배력을 분쇄하기 위해 절대로 필요한 것이다.

이라크의 세계 유수 열강들에 대한 당랑지부(螳螂之斧)를 '응징'하기 위해 UN이 동원되고 있다. 소련과 중국의 기회주의적(?) 제국주의들은 직접 개입하기보다는 UN 다국적 군대의 이름(과 아시안게임위원회의 이름)으로 개입하고 있다. 그들은 우리가 마치 UN이 서로 교전하는 국가들보다 한 차원 더 높은 도덕적 권위를 대표하는 양 믿게 만들려는 모양이다. 요컨대 우리를 정치적 함정에 빠뜨리려 하고 있다.

그러나, UN 총회는 세계 자본가 국가들의 엄격히 통제 받는 대표들로 이루어져 있으며, UN의 지도적 기관인 안전보장이사회는 주요 제국주의 열강들의 지배를 표현하는 장치이다. 그래서 주요 열강들이 분열되어 있으면 UN은 완전히 별 볼 일 없으며(그래도 '밑져야 본전'인 셈이다), 그들이 합의를 보고 있으면 제국주의적 개입에 사이비 정당성을 부여한다. 현재 페르시아만 사태는 후자의 경우이다. 어느 경우든 UN은 코민테른에서 레닌과 트로츠키가 국제연맹을 두고 "자본가들의 신성동맹"이라 부르며 세계 노동자들에게 그것에 맞서 싸울 것을 촉구했던 것의 속편일 뿐이다. 어떤 사회주의자도 UN을 조금치라도 신뢰해서는 안 된다.

걸프전 이후의 걸프

지난 한 달 동안 몇 천 명의 이라크인들이 사담 후세인 타도 투쟁에서 스러져 갔다.

미국이 이끌었던 다국적군의 지휘관들은 걸프 전쟁 동안 10만 이라크 병사를 죽였다고 자랑하고 있다. 그런데, 얼마나 많은 민간인들이 살해당했는지는 아무도 모른다. 중동 지역에 대한 부시의 유일한 관심은 미 제국주의의 이익을 어떻게 하면 가장 잘 증대시킬 수 있을까 하는 데만 있다.

미 제국주의의 이해관계에 비춰보면, 군사적으로는 사담 후세인이 이슬람 근본주의자들보다 더 위험하지만, 정치적으로는 근본주의(그리고 친이란이기도 한) 이슬람교도들이 더 위험할 수 있다. 뿐만 아니라 쿠르드족이 후세인에게 이긴다면 터키에 사는 그들의 동족들이 고무받아 투쟁에 나설 것이다. 미 제국주의자들은 후세인이 없어

이 글은 《노동자 권력》(1991년 5월)에 실린 것이다.

지기를 바라지만, 다른 한편 이라크가 여러 조각으로 쪼개지는 것은 결코 원하지 않는다. 틀림없이 미국 지도부는 후세인이 이기면 그때 그를 군사 쿠데타로 퇴위시키고 만약 반후세인 세력이 이기면 즉시 몸소 개입해 전쟁의 획득물을 가로채 갈 것이다.(마치 루마니아에서 차우셰스쿠를 타도하기 일보직전에 개혁공산당 세력이 민중의 승리의 노획물을 가로채 갔듯이.)

부시가 사태를 저울질하고 있는 동안 그는 이란이 이라크 남부의 시아파 반란군을 지원하지 말라고 경고했다. 후세인의 공화국수비대가 야수 같은 학살을 저지르고 있었는데도 말이다.

만약 미국이 개입한다면, 그것은 자유와 민주주의를 위해 싸우는 이라크 민중(쿠르드족 포함)을 지지해 주기 위해서가 아니라, 바그다드에 자기 자신의 종속국("client state": 이것은 레닌 자신의 표현이다)을 세우기 위해서일 것이다.

미국은 최초로 걸프 지역에 군대를 영구주둔시키기 위해 협상을 벌이고 있다. 그 지역에 대한 자신의 지배력을 계속 유지하고자 하는 것이다.

그러므로 미국은 심지어 후세인을 지지해서 그의 공군이 반란군을 폭격하도록 허용할는지도 모르는 일이다.(이미 바스라 폭격을 허용한 바 있다.) — 그리고 나서 군사 쿠데타로써 후세인을 폐위시키면 되리라는 엉큼한 속셈을 품고서.

아무튼, 만일 미국이 군사개입을 한다면, 이라크 민중에게는 엎친데 덮친 격의 고난의 연속일 것이라는 점은 미리 단언할 수 있다.

물론 미국은 이라크 "국민"을 위해 그러는 것이라고 역시 제국주의자들다운 가증스런 거짓말을 앞세울 것이다. 아닌 게 아니라 조지 부시는 이라크의 미래가 군부 독재이거나 이슬람 근본주의 정권일 것이라고 미리부터 미 제국주의의 군사개입을 위한 정당성의 근거를 마련해 놓으려 하고 있다.

하지만 이라크의 최근 역사는 또 다른 대안이 존재함을 보여 준다.

지금의 반후세인 민중봉기는 현대 이라크를 뒤흔든 최초의 것이 아니다. 1958~63년의 혁명기는 좌익이 이라크 인민대중을 이끌 수도 있었음을 보여 준다. 그들에게 기회가 왔는데도 권력 장악을 못함으로써 후세인이 권력을 앗아갈 수 있는 조건이 마련되었다.

이라크는 영국 제국주의의 작품이다. 즉, 이라크 국경은 제1차세계대전 말 중동 지역 분할 때 오토만 제국의 영토에서 떼어내어져 획정된 것이다. 그 사회는 도시 거주민과 유목민 사이에, 쿠르드족과 아랍족 사이에, 시아파 이슬람교도와 수니파 이슬람교도 사이에 분열되어 있었고, 권력은 지역 부족장(샤이크 : shaikh)들의 수중에 있었다.

영국의 정책은 이러한 분열상을 이용해 농간을 부리면서 이라크 국가를 취약한 채로 놔두는 것이었다. 그 목적은 이라크를 영국의 지배 하에 놔두기 위해서였는데, 이는 이라크의 석유와 전략적 위치가 영국 제국주의에게 사활적으로 중요했기 때문이다. 영국 공군은 반란 부족을 폭격했고, 영국 육군의 부대들은 1941년 라쉬드 알리(Rashid Ali)의 민족주의적 군사 쿠데타를 진압했다.

제2차세계대전 후 중동을 휩쓴 아랍 민족주의의 물결 때문에 서구 제국주의에게 이라크는 더욱더 중요해졌다.

1953년 7월 이집트에서 나세르와 그가 이끄는 민족주의적인 자유장교단(Free Officers)이 권력을 잡은 뒤 이라크는 서구의 이익을 수호하는 성채가 되었다. 이 점은 1955년 미국과 영국 및 그들의 동맹들이 바그다드 시에서 안보조약을 맺었다는 사실이 상징했다.

그러나, 이와 동시에, 이라크는 변화하고 있었고, 정권의 기반은 협소해지고 있었다. 군주정은 지방 부족장들, 즉 샤이크들과 동맹을 맺고 있었는데, 샤이크들은 부족 공유지를 자기 자신의 사유지로 바꾸느라고 바빴다.

국내외의 자본가들이 지배하는 산업체들이 성장했다. 100명 이상을 고용하는 기업체의 산업 및 운수 노동자들의 숫자는 1926년 1만 3천1백4십 명에서 1948년 2만8천9십9 명으로, 그리고 1958년 13만 5천6백5십8 명으로 증가했다.

이라크에 근대적 자본주의 경제가 등장함에 따라 도시들이 급성장했다. 바그다드 시의 인구수는 1922년 20만 명에서 1947년 51만5천4백5십9 명으로, 그리고 1957년 79만3천 명으로 늘어났다.

도시민의 대중은 산업 노동자든 학생이든 하급 공무원이든 또는 실업자든 간에 앙등하는 인플레로 말미암아 고생했다. 반면, 극소수의 토지 소유자(지주), 상인, 투기꾼 그리고 정치인들은 엄청난 축재를 했는데, 특히 전후 석유산업의 성장에서 톡톡히 덕을 보았다.

빈부격차의 확대로 말미암아 대중은 정권으로부터 이반했고 정권을 영국 제국주의의 도구로 여겼다. 어떠한 정치적 반대도, 또한 노동조합 활동조차도 가혹한 탄압을 받았다.

불만은 1948년 1월, 1952년 11월, 1956년 11월에 대중 분기(奮起)로 나타났다. 모두 진압되긴 했지만, 뭉뚱그려 보았을 때 이들 봉기들은 1958년 7월의 왕정 타도를 위한 예행총연습이었던 셈이다.

혁명은 나세르를 흠모하는 육군준장 카씸(Qasim)이 이끄는 자유장교단(Free Officers)이 촉발시켰다. 그들은 쿠데타를 일으키고는 곧, 거리에 나타난 대중운동과 마주쳐야 했다. 바그다드에서만 적어도 10만 대중이 참여한 가두시위는 점점 커져 갔고 더 격렬해졌다.

이 대중은 이라크 공산당이 조직한 것이었다. 흉포한 탄압에도 불구하고 군주정 말기에 공산당의 영향력은 노동자·학생·사병 속에서 꾸준히 증대해 왔다. 쿠데타가 자극한 대중의 급진화로 말미암아 가장 큰 덕을 본 것은 공산당이었다. 그 영향력이 절정에 도달했던 1959년 중엽에 공산당은 다양한 조직들에 속해 있는 50만 명의 지지를 받았으며, 2만5천 명의 민병대 조직이었던 인민저항군(People's Resistance Force)을 지도했다.

육군 안에서는 2백3십5 명의 장교와 이보다 훨씬 더 많은 사병들이 공산당을 지지했고, 공군 안에서는 3백 명의 비행조종사들 가운데 7십 명이 공산당원이었다.

일정 기간, 카씸과 공산당 사이에 일종의 이중권력 상태가 이루어졌다.

혁명은 서방 자본가들을 우려하게 만들었다. 미국 대통령 아이젠하워는 바그다드에서 쿠데타가 일어난 바로 다음날 레바논에 해병대를 보냈다. 영국과 미국의 정부는 카씸이 유전을 장악하지 못하도록 쿠웨이트를 장악해서 영국의 직할식민지로 만들어 버리는 문제를 심각하게 논의했다.

그런데, 혁명은 또한 나세르의 적개심도 받았는데, 왜냐하면 부르주아 민족주의의 지도자로서 나세르는 이라크에서 공산당이 지도하는 혁명이 일어나는 것을 결단코 원하지 않았기 때문이다. 더욱이 그때 그는 이집트와 시리아의 통일아랍공화국(United Arab Republic)을 창건하느라 바빴고, 이 때문에 이집트와 시리아의 공산당들을 탄압하고 있었다. 그러니 더더욱 이라크의 공산당 주도 혁명은 어떻게든 좌절되어야 했다.

이리하여 이라크의 범아랍 민족주의 지지자들인 나세르파와 바트(Ba'ath) 당이 주도한 반혁명이 조직되었고, 대중운동이 공격을 받았다.

나세르파의 일원이 되었을 만도 한 카씸 자신은 두 편 사이에서 주저했다. 그는 자기가 지배하는 독립적인 이라크 국가를 유지하고 싶어했으므로 범아랍주의자들에게 반대했지만, 그와 동시에 대중운동을 두려워했다.

카씸의 비장의 카드는 바로 공산당 지도부였다. 공산당은 스탈린의 인민전선 정책을 신봉하고 소련의 지도를 받고 있었으므로, 카씸의 정부를 "혁명적 민주독재" 정권이라고 규정하면서 그를 "유일한 지도자"로서 지지했다.

그 결과는 대중이 반혁명 세력을 마주한 채 무장해제를 강요당하는 것이었다.

모술(Mosul)에서 꾸민 바트·나세르파 연합 쿠데타가 1959년 3월 분쇄된 뒤 카씸은 궁지에 빠진 반면 대중 동원이 정점에 도달했고 공산당이 사태를 주도했는데도, 공산당 지도부는 주춤하며 뒤로 물러나 카씸에게 인민저항군(People's Resistance Force) 통솔권을 넘겼고 군대내 공산당원 장교들을 해임하도록 놔뒀다. 결국, 공산당은 유일무이한 혁명적 상황이라는 역사적 기회를 놓치고 말았으며, 인민 대중에게 막대한 손상을 끼쳤다.

혁명의 밀물은 빠지기 시작했다. 공산당의 영향력도 쇠퇴했다. 특히 1959년 7월 키르쿠크에서 일어난 터키계와 쿠르드계 사이의 민족 분규에 공산당이 휘말린 뒤로는 더욱 그랬다.

공산당과 대중조직들이 쇠약해짐에 따라 카씸의 권좌는 확고해진 듯했다. 실제로는 대중 동원 부재 상태에서 우익의 지배력이 강화되었다. 1963년 2월 8일 바트 당은 군사 쿠데타를 일으키는 공격을 가해 카씸을 비롯해 5천 명이나 살해했다. 이들의 대부분은 공산당원들이었다.

미국 중앙정보국(CIA)의 오랜 친구인 요르단의 후세인 왕은 이 바트 쿠데타가 CIA의 사주에 의한 것이었음을 확인했다. 그리고 그 공작은 쿠웨이트를 거점으로 해서 모의되었음도 밝혔다. 거기서 미국의 CIA와 주(駐)쿠웨이트 이라크인 바트당원들은 이라크의 자기네 동료들에게 비밀 단파 라디오 방송을 송신해 공산당원들의 명단과 주소를 불러 주었다고 요르단 왕은 폭로했다.

1963년 쿠데타 이후 불안정의 시기가 이어졌다. 1968년에야 비로소 바트당은 이라크를 전면통제 하에 둘 수 있었고, 1979년에야 비로소 사담 후세인이 전권을 장악할 수 있었다.

그럼에도 불구하고, 공산당은 1963년에 겪은 패배에서 결코 회복하지 못했다. 이제 공산당은 사담 후세인 타도를 추구하는 연립세력의 일부가 되어 있다. (현재 그들의 구호는 "민주연립정부 수립"이다.) 다시 한번 꾀죄죄한 역할을 선택한 것이다.

　그러나, 진정한 해방은 이라크 — 그리고 중동 전역의 — 노동계급이 1958~59년 혁명의 교훈을 배울 때 비로소 이루어질 수 있다.

　노동자들은 어떤 자본가 세력도 그들이 아무리 외관상 '진보적'으로 보일지라도 신뢰할 수가 없다. 그 대신 그들은 스스로의 힘으로 스스로를 위해 권력을 쟁취해야 한다.

　제국주의를 패퇴시키는 것은 중동 지역에서의 서방의 권능을 물리침은 물론 각국의 국내 지배계급들을 쓸어버리는 **영구혁명**에 의해서만 성취될 수 있다.

문답식 걸프전 총괄

1. 왜 미국이 이겼습니까?

미국 경제는 이라크 경제의 45배나 됩니다. 미국의 군사력은 경제력의 차이에 못지 않게 우세하지요.

이 단순한 사실만으로도 이라크가 미국과 고지식하게 맞붙는 전쟁에서는 이길 가능성이 없음이 설명됩니다. 또한, 그 사실은 전쟁이 일방적인 학살이었음을 말해 줍니다.

이라크는 자신이 번 오일 머니(oil money)로 무기를 샀지만, 포탄탄피의 주물을 만들 산업생산능력조차 없었습니다.

2. 하지만 예전엔 약소국이 미국을 패퇴시킨 바 있잖습니까? 베트남 전쟁도 그랬고요.

이 글은 《정치적 명확성을 위하여》(1991년 5월 13일 발간)에 실린 것이다.

산업생산능력과 군사력에서 엄청난 격차는 단지 후세인이 치렀던 전쟁의 종류 때문에 결정적인 중요성을 가집니다. 무슨 말인고 하니, 이라크 편에서 봤을 때 걸프 전쟁은 인민전쟁이 되지 못했던 것입니다.

베트남 전쟁으로 말하자면, 미국의 힘과 민족해방전선(NLF:National Liberation Front)의 힘의 격차는 훨씬 더 컸지요. 그러나 베트남인들은 재래식 전쟁이 아닌 인민전쟁을 수행했습니다. 그래도 그 인민전쟁은 굉장히 어려운 싸움이었고, 베트남인들은 끔찍한 사상자 수를 냈습니다. 그러나 NLF는 인민의 압도다수의 지지를 받을 수 있었습니다. 그래서 NLF는 미군을 공격하고는 촌락민 속으로 스며들어가 사라질 수 있었지요. 미국이 그렇게 엄청난 군사력을 발휘했어도 수백만 베트남 인민의 저항을 분쇄할 수는 없었습니다.

후세인의 부패하고 억압적인 체제는 그러한 지지를 결코 받을 수 없었습니다. 풀죽은 도망병들의 기나긴 행렬이 이 점을 입증합니다. 후세인은 한편으로는 아랍계 이라크인과 쿠르드계 이라크인을, 다른 한편으로는 수니파와 시아파를 차별하는, 자본가 정권들의 전통적인 분열.지배 책략을 써 왔습니다. 그런데도 이라크 민중이 반제 투쟁에 열의를 보일 수 있었겠으며 군대의 사기가 충천할 수 있었겠습니까.

후세인 정권의 군사적 취약성은 그 정권의 사회구조에서 비롯한 것이지요.(게다가 후세인의 반제 투지는 전혀 진지하지 않았습니다. 휴전안에서 그가 첫번째로 폐기시킨 조건이 팔레스타인 문제와의 연계 요구였습니다.)

3. 그러나, 베트남 전쟁에서는 미국이 북베트남 국가와 소련의 반대에 부딪혔습니다. 걸프 전쟁에서는 전세계가 미국을 지지했습니다. 이것이야말로 미국이 이긴 진정한 이유 아니겠습니까?

미국이 국제적인 제휴 세력을 매질하듯이 몰아대어 모을 수 있었던 것, 특히 소련을 '명령'에 따르게 만든 것이 걸프 전쟁에서 미군이 승리하는 데 엄청나게 큰 역할을 했던 것은 사실입니다. 하지만 다국적 동맹은 항상 깨질 듯한 내분을 겪었으며, 부시는 이집트나 시리아 같은 아랍 정권들이 미국을 배신할까봐 두려워했습니다.

그러나, 후세인은 다국적 동맹을 깨뜨릴 실제적인 정치전략을 세운 적이 결코 없습니다. 그는 항상 아랍 정권들의 지배자들과 거래하고 책략을 꾸미는 데 의존했던 것입니다. 그는 중동 지역의 왕들과 독재자들에 대한 대중의 반란과 그것을 통한 정권 전복을 위해 노력한 적이 없습니다. 그의 다국적 동맹 약화시키기 노력은 미적지근했습니다. 그는 뒤늦게 팔레스타인 인민을 돕는 것을 운운했으며, 이스라엘에 별 효과도 없는 스커드 미사일 몇 개를 발사했습니다. 하지만 그는 쿠웨이트에 군대를 보냈지(거기서 그의 군대는 전통적인 점령군 행세를 했지, 해방군으로서 행동하지는 않았습니다), 요르단강 서안 지방과 가자 지구에 보낸 것은 아닙니다. 그는 요르단 후세인 왕의 혁명적 타도를 요구함으로써 제2전선을 열 수도 있었습니다. 만약 후세인 왕이 타도된다면, 이스라엘이 요르단을 침공할 것이고 그러면 다국적 동맹은 깨지고 말 것입니다. 그러나, 그랬기는커녕 사담 후세인은 후세인 왕을 "나의 형제"라고 불렀습니다.(그래서 요르단의 시위대는 두 지배자의 사진을 함께 들고 행진했습니다.)

모로코 왕은 미국을 지지하러 군대를 보냈습니다. 수백만의 백성들이 반전 시위를 했습니다. 그런데도 사담 후세인은 아랍 대중과 북아프리카인들에게 그들의 지배자를 타도하라고 요구하지 않았습니다. 왜냐하면 그의 정권은 본질상 그 미 제국주의의 동맹 정권들과 전혀 다르지 않기 때문입니다. 이라크내 쿠르드족에 대한 그의 취급방법이 이 점을 분명히 보여 줍니다.

사담 후세인은 쿠르드족의 오랜 염원인 독립을 허용할 수도 있었습니다. 이 행동만으로도 많은 쿠르드족을 포함하고 있는, 미 제국주의의 핵심 동맹인 터키에 엄청난 내부 위기를 야기했을 것입니다. 그러나 사담 후세인은 이라크 자본가 국가의 방위를 다른 무엇보다 우선시했고 계속해서 쿠르드족을 억압했습니다.

인민전쟁을 일으키는 것과 같은 혁명전략을 세웠더라면 미국이 승리하기는 훨씬 더 어려웠을 것입니다. 그러한 혁명적 전략은 다국적 동맹을 와해시켰을 것이고 심지어 미국도 패퇴시킬 수 있었을 것입니다.

4. 하지만 이제 미국이 이겼으니 이제 도대체 누가 미국을 다시금 패퇴시킬 수 있을까요? 그건 불가능하지 않겠습니까.

천만에요. 부시는 자기가 미국 정치인들이 베트남 증후군이라고들 부르는 것을 퇴치했고 미국에게 1950년대의 '영광' — 그러한 막강한 세계 지배 — 을 되찾아주었다고 생각할 것입니다.

하지만 미안하게도 그는 그러지 못했습니다. 베트남 전쟁은 단지 미국이 거기서 졌기 때문에만 미국에게 전환점이 된 것은 아닙니다. 베트남 전쟁은 전후 사반세기에 걸친 경제호황 끝에 찾아온 것입니다. 그 동안 미국은 세계 최강의 군사적·경제적 열강이었습니다. 세계 공업 생산의 반을 차지했을 정도니까요.

그러나, 걸프 전쟁은 거의 20년에 걸친 불황 — 중간의 약 7년간의 호황을 제외하고 — 끝에 찾아온 것입니다. 이 불황으로 말미암아 미국은 세계 최대의 채무국이 되었지요. 이 기간에 미국의 경제적 지배는 일본이나 독일 같은 나라들에 의해 결정적인 잠식을 당했습니다. 그래서 이제 미국은 세계 공업생산의 3분의 1 미만을 차지합니다. 물론 절대 산출량은 엄청납니다만, 그 하락세는 첨예했습니다.

지난해 말 미국은 세계 5대 설비도구 생산국의 지위에서 — 스위스에 의해 — 밀려났습니다.

미국이 걸프전에서 이겼다고 해서 시계가 거꾸로 돌아가지는 않습니다.

물론 미국은 자신의 경제적 경쟁국들이 못 가진 어떤 것을 갖고 있지요. — 바로 엄청난 군비입니다.

부시는 당연히 이 막대한 군사력을 사용하여 미국이 "새로운 세계질서"를 지배하게끔 해놓으려고 할 겁니다. 그러나 그는 또한 미국이 걸프 전비(戰費)를 대려고 손에 엉클 샘 모자를 들고 세계 이리저리를 돌아다녔어야 했다는 사실도 기억하고 있습니다.

부시와 그의 장성들은 앞을 내다보고는 세계 경제위기로 말미암아 이라크와 쿠웨이트 사이의 충돌 같은 분쟁들이 앞으로도 얼마든지 일어날 수 있다는 점을 알고 있으며, 미국이 앞으로는 사담 후세인보다 더 강력한 적과 맞부닥칠지도 모른다는 점도 알고 있습니다. 또한, 그들은 경제위기로 말미암아 자기들이 지지하는 독재자들이 불안정 상태에 빠지고 급기야는 아래로부터의 반란에 휘말려들 수도 있음을 알고 있습니다.

아랍 세계에서만도 걸프 전쟁 이전의 아랍 대 서방 전쟁들은 네 번 모두 아랍이 패했어도 그 뒤에 혁명적 격변을 꼭 수반했습니다. 1948년 대이스라엘 전쟁 뒤 이집트에서 파룩크의 타도, 1956년 나세르의 전쟁 뒤 이라크에서 군주정 타도, 1967년 대이스라엘 전쟁 뒤 PLO(팔레스타인해방기구)의 등장, 1973년 대이스라엘 전쟁 뒤 레바논의 격변을 상기해 봅시다.

거의 틀림없이 우리는 앞으로 미국이 후세인보다 훨씬 더 많은 대중적 지지를 받는 세력에 대항해 투쟁을 벌여야 할 상황에 직면하는 것을 목도할 것입니다.

5. 전쟁으로 미국 국내 경제 문제들이 해결될까요?

미국 경제의 불황은 걸프 사태 때문에 생긴 것이 아니었으므로 전쟁이 끝났다고 해서 극복될 것이 아닙니다.

지난해 8월 이라크 군대가 쿠웨이트로 쳐들어갔을 때 이미 미국 경제는 가파른 경기후퇴 국면에 들어가 있었습니다. 그 이후 불경기는 더욱 심화되어 왔습니다.

미국의 승리로 끝난 걸프 전쟁은 바로 그랬기 때문에 앞으로 더욱 군비에 지출하지 않을 수 없게 만드는 압력을 미국 내에서 가중시킬 것입니다. 그러나 바로 군비지출 증대야말로 지난 40년 동안의 미국의 경제적 지배를 잠식했고 1980년대에 미국의 부채를 격증시켰습니다.

미국 자본주의는 모순에 묶여 있습니다. 미국 경제는 군비지출 없이는 운용될 수 없고, 또한 중동처럼 미국의 사활적 이익이 걸린 지역에서 축출당할지도 모릅니다. 그런가 하면 다른 한편으로 미국 경제는 만약 현재 수준의 군비지출을 계속 유지해 나간다면, 산업에 더 많은 투자를 할 수 있는 자신의 경쟁자들에게 자신의 시장을 뺏길 위험에 직면할 수밖에 없습니다.

한 번의 군사적 승리 — 그것도 20분의 1밖에 안 되는 크기의 나라에 대한 — 로 이런 문제들이 해결될 수는 없지요.

6. 그렇다면 부시는 왜 그리 자신 만만하지요?

미국은 걸프에서 중요한 승리를 얻었습니다. 부시가 자축하고 뻐기는 것은 당연하지요. 하지만 그의 웃음은 그리 오래가지 못할 겝니다. 축배의 잔이 머지않아 쓰디쓴 고배의 잔으로 바뀔 날이 올 겁니다.

바로 1년 전, 동유럽 혁명과 그 직후의 동서 냉전 종식에 뒤이어 했던 부시의 군비지출 감축 약속을 기억하십니까? 그 약속은 공약(空約)이 되어 버렸습니다. 그 대신 미국 군수산업체와 군부는 신무기 시스템을 경축하고 있습니다. 한편, 소련 군부의 장성들은 벌써, 걸프 전쟁에서 선보인 서방의 첨단 기술에 필적하기 위한 자원 확보를 요구하고 있습니다.

바로 1년 전, "평화와 번영의 새 시대"에 대한 부시의 약속을 기억하십니까? 그것은 끔찍한 전쟁을 가리키는 부시식 표현이었고, 반세기 만에 닥쳐 온 최악의 불황을 부르는 부시식 용어법이었음이 판명되었습니다.

부시의 웃음은 오래가지 않을 것입니다.

걸프전 종전 10년

10년 전 미국 대통령 조지 부시는 걸프전을 일으켰다. 이라크에 폭탄이 빗발치고 있을 때 그는 "새로운 세계 질서"의 여명에 관한 연설을 했다. 그 뒤 우리는 그 "새로운 세계 질서"의 시대를 살고 있다. 부시의 전쟁은 42일 동안 계속됐다. 2월 28일에 전쟁이 끝났을 때 이라크의 사망자 수는 수십만 명에 이르렀다. 보수당 소속의 당시 영국 총리 존 메이저와 노동당 지도자 닐 키녹이 전쟁을 지지하는 데는 한 치의 틈도 없었다. 우리는 이라크의 지배자 사담 후세인이 악마 같은 폭군이기 때문에 그 전쟁은 필요한 것이고 정의로운 전쟁이라는 말을 들었다. 우리는 어떤 희생을 치르더라도 "새로운 히틀러" 후세인을 제거해야만 한다는 말도 들었다.

그보다 여섯 달 전에 사담 후세인은 인접 국가인 쿠웨이트를 침공

서맨서 애슈맨. 《열린 주장과 대안》 9호, 2001년 3월 1일. https://wspaper.org/article/121.

했다. 미국 외교관들이 미국은 그런 침공을 전혀 반대하지 않을 것이라고 이라크 외교관들에게 말했다는 사실은 우리에게 알려지지 않은 비밀이다. 후세인이 이라크 내 소수 민족인 쿠르드족을 상대로 화학 무기를 사용한 것을 포함해 사담 후세인을 무장시키고 그를 지원한 세력이 바로 서방이었다는 사실도 알려지지 않았다.

후세인이 무례하게 굴고 서방이 그를 벌하기로 결정하기 전까지만 해도 그가 서방과 거래해 온 무자비한 폭군이었다는 진실 또한 알려지지 않았다. 대신에 전쟁을 정당화하는 거짓말이 넘쳐났다. 이라크 병사들이 쿠웨이트 병원에서 인큐베이터 안에 있는 아기들을 살해했다는 말도 있었다. 그것은 거짓말이었고 쿠웨이트의 지배자였던 알사바 왕가에서 지어 낸 이야기임이 나중에 밝혀졌다. 우리는 전쟁이 쿠웨이트의 민주주의를 복원하기 위한 것이라는 말을 들었지만 쿠웨이트에는 애당초 민주주의라고 할 만한 게 없었다. 그런 거짓말들은 미국의 진정한 동기 — 석유와 지배력 — 를 은폐하기 위한 것이었다.

학살을 정당화하기 위한 거짓말

1990년대는 소련의 붕괴와 함께 시작됐다. 미국은 이제 자신이 중동과 세계에서 최강의 지배자라는 것을 분명히 하고 싶었다. 중동은 석유 때문에 중요했다.

이라크는 사우디아라비아에 이어서 세계 제2위의 석유 확인매장량

[현재까지 발견된 기술을 통하여 저류층으로부터 회수 가능한 매장량]을 자랑하는 국가다. 이라크는 세계 석유 공급의 11퍼센트를 좌우한다. 미국 국무부는 1945년에 석유가 "역사적으로 다른 어떤 상품보다 미국의 대외 관계에서 중요한 역할을 해 왔다"고 기록했다.

미국 국무부는 아라비아 반도와 페르시아 만[걸프]이 "전략적 힘의 엄청난 원천이며, 세계 역사상 가장 큰 물질적 보상 가운데 하나"였다고 말하기도 했다. 그러나 전쟁의 진짜 이유는 정치가들의 입에서 매우 드물게 새어 나왔다.

군부와 정치가들은 이라크를 폭격하고 있는 죽음의 기술이 거둔 성공을 더 좋아했다. 미국 군부는 자신들이 내보낸 보도 자료와 꾸며 낸 이야기를 그저 되풀이하는 대부분 언론의 도움을 받았다. 텔레비전은 진짜로 끔찍한 장면을 내보내지 않도록 검열을 받았다. 죽음의 고통에 시달리는 사람들이나 몹시 충격적인 장면들은 금지됐다. 민간인 사상자들을 언급할 때는 "부수적 손실"이라는 말을 사용했다.

우리는 "외과 수술처럼 정확한" 공습과 "스마트한" 폭탄이 그런 "부수적 손실"을 피할 수 있다는 말을 들었다. 그것도 역시 거짓말이었다. 이라크의 주택들은 무너져 내리고 학교와 병원들은 치명적인 무기들로 타격을 입었으며 폭격을 맞은 건물에서는 토막난 사람의 몸이 끌려나오고 있었다.

바그다드의 병원을 빠져 나온 어떤 여인은 "나는 죽은 애를 꼭 껴안은 어머니들이 고통에 겨워 울부짖는 것을 보았다. 아이들이 먹을 우유도 없었고 약도 없었다. 내가 본 참상은 도저히 말로 표현할 수 없다. 미국이 우리에게 하고 있는 일은 비인간적인 짓이다."라고 말했다. 이라크의 사회 기반 시설은 폭격을 맞아서 먼지가 됐다. 도로, 철도, 교량, 용수 처리 시설, 공장, 발전소, 모든 것이 그랬다. 그러나 전쟁에 관한 서방의 거짓말이 완전히 먹혀들 수는 없었다. 전쟁에 대한 반대도 있었다.

1991년 1월 12일, 폭격이 시작되기 나흘 전에 10만 명이 참가한 런던의 시위 행진을 포함하여 전 세계에서 수백만 명이 반전 시위를 벌였다. 영국 전역의 작업장과 주택 지구에서 사람들은 전쟁에 반대하는 주장을 펼쳤고 언론 노동자들도 신문·라디오·TV에서 나오는 피에 굶주린 보도에 도전했다.

피비린내 나는 서방의 석유 전쟁

전쟁은 2월 28일에 끝났다. 미국과 영국과 그 연합국들이 취한 마지막 조치는 이미 항복하고 쿠웨이트에서 이라크 남부로 철수하고 있던 바스라 도상의 이라크 군대를 학살한 것이었다. 어떤 미국 병사는 그 학살을 "칠면조 사냥"이라고 묘사했다. 5마일에 걸쳐 줄지어 퇴각하던 이라크 병사들은 몇 시간 동안 흠씬 두들겨 맞았다. 머지사이드의 세인트 헬렌스 출신 걸프전 참전 병사인 존 캘러핸은 1996년 5월에 자기 신발 끈으로 목을 매 죽었다.

그의 사촌 레스는 존이 "바스라 도로 위에서 차량을 소각시킨" 기억 때문에 얼마나 시달렸는지 얘기해 줬다. "그는 차량에서 몸통과

팔과 다리를, 그리고 어린애들을 끌어냈다. 그것은 그에게 충격을 주었다. 그는 나에게 보낸 편지에서 자기들이 이라크 포로 몇몇을 감시하고 있다고 했다. 너무 어린 그들이 너무나 애처로웠다. 그들은 슬리퍼를 신고 있었다. 실제 그들은 전혀 병사가 아니었다."

작년에 미국의 언론인 시모어 허쉬는 바스라 도상의 학살에 관한 자세한 기사를 썼다. 그의 말에 따르면 미국의 장군 배리 먹캐프리는 전쟁을 끝내자고 한 휴전 이틀 뒤에 의도적으로 학살 음모를 꾸몄다. 그러나 바스라가 얘기의 끝이 아니다. 전쟁 끝 무렵에 이라크 남부의 시아파 이슬람 교도들과 북부의 쿠르드족이 사담 후세인에 맞서 봉기했다. 그들은 부시와 메이저가 전쟁의 원흉이라고 지목했던 "악마 같은 폭군"을 타도하기를 원했다.

그러나 미국과 영국은 민중 혁명을 원하지 않았다. 그들은 사담 후세인이 두 봉기를 모두 잔인하게 진압하는 것을 가만히 앉아서 지켜보기만 했다. 전직 국가안보회의 중동 국장이었던 리처드 하스는 "우리의 정책은 사담을 제거하는 것이지 그 정권을 제거하는 것이 아니다."라고 말했다. 전쟁은 사담 후세인을 제거하지 못했다. 폭격과 학살에도 불구하고 전쟁은 후세인의 정권을 강화시켜 주었고 이라크 사회를 파괴했을 뿐이다. 어떤 이라크 사람이 〈유에스에이 투데이〉에게 말했듯이, "내가 사담에 대해 갖고 있던 의문은 사라져 버렸다. 이제 나는 내 힘과 내 수돗물과 내 딸의 어린 시절을 앗아간 미국에 대항하여 그가 일어서기를 바란다."

전쟁의 목표는 "페르시아 만의 석유 공급이 방해받지 않고 자유롭게" 이뤄지도록 보장하려는 것이다. ─ 로버트 키멧, 미 국무부 관리,

1991년.

"그것은 민주주의를 위한 전쟁이 아닐 것이다. 우리가 쿠웨이트에 민주주의가 정착되기를 바란다고 시사하는 것은 위선이다. 사담 후세인이 잔인한 지도자이기 때문에 개입이 정당화되는 것도 아니다. 우리의 정책이 잔인한 지도자들을 처벌하는 것이라면 우리는 시리아의 아사드 대통령과 동맹을 맺지 말았어야 한다. 전쟁은 후세인이 우리의 석유 생명선을 쥐고 흔들지 못하게 막으려는 것이다. 우리는 우리의 사활적인 경제적 이익을 지키는 것에 대해 사과해서는 안 된다." — 리처드 닉슨, 미국의 전 대통령, 1991년.

"석유는 전쟁을 치를 만한 가치가 있는 것이다." — 〈비즈니스 위크〉, 1991년.

"페르시아 만의 석유에 대한 접근권과 그 지역의 주요 우방국들의 안전은 미국의 국가 안보에 사활적이다. … 여전히 미국은 그 지역에서 극히 중대한 자국의 이익을 수호하는 데 전념하고 있다." — 조지 부시 대통령, 1991년 1월 15일의 국가안보 지령 54호, 걸프전의 목표와 목적을 요약하면서.

공포는 아직도 계속되고 있다

이라크를 상대로 한 전쟁은 경제 제재 조치를 통해 계속되고 있다. 전쟁 전의 이라크는 현대적인 학교가 있는 세련된 나라였다. 이라크의 의료 서비스는 그 지역의 부러움을 샀다. 이라크는 세계에서 유아 사망률이 가장 낮은 나라 가운데 하나였다. 그러나 지금은 유아 사망률이 가장 높은 나라에 속한다. 전쟁과 경제 제재는 초인플레, 대중 빈곤, 사회적·경제적 혼란과 해체를 가져왔다.

1991년 이래 계속된 경제 제재는 달마다 5천에서 6천 명의 이라크인을 살해했다. 정화되지 않은 생활 하수를 그대로 수로에 버리기 때문에 콜레라와 장티푸스가 풍토병이 됐다. 현대적인 병원에는 기본적인 응급 약품은커녕 전기도 들어오지 않는다.

경제 제재는 종이를 이라크 국내로 반입하는 것을 금지해 왔고, 고무·타이어·연필·위생 수건·주사기 … 그 목록은 끝이 없다. 1998년에 유엔의 이라크 인도주의 조정관인 데니스 핼리데이는 경제 제재 때문에 사퇴하면서 다음과 같이 말했다. "우리는 하나의 사회를 통째로 파괴하고 있다. 그것은 간단하지만 끔찍한 일이다. 그것은 불법적이고 부도덕하다." 핼리데이의 후임자 역시 사퇴했다.

클린턴의 국무장관이었던 매들린 올브라이트는 1996년에 TV에 출연했을 때 경제 제재의 결과로 이라크 어린이 50만 명이 죽은 것에 관한 질문을 받았다. 그녀의 대답은 "우리는 그 희생이 치를 만한 가치가 있다고 생각한다."는 것이었다. 영국 노동당도 경제 제재를 굳건하게 옹호한다.

영국 외무장관 피터 헤인은 지난 1월 〈가디언〉과의 회견에서 "식량, 의약품, 농산물, 교육 기자재, 물, 위생 관련 제품들을 포함하여 많은 재화를 이라크에 수출하기 위해서는 그저 유엔에 통보하기만 하면 된다."고 뻔뻔스럽게 거짓말했다.

후세인에 대한 복수심은 경제 제재로 그치지 않았다. 1998년 12

월에 4백 기의 크루즈 미사일을 발사한 것을 포함해서 이라크에 대한 폭격은 계속 되풀이됐다.

미국과 영국은 이라크 북부와 남부에 '비행 금지 구역'을 설정했다. 그 구실은 그들이 1991년에 포기했던 쿠르드족을 보호한다는 것인데, 바로 그 쿠르드족을 미국의 동맹국인 터키 정부는 학살하고 있다. 비행 금지 구역을 위반하는 이라크 비행기들은 격추당한다.

미국과 영국은 1998년 12월 이래로 사실상 이틀에 한 번 꼴로 이라크를 폭격해 왔다. 그것은 언론에서 거의 언급되지 않는다. 1999년 3월에 〈가디언〉이 사설에서 "영국 비행기들은 2차대전 이후 최장 기간의 폭격 작전을 펼치고 있다"는 것을 인정했는데도 말이다. 그러나 사담 후세인은 여전히 권좌에 남아 있다. 고통받는 것은 평범한 사람들뿐이다.

〈워싱턴 포스트〉가 1998년에 썼듯이, "승리의 도취감은 8년이 지나면서 잿더미 같은 공허함으로 바뀌었다. 1992년 중반에 CIA는 사담 후세인이 이라크에 대한 지배력을 강화하고 있다고 결론지었다. 걸프에서 군사력의 사용은 걸프전 이래 줄곧 끊임없는 재평가의 대상이었고, 가장 최근에 폭탄과 미사일을 발사한 것은 논쟁을 더 심화시키고 있을 뿐이다."

열화 우라늄 지옥

미국은 치명적인 열화 우라늄으로 만든 무기들을 엄청나게 많이 투하했다. 수백만의 사람들이 식량을 얻는 비옥한 토지인 바스라 시 남부의 들판이 특히 심한 타격을 입었다. 열화 우라늄은 이라크 병사들의 폐 속으로 침투하여 그들이 처음으로 병에 걸리게 됐다.

토마토, 양파, 감자, 고기도 우라늄 찌꺼기에 오염됐다. 1998년에 언론인 로버트 피스크는 "똑같은 독성 잔류물이 바스라의 강과 하수도로 스며들었음에 틀림없다."고 썼다.

전투가 끝난 뒤에 전진하여 이라크 기갑 부대의 오염된 잔해를 파괴한 미군 병사들도 그 우라늄 찌꺼기에 노출됐다. 오늘날 이라크 남부에서는 암이 4배로 증가했고 어린이들은 백혈병과 임파종 암으로 죽어 가고 있다.

아프가니스탄 여성은 해방됐는가?

기성 언론은 미국의 전쟁이 탈레반 정권을 붕괴시킴으로써 아프간 여성이 해방됐다고 주장한다. 지난달 탈레반이 카불에서 퇴각한 뒤 언론들은 일제히 부르카를 벗는 아프간 여성의 모습을 크게 부각시켰다.

로라 부시와 셰리 블레어는 자기 남편들이 벌이는 전쟁의 동기가 여성 해방이라는 고결한 이상이라고 주장했다. 지난 달 로라 부시는 라디오 연설에서 이렇게 말했다. "우리가 최근 아프가니스탄에서 거둔 많은 군사적 성공 때문에, 여성들은 더 이상 가정에 감금되지 않게 됐다." "그들은 처벌의 두려움 없이 음악을 듣고 자신의 딸을 가르칠 수 있다. … 테러리즘에 맞선 투쟁은 여성의 권리와 존엄성을 위한 투쟁이기도 하다." 그러나 카불에서 미국의 "승리" 뒤에 찾아온 것은 결코 해방이 아니었다. 한 목격자는 미군 폭격기가 카불의 비

정진희. 2002년 1월 1일, 월간 《다함께》 8호. https://wspaper.org/article/296.

비 마흐루 지역에서 2백30킬로그램의 폭탄을 떨어뜨렸다고 말했다. 굴 아흐마드는 희생자들 가운데 단지 한 명일 뿐이다. 카펫 제조공인 그의 아내 시마와 아들, 다섯 명의 딸들이 모두 폭격으로 숨졌다. "우리는 그들을 모두 묘지에 묻었어요. 우리는 그들 무덤 위에 각각 비석을 세웠지만 그들의 몸뚱이는 모두 갈기갈기 찢겨져 있었어요." 아흐마드의 첫번째 아내 아라파의 말이다.

이렇게 미군의 폭격과 집속탄으로 온몸이 갈가리 찢겨 죽은 여성들의 수가 이루 헤아릴 수 없는데도 기성 언론은 아프간 여성이 부르카를 벗고 립스틱을 바르고 하이힐을 신게 됐다고 보도했다. 카불과 여타 도시의 많은 여성들이 미래에 대한 희망을 갖고 있을지도 모른다. 그러나 그들의 두려움 또한 크다. 부르카를 벗는 여성은 아직 소수다. 〈업저버〉의 크리스 스티번 기자는 외국 사진 기자들이 여성들이 부르카를 벗는 대가로 돈을 줬는데 여성들은 사진을 찍고 나면 곧바로 다시 부르카를 착용했다고 말했다. 많은 여성들은 북부동맹이 아프가니스탄을 지배했던 1992~1996년 동안 자행한 학살·강간·약탈을 똑똑히 기억하고 있다. 미국은 1990년대 중반 권력을 장악한 탈레반이 여성을 가혹하게 억압한다는 사실을 무시했던 것과 꼭 마찬가지로 북부동맹의 야만적 전력 역시 무시하고 있다. 미국이 여성 해방을 위해 전쟁을 벌이고 있다는 얘기는 사우디아라비아 여성들에겐 아주 놀라운 일일 것이다. 친미 국가인 사우디아라비아에서 여성들은 탈레반 치하 아프가니스탄 여성들과 마찬가지로 온 몸을 가리고 공공 활동이 제한된다. 탈레반의 종교 경찰은 사우디아라비아 왕가의 통치 스타일을 그대로 본뜬 것이다.

뿌리 깊은

기성 언론은 마치 아프가니스탄 여성 억압이 새로운 발견인 양 호들갑을 떨지만, 아프가니스탄 여성이 받아 온 고통은 탈레반이 통치한 5년보다 훨씬 더 오래됐다.

아프가니스탄 여성을 끔찍하게 억압해 온 많은 관습들과 탈레반은 수십 년에 걸친 전쟁과 경제 후퇴의 산물이다. 서방은 내전에서 여러 군벌들을 지원해 아프가니스탄을 황폐하게 만드는 데 가담했고 이번의 대규모 전쟁을 통해 상황을 더욱 악화시켰다. 그래서 특히 아프가니스탄 여성들의 처지는 더욱 비참해졌다. 탈레반의 억압적 여성 정책은 "정통 이슬람"에 충실한 결과가 아니다. 이슬람 창시자 무함마드의 첫번째 아내인 카디자는 자기 명의로 된 재산을 가졌던 부유한 상인이었고 그녀의 딸 파티마는 이슬람에서 대단히 존경받았다.

7세기에 무함마드는 남녀 간의 관계를 포함해 사회 활동을 다스리는 규범을 세웠다. 그것은 그가 아라비아 반도에서 도전했던 지배 부족들이 여성과 가난한 사람과 이방인 들을 전제적으로 억압했던 것과 비교해 볼 때 진일보한 것이었다. 그것은 또한 이웃한 기독교 제국인 비잔티움에서 여성을 다루던 방식보다 나았다. 무함마드의 규범은 오늘날 선진 자본주의 사회에서 노동 대중이 획득한 제한된 자유와 평등에는 미치지 못한다. 그러나 여성을 인간이 아닌 존재로 격하시키지는 않았다. 오늘날 이슬람 국가들 사이에서도 여성의 지위는 다르다. 이란 여성은 차별당하고 공공 장소에서 머리에 베일을 써야 하지만, 그들은 일할 수 있고 투표할 수 있고 국회 의원이 되기도 한다. 이란 정부는 1996년에 탈레반의 여성 정책을 혹평했는데, 당시 카불의 이 새로운 통치자를 후원하고 있었던 세력은 바로 미국이었다. 모든 운동과 마찬가지로 탈레반을 이해하려면 그것을 낳은 사회를 이해해야 한다. 탈레반은 지난 사반세기 동안 아프가니스탄을 황폐하게 만들었던 전쟁이 없었더라면 등장할 수 없었을 것이다.

수십 년에 걸친 전쟁으로 약 2백만 명이 죽었다. 탈레반의 대부분은 사우디아라비아가 재정을 지원한 파키스탄 난민촌 내 이슬람 학교 마드라사를 다녔던 어린 고아들이었다. 그들은 수세기 동안 거의 변하지 않은 채 유지돼 온 촌락 출신들이었다. 중앙 아시아 전문가인 아메드 라시드는 최근 미국에서 베스트셀러가 된 뛰어난 책 ≪탈레반≫에서 이렇게 썼다. "탈레반 지도자들은 모두 가장 가난하고 가장 보수적이고 거의 문맹인 아프가니스탄의 파슈툰 남부 지방 출신이다. 탈레반 지도자 물라 오마르의 마을은 여성들이 항상 전신을 덮은 채 돌아다녔고 학교에 가는 소녀는 한 명도 없었는데, 왜냐하면 학교가 없었기 때문이다." 전쟁은 이러한 마을 출신 소년들을 난민촌으로 내몰았다. 남성들만 다니는 마드라사에서 그들은 자기 마을의 전통과 종교적 가르침을 겨우 깨우칠 수 있었다. 오늘날 아프가니스탄에서 영토를 서로 차지하려 애쓰는 경쟁 군벌들은 1994년에 권력을 잡았지만, 혼란만 가져왔다. 무장한 깡패들이 사람들을 잔혹하게 처벌하고 그들의 지도자들은 돈을 끌어모았다. 그래서 1996년 탈레반의 권력 장악은 많은 사람들에게 아프가니스탄의 혼란과 대학살, 그리고 몇 년 동안 계속돼 온 지긋지긋한 전쟁을 끝낼 수 있는 대안으로 보였다.

라시드는 이렇게 쓴다. "20년 동안 계속된 전쟁은 아프가니스탄 시민 사회를 파괴했고, 가혹한 경제 상황에서 그나마 중요한 안식처 구실을 했던 씨족 공동체와 가족 구조도 파괴했다." 탈레반은 자신의 규범을 강요하는 게 나라에 질서를 가져올 수 있다고 믿었다. 탈레반이 강요했던 것 중에는 부르카나 여성의 공공 활동 금지는 물론 남성의 행동에 대한 엄격한 통제도 있었다. 라시드는 이렇게 쓴다. "오마르와 그의 동료들은 그들 자신의 환경, 여성에 대한 그들의 경험 또는 경험 부족을 사회 전체로 옮겨다 놓았다." 그들은 정체된 시골 사회의 전통이 산산조각난 나라에 안정을 가져다 줄 것이라고 믿었다. 직접적인 동기가 있었다. 1990년대 초에 도시들을 장악한 북부동맹 전사들은 성인 여성과 소녀들을 강간했다. 이러한 강간은 현대 전쟁의 끔찍한 특징 가운데 하나다. 제2차세계대전 당시 동부 전선의 야만성에 자극받은 소련 군대는 1945년 베를린에 입성할 때 역사에서 가장 잔혹한 집단 강간을 자행했다. 탈레반 지도자들은 자신의 군대가 북부동맹처럼 행동할까 봐 두려워했다. 1990년대 아프가니스탄의 야만성은 이것을 피하려는 다른 야만적인 방식 — 여성에 대한 가장 엄격한 제약 — 을 낳았다. 이것이 탈레반의 여성 정책에 대한 변명이나 정당화가 될 수는 없지만, 탈레반 통치 하의 아프간 사회를 이해하는 데는 도움이 된다. 탈레반의 여성 정책은 탈레반을 낳은 사회의 물질적 조건과 분리될 수 없다.

여성 해방은 어떻게 가능한가?

이번 전쟁만큼 여성 해방의 구호가 더럽혀진 적도 없을 것이다. 부시는 세계에서 가장 가난한 나라를 폭격하기 위해 탈레반의 여성 억압을 구실삼았다. 미국의 주류 페미니스트들(상당수 우리 나라 페미니스트들이 우호적으로 언급한 페미니스트 머조리티를 포함해)의 전쟁 지지 노력은 서방의 위선에 날개를 달아 주었다. 탈레반의 카불 퇴각 이후 언론이 퍼뜨린 '해방되는 아프가니스탄 여성'의 이미지가 얼마나 강력했던지, 수전 조지 같은 저명한 반전·반자본주의 활동가조차 혼란을 느낄 정도였다. 그러나 진심으로 여성 해방을 바라는 사람이라면 서방의 거짓말에 조금도 흔들려선 안 된다. 그 동안 미국이 개입해 온 전쟁에서 여성들이 당한 야만적 대우를 분명히 기억할 필요가 있다. 베트남 전쟁 동안 미군들은 "이중 베테랑"이라는 별명을 얻었다. 미군들이 민간인 여성을 죽이기 전에 강간했기 때문에 붙은 별명이었다. 1968년 미라이 학살로 죽은 사람은 적어도 4백 명이었는데, 대다수가 여성과 어린이들이었다. 이들은 집단 강간당한 뒤 학살당했다. 아프가니스탄 여성의 조건이 선진국 여성들이나 우리 나라 여성들보다는 못하지만, 제국주의의 개입이 아프가니스탄 여성의 삶을 개선할 수는 결코 없다. 여성 해방이나 다른 진정한 사회 변화는 위로부터 도입될 수 없다. "위로부터의 해방"은 가장 좋은 상황에서조차 실질적이고 지속적인 변화를 거의 가져오지 않는다. 그러나 사람들의 삶을 더욱 나쁘게 하는 방식으로 시도된다면 그것은 끔찍한 재앙을 낳는다.

이것이 1970년대 말 소련이 후원한 아프가니스탄 정부가 시도했던 방식이다. 그 결과 무자헤딘을 낳았던 일련의 반란이 일어났다. 1979년 소련의 침공에 맞서 처음으로 저항했던 사람들 가운데 하나가 여자 고등학교 학생들이었다. 아프가니스탄 여성의 해방은 무엇보다 거대한 물질적 진보를 이룩하고 가난한 여성 대중이 자신의 권리를 위해 싸울 수 있는 조건을 만드는 데 달려 있다. 이것은 아프가니스탄을 황폐하게 만드는 데에 일조한 모든 열강들이 해 온 것과는 정반대다. 아프가니스탄 여성이 다음과 같은 처지에 놓여 있는 지금, 어떻게 해방을 말할 수 있겠는가?

· 10만 명 가운데 1천7백 명의 여성들이 출산 도중 사망한다. 이것은 세계에서 가장 높은 수치다.
· 어떤 피임 도구도 없기 때문에 많은 여성들이 8명의 아이를 낳는다. 이 가운데 2명은 다섯 살이 되기 전에 죽는다.
· 여성의 평균 수명은 약 45세다.

전쟁은 고통을 적어도 덜어 줄 사회적 유대를 갈기갈기 찢어 놓았다. 미국과 영국은 이에 대한 해결책을 제공하지 않는다. 대신 우리는 일부 여성이 부르카를 벗고 다닌다면 여성은 해방된다는 말을 듣고 있다. 그러나 남녀 간의 좀더 평등한 관계는 평범한 사람들이 권력을 갖고 있지 않고 경쟁 군벌들이 영토를 분할하는 사회에서 이뤄질 수 없다. 평등한 남녀 관계는 외부 세력이 위로부터 강요하는 방식으로 가능하지 않다. 아프가니스탄에서 남성과 여성의 자유로운 관계는 오직 아래로부터의 자유로운 발전을 통해서만 가능하다.

아랍 혁명과 여성 해방

아랍 혁명은 21세기 혁명의 현실성뿐 아니라, 여성이 사회변화의 주인공임을 다시 한 번 입증했다.

튀니지 여성들은 프랑스에 맞선 독립운동 이래로 사회적 변화에 앞장섰고, 이번 혁명에도 열정적으로 참가했다.

이집트 여성들은 타흐리르 광장을 지키고 대중파업 물결에 참가하면서 무바라크를 쫓아낸 주역이다. 리비아의 가장 보수적인 도시에서조차 여성들은 용감하게 시위를 벌였고, 시리아에서도 여성들은 아사드 정권에 맞서 목숨을 걸고 투쟁하고 있다. 예멘의 대통령 살레는 '여성들이 남성들과 섞여서 시위를 벌이는 것이 부적절하다'며 비난했지만, 여성들은 전례없는 규모로 시위에 동참하는 것으로 화답했다.

혁명은 아랍 여성들이 수동적이고 가정에만 머무른다는 편견을 깨부쉈다.

최미진. 〈레프트21〉 56호, 2011년 5월 5일. https://wspaper.org/article/9659.

하지만 체제에 아로새겨진 여성 차별의 뿌리가 아직은 깊다는 것을 보여 준 또 다른 그림도 있었다. 이집트에서 한 무리의 남성들이 타흐리르 광장에서 여성들을 쫓아내려 한 것이나, 헌법개정위원회에 여성이 단 한 명도 포함되지 않은 것 등이 그 사례다.

그래서 한국 진보진영 일각에서는 아랍 혁명에서 여성의 능동적 구실에 주목하면서도 혁명 후 오히려 여성의 권리가 후퇴할지도 모른다는 우려를 한다.

여성은 부엌으로 돌아갔나?

새세상연구소 김애화 연구위원은 "혁명 후 … 여성은 마치 계획됐던 것처럼 다시 부엌으로 보내지고 있다", "여성이 중동의 혁명적 변화로부터 이익을 얻을 수 있을 것인가는 불분명하다" 하고 주장한다 … ('혁명 후 여성은 광장에서 어디로 갔나!')

이것은 아랍 혁명으로 이슬람주의가 득세할 것이고, 그러면 여성의 권리가 후퇴할 것이라는 전망과 관련돼 있다. 김애화 씨는 1979년 이란 혁명 후 이슬람주의 정부가 집권한 사례 등을 거론한다.

전국학생행진(이하 행진)은 이번 혁명이 '이슬람 근본주의'로 빠질 것이라는 전망은 "과장"이라고 본다. 하지만 세속적 정부 하에서와 달리 "이슬람 단체의 정치활동이 회복되는 분위기 속에 여성의 권리가 후퇴할지도 모른다"는 우려가 "근거 없는 것이 아니"라고 주장한다. 뿐만 아니라, 좀더 일반적 맥락에서 투쟁 후 여성은 주변화된다

는 식으로 주장하기도 한다.('다른 세계는 가능하다' 10호)

우선, 튀니지와 이집트에서 "여성이 부엌으로 보내지고 있다"는 주장은 사실과 다르다. 시위에 참가한 여성들을 공격한 것은 혁명에 참가한 남성들 대부분의 태도는 아니었다. 무엇보다 혁명 과정에서 얻은 영감과 자신감, 투쟁의 경험 덕분에 여성들은 결코 고분고분 부엌으로 돌아가지 않을 것이다.

김애화 씨는 아랍 혁명이 기껏해야 자본주의적 세속주의와 이슬람주의 사이에서 진동할 것이라는 가정을 깔고 있는 듯하다. 그러나 이번 튀니지 · 이집트 혁명은 이슬람주의 단체의 지도와 통제 바깥에서 탄생했다.

물론 대중은 세속적인 세력의 독재에 이골이 났고, 이런 정서에 힘입어 이슬람주의 야당이 다음 선거에서 득세할 수도 있다. 여성들은 세속적인 옛 정권 계승자보다는, (여성문제에 대해 상대적 보수성을 띠고 있더라도) 반제국주의적이고 신자유주의에 비판적인 이슬람주의 정당들을 더 나은 대안으로 여길 수도 있다.

하지만 혁명은 아직 진행 중이고, 반드시 이슬람주의의 득세로 귀결되리라는 보장은 없다. 혁명에 참가한 세력들이 혁명을 어느 방향으로 이끌고 나가느냐가 중요하다.

이슬람주의 : 이데올로기와 현실의 모순

설사 이슬람주의 세력이 권력을 잡는다 해도, 그들이 1백 퍼센트 이슬람주의적 여성관을 관철할 것이라는 전망은 일면적이다.

많은 페미니스트들은 이슬람주의자들은 샤리아법을 곧이곧대로 따르는 근본주의자들이고, 여성을 베일로 꽁꽁 싸서 부엌으로 돌려보낼 것이라고 생각한다.

하지만 대중적 이슬람주의 단체들 대부분은 자본주의가 성장하고 여성 노동력의 필요성이 커지면서 그에 따라 여성에 대한 관점을 유연하게 바꿔 왔다. 그래서 그들의 이데올로기와 실제 정책 사이에는 모순이 존재한다.

가령, 이집트의 무슬림형제단은 여성의 베일 착용과 도덕 문제에 관해서는 매우 보수적이다. 그럼에도 그들은 여성이 대학에 가고, 직장에 다니고, 정치에 참여하는 것에 찬성한다. 무슬림형제단은 이집트에서 여성 회원 수가 가장 많은 단체다.

무슬림형제단의 청년 회원들이 지도부의 보수성에 종종 불만을 표출하고 세속 좌파에도 개방적이라는 점을 감안하면, 기층 여성 회원들 중 일부는 지도부의 모순적인 태도를 비집고 여성해방에 대한 더 급진적 전망을 발전시킬 수도 있다.

가장 대표적인 이슬람주의 정권인 이란 정부조차 여성 정책을 수정해 왔다. 이란-이라크 전쟁과 전후 경제 재건 속에서, 이란 정권은 부족한 노동력을 메우기 위해 여성의 노동시장 진출을 인정하지 않을 수 없었다. 그래서 1984년에 아야툴라 호메이니는 "여성은 이슬람 법령의 틀 내에서 경제·정치·사회 문제에 참여할 수 있다"고 연설했다. 나중에는 피임과 낙태에 대한 태도도 바꿨다.

이란 여성은 주변화하지 않고 다양한 직종에 종사해 왔다. 여성들이 노동자로 대거 진출하자 여성들의 자의식이 향상됐고, 이것은 정부의 여성차별적인 정책에 맞서 저항할 수 있는 토대가 됐다. 그 결과 "가장 서구화한 친미 정부 팔레비 때보다 이슬람 정부가 지배하는 지금, 여성의 성 의식이 더 높다."(마르얌 포야, 이란 출신 여성 사회주의자)

결국 아랍 여성들의 처지를 개선하는 데서 가장 핵심적인 것은 정권이 세속적이냐 이슬람주의적이냐가 아니라, 물질적 변화와 그에 따른 여성들의 조건과 의식 변화, 그리고 여성들의 투쟁이다.

이런 관점에서 보자면 아랍 혁명은 여성들이 여성 해방을 향한 투쟁에 한 걸음 더 다가갈 수 있는 발판을 마련해 줄 것이다.

한편, 나라별로 차이는 있지만 아랍 국가들이 크고 작은 법적 평등 조처들을 도입했음에도 여전히 여성들은 차별받고 있다. 이것은 아랍 세계의 특수한 문화나 가치관 때문이 아니다.

체제 변혁과 여성 해방

아랍에서만이 아니라 전 세계적으로 자본주의는 여성차별적 기반 위에 유지되고 있다. 자본주의의 지배자들은 여성들이 전례 없이 많이 집밖에서 일하고 있음에도, 가족에 대한 여성의 의무를 각인시키곤 한다. 여성이 가정에서 무보수로 하는 재생산 노동이 체제 유지에 필수적이기 때문이다. 이윤 논리 때문에 자본주의의 지배자들은 재생산 노동을 사회화하는 데 필요한 막대한 부를 투자하지 않는다.

그래서 여성들은 남성보다 적은 임금을 받고, 열등한 취급을 받는다. 세속적 자본주의 국가에서 여성들은 베일 착용을 강요받진 않지만, 눈요깃거리로 취급되고 외모로 평가받는다.

따라서 아랍 혁명이 여성차별을 뿌리뽑고 진정한 여성 해방으로 나아가기 위해서 혁명은 자본주의 체제 자체에 도전하는 사회혁명으로 발전할 필요가 있다.

아랍 민중은 그럴 잠재력을 가지고 있다. 지금보다 노동계급의 규모가 훨씬 작을 때도 이란의 노동자들은 혁명을 일으켰고, 노동자평의회(쇼라)를 건설했다. 쇼라는 직장 보육원을 설립하는 데 중요한 구실을 했고, 동일노동 동일임금이나 여성 문맹 퇴치, 여성 노동자 건강 문제 등을 다뤘다. 지금은 훨씬 더 강력하고 큰 규모의 노동계급이 아랍 세계에 존재한다.

"여성권리 쟁취를 위한 그녀들의 중단 없는 투쟁"이 중요하다는 행진의 결론은 옳다. 그것은 체제를 변혁하려는 투쟁 속에서 남성과 여성이 단결할 때 가장 효과적으로 이뤄질 수 있을 것이다.

이슬람 원리주의가 아니라
제국주의가 비극의 근원이다

노무현 정부는 납치 사건의 책임을 미국의 아프가니스탄 점령을 지원하는 한국군 파병 정책이 아니라 피랍자들 자신에게로 돌리는 잔머리를 굴리고 있다. 물론 점령국(한국 군대는 미군과 공동으로 아프가니스탄을 점령하고 있음을 깨달아야 한다)이자 교전 상대국의 민간인이 피점령국이자 교전 상대국에 가서 모종의 활동을 하는 것은 너무 위험하다.

하지만 이들을 포함해 비슷한 처지의 기독교 선교사들 무려 2백여 명에게 아프가니스탄행 여권을 내준 정부가 이들의 무모한 선교 열정을 탓하며 책임을 모면해 보려는 작태는 실로 혐오스럽고 메스껍다.

우익의 입장을 대변하는 보수 언론도 노무현 정부와 마찬가지로 파병 책임을 회피하려 애쓰고 있다.

———

최일봉, 〈맞불〉 53호, 2007년 7월 26일.

다른 종교에 대한 관용을 강조하는 종교 다원주의의 관점이 분명하긴 하지만 자유주의적 신문들의 기사와 논설도 기독교 선교사들의 좀더 분별 있는 선교 열정을 촉구하고 있다.

그러나 보수주의자든 자유주의자든 아프가니스탄 주재 한국인 23명의 피랍을 기독교 대 이슬람으로 설명하는 것은 겉보기와 달리 전혀 현실과 부합하지 않는다.

우선, 미국의 자유주의적 교단들의 연합체인 미국기독교교회협의회(NCC)는 부시의 '테러와의 전쟁'을 지지하지 않는다.

그리고 보수 교단들의 연합체인 미국복음주의자협회(NAE)는 부시의 '테러와의 전쟁'을 놓고 찬반이 엇갈려 있다. 교단 수준이 아니라 평신도 수준에서 보면 이제는 전쟁 반대론이 다수파이다.

이슬람 쪽도 결코 단일체가 아니다. 다른 여느 주요 종교처럼 이슬람도 보수, 자유, 급진으로 나뉘어 있고, 급진파라 해서 다 테러라는 수단을 채택하지는 않는다. 결코 그렇지 않다. 오히려 테러리스트는 급진파 중 극소수일 뿐이다.

탈레반이 원래 반(反)기독교였던 것도 아니다. 냉전기인 1980년대에 미국과 그 동맹국들은 옛 소련에 대항하기 위해 탈레반을 훈련시키고, 탈레반에 무기와 자금을 댔다. 미국 중앙정보국(CIA)은 파키스탄과 사우디아라비아의 정보기관과 협력해 거의 10만 명에 이르는 이슬람 급진주의자들을 모집해 옛 소련 점령군과 싸우도록 훈련시켰다.

미국이 이슬람 원리주의(이하 이슬람주의)에 적대적이라는 것도 사실이 아니다. 이슬람주의에는 상이하고 다양한 변형들이 있으므로 그것들을 다 뭉뚱그리는 것은 올바른 이해를 가로막는다. 샤리아(이슬람 율법)의 엄격한 적용에 따라 외출 여성이 온 몸을 가리는 장옷을 착용하게 하고, 종교 음악 외의 음악을 금지하고, 종교 경찰이 예배 불참자를 구타하는 등 혹독하게 억압적인 탈레반식 이슬람은 사우디아라비아의 와하비 운동에서 비롯한 것인데, 두루 알다시피 사우디아라비아 정권은 미국의 군건한 지지를 받고 있다.

유물론적 분석

종교의 교리보다 종교의 사회적 기반을 살펴보는 것이 훨씬 더 유용하다. 다른 여느 심오한 종교적 감정과 마찬가지로 이슬람도 사회의 천대받는 사람들 사이에서 깊은 공명을 얻었다. 이슬람이 천대받아 온 자신들의 경험을 해석해 주고 답변을 제공해 주는 듯하자 이슬람에 바탕을 둔 운동이 성장했다.

세속적인 좌파 민족주의에 바탕을 둔 운동은 불신을 받은 터였다. 중동 전역에서 세속 좌파 민족주의 운동은 제국주의와 결국 타협했고, 그래서 서민 대중의 불만을 샀다.

가장 두드러진 사례는 이집트의 경우인데, 1950년대에 세속적 대통령 나세르는 영미 제국주의와 그 감시견 이스라엘의 중동 지배에 맞선 운동의 상징이었다. 1956년 수에즈운하 위기 때 중동인들에게 나세르는 영웅 중의 영웅이었다. 지난해 레바논인들이 헤즈볼라 지도자 나스랄라의 사진을 들고 행진했듯이 그때 중동인들은 나세르의 사진을 들고 행진했다.

그러나 나세르의 후계자들은 시간이 갈수록 제국주의와 타협했다. 사다트는 이스라엘과 타협했고, 무바라크는 걸프전을 지지했다. 또, 그와 그 측근들의 부패와 호사는 이집트 민중의 가난과 너무도 극명히 대조된다. 민중이 배신감을 느끼자 이슬람주의가 그 동안 애타게 찾던 대안처럼 비쳐지기 시작했다.

탈레반의 반미 언사, 이라크와 팔레스타인인들의 고통에 대한 언급, 미국의 이스라엘 지지에 대한 규탄, 친미적 중동 정부들에 대한 규탄, 미국 등 서구의 중동 석유 수탈 규탄 등이 아프가니스탄인들에게 먹혀드는 것은 이런 맥락이 있어서다.

이런 문제들에 대해 탈레반이 내놓는 해결책은 '순수한' 이슬람 국가 수립이다. 그러나 중동의 갈등은 종교 때문이 아니므로 종교로 해결될 수도 없다. 그리고 '순수한' 이슬람 국가라는 것도 실인즉 토착 지배자들이 대중을 착취하는 국가일 뿐이다. 이란의 경우가 이를 잘 보여 준다.

이란은 이슬람주의 정권도 서구 제국주의 열강들과 타협함을 입증하는 사례다. 이란은 전에 자신이 '대악마'라고 불렀던 미국이 아프가니스탄을 침략했을 때 첩보 자료를 제공했다!

이슬람주의가 사회의 여러 계급들한테서 지지를 얻는 것은 사실이지만, 핵심 기반(자금과 헌금을 주로 제공하고 조직 실무를 주로 맡는 인자들)은 중간계급에 집중돼 있고, 설교 등 메시지의 주된 경청자는 도시 빈민이다.

이슬람주의의 원래 메시지는 크게 두 가지다. 하나는 세속주의와 성적 자유를 서구의 악이라 해서 배격하는 도덕적 순수주의이고(그래서 여성에게 온 몸을 가리는 장옷을 입게 하는 것이다), 다른 하나는 반제국주의다.

이 중 후자는 때와 곳에 따라 크게 희석돼 왔다. 파키스탄과 사우디아라비아는 반제국주의적이지 않은 오히려 친서구적인 정권이 이슬람주의의 실행자이고, 팔레스타인과 레바논의 경우 반제국주의 반란을 지도하는 하마스와 헤즈볼라 같은 민중 단체가 이슬람주의의 행위주체다.

이슬람 파시즘?

이슬람주의를 조야하게 하나로 뭉뚱그려 '파시즘'이라고 매도하는 것은 완전히 부정확하다. 히틀러와 무솔리니의 역사적 전례로 알 수 있듯이, 파시즘은 대자본가와 노동계급 운동 모두에 반대함을 표방하는 중간계급 대중의 모순투성이 극우 대중 운동이다.

하지만 이 운동의 지도자들은 흔히 살인폭력배 집단을 조직해, 난민과 이주자들은 물론이거니와 더 나아가 노동계급 조직과 좌파 단체를 물리적으로 공격하고 분쇄하는 데 헌신하므로, 결국 대자본가들의 무기 노릇을 톡톡히 하게 된다.

그래서 대자본가들은 처음엔 파시스트들을 매우 껄끄러워하다가 사회의 위기가 너무 심화해서 파시스트가 아니면 도저히 자본주의를 구원할 수 없을 듯하면 파시스트들에게 정권을 맡기기도 한다.

이것이 1920년대 초와 1930년대 초에 이탈리아와 독일에서 일어난 일이다. 1929년 대공황의 여파 속에서 독일의 부자들은 또다시 1919년처럼 노동자들이 들고 일어날까 봐 너무도 두려워, 그들이 보기엔 '천한 상것들'인 가게주인 등 자영업자들과 사무직 중간관리자들에게 국가 운영을 넘겼던 것이다.

나치는 봉기는커녕 결코 심각하게 국가와 맞서지 않았고, 오히려 독일 대기업의 대표들에 의해 1933년 1월 권좌에 앉혀졌다. 히틀러의 제3제국은 세계 3위의 산업 대국이었고 주요 제국주의 열강이었다.

이란이나 아프가니스탄의 보수 이슬람주의 정권들은 매우 억압적이긴 하지만 주요 제국주의 열강 대열에 끼기란 어림도 없는 일이다.

그리고 알제리와 이집트 등지의 이슬람주의 야당은 대중 운동의 뒷받침을 받아 활동하지만 파시즘과 하는 구실이 전혀 다르다. 이들은 노동계급 조직들을 분쇄하는 일을 거의 하지 않고, 또 대기업들이 노동계급을 희생시켜 자신의 문제를 해결하려는 것에 협력하지도 않는다. 그리고 국가와 직접적인 무력 충돌을 벌이곤 했는데, 파시스트 정당은 이런 적이 거의 없다. 또한, 제국주의의 행위주체이기는커녕 반제국주의 구호를 채택하고 종종 반제국주의 행동을 조직한다.

'이슬람 파시즘'이라는 개념적 오류는 정치적 오류도 수반하게 된다. 만일 미국 군대가 이슬람주의 운동을 분쇄하는 데 성공한다면 다국적기업과 IMF·세계은행 따위의 약탈자들이 더 큰 자신감을 갖고 세계를 약탈하고자 할 것이다. 그리 되면 중동 민중의 분노와 무력감은 오히려 더 커질 것이다. 그러면 분노와 좌절감에서 비롯한 그

룻된 투쟁 방법인 테러가 더 선호될 것이다.

한국인 선교사들의 비극이든 아프가니스탄인들의 비극이든 아프가니스탄에서 일어나고 있는 비극을 막기를 염원하는 사람들은 미국과 서구 열강들의 침략과 점령이야말로 주된 문제임을 분명히 인식해야 한다. 물론 노무현의 파병 지원도 당연히 여기에 덧붙여야 한다.

이슬람주의의 진정한 대안은 서유럽과 한국 같은 선진 공업국에도 중동 등 제3세계의 수탈에 반대하고 자국 지배계급에 효과적으로 도전하는 강력한 좌파가 존재함을 보여 주는 것이다.

중동의 종파 간 갈등은 수천 년 된 악습인가

아랍 혁명이 터진 뒤 중동의 종교적 종파주의가 무슨 구실을 하는 지에 대한 논의가 늘고 있다. 이 쟁점을 다루는 저서는 대부분 종파주의 문제를 문화적 관점에서 살핀다. 이러한 접근법을 가장 잘 보여주는 연구자들은 이 문제를 다루면서 먼 과거로까지 거슬러 올라간다. 곧, 예언자 무함마드가 죽은 뒤 누가 권력을 계승할 것인가를 놓고 갈등이 일어난 서기 632년으로까지 거슬러 올라간다.

이런 분석들은 역사가 다른 것의 영향을 받지 않고 자체적 권능을 발휘한다고 여긴다. 최초의 종파 분열 이후로 일어난 사회적 발전과 변화는 모두 무시된다. 그러나 종파주의는 근대에 나타난 현상이다.

바셈 치트(레바논 사회주의자). 〈노동자 연대〉 129호, 2014년 6월 30일. https://wspaper.org/article/14660. 중동에서 나타나는 시아파와 수니파의 갈등 같은 종파주의적 분열을 어떻게 설명할 수 있을까? 레바논 사회주의자 바셈 치트가 종파주의를 "전근대적" 현상으로 보는 주장에 반대하며 중동 지역에서 발전하고 위기에 빠지는 자본주의에 종파주의의 뿌리가 있다고 주장한다.

종파주의는 과거를 끌어다 쓰는 현재의 일이다. 그 목적은 옛 원한을 갚는 것이 아니라 오늘의 전투에서 이기는 것이다.

현재의 목적을 위해 역사를 끌어다 이용하는 것은 드문 일이 아니다. 카를 마르크스가 1852년 《루이 보나파르트의 브뤼메르 18일》에서 썼듯이, 그것은 근대의 위기를 나타내는 징후다. "정확히 이러한 혁명적 위기의 시기에 [부르주아지는 — 치트] 불안에 떨면서 과거의 정신을 일깨워 써먹는다. 과거의 정신으로부터 이름과 전투 구호와 복장을 빌어 와, 유서 깊은 가면과 차용한 언어 속에 세계사의 새 장면을 투영한다."

종파주의는 오늘날 아랍과 중동 사회의 모순이 낳은 산물이다.

종파주의가 가장 널리 퍼진 때는 항상 위기가 닥친 때였다. 1860년대 레바논 산에서 일어난 마로나이트와 드루즈의 갈등은 자본주의가 도입되며 생겨난 모순의 영향을 받은 것이었다. 1975~90년의 레바논 내전도 비슷한 예이다. 이 때 일어난 종파주의는 정치적 갈등이라는 성격이 분명했다. 당시의 종파주의는 새로 들어선 레바논 국가의 위기를 보여 주는 징후였고, 대중 운동을 파괴하려는 전략이었다.

미국이 벌인 이라크 전쟁은 종파주의적 갈등이 터져 나올 여건을 마련해 줬다. 사담 후세인 정권이 오랫동안 이용한 종파주의적 정책을 다시 부추김으로써 그랬다. 최근 시리아와 바레인, 그리고 가끔 이집트에서 나타나는 종파주의적 갈등은 이 지역 곳곳에서 혁명적 투쟁이 발전하고 있다는 맥락을 놓치면 이해하기 힘들다.

정치와 이데올로기 영역에서 종파주의는 위기를 새 이데올로기로 다시 규정하는 데서 언제나 중심적 구실을 했다. 곧, 종파주의는

"새" 헤게모니를 재생산해 부르주아 사회의 위기를 은폐하려는 시도였다. 그리고 종파주의는 대체로 아랍 민족주의(또는 국민적 단결의 부족)에 맞서는 것으로 이해되는 경우가 흔하다. 그렇지만 현실에서 종파주의는 민족주의를 반영한다.

민족주의

아랍 민족주의와 종파주의 모두 식민지 시대의 산물이다. 그 둘은 반식민주의 정치의 밑바탕으로 기능하는 동시에 식민 지배를 정당화하는 데에도 쓰였다. 아랍 민족주의는 세속주의 가면을 썼지만 사실은 아니었다. 민족주의가 자신의 지배력을 지키려고 계속해서 종교를 차용하고 이용하고 끌어들였기 때문이다.

이집트 [아랍 민족주의 운동의] 지도자였던 가말 압델 나세르는 수니파 이슬람에서 권위가 가장 높았던 알 아즈하르 사원을 현대적으로 개혁하는 데 많은 공을 들였다. 알 아즈하르 사원이 무슬림형제단과 그보다 더 보수적인 와하비즘(사우디아라비아가 부추기는)에 대한 우위를 확실히 다지게 하려는 것이었다.

1970년대에 시리아의 독재자 하피즈 알 아사드는 종파주의와 혈연 통치를 도입해 자신의 통치를 공고히 하고자 했다. 그의 바트당 정권은 이슬람 사원을 짓고, 이슬람 학교에 자금을 지원하고, 수니파 종교기관에 주는 보조금을 늘리고, 대중매체로 이슬람을 선전하고, 보수 이슬람을 장려해 자기 정권의 정통성을 마련하려고 했다.

1973년에 아사드는 세속적이었던 헌법을 개정해 "대통령의 종교는 이슬람교이다" 하고 선언했다.

본질적으로는 같은 현상의 다른 모습은 종파주의가 민족주의를 흡수한 것이다. 이란의 시아파 민족주의와 사우디아라비아의 와하비즘 수니파 민족주의가 있다. 레바논에서는 종파주의와 민족주의가 좀 덜 단단히 융합해 나타났다. 레바논 국가는 다유쉬(공동체 생활과 국민적 단결)를 그들의 국가 정체성으로 규정하지만, 현실에서는 종파주의적으로 처신한다.

많은 사람들이 종파주의를 "반(反)민족주의"나 "전근대성의 표출"로 본다. 그 이유는 현대 아랍과 중동 사회의 역사적 발전에 대한 가장 유력한 설명이 조야하고 유럽중심주의적이기 때문이다. 유럽중심주의는 자본주의의 발전(과 그로 말미암은 근대성)이 유럽의 전례를 따라야 한다고 본다. 그러면 이데올로기와 종교 제도·사상에서 단절하는 것을 근대성으로 이해하게 된다.

하지만 역사와 자본주의는 단일한 방식으로 발전하지 않는다. 레온 트로츠키가 설명했듯이, "불균등 결합 발전" 과정을 거친다. 그러므로 이데올로기적 표현으로서 "근대성"과 봉건주의에서 자본주의로의 이행은 결코 단일한 모습을 보이지 않으며, 지역마다 다르게 거쳐온 역사적 과정의 영향을 받는다.

아랍과 중동 사회에서 종교가 정치를 표현하는 데서 여전히 중요한 구실을 하는 까닭은 봉건제에서 자본주의로의 이행이 느리고 긴 혁명적 변화를 거치지 않고 서구의 식민 지배에 의해 이뤄졌기 때문이다. 그 대응으로 민족주의와 종파주의가 생겨났다. 민족주의와 종파주의는 식민주의가 만들어 낸 거친 사회 변화의 부산물이다.

식민 지배 이전에 중동의 종교기관은 서구와 달리 지위가 높지 않았다. 중동의 종교기관은 왕정에 굽신거렸다. 오스만 제국에서 카눈 (세속적 법체계)은 샤리아(이슬람 율법)와 공존했다.

봉건 권력이 약해지던 시기에 중동의 종교기관은 신흥 부르주아 계급에게 충성하기 시작했다. 일부는 토지를 얻거나 자신이 소유한 토지에 자본가들의 투자를 끌어들여 자신의 권력 기반을 넓혔다.

새로 형성된 부르주아 국가들은 (많은 유럽 국가들과는 달리) 종교와 혁명적으로 결별하며 등장한 것이 아니었다. 오히려 종교의 권위를 인정해 주면서 등장했다. 특히 이슬람 가족법이 있는 지역에서는 이런 양상이 널리 나타났다.

혁명

그런 점에서 종파주의는 여러 유형이 있다. 부르주아 정치가 발전한 구체적인 역사적 조건에 따라, 그리고 부르주아 정치가 종교와의 관계에서 경쟁과 헤게모니에 관해 어떻게 말하느냐에 따라 다르다.

이집트에서 콥트 기독교는 무슬림형제단과 군부가 벌인 전쟁의 무대였다. 군부는 콥트교도들을 무슬림형제단의 종파주의적 "테러"에서 보호한다고 자처했다.(그러나 군대는 콥트교 교회를 직접 공격하거나 공격을 지원하는 경우가 많았다.)

시리아의 아사드 정권은 "수니파 탁피리" 집단이라는 "어둠의 세력"

에게서 소수 종교를 보호한다고 자처했다. 동시에 레바논의 시아파 정치 세력인 헤즈볼라는 "미국 — 이스라엘 — 탁피리의 음모"에 대항하고 이맘 알리(예언자 무함마드의 사촌)의 딸인 지아나브의 유산을 지키기 위해 아사드 정권을 도와 [시리아에] 군사적으로 개입하는 것이 정당하다고 했다.(자이나브는 서기 680년에 벌어진 카르발라 전투에서 포로로 잡혀갔는데, 헤즈볼라는 "자이나브가 두 번 잡혀서는 안 된다"는 구호를 외쳤다.) 이것은 헤즈볼라의 군사적 개입이 가진 민족주의적 측면과 종파주의적 측면을 모두 보여 준다.

알카에다에 가맹한 '이라크·레반트 이슬람 국가'(ISIL)와 그 경쟁 세력인 알 누스라 전선은 모두 시리아에서 새로 등장한 종파주의적 조직들이다. 그 둘은 자유시리아군(FSA)이 약하고, 시리아 정권이 대중 항쟁을 무참히 짓밟는 상황에서 등장했다. 그 둘의 뿌리 깊은 종파주의 사상에는 동의하지 않는 사람들도 그 조직들이 다른 조직과는 달리 규율이 잡혀 있다고 본다.

종파주의와 민족주의 모두 지배계급이 노동계급(지배계급의 통치를 위협하는 주요 세력)을 길들이고 분열시킬 수 있는 기회를 제공한다. 지배계급은 자신의 권력을 유지하고 허구의 "영웅적 전투" 속에서 헤게모니를 재생산하고 자신들의 위기를 억제하기 위해서는 노동계급을 길들이고 분열시켜야 한다.

마르크스는 《루이 보나파르트의 브뤼메르 18일》에서 이렇게 썼다. "부르주아 사회는 영웅적이지 않다. 그럼에도 부르주아 사회는 살아남으려면 영웅주의, 희생, 테러, 내전, 전쟁이 필요하다.

"부르주아의 검투사들은 로마 공화국의 근엄한 고전에서 이상과 예술 형식을 찾았다. 그것들은 자기 기만으로, 그들의 투쟁에 내포한 부르주아적 한계를 감추고, 위대한 역사적 비극의 주인공인양 그들의 열정을 유지하려면 필요한 것들이다.

기존 질서가 만들어 내는 공포와 두려움 속에서 종파주의와 민족주의 정치가 자라날 수 있다. 그런 점에서 좌파가 도전하지 않으면 노동자들이 종파주의적 사상을 받아들일 수 있다. 종파주의가 "유일하게 가까운" 해결책으로 비치기 때문이다. 그런 상황에서는 종파주의를 따르면 보호받거나(레바논의 시아파 노동자들이 헤즈볼라의 정치를 받아들이고 수니파 노동자들이 여러 수니파 정당들을 지지하듯)나 승리할 수 있는 듯 보인다(시리아인들이 자금이 풍부하고 더 잘 조직된 종파주의적 단체에 가입하듯이). 기댈 만한 혁명적 대안이 부족한 상황에서 이집트 노동자들이 군부나 무슬림형제단을 당장의 해결책으로 여기는 것도 마찬가지 현상이다.

그러므로 혁명적 사회주의자들은 종파주의를, 이간질을 통한 각개격파 전술 정도로만 우습게 여겨서는 안 된다. 현대 아랍과 중동 사회의 성격 자체와 그 안에서 종교가 하는 구실에 대한 문제를 제기함으로써 종파주의가 존재하고 유행하는 역사적 조건을 따져 봐야 한다.

혁명적 사회주의자들은 종파주의에 대항할 혁명적 이데올로기를 발전시켜야 한다. 그러면서 노동자들이 착취 당하는 현실을 드러낼 뿐 아니라, 종파주의 이데올로기에도 끊임없이 도전해야 한다. 그리고 혁명적 세속주의는 "세속적 민족주의"나 "세속적 자유주의"를 답습하는 것이 아니라 사회주의를 위한 국제적 투쟁을 건설해야 한다.

독재 정부와 서방 제국주의에 맞서 싸우기

[편집자] 2009년 7월 수많은 이란인이 독재와 억압에 반대해 시위를 벌였다. 도미닉 쿠로스는 지금 서방 열강들이 이란에 추가 경제 제재를 하려는 시점에서도 진정한 해방을 위한 투쟁을 이끌 잠재력은 여전히 이란 민주화 운동에 있다고 말한다.

지난해 7월 이란 민중이 독재에 반대해 거리에 나섰을 때 이란 정부는 이들을 무자비하게 탄압했다. 그 뒤로 여섯 달이 지났지만, 거리로 나선 사람들은 투쟁을 멈추지 않고 있다. 한편, 세계 열강의 정상들은 이런 분노를 이용할 계획을 세우고 있다. 이란 민중은 자국 지배자에 반대할 뿐 아니라 외국의 경제 제재와 군사 개입 위협에도 도전하고 있다.

도미닉 쿠로스, 〈레프트21〉 25호, 2010년 02월 11일, https://wspaper.org/article/7627

지난해 7월 이란 대선 결과는 논란을 불러일으켰고 역동적 대중 운동이 탄생하는 계기가 됐다. 최근 대중 행동의 물결은 12월 7일 학생의 날 — 1953년 쿠데타에 반대하다 살해된 학생 세 명을 기리는 날 — 에 시작됐다. 이란 전역에서 학생들은 기념식 행사를 대중 시위를 벌일 기회로 활용했고, 보안군과 친정부 민병대 조직인 바시지와 충돌했다. 그 뒤부터 거의 매일 대학들에서 학생 시위가 벌어졌다.

12월 19일 저명한 반정부 인사인 아야툴라 후세인 알리 몬타제리가 죽었다는 소식이 보도됐다. 그는 1979년 혁명의 지도자였고 한때 초대 최고 지도자인 아야툴라 호메이니의 후계자로 여겨졌다. 그러나 이란 혁명 이후, 몬타제리는 갈수록 이란의 인권 상황에 비판적인 생각을 가졌다. 쿰에서 열린 그의 장례식은 대규모 반정부 시위였다.

일주일 뒤는 아슈라[시아파 이슬람 최대 기념일]였다. 아슈라는 이맘 후세인이 잔혹하게 살해된 것을 기리는 날이다. 시아파는 이맘 후세인의 죽음을 독재에 맞선 소수의 반란을 상징하는 사건으로 여긴다. 이날 시위대가 다시 거리로 나섰을 때, 그들은 이런 정신을 계승한다고 생각했다.

분열

이란 정부와 보수파 성직자들은 종교 행사를 '악용'하는 자들을

'분쇄'하겠다고 위협했다. 그러나 수십만 명이 이란 전역의 주요 도시에서 시위를 벌였다. 보안군과 바시지 민병대는 시위 참가자들을 공격했다. 수백 명이 체포되고 야당 지도자 후세인 무사비의 조카를 포함해 아홉 명이 살해됐다.

이 사건은 이란 민주화 운동이 지속적으로 대중을 동원하고 국가 탄압에 맞설 수 있음을 증명했다. 그러나 더 중요한 것은 운동의 요구가 선거 부정 항의를 넘어선 것이다. 운동은 민주화 쟁취를 위해 필요한 몇 가지 통일된 요구뿐 아니라 심지어 정경 분리를 요구하고 나섰다. 당연히 이 운동 안에는 다양한 정치 경향들이 공존한다. 이란 민주화 운동은 처음부터 포괄적인 성격을 지녔다. 대선은 모든 개혁파들이 단결하는 계기였지만, 그들은 이제 그보다 더 나가려 한다.

올 1월 민주화 운동의 다원적 성격을 지지한다고 주장하는 선언문이 발표됐다. 이것은 저명한 다섯 개 이란 망명자 단체에서 발표한 것이다. 선언문은 마무드 아마디네자드의 대통령직 사임과 성직자 투표제도 폐지를 요구했다. 거기에다 선언문은 노동조합뿐 아니라 법을 준수하는 모든 정치·학생·NGO·여성 조직을 허용할 것을 요구했고, 모든 대중매체 수단을 이용할 자유와 사법부의 독립, 그리고 사법부 수장을 선출할 권리를 도입해야 한다고 주장했다.

선언문 작성자들은 더 많은 요구가 있고, 선언문은 민주화 운동에 방향을 부여하려는 초기 시도일 뿐이라고 말했다. 만약 이런 요구들 중 하나라도 성취한다면 대단한 진보일 것이다.

민주화 운동은 탄생 초기부터 이란 지도자들을 분열시켰다. 민주화 운동의 지도적 인사 중 상당수가 지배계급 출신 — 무사비가 대표적 — 임을 감안하면 이것은 당연하다. 그러나 정권 내부의 분열은 새로운 현상이 아니다. 최근 시위가 발생하기 전부터 주류 정치권의 상당수 인사들은 아마디네자드가 서방을 대할 때 '튀는' 것을 우려했고, 그가 무모하다고 생각했다.

아마디네자드는 서방에 도전하는 것을 비타협적 원칙으로 삼기보다는 유용한 정치적 수단으로 활용했다.

2005년 처음 당선했을 때 그는 '대악마'에 맞설 뿐 아니라 부를 재분배하겠다고 약속했다. 그러나 불평등이 줄기는커녕 심화하자 그는 지지자 결집을 위해 갈수록 '서방 때리기'에 의존했다.

정권의 분열은 위협적 운동에 직면하자 더 커졌다. 일부 지배자들은 운동을 진압하려면 타협으로 대중을 다독여야 한다고 말한다. 그런데 최고 지도자 하메네이의 공식 노선은 시위대를 분쇄하는 것이다.

이란 혁명수비대와 국가 사이의 갈등도 커지는 것 같다. 혁명수비대는 자기 영향력을 넓히려 하고, 정부가 시위대를 통제하는 데 자신의 힘이 필요한 상황을 이용하고 있다. 원래 혁명수비대는 '혁명을 방어한다'는 목적으로 만들어졌지만 1990년대 민영화를 급격히 추진할 때 일부 산업을 인수하는 등 최근에는 상당한 힘을 가진 독자적 세력으로 성장했다.

2009년 선거를 앞두고 정부 내 보수파들은 단결할 수 없었다. 일부 영향력 있는 보수파들은 아마디네자드에 대한 지지를 철회하고 독자 후보를 내세웠다. 그들은 노골적으로 차이를 내보이려 하지는 않았지만 물밑에서는 권력 투쟁이 치열하게 벌어졌다. 이런 모순 덕분에 민주화 운동이 그토록 효과적으로 정부에 타격을 입힐 수 있었던 것이다. 한편, 서방 지배자들은 상황을 예의주시하고 있다.

거짓 이분법

버락 오바마가 이란과 대화하겠다고 약속했지만, 조지 부시 때와 비교해 별로 변한 것이 없다. 결론은 동일하다. 이란을 고립시키고 압력을 넣어 굴복시킨다는 것이다. 공격의 고리는 이란의 핵개발 계획이다. 이란은 이미 유엔 경제 제재를 받고 있다.

[이란이 서방의 제안에 답해야 하는] 가장 최근의 기한은 12월 31일이었고, 여섯 열강들이 모여 다음 단계를 논의하기 시작했다. 미국·영국·프랑스·러시아·독일의 고위 관료들이 모였고, 중국 정부는 상대적으로 하급 외교관을 보내 더 강력한 제재에 찬성하지 않겠다는 신호를 보냈다. 아직 공식 결정을 내리지 않았지만 추가 제재를 할 가능성이 높다.

서방 열강의 처지에서 보면, 핵무장한 이란은 중동의 세력 균형을 크게 바꿀 것이다. 그들의 불구대천의 적이 중동의 열강이 되는 것이다. 더구나, 오바마는 자신의 주요 정책 목표 중 하나인 이란 문제 해결이 완전히 실패하는 것처럼 보이기를 바라지 않는다. 이란 정부의 관점에서 보면, 서방과 대결하는 것은 분열한 이란을 단결시킬 좋은 소재다.

추가 제재를 어렵게 하는 유일한 걸림돌은 중국이다. 유엔안보리 비토권을 가진 중국은 이란의 중요한 무역 파트너이며, 이란과의 무역이 제재로 흔들리기를 바라지 않는다. 그러나 중국은 러시아가 제재 찬성으로 돌아설 가능성이 높은 상황에서 고립되기를 바라지는 않을 것이다. 추가 제재는 이란 민중에게 큰 해를 끼칠 것이다. 제재는 제재를 받은 이라크에서 그랬듯이 이란 정부가 운동을 탄압할 명분을 줌으로써 운동에 타격을 입힐 수 있다.

이란 민중은 상당히 어려운 상황에 처해 있다. 진정한 문제는 자국 정부를 지지하면 반서방이고 자국 정부를 반대하면 친서방이라는 다른 중동 나라들의 거짓 이분법이 이란에서도 판을 치는 상황이 도래하는 것이다.

이란 민중은 그런 상황을 바라지 않는다. 그들은 31년 전 서방의 후원을 받은 독재자를 내쫓았다. 그러나 동시에 그들은 민주주의를 바란다.

2월 11일은 1979년 이란 혁명 기념일이다. 많은 시위가 벌어질 것이고, 비록 2010년과 1979년의 상황은 상당히 다르지만 이란 민중의 단호한 의지는 동일하다. 이란 정부가 유화책을 취하든 탄압을 밀어붙이든 이 운동은 쉽게 사라지지 않을 것이다.

리비아 혁명과 서방의 개입 Q&A

[편집자] '민간인 살상 방지'와 '민주주의 수호'를 명분으로, 주류 언론들의 압도적 지지를 받으며 서방 열강이 리비아 공습을 시작한 지 3주가 지났다.

서방이 리비아 혁명에 깊숙이 개입하면서 혁명이 본래 방향을 잃고 왜곡되는 것이 점점 분명해지고 있다. 그러나 서방 개입과 리비아 혁명을 둘러싼 논쟁은 아직 진행 중이다. 이와 관련된 몇 가지 중요한 논점에 답한다.

서방의 개입은 인명을 살리기 위해 불가피했다?

〈경향신문〉 이대근 논설위원은 지난주 칼럼 '리비아 공습은 옳았

———
〈레프트21〉 54호, 2011년 4월 7일. https://wspaper.org/article/9515.

다에서 서방이 인명 살상을 막기 위해 개입한 것이라며 서방의 개입을 옹호했다.

사실, 리비아 민중 학살에 반대하는 정서는 너무나 자연스럽다. 많은 사람이 리비아 민중을 걱정하면서 서방 개입을 옹호한다.

또, 이대근은 이명박 정부를 줄기차게 비판해 왔고, 부시의 이라크 침략을 비판했다. 따라서 이대근은 다른 친서방 인사들과는 다르다.

그러나 만약 서방 열강들이 스스로 말하듯이 인명을 존중한다면 그들은 사우디아라비아, 바레인, 예멘 등 친미 동맹국 정부들이 민주화 시위대를 공격한 것도 저지해야 한다.

하지만 오바마 정부는 말로만 우려를 표했을 뿐이다.

지난주에 미국 국방장관 로버트 게이츠는 시위대 1백 명을 학살하고 수천 명을 다치게 한 예멘 대통령 살레가 물러나는 것은 바람직하지 않다고 말했다.

물론, 이대근은 "바레인·예멘에는 왜 개입하지 않느냐고 하지만 위험성, 긴급성에서 차이가 있었다"고 말한다.

이마누엘 월러스틴은 최근 글에서 이런 주장의 허약한 논리를 꼬집었다. "서방 개입을 지지하는 사람들은 개입 기준을 수량화하는 것 같다. 예컨대, 만약 어떤 정부가 10명을 죽인다면, 이것은 말로 비판하면 충분한 '정상적' 상황이다. 만약 어떤 정부가 1만 명을 죽인다면 그것은 인도주의적 개입이 필요한 '범죄적' 상황이다. 그럼 정확히 몇 명이 죽어야 '정상적'이 아니라 '범죄적'인가? 1백 명? 1천 명?"

이대근 같은 입장은 의도와 상관없이 자꾸만 서방 열강의 의도에 정당성을 부여해 주면서 서방의 이중잣대, 자가당착 등을 변명하게 된다.

그래서 이대근은 또 다른 개입 지지 근거를 든다. 즉, "카다피 같은 위험한 인물이 있을 때" "국제 협력이 필요"하다는 것이다.

이것은 미국과 서방 정부가 코소보, 이라크, 아프가니스탄(미래에는 북한?) 등을 공격할 때마다 내세운 논리를 고스란히 반복하는 것이다. 자신들은 자유민주주의 세력이고 자신이 공격하려는 대상은 독재 악당들이라는 것이다.

그러나 서방 열강들의 리비아 개입을 지지한 아랍연합 국가들에는 사우디아라비아, 바레인 등 독재 '악당' 국가들을 포함하고 있다.

물론, 현재 많은 서방 열강이 국내적으로 카다피 같은 독재 체제는 아니지 않냐고 반문할 수 있다. 그러나 최근 미국과 유럽 정부의 내핍 정책과 이에 대한 대중적 반발을 보면 알 수 있듯이 그들도 수백만, 수천만 명을 고통에 빠뜨리고 다수 인구가 반대하는 정책을 폭력을 사용해 밀어붙일 수 있다.

게다가, 이들이 언제 중동 지역에서 카다피와 견줘 선행을 베푼 적이 있던가? 오히려, 이들이 이라크를 10년간 경제 제재하고, 침략하고 점령하지 않았다면 많은 아동을 포함해 수백만 명이 죽지 않았을 것이고 수천만 명이 도탄에 빠지지 않았을 것이다.

유네스코 보고를 봐도 1990년대 이라크 경제 재제로 의약품이 부족해 이라크 아동 50만 명이 치료할 수 있는 질병에 걸려 죽었다. 저명한 의학저널 〈랜싯〉은 2006년 10월 발표한 글에서 2003년 시작된 이라크 전쟁과 점령의 결과로 이라크인 약 1백만 명이 죽었다고 발표한 바 있다. 게다가, 이것은 서방의 아프가니스탄 점령과 친미 경비견 이스라엘이 저지른 살상행위를 포함하지 않은 숫자다.

카다피는 악당이었지만 이런 서방 악당들의 가공할 파괴력에 댈 만한 짓은 저지를 수 없었다.

그럼, (촘스키가 지적하듯이) 카다피를 능가하는 서방 악당들의 악행을 중단시키기 위해 워싱턴과 파리 등을 폭격해야 할까? 많은 미국 민간인이 죽은 9·11을 기억해 보자. 그것은 부시 정부를 강화시켰고 그가 미쳐 날뛰면서 전쟁과 학살에 나서는 빌미가 됐다. 리비아에서는 다른 결과가 나올 것이라고 생각할 이유는 없다.

서방의 폭격이 리비아 혁명을 살렸다?

개입을 지지하는 또 다른 가장 흔한 주장 하나는 서방 열강의 군사 개입 덕분에 죽어가던 혁명이 살아났다는 것이다.

그러나 이것은 오해다.

우선, 서방 언론들이 인정하듯이 서방의 폭격은 지상 상황에 큰 영향을 미치지 못하고 있다. 폭격이 시작된 뒤 지난 몇 주 동안 지상 상황은 엎치락뒤치락을 반복하고 있다.

최근 브레가 등에서 반란군이 선전한 것은 어디까지나 혁명 지지자들이 여전히 군사적으로 우월한 카다피군에 맞서 목숨을 걸고 싸운 결과다.

또, 서방 정부와 주류 언론처럼 리비아 혁명을 군사적 관점에서만 보면 왜 이 혁명이 초기에 그토록 강력했던지를 설명하지 못한다.

2월 17일 동부 지역에서 시작된 시위가 불과 일주일 만에 카다피를 궁지로 몰아넣고 그의 군사력을 마비시킨 것은 혁명 세력이 전투에서 이겼기 때문이 아니라 민중의 압력 때문에 군이 분열했기 때문이었다.

혁명은 외부 군사 개입이 없었던 2월 말에 최절정에 도달했다. 당시 카다피는 리비아 전 국토의 80퍼센트에 대한 통제력을 잃었다. 이후 혁명 세력은 카다피의 반격에 직면했다. 이것은 한편으로는 카다피가 남은 군사력을 정비했기 때문이고, 다른 한편으로는 혁명이 이질적 세력을 포함 — 특히 카다피 세력에서 이탈한 엘리트들 — 한 덕분에 일직선으로 급진화하고 힘을 집중하는 데 다소 어려움을 겪었기 때문이었다.

이것은 일부 귀족 세력이 혁명에 가담해 입헌군주정에서 혁명을 마무리 하려 했던 18세기 말 프랑스 혁명부터 시작해 모든 혁명이 피할 수 없는 불가피한 과정이다.

그러나 현 리비아 혁명가들은 18세기 프랑스 혁명가들은 겪지 못한 상황을 겪고 있다. 오늘날 서방 열강들은 멈출 수 없는 기관차를 강제로 멈추려 하기보다는 그것의 방향을 바꾸려는 교활한 술책을 펴고 있다. 서방의 개입으로 리비아 혁명은 급진화는커녕 왜곡될 가능성이 높아지고 있다.

리비아 혁명은 카다피 독재 권력과 부의 독점 — 리비아 국내총생산의 거의 절반인 3백억 달러에 이르는 카다피 일족의 해외 계좌로 상징되는 — 에 반대하는 혁명이다.

목숨을 걸 만큼 중요한 것이 아니라면 사람들이 왜 목숨을 걸고 혁명에 참가하겠는가?

그러나 서방 정부들은 리비아 부의 핵심인 석유 자원을 놓고 카다피 정부가 서방 기업과 맺은 계약을 준수할 것을 요구하고 있다.

또, 서방 정부는 리비아가 '테러와의 전쟁'을 지속할 것도 요구하고 있다. 이것은 과도국가위원회에서 혁명 지지 세력의 중요한 한 축인 이슬람주의 세력(서방 정부가 툭하면 '알카에다'로 뭉뚱그려 표현하는)을 축출하라는 압력으로 점차 나타나고 있는데 과연 이것이 내부 숙청 요구와 뭐가 다른가.

동시에, 서방 군사 개입은 카다피가 무너진 정치적 정당성을 확보할 기회를 제공하기도 한다. 즉, 서방 정부·기업과 거래해 막대한 부를 챙긴 카다피가 자신을 반서방 제국주의 투사로 내세울 명분을 주는 것이다. 이런 경향은 서방 폭격으로 민간인 사망자 수가 늘어나면 늘어날수록 강화될 것이다.

최근 트리폴리의 대목구장인 지오반니 이노첸조 마르티넬리는 로마 교황청 통신사인 〈피데스〉에 "트리폴리의 무슬림 지역에서 민간인 소유 빌딩이 폭격으로 붕괴, 40명이 사망했다"고 전했는데, 과거 코소보 전쟁 등에서 서방 폭격이 낳은 결과를 볼 때 이는 시작에 불과하다.

따라서 리비아 혁명에 대한 서방의 영향력이 강해지면 강해질수록 혁명은 본래의 목표를 잃고 왜곡될 것이고, 리비아 민중이 목숨걸고 싸울 이유도 약해질 것이다. 이것은 최악의 경우 친서방 정부의 수립이나 반혁명 세력의 반격을 가져올 확률을 높일 것이다.

리비아 혁명은 서방의 음모였다?

리비아 혁명의 운명을 걱정하며 서방 개입을 옹호하는 주장의 반대편에서 일부 국내외 좌파들 — 한호석, 〈글로벌 리서치〉 운영자 미셸 초스도프스키 등 — 은 리비아 혁명이 친서방 음모라고 주장한다.

이런 주장을 하는 사람들 중에는 카다피를 지지하는 사람도 있다.

그들은 노골적으로 이번 '혁명'이 소수 반카다피 엘리트와 서방 열강들이 손잡고 준비한 '색깔 혁명'이지 기층 혁명이 아니라고 말하거나, 아니면 반란군의 성분이 의심스럽다고 말하며 사실상 리비아 혁명을 지지하지 않는다.

〈민중의 소리〉도 "리비아 사태는 민주화 운동과 거리가 멀다"며 "기득권 파벌간 내전"이라고 깎아내린다. 민주노동당 지도부와 한국진보연대도 이런 식의 태도를 취하고 있다.

최근 상당수 혁명 세력들이 제한적 수준의 서방 공습을 옹호하는 것을 보면서 이들은 '거봐 내가 뭐랬어' 하는 식의 태도를 취했다.

그러나 리비아 혁명 세력들은 처음에 서방 군사 개입에 반대한다는 것을 공개적으로 천명한 바 있다. 지금도 서방의 지상군 투입을 반대하는 정서가 상당히 존재한다.

서방음모설은 서방 정부가 카다피를 제거할 음모를 꾸밀 설득력 있는 이유를 딱히 제시하지 못한다.

그들은 보통 서방과 타협하기 이전의 카다피 전적을 들먹인다. 그러나 유럽과는 1990년대 말부터 미국과는 2004년부터 정신없이 관계를 정상화하면서 다국적 석유 기업을 환영하고 미국의 '테러와의 전쟁'과 유럽의 반이주민 정책에 적극 협력한 카다피를 서방이 왜 제거하려 하겠는가.

리비아 혁명에 냉소적인 태도를 취하는 것은 제국주의 열강 패권의 핵심 지역 중 하나인 중동과 북아프리카에서 제국주의 영향력을 약화시킬 투쟁에 기권하는 아이러니한 결과를 낳는다.

문제는 카다피가 반격에 나서고 혁명 확산이 정체된 틈을 타서 카다피 정부 이탈자들이 서방과 혁명 세력의 중재자 구실을 하고 나선 것이다. 이들이 서방 열강과 손을 잡고 혁명을 가로챌 위험성은 분명 존재한다. 역사상 혁명은 성공도 했지만 실패도 했다. 중요한 것은 리비아 혁명이 아직 가능성을 가지고 있다는 것이다.

그럼 카다피의 학살을 지켜보기만 하라는 것인가?

서방의 군사 개입에 반대하는 것이 곧 리비아 혁명을 지지하지 않거나 심지어 카다피의 독재를 지지하는 것으로 연결되는 것은 아니다.

다함께, 사회진보연대처럼 카다피에 맞서 리비아 혁명을 지지하면서도 서방의 개입을 반대하는 올바른 입장이 있다.

리비아 혁명의 성공은 리비아 민중 자신에게 달려 있다는 점은 분명한 진실이다. 이것은 누가 대신해 줄 수 있는 것이 아니다.

서방 열강이 리비아 민중을 대신해 카다피를 제거하는 상황이 펼쳐진다면 열강이 혁명을 대신 완수하는 것이 아니라 서방 열강의 리비아 통제를 뜻할 것이다.

리비아 내 서방 열강의 기존 이권이 완벽하게 보존될 뿐 아니라 훨씬 확장될 것이고, 서방 제국주의에 반대하는 세력은 탄압받을 것이다. 중동 전문 기자 패트릭 콕번의 말처럼 "가장 영어를 잘하는 리비아 엘리트가 낙하산을 타고 정부로 내려오는" 상황이 펼쳐질 것이다. 즉, 더는 혁명이 아니게 될 것이다.

그러나 이것은 아직 결정된 결론이 아니다. 지금 전 세계 민중은 리비아 혁명의 성공을 바라며 연대할 수 있다. 그것은 우선 서방 열강이 리비아 혁명을 파괴하는 것에 항의하는 행동이 돼야 한다.

혁명이 심화하고 있는, 인접한 이집트와 튀니지의 혁명 세력은 좀더 직접적인 연대 활동을 펼칠 수 있을 것이고, 리비아 민중이 서방에 의존하기보다 자신의 힘으로 독재자를 물리칠 수 있다는 정치적 자신감을 줄 수 있다.

아프가니스탄 — 제국주의 열강의 각축장

지금 아프가니스탄은 "더 이상 석기 시대로 되돌릴 것도 없는" 나라가 됐다. 20년 넘게 계속된 내전으로 전국은 황폐해졌고, 카불을 비롯한 여러 도시는 돌무더기만 남아 있는 폐허나 다름없다. 인구의 85퍼센트가 농업에 의존하고 있는 사회에서 그나마 몇 안 되던 옥토조차 황무지로 변한 지 오래다. 경제는 완전히 붕괴했다. 거의 4백만 명의 난민이 파키스탄·이란 등지에 흩어져 살고 있고, 문맹률은 거의 65퍼센트에 이른다. 아프가니스탄의 보건 위생은 세계 최악이다. 평균 수명은 남성이 43세, 여성이 43.5세에 불과하다. 5세 이하 유아 사망률은 세계 4위고, 산모 사망률은 세계 2위다. 1996~1998년에 이미 인구의 70퍼센트가 영양실조에 시달리고 있었다. 온갖 질병들이 창궐하지만 적절한 치료 시설이 없어 말라리아에 감염된 어린이는 닷새를 넘기지 못하고 죽어 간다. 아프가니스탄의 비극은 150년 넘

월간 《다함께》 6호, 2001년 11월 1일. https://wspaper.org/article/245.

게 계속된 제국주의 열강의 개입과 점령이 낳은 결과다.

근대적 의미의 아프가니스탄 국가는 남부 파슈툰족 족장들이 아흐마드를 샤(국왕)로 옹립한 1747년에 수립됐다. 그는 칸다하르·헤라트·카불을 통치하면서 비옥한 평야 지대인 페샤와르와 신드, 목초지가 풍부한 카슈미르 계곡에서 획득한 공물을 족장들에게 나눠 주는 방식으로 그들의 충성을 확보했다. 그 대가로 족장들은 아흐마드 샤에게 충성을 바치면서도 자기 지역에서는 사실상 독자적인 지배자로 군림했다. 그런데 인도 대륙을 지배하고 있던 영국과 남진정책을 추구하던 제정 러시아가 19세기에 아프가니스탄에서 서로 충돌했다. 러시아는 옥수스 강 북쪽의 영토를 점령했고, 영국은 '듀런드 선'을 그어 파슈툰족 공동체를 둘로 나누었다. 이 두 제국이 오늘날 아프가니스탄의 국경선을 획정했다. 영국령 인도 주재 총독 커즌 경은 1898년에 아프가니스탄과 그 인접국들을 두고 이렇게 말했다. "그 나라들은 장기판의 졸이나 다름없다. 그 장기판 위에서 세계를 지배하기 위한 게임이 진행되고 있다." 그렇게 진행된 게임은 세 차례에 걸친 아프간 전쟁으로 이어졌다. 제1차 아프간 전쟁이 벌어질 때까지만 해도 아프간인들에게는 국민적 정체성 같은 것이 없었다. 오늘날 아프가니스탄을 구성하고 있는 다양한 종족과 언어는 국민 국가라는 고유한 의식을 창출하는 데 걸림돌로 작용했다. 여러 차례 전쟁을 치르는 동안 아프간인들을 하나로 묶어 주었던 것은 바로 공통의 종교적 기반, 즉 이슬람이었다. 아프간 전쟁을 치르면서 '이교도'의 침입에 맞선 이슬람의 '성전'(聖戰)이 아프가니스탄에서 하나의 전통으로 자리잡았다.

그럼에도 결국 1905년에 아프가니스탄은 영국의 보호령으로 전락했다. 그러다가 제1차세계대전이 끝나고 제국주의 열강의 지배력이 느슨해진 틈을 타 1919년에 영국에서 독립했다.

냉전

20세기 후반의 냉전기에는 미국과 소련이 아프가니스탄에서 충돌했다. 1933년에 왕좌에 오른 무함마드 자이르 샤는 자기 사촌 무함마드 다우드에게 쫓겨나기까지 무려 40년 동안 아프가니스탄을 지배했다. 1973년에 무함마드 다우드는 국왕의 외유를 틈타 좌익 파르캄당의 지원을 받아 군사 쿠데타를 일으켰다. 그는 공화국을 선포한 뒤 스스로 대통령이 됐다. 파르캄당은 1977년에 역시 좌파인 칼크당과 연합하여 아프간인민민주당(PDPA)을 결성했다.

1978년 이번에는 PDPA가 쿠데타를 일으켜 다우드를 살해하고 정권을 잡았다. 소련의 지령을 충실히 따르는 무함마드 타라키가 '혁명평의회'를 구성하고 독재 정권을 구축했다.

그러나 집권당의 두 정파가 분열하고, 정적 숙청과 토지개혁에 대한 반발이 겹치면서 정치적으로 더욱 불안정해졌다. 이 때부터 무자헤딘의 저항이 시작됐다. 1979년 초 인접국 이란에서 일어난 혁명에 질겁한 미국은 아프가니스탄마저 소련에 넘어갈까 봐 전전긍긍했다. 그래서 미국은 비밀리에 무자헤딘을 지원하기 시작했다. 1979년 9월에 소련을 방문하고 돌아오던 타라키가 암살당하고 아민 정권이 들어섰다. 그러나 정정은 여전히 불안했고 반란이 더욱 확산될 조짐을 보이자 그 해 12월에 소련은 아프가니스탄을 침공하여 아민을 제거하고 바브라크 카르말을 통치자로 내세웠다. 미국은 '이교도'의 침입에 맞서 '성전'을 부르짖는 무자헤딘에 대한 지원을 강화했다. 당시 미국 대통령 카터는 아프가니스탄에서 비밀 작전을 수행하라고 지시했다. 파키스탄의 군 정보기관인 ISI와 긴밀한 관계를 갖고 있던 CIA(미국 중앙정보국)는 1980~85년에 36개 이슬람 국가에서 수천 명의 자원병을 모집하여 전사로 훈련시켰다. 오사마 빈 라덴도 이 '아랍계 아프간인들' 중 한 명이었다. 이 전사들 중 많은 사람들이 나중에 알 카에다 조직에 합류했고 전에 자기들을 후원했던 미국과 사우디아라비아에 맞서 싸우게 된다. 1980년대에 미국 대통령 로널드 레이건은 다음과 같이 말했다. "아프가니스탄에서 싸우고 있는 자유의 전사들의 저항은 우리가 이 나라[미국]에서 견지하고 있는 이상, 즉 자유와 독립이라는 이상이 결코 꺾일 수 없다는 사실을 세계 만방에 보여 주는 사례다."

무자헤딘

1980년부터 1992년까지 무자헤딘은 미국과 그 동맹국으로부터 1백억 달러 이상의 원조를 받았다. 1986년에 CIA 국장 윌리엄 케이시는 아프가니스탄에 미국의 군사 고문을 파견하여 "자유의 전사들"을 훈련시켜야 한다고 의회를 설득했다. 무자헤딘은 미국의 양대 정당으로부터 폭넓은 지지를 받았다. 공화당 상원의원 오린 해치는 "자유의 전사들"이 "단호함과 두둑한 배짱"을 갖고 있다고 칭찬했다. 민주당 상원의원 빌 브래들리는 무자헤딘을 "아프간 국민을 대표하는 유일한 합법 정부"로 승인해야 한다고 촉구했다.

CIA와 펜타곤(미국 국방부)은 파키스탄의 이슬람 학교와 아프가니스탄의 군사 기지를 잇는 연결망을 구축하고 무자헤딘을 훈련시켰다. 미국이 무자헤딘에게 제공한 스팅어 미사일은 전황을 소련에 불리하게 만드는 데 도움이 됐다. 한편, 소련도 무자헤딘을 진압하기 위해 450억 달러를 쏟아부었다. 그러나 최대 11만여 명의 아프가니스탄 주둔 소련군조차 무자헤딘의 끈질긴 게릴라전을 당해 낼 수 없었다. 소련군은 대도시 지역을 장악하는 데는 어느 정도 성공했지만, 그 밖의 지역은 거의 통제할 수 없었다. 아프가니스탄은 '소련판 베트남'이 됐다. 소련군은 결국 1989년 2월에 아프가니스탄에서 철수했다. 10년 전쟁 동안 자그마치 아프간인 1백만 명이 죽었고, 6백만 명이 해외로 떠났으며, 2백만 명은 국내 난민 신세가 됐다. 소련은 아프가니스탄에서 철수하기 전에 꼭두각시 정권을 세워 두었다. 1989년 3월 이후 나지불라 정권에 대한 소련의 무기 공급이 재개되면서 곧 끝날 듯하던 내전은 다시 격화됐다.

1992년 3월에 압둘 라시드 도스툼 장군 휘하의 우즈베크계 민병대가 정부를 배반하고 아메드 샤 마수드가 이끄는 타지크계 무자헤딘 게릴라에 합류했다. 이들은 연합해 북부의 요충지인 마자르 이 샤리프를 함락시키고 카불로 진격했다. 드디어 그 해 4월 무자헤딘은 카불을 함락시키고 나지불라 정권을 타도했다. 온건파의 지도자인 부르하누딘 랍바니가 새 대통령이 됐고, 굴부딘 헤크마티야르가 총리, 마수드가 국방장관이 됐다. 그러나 무자헤딘 정권도 아프가니스탄에 평화를 가져다 줄 수는 없었다. 반소 이슬람 근본주의 세력의 느슨한 연합체였던 무자헤딘은 미국과 파키스탄과 사우디아라비아뿐 아니라 러시아, 이란, 인도, 인접 중앙 아시아의 공화국 등 여러 나라와 이런 저런 관계를 맺고 있었다. 이제 이들 각국은 아프가니스탄에 자국의 이익에 맞는 정권을 세우기 위해 각축을 벌였다.

이란의 지원을 받던 마수드가 가장 먼저 카불에 입성하여 파슈툰족의 지지를 받고 있던 헤크마티야르의 카불 진입을 불허했다. 그러자 헤크마티야르는 미국과 사우디아라비아의 지원을 받아 카불을 폭격하여 폐허로 만들고 1주일 동안 2만 5천 명을 죽였다. 냉전기에 소련에 대항하는 전쟁을 위해서 막대한 무기와 자금으로 무자헤딘을 지원했던 미국은 정작 그 피해를 복구하고 새로운 사회 기반을 구축하는 데 필요한 경제 지원에는 한푼도 쓰지 않았다.

탈레반

1994년이 되자 아프가니스탄 국가는 사실상 해체된 것이나 다름없었다. 바로 그런 상황에서 새로운 대안 세력으로 탈레반이 떠올랐다.

탈레반은 이전에 파키스탄 내 아프간 난민촌에서 무자헤딘을 교육시키고 훈련시켰던 바로 그 이슬람 학교('마드라사스')에서 30명의 학생으로 출발했다. 파키스탄의 ISI는 미국의 무기와 사우디아라비아의 자금을 지원받아 탈레반을 양성했다. 또, 억압적이기로 유명한 사우디아라비아 왕가에서 지극히 편협하고 금욕적인 이슬람 근본주의의 한 종파인 와하비즘을 수입하여 가르쳤다. 탈레반은 부정부패 타파, 내전 세력의 무장 해제, 약탈과 파괴의 중단, 이슬람 율법에 기초한 순수한 이슬람 정부 수립을 내걸고 지지 기반을 확대해 나갔다. 끊임없는 전쟁의 참화와 절망 속에 허덕이던 아프간 민중은 탈레반을 새로운 대안으로 여기기 시작했다. 탈레반은 아프가니스탄에서 질서를 회복할 수 있는 유일한 세력처럼 보였고, 수천 명의 청년들 사이에서 열광적인 환영을 받았다. 탈레반은 불과 2년여 만에 5만 명의 무장 세력으로 성장했고, 드디어 1996년 9월에 카불을 점령하고 아프가니스탄 영토의 90퍼센트 이상을 장악했다. 옛 무자헤딘 잔존파들, 즉 타지크계의 마수드파, 우즈베크계의 도스툼파, 시아파 하자라 족의 카림 칼릴리파 등은 아프가니스탄 북부로 쫓겨나 반탈레반 투쟁을 계속했다. 이란, 러시아, 인도가 이들 북부동맹에게 무기와 자금을 대주었다.

이슬람 세계의 맹주 자리를 놓고 사우디아라비아와 다투고 있던 시아파 이슬람 국가인 이란은 사우디아라비아의 지원을 받는 탈레반과 앙숙이었다. 러시아는 탈레반의 이슬람 근본주의가 타지키스탄, 투르크메니스탄, 우즈베키스탄 등 독립국가연합(CIS) 소속의 중앙아시아 국가들에 미칠 영향을 우려했다. 인도는 1947년 독립 이래 적대 관계였던 파키스탄이 지원하는 탈레반과 당연히 사이가 나쁠 수밖에 없었다.

진정한 이해관계

그렇다면 탈레반의 결성과 성장을 후원했던 미국이 지금은 오히려 그들을 공격하는 까닭은 무엇일까?1995년에 미국 정부는 자국 석유 회사 유노캘이 카스피 해 연안의 투르크메니스탄에서 아프가니스탄을 경유하여 파키스탄으로 이어지는 송유관 건설 사업을 지원했다. 그래서 미국으로서는 아프가니스탄을 통제할 수 있는 단일 정부가 절실했다. 1996년에 탈레반이 집권하자 유노캘은 탈레반과 송유관 건설 사업을 논의하기 시작했다. 건설 공사에만 45억 달러가 드는 중요한 사업이었다. 1997년에 나온 세계은행의 연구 보고서는 유노캘이 추진하는 송유관 노선이 기존 러시아 송유관을 이용하는 것보다 훨씬 경제적이라고 결론지었다. 유노캘의 부회장 크리스 태거트는 다음과 같이 말했다. "탈레반이 상황을 진정시키고 국제적 승인을 얻기만 한다면, 그 사업은 실현 가능성이 있다." 그러나 탈레반은 미국의 기대에 부응하지 못했다. 미국이 수단에 압력을 넣어 쫓아낸 빈 라덴을 받아들인 탈레반은 집권한 뒤에 이슬람 근본주의를 더욱 강화했고, 미국이 지원했던 군사 훈련 기지를 계속 확대하면서 수많은 무슬림을 전사로 훈련시켜 중동 각지로 내보냈다.

이미 이란에서 이슬람 근본주의의 반제국주의 투쟁의 뜨거운 맛을 본 적이 있는 미국으로서는 중동 지역의 불안정 요인이 될 세력을 계속 양성하는 탈레반과 우호적인 관계를 유지할 수 없었다. 그래서 유노캘은 아프가니스탄의 정정 불안을 이유로 송유관 건설 사업을 전면 유보했고, 1997년에 미국은 에너지 전략을 변경해야 했다. 탈레반이 미국에 아직 유용했을 때 브레진스키가 했던 말은 지금 미국이 아프가니스탄을 공격하는 이유를 짐작할 수 있게 해 준다. "세계사의 관점에서 봤을 때 중요한 것은 무엇인가? 탈레반인가 아니면 소련 제국의 붕괴인가? 흥분한 소수의 무슬림인가 아니면 냉전의 종식인가?" 브레진스키에게 "세계사의 관점"은 다름 아닌 미국의 세계 지배 전략이다. 세계 최강의 초강대국으로서 패권을 유지하고 세계를 누비는 미국 자본의 이익을 보장하려는 미국 제국주의야말로 전 세계적인 불안정과 전쟁, 갈등과 분쟁을 일으키는 근본 요인이다. 탈레반이든, 이라크든, 세르비아든 그런 지배 전략을 추구하는 데 걸림돌이 된다면 미국은 제아무리 어제의 동맹국일지라도 가차없이 적으로, 악마로 만들어 파괴하고 응징했다. 아프가니스탄의 비극은 미국의 세계 지배에 관건이 되는 전략적 자연 자원, 즉 석유와 천연가스의 보고인 중동과 카스피 해 부근에 위치하고 있다는 점이다. 미국은 그 지역에서 자국의 패권과 지배력을 다시금 천명하기 위한 본보기로 아프가니스탄을 폭격하고 있다.

미국의 이런 제국주의적 지배 전략과 그 실행을 저지하고 좌절시키지 못한다면, 세계적 불안정과 전쟁 위험은 아프가니스탄과 중동 지역에 한정되지 않을 것이다.

중동, 눈앞에 다가온 혁명

2008년 4월 이집트 내무부는 모순에 직면했다. 이집트 보안군을 격렬한 노동자 투쟁이 벌어지고 있는 나일강 유역의 산업단지 마할라알쿠브라에 보내야 할까, 아니면 굶주린 팔레스타인인들이 월경(越境)을 시도하고 있는 이집트가자 접경 지역에 보내야 할까?

아랍 지배자들은 팔레스타인 사태에 대한 분노가 국내 문제와 결합돼 투쟁이 폭발적으로 성장할까 두려워한다. 앞서 이집트 사례가 보여 준 아랍 지배자들의 모순은 중동에서 '연속혁명'의 문제와 긴밀하게 연관돼 있다.

연속혁명이라는 개념을 가장 먼저 언급한 것은 카를 마르크스였지만, 그것을 체계적으로 발전시킨 것은 러시아 혁명가 레온 트로츠키였다.

사이먼 아사프. 〈저항의 촛불〉 12호, 2009년 1월 14일. https://wspaper.org/article/6125.

트로츠키는 노동계급의 수가 농민이나 다른 사회 집단에 비교해 아직 상대적으로 적은 나라에서 혁명이 어떻게 전개될지 탐구했다.

연속혁명 이론은 만약 노동자들이 민주화 투쟁·토지 개혁 투쟁·반제국주의 투쟁을 주도한다면 노동자들이 그 투쟁을 자본주의 자체에 맞선 도전으로 발전시킬 수 있다는 것이었다.

만약 좀 더 발달되고 노동자들의 수가 훨씬 많은 다른 나라로 이 혁명이 확산된다면, 이 혁명은 '연속적'이 되는 것이다.

양질의 석유를 가장 많이 보유하고 있는 중동 지역에서 노동자들은 종종 제국주의 열강들의 지원을 받는 정부들과 싸워야 한다. 제국주의 열강에게 이것은 판돈이 매우 큰 싸움이다.

시리아와 이란을 제외하고, 거의 모든 중동 국가들은 서방 제국주의 열강, 특히 미국 제국주의의 동맹국이다. 미국과 그 동맹 제국주의 열강들은 이스라엘에게 온갖 종류의 무기를 제공하며, 이스라엘이 중동 국가들을 통제하기를 바란다. 서구 열강들은 이집트 보안군의 임금을 지급하기도 한다. 보안군들의 군화발이 7천5백만 명의 이집트인들을 고분고분하게 만들기를 기대하는 것이다.

그러나 그동안 서방 지도자들과 다국적 석유 기업들이 중동 천연자원을 성공리에 착취해 엄청난 이득을 취했지만, 오늘날의 중동은 석유가 처음 발견된 과거와 크게 달라졌다.

1933년 미국은 3만 파운드라는 형편없이 적은 돈으로 사우디아라비아에서 석유 시추권을 따냈다. 미국은 이를 위해 아람코를 설립했다. 그러나 오늘날 아람코의 이름은 사우디아람코로 바뀌었고 소유주는 사우디아라비아로 바뀌었다. 사우디아람코는 세계 최대의 확인매장량과 생산 능력을 가진 석유 기업이다.

'오일 달러'는 쿠웨이트 정부의 투자를 관리하는 쿠웨이트투자공사나 카타르와 아랍에미리트에 있는 비슷한 기관들을 매우 중요한 금융 투자자로 변화시켰다. 아랍 지배계급은 세계 자본주의에 깊숙이 통합돼 있는 것이다.

아랍 지배자들은 아랍 대중의 분노와 혼란감이 폭발해 자신들이 성취한 모든 것을 잃을까 두려워한다. 이것은 괜한 불안이 아니다.

1952년 이집트 혁명에서 가말 압델 나세르가 권력을 잡았을 때, 나세르는 수에즈운하·대형 은행·보험사들을 포함해 6백여 개의 주요 산업·상업 회사들을 국유화했다. 여기에는 셸 오일, BP[영국석유회사], 레버브라더스(유니레버 자회사)도 포함돼 있었다. 또, 토지 개혁을 대대적으로 단행하고 6백대 부자 가문의 자산을 몰수했다.

이것은 다른 나라에서 비슷한 혁명이 일어나도록 고무했고, 심지어 당시 노동계급의 수가 극소수에 불과한 농업 사회였던 사우디아라비아도 흔들릴 정도였다.

그래서 프랑스·영국·미국·이스라엘은 나세르와 아랍민족주의 혁명의 위협에 대응해 전쟁을 일으켰다.

아랍민족주의자들을 진압하려는 최초의 시도였던 1956년 수에즈운하 위기는 제국주의자들의 패배로 끝났다. 당시에는 모든 것이 가능한 듯했다.

그러나 나세르와 다른 아랍 민족주의 지도자들은 혁명의 폭을 제한하려 했다. 구체제를 무너뜨린 원동력인 노동자들은 "아랍민족의 단결"을 최우선으로 내세우는 전략의 희생자가 됐다.

민족주의 지도자들은 대중의 힘을 필요로 했지만, 중동의 노동자들이 생산을 통제하고 자본주의를 전복하는 것을 바라지는 않았다. 그래서 연속혁명 과정이 발전할 기회가 가로막혔다. 그러나 아랍민족주의를 포함해 제국주의에 맞선 모든 도전은 서방 열강들에게는 여전히 위협이었다.

1967년 이스라엘은 '6일 전쟁'을 벌여 아랍 군대를 패배시켰다. 패배 이후 아랍 정부들은 제국주의에 대한 적대 정책을 중단하는 '실용주의적' 길을 걸어가기 시작했다.

이집트는 미국과 타협했고, 이스라엘과 평화조약을 맺었다. 시리아처럼 타협하지 않은 정권들은 고립되고 군사공격을 받았다.

1973년 전쟁도 같은 목적의 전쟁이었다. 그 결과, "아랍의 연대"는 깨졌다. 또, 중동 국가들은 독재 국가로 변신하면서 엄청난 탄압을 자행했다.

중동 정부들은 신자유주의를 받아들였고, 석유에서 나온 부가 극소수 가문의 수중에 집중됐다. 아랍에서 역사상 가장 극단적인 양극화가 진행됐다.

소수의 부유한 지배자들과 입에 풀칠하기도 힘든 기층 노동자·도시 빈민·농민 사이의 격차가 엄청나게 커졌다.

이것은 아랍 부자들이 가진 부를 훑어보기만 해도 알 수 있다. 신용경색이 발생한 뒤 1백60억 파운드[약 31조 원]를 손해봤지만, 아랍의 왕실과 석유에서 나온 부를 제외하고도 가장 부유한 50대 가문들은 1천2백70억 파운드[약 2백50조 원]를 가지고 있다.

여기에 왕실들의 부를 더하면 천문학적 숫자가 된다. 사우디아라비아 국왕은 1백80억 파운드[약 35조 원]의 자산을 보유하고 있다. 아랍에미리트 국왕은 65억 파운드[약 13조]를, 쿠웨이트 국왕은 1백10억 파운드[약 22조]를, 카타르 국왕은 30억 파운드[약 7조]를 가지고 있다. 그런데, 6백만 명의 인구가 사는 요르단 경제 규모는 2007년 기준으로 1백80억 파운드에 불과하다.

그러나 중동 지역에서는 다른 변화도 일어났다. 오늘날 아랍은 매우 도시화된 사회다. 예컨대 1970년대에는 레바논인 중 25퍼센트만이 도시에 살았지만 오늘날에는 75퍼센트가 도시에 살고 있다. 사우디아라비아의 경우도 다르지 않다.

비록 석유 산업이 높은 이윤을 보장하지만, 극소수의 중동 노동자들만이 석유 산업에 고용돼 있다. 대다수 노동자들은 건설·방직 산업에 종사하거나, 전차를 몰고, 거리를 청소하고, 농지를 경작한다.

중동 노동자들이 빈곤과 탄압에 맞서 싸우기 시작하면서 중동 정권과 서방 후원자들의 간담을 서늘하게 하고 있다.

이스라엘에 맞선 현 팔레스타인 투쟁과 2006년 레바논 투쟁에서 '정치'[투쟁]와 '경제'[투쟁] 사이의 구분은 희미했다.

수만 명의 이집트인들이 이집트 정부의 똘마니들을 두려워하지 않고 이라크 침략이나 이스라엘의 팔레스타인·레바논 침략에 반대하는 투쟁에 나섰을 때, 그들은 마할라엘쿠브라 노동자들이 파업 행동에 나설 수 있는 용기를 줬다.

시위 진압 경찰에 맞서 싸우는 마할라 시민들과 팔레스타인 서안지역에서 이스라엘의 국경 경비대와 맞서 싸우는 팔레스타인인들 사이에서 공통점을 발견하는 것은 어렵지 않다. 시위 참가자들 자신도 공통점을 말하곤 한다.

이런 시위에 참가하는 사람들의 수가 늘고 있을 뿐 아니라, 시위 자체도 갈수록 전투적이 되고 있다. 지난주 금요일[1월 9일] 이집트 알렉산드리아에서는 무려 10만 명이 팔레스타인 연대 시위에 참가했다. 이것은 알렉산드리아 역사상 최대 규모의 시위였다. 시위 진압 경찰조차 시위대에게 조용히 길을 터주었고, 나중에 중앙 정부는 이것에 항의했다.

제국주의 열강들은 중동을 여전히 "역사상 가장 값진 전리품"으로 여긴다. 그래서 서구 제국주의 열강들은 계속 이스라엘에 의존한다. 어떤 사람들은 미국의 이라크 침략으로 이스라엘의 중요성이 줄어들 거라 예상했지만 그런 일은 벌어지지 않았다.

이라크 전쟁의 가장 중요한 목표는 미국의 패권적 지위를 굳건히 하는 것이었다. 그러나 이라크 점령이 실패하면서 미국 패권의 한계가 드러났다.

미국의 이라크 점령이 재앙으로 빠지면서 서방 제국주의 열강에게 이스라엘의 중요성이 더 없이 커졌다. 세계 자본주의에게 석유는 여전히 매우 중요한 자원이다. 그래서 서구 열강들은 중동에서 강력한 경비견이 필요하다.

이스라엘 경제의 크기는 이집트의 절반에 불과하지만, 이스라엘은 서방이 제공한 최신형 탱크·전투기·공격용 헬리콥터·군함·잠수함·미사일뿐 아니라 핵무기로도 무장하고 있다.

이것은 경화기(輕火器)와 수제 로켓으로 무장한 팔레스타인 전사들이 이스라엘에 군사적 위협이라는 주장이 얼마나 황당한 거짓말인지를 잘 보여 준다.

그러나 비록 하마스나 헤즈볼라의 로켓이 군사적으로는 별로 의미가 없지만, 정치적으로는 큰 의미가 있다. 그들의 로켓은 강력한 적군에 맞서 끊임없이 저항하고자 하는 의지를 상징한다.

그래서 평범한 중동 사람들이 이 조직들을 존경하는 것이다. 모든 아랍 군대가 이스라엘에 굴복했지만, 이 조직들은 이스라엘의 점령에 맞서 싸우고 있다. 지금 엄청난 비난을 받고 있는 이집트의 외무부 장관도 이 사실을 알고 있다.

이집트 외무부 장관은 헤즈볼라의 지도자 하산 나스랄라가 이집트인들에게 대중 시위를 벌일 것을 호소하자, 이렇게 말했다. "이집트 군대는 이집트를 방어할 의무가 있다. 필요하다면, 당신 같은 사람에 맞서서도 이집트를 방어할 것이다."

서방 제국주의 열강들은 이스라엘이 가자에서 단기적으로 성취하려는 목표가 장기적으로 아랍 정권들의 생존에 어떤 영향을 미칠지 우려하고 있다.

서방 열강들은 1950~1960년대의 경험을 생생하기 기억하고 있다. 당시 제국주의에 협력한 중동 정권들은 혁명의 물결에 휩쓸려 줄줄이 무너졌다.

제국주의에 맞선 투쟁과 아랍 정권에 맞선 투쟁이 결합되면 중동에서 연속혁명이 발생할 가능성이 커질 수밖에 없다.

많은 사람들은 아직 아랍 노동자들이 그런 혁명을 일으킬 수 있다고 믿지 않는다. 그러나 아랍 정권들과 서방의 동맹국들은 그럴 수 있음을 잘 알고 있다.

'이슬람국가'는 누구이고 대안은 무엇인가

2006년, 이라크 주재 미국 대사는 당시 이라크 점령이 수렁에 빠지고 있다는 것을 자인하며 다음과 같이 말했다.

"우리는 판도라의 상자를 열었는지 모른다. 수니파와 시아파 사이의 갈등은 단지 이라크에 국한되지 않을 수 있다. 이란이 시아파를 지원하고, 수니파 아랍 국가들이 같은 수니파를 지원하게 될 지 모른다. [단지 이라크가 아니라] 이 지역 전체가 아주 오랫동안 전쟁에 휘말릴 … 수 있다."

8년이 지난 지금, 현실은 정확히 그렇게 됐다. 미국이 조장하고 주변 국가들이 거든 종파 갈등 속에서 '이라크·시리아 이슬람국가'(이하 아이시스)가 국경을 뛰어넘어 성장했고, 미국은 중동 전쟁으로 또다시 빨려 들어가고 있다.

아이시스는 다른 종교는 물론 이슬람교 시아파의 사원까지 폭파

김종환. 〈노동자 연대〉 137호, 2014년 11월 8일. https://wspaper.org/article/15092.

할 정도로 지독하게 종파적이다. 또한, 자신들을 지배자로 받아들이지 않으면 종파를 가리지 않고 사람들을 살해할 정도로 잔혹하고 억압적이다.

어떻게 이런 세력이 오늘날 중동에서 국가 수립을 표방할 정도로 성장했는지를 이해하려면, 중동 위기의 심각성과 아이시스에 필적할 혁명적 대안이 충분치 않았다는 것을 봐야 한다.

누적된 중동 위기

아랍 지배자들은 2003년 미국의 이라크 침공을 지지하고 도왔다. 또한 그들은 자국에서 장기 독재를 실시하며 신자유주의 정책을 시행했다. 이 모든 것은 대중의 불만을 키웠다.

2000년대 후반 세계경제 위기의 충격이 가해지자, 아랍 곳곳에서 혁명이 터져 나왔다. 특히 2011년 아랍 세계의 중심지인 이집트에서 30년을 통치한 친미 독재자 무바라크가 타도되자 아랍 전역이 혁명의 열기에 휩싸였다.

아랍 혁명은 아이시스가 뿌리를 둔 알카에다 세력의 정치적 입지를 좁히는 듯 보였다. 알카에다가 주장하는 소수의 테러가 아니라, 대중 행동이 권력자들을 끌어내렸기 때문이다. 그래서 알카에다 지도자들은 변화된 중동 정세에 발붙이려고 기존의 엘리트주의적 어조를 바꿔야 했다. 그러나 동시에 알카에다 지도자들은 이슬람 율법을 따르지 않는 서구식 민주주의만으로는 "대중 혁명으로 얻은 모든 것이 도둑질당할 위험이 있다"고 경고했다.

한편, 자본주의 내 개혁을 추구하는 이슬람주의 단체인 무슬림형제단(알카에다와 노선이 전혀 다르다) 경향은 아랍 혁명의 수혜를 입어 이집트·튀니지·리비아에서 정권을 잡거나 국가 기구에 참여했다.

시리아와 이라크

이들은 혁명을 더 전진시키는 것이 아니라, 기존 지배계급 및 서방 제국주의와의 거래를 통해 체제를 안정시키려 했다. 그러나 그 결과는 재앙이었다. 특히 이집트에서 선출된 무슬림형제단 정권이 군부 쿠데타로 쫓겨 나고 미국·이스라엘·사우디아라비아 등이 군부를 후원한 것은 알카에다의 주장을 입증시켜 주는 듯 보였다.

그러나 노동자 운동이 정치적 혼란을 겪을지언정 건재한 이집트에서 아이시스는 지금도 유의미한 정치 세력이 되지 못한다.

한편, 이집트·튀니지와 달리 시리아에서는 노동계급의 힘이 충분히 발휘되기 전에 정권이 정국을 군사적 대결로 몰아갔다. 내전이 길어지면서 알카에다 등 지하드 세력은 군사력과 조직력을 바탕으로 시리아인들 사이에서 성장했다. 이들 중에서도 가장 종파적인 세력이 '알카에다 이라크 지부'와 통합해서 지금의 아이시스가 생겨났다.

이라크에서는 미국의 점령 직후부터 점령과 친미 정권에 반대하는 운동이 분출했다. 그러나 이 운동은 노동자 운동이 아니라 종교 지도자를 중심으로 진행됐다. 미국은 이런 약점을 파고 들어 종파 갈등을 부추겨서 운동을 분열시켰다. 그러나 이 와중에도 아이시스의 전신 격인 '알카에다 이라크 지부'는 종파적 행태 때문에 같은 수니파에 의해 이라크에서 쫓겨날 위기로까지 내몰렸었다.

2012년 말, 이라크 수니파를 중심으로 종파적인 시아파 정부에 반대하는 운동이 벌어진다. 그러나 1년에 걸친 투쟁이 미국을 등에 업은 정권의 탄압 때문에 패배하자 시아파에 대한 종파적 분노를 내세운 아이시스는 이라크에서도 빠르게 성장한다. 이윽고 지난 6월, 이라크 제2의 도시 모술을 장악하고 '이슬람 국가' 수립을 선포한다.

이처럼 아이시스는 이라크와 시리아를 넘나들며, 아랍 혁명이 충분히 전진하지 못하고 노동운동이 허약해서 생긴 공백을 비집고 들어와서 오늘날의 형태로 성장했다.

오늘날 더 중요해진 중동의 연속혁명 대안

따라서 오늘날 중동의 불안정과 아이시스의 반동적 행태에 대한 진정한 해결책은 아랍 혁명을 다시금 전진시키는 것이다. 특히 한사코 혁명을 부르주아 민주주의 혁명으로 제한하려 한 개혁주의자들(대표적으로 무슬림형제단)을 뛰어넘을 대안을 제시해야 한다.

이집트 등지에서 개혁주의자들이 실패한 이유는 그들이 표방한 이슬람 율법이 문제여서가 아니라 그들이 한사코 자본주의에 도전하기를 꺼리며 노동자·민중의 기대를 배신했기 때문이다. 경제 위기가 심각한 지금 혁명의 요구였던 "빵, 자유, 사회 정의"를 실현하려면 소수가 장악한 생산수단을 빼앗아 이윤이 아니라 사람들의 필요에 따라 운영해야 한다. 즉, 독재자를 타도하기 위한 혁명이 자본주의 체제를 타도하기 위한 혁명으로까지 나아가야 한다.

아랍의 혁명적 사회주의자들은 혁명 초기부터 이런 연속혁명론의 관점에서 고군분투해 왔다. 그들은 여러 독재 정권들과 아이시스 같은 반동적 세력이 우위를 점하는 지금도 혁명의 정신과 조직을 지키려고 싸우고 있다.

아랍 혁명의 중심지 이집트에서는 정치적 권리를 위한 저항이 계속되고 있고, 시리아에서는 정부군과 아이시스에 모두 맞서 싸우고 있다.

미국은 중동에서 손 떼라

전 세계 사회주의자들은 이런 노력에 연대해야 하고 현 단계에서는 미국이 주도하는 이라크·시리아 공격에 반대하는 것이 중요하다.

미국이 아이시스를 물리치겠다고 중동에 개입하는 것은 피에 굶주린 사자가 쥐를 잡아주겠다고 안방으로 들어오는 격이다. 미국은 아이시스보다 수천 배 더 큰 아랍 혁명의 적이다.

게다가 미국의 개입은 시리아·이라크에서 아이시스가 '미국에 맞서 수니파를 지킬 세력은 우리뿐이다' 하고 주장할 명분을 주고 혁명가들을 정치적으로 더 어려운 처지로 내몬다. 자유시리아군 망명 지도부가 (현지 정서와 무관하게) 미국을 지지하자, 아이시스와 알카에다 세력은 다른 저항세력들에 대한 자신의 공격을 반제국주의로 치장할 수 있게 됐다.

그리고 2003년 이라크 침공과 2011년 리비아 공습에서 드러났듯이 미국의 개입은 오히려 인도주의적 상황마저 악화시킨다. 아랍 혁명이 전진하고 아이시스가 아닌 대안이 성장하기 위해 가장 필요한 것은 미국 등이 중동에서 손을 떼고 중동 민중이 스스로 운명을 결정할 수 있게 되는 것이다.

한편, 박근혜는 진작부터 미국의 중동 개입을 재정적으로 지원해 왔고 군사적 지원 가능성도 열어 놓고 있다. 최근 한미 외교·국방(2+2) 장관회의 공동성명에도 "ISIL[아이시스의 다른 이름]의 잔혹성을 규탄하고 ISIL 위협에 맞서 싸우는 국제 사회에 대한 지지"가 포함됐다. 우리는 한국 지배자들이 미국의 전쟁을 지원하려는 것에도 반대해야 한다.

아이시스와 아랍의 반혁명
— 마르크스주의적 분석

2011년 아랍 혁명이 틔운 희망의 불꽃은 4년이 지난 지금 대부분 사그라진 듯 보인다. 미국이 또다시 이라크 북부와 시리아에서 군사작전을 펼치고 있다. 이집트에서 쫓겨났던 독재 정권은 전보다 더한 폭력을 휘두르면서 부활했다. 2013년 8월 14일 하루에만 무슬림형제단 지지자 1천 명 이상이 살해됐고, 정치적 반대파 4만 명이 수감됐다.

하지만 서방 언론이 훨씬 더 큰 관심을 보이는 것은 '이라크·시리아 이슬람국가(ISIS, 이하 아이시스)'의 부상이다. 아이시스는 폭력적이고 종파주의적인 지하드 단체로 2014년 6월 이라크 제2의 도시 모술을 장악했다. 아이시스는 미국인·영국인을 참수하는 영상을 공개

김종환. 〈노동자 연대〉 142.1호, 2015년 1월 31일. https://wspaper.org/article/15419. 이 글은 영국의 사회주의노동자당(SWP) 활동가 앤 알렉산더의 논문 'ISIS and counter — revolution: towards a Marxist analysis'(*International Socialism* 145)를 참고해 작성했다.

하고, 여성을 억압하고, 다른 종교와 다른 이슬람 종파를 공격하고, 같은 수니파라도 자신에게 적대적이면 학살을 서슴지 않는다.

이 글은 이처럼 잔인하고 종파주의적인 세력이 어떻게 이라크와 시리아에 들어서게 됐는지를 분석하고 진정한 대안이 무엇인지를 모색하고자 한다.

이를 위해 첫째, 아이시스를 분석하기 위한 마르크스주의적 도구들을 제시할 것이다. 둘째, 아이시스가 기반을 잡을 당시 이라크와 시리아의 구체적 상황을 살펴볼 것이다. 셋째, 이슬람주의 운동 내 개량주의 경향이 아랍 혁명 이후 위기에 빠진 것은 아이시스 성장에 어떤 영향을 끼쳤는지를 살펴볼 것이다.

마르크스주의 분석 방법

1) 불균등·결합 발전 이론

지난 40년 동안 아랍 세계에서는 신자유주의에 따른 변화가 진행됐다. 수익성 좋은 국영 기업들이 민영화됐는데, 많은 경우 집권당 관료의 친인척에게 불하됐다. 공공부문은 수익성 위주로 재편됐고 서민층이 더 많은 책임과 비용을 떠안게 됐다.

이처럼 신자유주의는 아랍 대중에게 재앙이었다. 그뿐 아니라 신자유주의는 아랍 세계의 이미 높았던 불균등·결합 발전* 정도를 더

---

* 레온 트로츠키가 20세기 초의 러시아를 분석하면서 제시한 개념이다. 당시

한층 높였다. 즉, 오늘날 예전의 국가자본주의가 신자유주의와 결합 돼 더 큰 긴장을 낳은 것이다.

오늘날 중동 사회의 '불균등' 발전을 보여 주는 한 가지 사례는 시리아 혁명이 전파되는 방식이다. 2011년 시리아 혁명은 신자유주의 변화 속에서 궁핍화된 대중이 고향을 떠나 밀집한 지역을 중심으로 번졌다. 이 지역들은 이후 아이시스의 시리아 내 근거지가 된다.

국가들 사이에도 불균등 발전이 전개됐다. 사우디아라비아는 중동 지역뿐 아니라 세계적 수준에서도 영향력이 커졌다. 이 영향력을 바탕으로 사우디아라비아는 이집트 혁명과 시리아 혁명에 개입할 수 있었다.

'결합' 발전은 기존의 정치·사회적 관계와 신자유주의가 융합되는 형태로 나타난다. 신자유주의는 아랍 세계의 국가를 약화시키지 않고 오히려 국가와 자본의 관계를 더 밀접하게 만들었다.

한편, 신자유주의가 노동자와 빈민들에게 비용을 떠넘기는 바람에 이슬람주의의 영향력이 커졌다. 이슬람주의 세력은 국가를 대신해 교육과 의료를 제공하면서 빈민과 하층 중간계급에게 "세속 국가"에 문화적으로 저항하고 신앙을 가지라고 촉구했다.

2) 유물론

많은 논평가들이 아랍 세계에서는 종교가 결정적 영향력을 미치

러시아는 사회적·정치적으로 뒤처져 있었지만 일부 산업 부문에서는 고도로 발전해 있었다(불균등). 이런 발전은 선진국의 기술을 들여온 덕분이었고(결합), 트로츠키는 이런 사회에서는 '정상적인' 다른 사회보다 모순이 더 첨예하고 그래서 투쟁이 더 폭발적일 수 있다고 진단했다.

는 것인 양 말한다. 여러 문제가 이슬람의 "천 년도 더 된 구원(舊怨)"에서 비롯했다는 것이다. 이와 반대로 마르크스주의는 언제나 그런 관념의 물질적 토대를 추적한다.

이라크에서는 지난 25년 동안의 전쟁과 UN(사실상 미국의) 제재와 미군 점령으로 말미암아 종파주의가 자라날 물질적 토대가 생겨났다. 전기가 끊겼을 때 성직자들은 주민들에게 전력을 제공하며 영향력을 키웠다. 정부와 연줄이 있는 부족 지도자들은 자신을 따르는 사람들에게 일자리를 제공하고 그들을 돌봤다.

내전으로 나라가 황폐해진 이라크 같은 조건에서 개인들과 그 가족의 생존은 부족 지도자나 종파적 민병대를 통해 일자리를 구하는 것에 달려 있다. 그 덕분에, 서로 대립하는 계급들을 종교나 부족의 이름으로 하나로 묶기가 수월해졌다. 반대로 노동자들이 실천 속에서 계급적 연대와 의식을 구현하기는 쉽지 않다.

이슬람주의를 분석할 때는 지도자와 평신도들의 관계, 종단과 종파, 분파 내부의 계급적 분할을 봐야 한다. 예컨대, 무슬림형제단 같은 대중적 이슬람주의 운동은 커다란 사회적 모순을 품고 있다. 많은 평신도들은 노동자 계급, 도시 빈민, 하층 중간계급 소속인데, 지도자들과 평신도들의 이해관계가 꼭 같은 것은 아니다.

한편, 아이시스는 군사 활동을 기반으로 성장한 소수 정예 군사 조직으로, 무슬림형제단과는 또 다르다. 아이시스는 완전히 종파적인 강령으로 평범한 사람들이 아래로부터 변화를 제기할 가능성을 원천 봉쇄한다. 팔레스타인의 하마스나 레바논의 헤즈볼라 같은 다른 이슬람주의 무장 단체들이 비록 왜곡된 형태로나마 평범한 사람들의 진정한 변화 염원을 반영하는 것과 달리, 아이시스의 정치에서는 그런 것을 기대할 수 없다. 혁명적 사회주의자들이 아이시스를 하마스나 헤즈볼라처럼 대할 수 없는 까닭이다.

3) 제국주의

아이시스를 분석할 때 미국의 이라크 개입이 낳은 재앙을 결코 빼놓을 수 없다. 미국은 특히 이라크 점령에 군사적으로 실패하면서 그 패권이 약해졌다. 그 결과 사우디아라비아와 이란 같은 지역 강국의 상대적 지위가 높아졌다. 그뿐 아니라 이라크 북부 쿠르드족이 독립 국가를 향해 나아가거나 아이시스라는 새로운 세력이 불현듯 등장한 것과 같은 변화도 나타났다.

이를 바로잡겠다고 미국 제국주의가 개입 수준을 늘리는 것은 오히려 아이시스의 명분을 강화하거나 아이시스를 대신할 다른 세력의 등장을 낳을 뿐이다. 게다가 제국주의의 중동 개입은 유럽과 미국에서 무슬림혐오와 인종차별이 자라는 것과 연관돼 있다. 즉, 그 둘은 서로 강화하는 관계에 있다. 아이시스는 이를 이용해 외국인 용병을 끌어들인다.

4) 살아 있는 인간의 주체성

역사를 만드는 것은 살아 있는 인간이지, 추상적 역사 법칙이나 객관적 조건이 아니다. 혁명적 마르크스주의의 위대한 점은, 사회의 작동 방식을 이해할 수 있는 추상적 이론을 제공하는 동시에 이론을 인간의 주체적 활동과 결합시킨다는 것이다.

아랍 세계에서 일어나고 있는 변화가 어떤 결과를 낳을지를 최종 결정하는 것은 인간의 주체적 활동이라는 점을 인식하는 것은 아이시스가 아닌 대안을 고민하는 데서 중요하다.

종파주의를 키운 미국의 이라크 점령

미국은 2003년부터 이라크를 점령했다. 미국의 강점 하에서 이라크 사회는 큰 변화를 겪었다. 아이시스의 등장은 바로 이 변화와 밀접한 관련이 있다.

미국은 침공을 준비할 때부터 시아파·수니파·쿠르드족을 이간질하고 그들 사이에서 "균형"을 맞춰 이라크를 다스린다는 계획을 세웠다. 점령 후 미국은 종파와 부족의 인구 수에 따라 관직을 할당했다. 이런 환경에서는 자기 종파와 부족의 이익을 최우선으로 삼는 세력이 성장하기에 유리했다.

미국은 종파 간 경쟁을 자신의 입맛에 맞게 이용할 수 있다고 봤지만, 결국 종파 간 경쟁은 미국의 통제를 벗어났다.

미국이 실시한 신자유주의 정책도 종파 간 경쟁이 미국의 통제를 벗어나는 데 일조했다. 미국은 공공부문을 대대적으로 민영화했다. 그 과정에서 지역 토호, 민병대 지도자, 종파주의적 정당 지도자들이 큰 수혜를 입었다. 이들은 그전까지 국가에 속했던 기관들을 인수하거나 약탈해 자기 세력을 강화하는 수단으로 삼았다. 미국은 이 세력들을 통제하는 데 두고두고 애를 먹었다.

그러나 평범한 이라크인들은 이런 흐름에 거듭거듭 저항했다. 미군 점령 초기부터 점령 반대 운동은 종파간 차이를 넘어 벌어졌다. 2004년 5월 미군 당국이 발표한 여론조사 결과를 봐도, 이라크인 다섯 명 중 네 명은 미군 철수를 바랐다. '수니파 도시' 팔루자뿐 아니라 '시아파 도시' 사드르시티와 나자프에서도 무장 저항이 잇따랐다. 2004년 4월 시아파가 다수인 이라크군 제2대대는 팔루자 저항 진압 작전에 반대해 항명하기도 했다.

2004년 11월 미국은 팔루자에서 수천 명을 학살했다. 팔루자 학살에는 저항세력이 종파를 넘어 단결하는 것을 막으려는 노림수도 있었다. 팔루자 학살은 선거를 한 달 남짓 남겨 놓고 일어났고, 수니파 저항세력은 선거 보이콧을 선언했다.

그러니 미국과 손잡은 시아파 정당들은 마침내 '시아파의 이익'을 실현할 기회가 왔다며 선거 참여를 호소했다. 점령에 저항하는 시아파 일부는 선거 참여에 비판적이었지만 시아파 최고성직자가 '선거로 정부를 구성하는 것이야말로 점령을 끝내는 평화적인 길'이라는 주장에 힘을 싣자 이에 이의를 제기하지 못했다. 그 결과 시아파가 주도하는 종파적 정부가 들어선다.

이라크 알카에다의 성장과 미국의 또 다른 이간책

이처럼 시아파 일부가 미군 점령에 부역하기 시작하고 시아파와 수니파가 분열하면서 알카에다 세력이 성장할 정치적 공간이 열렸다.

알카에다 이라크 지부는 팔루자가 속한 서부 지역에서 미군을 상대로 전과(戰果)를 올리며 명성을 얻었다.

그러나 알카에다는 매우 종파적이었고 종파간 내전을 부추겼다. 게다가 사람들에게 종파적 규율을 강요하려 들면서, 그 명성은 곧 빛이 바랬다. 정부의 종파적 행태에 치를 떠는 많은 이라크인들은 똑같은 종파적 보복으로 이에 대응하는 것을 지지하지 않았다.

미국은 저항세력과 알카에다 사이의 틈을 노리고 이간질 책략을 부렸다. 일부 부족 지도자들과 협약을 맺어 자금과 훈련을 제공하고 알카에다에 맞서게 했다('각성 운동'). 대부분 수니파인 10만 명('이라크 아들들')에게 매달 3백 달러를 지급하면서 알카에다에 맞서 싸우도록 했고, 향후 정식 군인으로 인정하겠다고 약속했다. 기존의 종파간 갈등 구도가 여전한 가운데 미국이 특정 종파로만 이뤄진 또 다른 세력을 만들어 냄으로써 이라크의 분열은 더 악화됐다.

시아파 주도의 종파적인 이라크 정부는 미군이 수니파에게 무기를 쥐어 주는 것을 위협으로 여겼다. 2009년 이라크 정부는 '이라크 아들들'을 강제해산하고 심지어 일부는 재판도 없이 처형해 버렸다. 종파 간 갈등은 더 악화됐다.

이라크 말리키 정권의 처참한 실패

한편, 미군에 협력하며 성장한 수니파 권력자들은 중앙 정부에도 일정한 지분을 갖기를 원했다. 그러나 정부를 이끄는 말리키는 이를 탐탁치 않게 여겼다. 2010년 총선에서 말리키는 2위로 밀렸지만, 사법부 내 지지 기반을 이용해 스스로 총리를 연임하고 정부를 구성했다. 그리고 자신과 경쟁하는 수니파 정치인들을 탄압했다. 자기 세력 구축을 위해 군대 통솔 체계도 재편했다. 그 과정에서 시아파 민병대의 입지가 커졌고 종파적 폭력이 증가했다.

이처럼 종파주의적이고 권위주의적인 말리키 정권에 대한 커다란 환멸이 곧바로 알카에다의 성장으로 이어진 것은 아니다. 수니파는 처음에는 테러가 아니라 대중 운동으로 정권에 도전했다.

이라크에서는 2012년 말부터 아랍 혁명으로부터 영감을 받은 거리 시위와 광장 점거 운동이 벌어졌고, 여기에 수만 명이 참가했다. 시위대는 수니파에 대한 차별과 탄압을 중단하라고 요구했다('이라크의 봄').

그러나 말리키 정권은 이 운동을 잔혹하게 진압했다. 이런 환경에서 알카에다가 다시금 성장할 기회를 갖게 된다.

여기에 더해, 아랍 세계 전역의 정세 변화도 알카에다의 성장을 도왔다. 가장 중요한 변화는 미국 영향력의 쇠퇴이다. 이라크 점령의 정치적·군사적 실패에 2008년 경제 위기도 미국을 압박했다. 미국은 더는 이라크에 돈을 쏟아부을 처지가 못 됐다. 그래서 미국은 2011년 이라크에서 철군하며 한동안 군사 개입을 꺼렸다.

2011년 아랍 혁명이 터져나온 이후 아랍 세계 전역에서 종파적 선전이 강화된 것도 중요한 변화였다. 걸프해 연안국들의 왕정들은 방송과 인터넷을 시아파 비난 내용으로 채웠다.

단지 선전만이 아니었다. 시리아의 아사드 독재 정권은 권력을 지키려고 혁명을 종파간 내전으로 비틀었다. 시리아인의 다수를 차지하는 수니파가 자신을 비롯한 알라위파(시아파)를 제거하려 든다는 것이었다.

결국 아사드는 레바논의 시아파 무장세력 헤즈볼라와 이란을 자기 편으로 끌어들일 수 있었다. 이란·시리아와 앙숙 관계인 사우디아라비아 등 걸프해 연안국들의 왕정들은 시리아 반군 중 종파주의적인 수니파 세력을 지원했다. 그 과정에서 애초 혁명을 주도했던 시리아의 기층 대중 운동과 무장단체들은 주변화됐다.

아이시스: 게릴라 군사 집단에서 국가로?

시리아는 이라크와 국경을 맞대고 있는데, 양국 중앙정부가 약해지면서 두 나라의 국경 구분이 무색해졌다. 2010년만 해도 거의 소멸한 듯이 보였던 알카에다 이라크 지부는 이런 환경에서 불과 2년 만에 소생하기 시작했다. 알카에다 이라크 지부는 이라크와 시리아를 오가며 세력을 키웠고 무기와 베테랑 전사들을 확충했다.

알카에다 이라크 지부를 이끄는 알바그다디는 2013년 알카에다 시리아 지부 및 세계 지도부와 마찰을 빚었다. 알바그다디가 알카에다 이라크 지부와 시리아 지부를 일방으로 통합한다고 선언한 것이 계기였다. 알카에다 이라크 지부는 이름도 '이라크·시리아 이슬람국가'로 바꿨다.

공교롭게도, 비슷한 시기에 이라크 정부가 '이라크의 봄' 시위대 50

명을 학살한 게 알바그다디에게 기회로 작용한다. 이라크인들의 일부가 무장 투쟁으로 눈을 돌리기 시작한 것이다.

2013년 말 이라크 말리키 정부가 수니파 정치인을 테러 혐의로 체포한 것에 항의하는 시위가 팔루자 지역에서 일어났다. 선거를 앞둔 말리키 정부는 시아파의 단결을 촉구하는 종파적 선동에 열을 올리며 팔루자 시위를 분쇄하겠다고 거듭 천명한다. 2004년의 학살극이 재현될 수 있다는 우려에 팔루자 지도자들은 아이시스와 손을 잡는다. 이로써 팔루자는 아이시스가 차지한 첫 이라크 도시가 됐다.

한편, 시리아 반군들은 2013년 3월 라까라는 도시를 차지했다. 라까는 반군이 차지한 도시 가운데 가장 큰 도시였고 유일한 주도(州都)였다. 아이시스는 역량을 라까 장악에 집중했다. 수개월에 걸쳐 다른 반군과 치열하게 전투를 벌인 끝에 아이시스는 2014년 1월 라까를 차지했다. 그리고 2014년 6월에는 이라크에서 제2도시 모술을 차지했다.

이처럼 빨리 성장한 결과, 아이시스는 만만찮은 도전에 직면해 있다. 아이시스가 장악한 라까의 인구는 수십만 명이고 모술의 인구는 1백50만~2백만 명이다. 게릴라 군사 집단이 대도시를 통치하는 집단으로 탈바꿈하는 것은 결코 쉬운 일이 아니다. 게다가 아이시스의 목표는 이슬람 '국가'이다.

대도시를 통치한다는 과제는 잠재적으로 아이시스에게 커다란 모순을 일으킬 수 있다. 다른 모든 지배자들처럼 아이시스는 주민들을 상대로 당근과 채찍을 적절히 조합해야 한다. 이 점에서 아이시스의 특기인 잔혹 행위는 강점이자 약점이다. 공포 통치는 단기적으로는 효과적이지만 오랫동안 유지하기는 어렵다.

'국가'를 유지하는 것은 군사적 어려움도 제기한다. 게릴라전과 달리, 영토를 지키는 통상적 군대는 다양한 무기와 물자를 배치하고, 새로운 병력을 훈련시키고, 다양한 전술을 익혀야 한다. 지금까지 아이시스는 다른 시리아 반군이나 이라크군의 무기를 빼앗아 활용해 왔는데, 이제 이것만으로는 부족할 공산이 크다.

그러나 아이시스가 자멸할 것이라고 속단하기에는 이르다. 무엇보다 미국의 이라크·시리아 공습이 큰 변수다. 많은 무장세력이 미국의 공습으로부터 보호받으려고 아이시스에 기댄다는 보도가 있다.

반혁명과 개량주의적 이슬람주의의 몰락

아이시스의 부상과 관련해 살펴볼 마지막 요인은 이슬람주의 운동 내 개량주의 경향이 위기에 처했다는 것이다.

이집트의 무슬림형제단과 튀니지의 은나흐다 등 개량주의적 이슬람주의는 아랍 혁명 이후 선거로 집권했다. 그러나 집권 뒤에는 아래로부터의 운동과 옛 지배계급의 압력 사이에 낀 신세가 됐다.

개량주의적 이슬람주의가 집권한 뒤에도 아래로부터의 운동이 계속되자 '정상적 사회 질서'를 바랐던 자본가 계급과 중간계급은 빠르게 실망했다. 그 결과, 불과 1년 만에 그 정권들은 재앙으로 막을 내렸다. 이집트에서 엘 시시가 2013년 7월 대통령 무르시를 쫓아낸 것이 대표적이다.

개량주의적 이슬람주의의 실패와 이라크의 특수한 상황이 맞물리면서 아이시스는 더 광범한 잠재적 지원자층을 얻을 수 있었다.

게다가 아이시스는 아랍 혁명이 후퇴하는 상황에 대한 잘못됐지만 나름의 설명('민주주의는 서구의 악폐일 뿐이고 이슬람 사회를 만드는 것이 대안이다')과, 좌절과 분노를 표출할 대상(시아파, 그리스도교, '불경한 여성' 등)을 제공하면서 지지자들을 끌어들인다. 이밖에도 '테러와의 전쟁'과 경제 위기로 유럽에서 갈수록 인종차별과 무슬림혐오가 심해지는 것도 아이시스 자원자를 늘리는 요인이다.

그럼에도 아이시스 같은 세력이 중동과 아랍의 더 광범한 지역에서 번성할 것이라고 보는 것은 성급하다. 아이시스는 특정한 조건의 산물이다. 이라크·시리아 인근 지역을 벗어난 곳에서는 그런 조건이 충족되지 않는다. 무엇보다 아랍 세계 곳곳에는 저항의 역사와 경험이 풍부하다. 아이시스가 그런 곳에서 영향력을 획득하기란 쉽지 않다.

이런 점에서 2011년 혁명 이전의 아랍 세계와 이후의 아랍 세계가 다르다는 것을 이해하는 것이 중요하다. 2011년 혁명은 아랍 세계가 국가자본주의에서 신자유주의로 전환하면서 누적된 사회·정치적 긴장이 폭발한 것이었지만, 단지 그 전환을 거꾸로 되돌리기 위한 것, 즉 국가자본주의를 복원하기 위한 것은 아니었다. 오히려 국가자본주의와 신자유주의를 모두 뛰어넘어 전혀 새로운 사회를 만들려는 움직임이었다.

2011년 혁명이 기존의 구도를 뛰어넘을 수 있었던 것은 수많은 대중이 그 혁명을 시작했기 때문이었다. 혁명은 기존 세력들과 조건들의 영향을 받지만 그것만으로 결정되지는 않는다. 수많은 상황적 요인에도 불구하고 2011년 혁명의 분출은 결코 자동적인 것이 아니었다. 혁명을 터뜨린 것은 살아 있는 인간들이었다. 그래서 과거의 악습에서 자유로울 수 있었다.

이집트·바레인·시리아에서 혁명이 터져나오자 하나같이 종파주의에 반대하는 내용과 구호가 넘쳐 났던 것은 결코 우연이 아니었다. 혁명이 계급적 성격을 가졌던 덕분이다. 아랍 혁명은 신자유주의와 제국주의에 시달리던 노동자·빈민이 지배자들에 맞서 일으킨 혁명이었다. 아이시스를 대신하고 종파주의를 극복할 진정한 잠재력은 바로 평범한 사람들이 참여하는 혁명에 있다.

억압자 이스라엘에 반대하는 팔레스타인인들의 항쟁

9월 30일 이스라엘의 리쿠드당 지도자 아리엘 샤론이 이스라엘 병사 1천 명의 호위를 받으며 이슬람 성전인 알 샤리프 사원이 있는 언덕을 방문하면서 중동의 위기가 불거졌다. 이스라엘은 아리엘 샤론의 이슬람 성전 방문에 항의하는 아랍인들에게 발포했다. 이 과정에서 12살된 팔레스타인 소년 라비자말 알두라가 그의 아버지와 함께 있다가 이스라엘 군인들이 정조준하여 쏜 총에 맞아 숨진 장면이 전 세계 TV를 통해 방영되면서 아랍인들의 분노를 자아냈다.

하지만 서방 지도자들과 세계 언론들은 10월 12일 라말라에서 두 명의 이스라엘 보안 경찰이 팔레스타인인들에 의해 죽음을 당하자 팔레스타인 폭도들이 이스라엘 병사들을 죽였다며 분노를 나타냈다.

이 글은 《열린 주장과 대안》 6호에 실렸다. 2000년 11월 1일. https://wspaper.org/article/57.

라말라에서 발생한 이스라엘 경찰 두 명의 죽음에 이스라엘은 서안과 가자지구의 팔레스타인 민간인 거주지역에 폭탄을 투하하는 것으로 대응했다. 라말라의 한 목격자는 그 소도시에서 있었던 일을 이렇게 묘사했다.

이스라엘은 보안 경찰이 실수로 라말라에 들어갔다고 말했다. 이스라엘 군대가 라말라 전체를 감시하고 있는 상황인데, 그들이 어떻게 실수로 들어갈 수 있었겠는가? 사람들이 보안 경찰을 발견하고는 매우 분노했다. 팔레스타인 사람들은 이스라엘인 점령자들이 48세 된 한 팔레스타인 남자를 전기봉으로 지졌으며, 그의 눈까지 뽑아버린 일을 잊지 않고 있었다. 네 대의 무장 헬리콥터가 라말라 하늘을 날고 있었다. 마치 전쟁이 벌어진 것처럼 하늘에서 로켓포 소리가 들렸다. 로켓포탄 하나가 우리 옆에 떨어져 우리 집이 흔들리는 것을 느꼈다. 저들[이스라엘인 점령자]이 전기동력 장치를 뽑아버려 전기가 들어오지 않았다. 누가 폭격기와 탱크를 가졌는가? 팔레스타인 사람들은 돌을 지녔을 뿐이다. 우리는 정의와 인류애를 믿는 사람들로부터 가능한 모든 연대를 필요로 한다.

나불루스의 한 의과대학생인 타멘 다비는 이스라엘 군대의 폭격 뒤에 벌어진 상황을 이렇게 묘사했다.

병원의 응급실은 인명용 총탄과 포탄에 의해 머리나 가슴 또는 흉부가 박살난 어린 아이들의 생명을 구하느라 정신이 없습니다. 모하메드도 허벅지에 총을 맞았습니다. 그의 친구 두 명이 그를 앰불런스로 데려오다가 총에 맞았습니다. 무사라는 어린이는 턱과 혀, 머리의 우측면이 파손돼 혼수 상태입니다. 이스라엘 군인들은 모든 시위에 총을 쏴대고 있습니다. 점령자들은 도로를 봉쇄하고 차나 들판에서 민간인들을 공격하고 있습니다. 우리는 유대인들을 증오하지 않습니다. 그렇지만 우리의 땅을 사랑합니다. 우리는 무자비한 점령군에 맞서 계속 돌을 던질 것입니다. 돌이 바닥나면 올리브 나뭇가지를 던질 것이고 그것도 바닥나면 접시나 포크를 던질 것입니다. 이조차 바닥나면 우리 몸뚱아리를 던질 것입니다.

서방 지도자들과 세계 언론들은 9월 30일부터 시작된 최근의 유혈 사태에서 팔레스타인인들이 130여 명이나 죽고 수천 명이 다친 것에 대해서는 애써 못 본 체하다가 이스라엘 보안 경찰 두 명이 죽은 것에 대해서는 왜 호들갑을 떠는 것일까? 이스라엘 병사 두 명의 생명이 1백 수십 명의 팔레스타인인들의 생명보다 더 가치 있다는 것인가?

서방의 지도자들과 세계의 언론은 중동에서 벌어진 최악의 위기를 마치 팔레스타인인들의 잘못으로 다루거나 기껏해야 양측 모두 폭력 사태에 대한 책임이 있는 것처럼 말하고 있다. 이것은 사태에 대한 완전한 왜곡이다.

한편에는 미국의 전폭적인 지원을 받아 잘 무장된 강력한 이스라엘 국가와 핵무기가 있다. 이스라엘 군대는 정착촌의 무장 정착민들과 힘을 합쳐 팔레스타인인들에 대해 기관총, 로켓포, 고속 화기, 고무 총탄 그리고 최루가스를 무차별적으로 사용하고 있다.

다른 한편에는 팔레스타인인들이 있다. 이들은 맨손이거나 기껏해야 길에서 파낸 돌멩이를 들고 이스라엘이 부당하게 자신의 땅을 점령한 것에 항의해 정의의 투쟁을 벌이고 있다.

더욱 황당한 주장은 최근의 유혈 충돌에서 팔레스타인 어린이들이 많이 죽자 그 책임이 오히려 팔레스타인측에 있다는 것이다.

이번 유혈 사태에서 이스라엘 군대에 의해 죽은 팔레스타인 희생자 중 어린이가 30%를 차지한다. 그러자 지난 10월 25일 영국의 〈더 타임스〉지는 팔레스타인 어린이 2만 5천 명이 야세르 아라파트 자치정부 수반의 정치조직인 '파타'가 운영하고 있는 90여 개의 캠프에서 모의납치 등 게릴라전 훈련을 받고 있다고 보도했다.

그러면서 팔레스타인 어린이들이 총격으로 스러져 가는 모습에도 분개하지만 천진난만한 어린이에게 적개심을 심어 주어 전선으로 내보내는 팔레스타인측도 비난받아 마땅하다고 주장했다. '휴먼 워치' 등 국제인권단체들은 팔레스타인 지도자들이 무고한 어린이들을 전장에 내몰아 희생을 강요한다고 비난하고 있다.

이 주장은 팔레스타인인들이 지난 52년 동안 이스라엘의 군대와 정착민들에 의해 고향에서 추방당해 난민촌에 살고 있다는 사실을 무시한 것이다. 또, 이스라엘이 지난 1967년부터 가자 지구와 서안을 점령하면서 팔레스타인인들을 체계적으로 억압하고 고문하며 학살한 사실을 무시한 것이다. 팔레스타인의 소년·소녀들은 점령군의 만행과 횡포를 태어나면서부터 지금까지 보아 왔기 때문에 시위에 참여하고 돌멩이를 던지는 것이다. 어린이들은 자신들의 삶 앞에 놓인 일상적 빈곤과 불의를 끝장내고 이스라엘의 억압을 종식시키기 위해 싸우고 있는 것이다.

종교 분쟁?

10월 7일 팔레스타인인들이 요르단강 서안에 있는 나블루스 유대교 성지인 '요셉의 묘'를 파괴하자 이스라엘 바라크 총리는 48시간의 최후통첩을 전하면서 강력하게 대응하겠다고 밝혔다. 이를 두고 일부 언론들은 최근의 중동 위기를 종교 분쟁으로 묘사하고 있다. 또, 이스라엘 국가에 반대하는 것은 반유대인적 태도가 아닌가 하는 의문도 제기하고 있다.

하지만 이런 주장들은 이스라엘 국가의 성격과 반유대주의의 뿌리를 제대로 이해하지 못한 것이다. 대다수 유대인들이 중동에 있는 모국에 항상 의존해 왔다는 말도 진실이 아니다.

역사적 사실들이 이 점을 분명히 보여 준다. 유대인들이 팔레스타인 지역에서 세계 각지로 흩어진 것은 예루살렘 함락(서기 70년) 훨씬 전부터였다. 예루살렘이 로마 군대에 의해 함락되기 전에 유대인들의 4분의 3 이상은 팔레스타인 지역에 살고 있지 않았다. 그래서 유대인들이 팔레스타인 지역을 자신의 "모국"이라고 여기는 것은, 이슬람인들이 메카를 방문하듯이 종교적 순례의 형태로만 나타났을 뿐이다. 대다수 유대인들이 대부분의 팔레스타인 지역에 살지 않게 된 이유는 로마의 박해라는 폭력 행위의 결과가 아니라 지리적 조건이었다. 팔레스타인의 척박한 대부분 지역에서 살지 못한 대다수 유대인들은 여러 지역을 돌아다니며 촌락 공동체 사이에서 물건을 중개하는 상업에 종사하면서 살아 왔다.

유대인을 위한 독립된 국가를 건설하려는 운동인 시온주의는 19

세기 말 유럽에 있던 유대인 공동체에서 처음 나타났다. 이 운동은 경제 위기에 대한 속죄양으로 유대인들을 공격했던 러시아의 차르나 독일의 비스마르크 같은 지배자들의 반유대주의에 대한 유대인들의 대응이었다. 그래서 시온주의는 유대인에 대한 증오감을 반영해, 유대인과 비유대인들이 함께 살 수 없다는 생각을 포함하게 됐다. 시온주의자들은 팔레스타인 지역에 유대인 국가를 건설하기를 원했고, 또 이것은 구약 성서에 명기된 자신들의 당연한 권리라고 주장했다.

그렇지만 시온주의를 해결책으로 여긴 유대인들은 단지 소수였다. 대다수 유대인들은 유럽에서 비유대인들과 함께 사회주의 운동을 지지했다. 그들은 반유대주의를 없애는 길은 유대인 노동자와 비유대인 노동자 모두를 착취하는 자본가들에 대항해 비유대인 노동자들과 단결된 투쟁을 하는 것밖에 없다고 생각했다.

그래서 좌파 유대인 단체들은 대중적 지지를 받았다. 러시아의 분트 조직은 1903년에 4만 명의 지지자가 있었다. 러시아 혁명 운동의 지도자였던 트로츠키, 카메네프, 지노비예프 등이 모두 유대인들이었다.

독일 사민당 내에서도 에두아르트 베른슈타인, 로자 룩셈부르크, 카를 카우츠키 등이 유대인들이었다. 이 당시 사회주의 단체에 속해 있던 모든 유대인들은 유대인 국가 건설에 반대했다.

20세기가 시작되면서 어느 누구도 반시온주의가 유대인에 대한 증오와 똑같은 것이라고 여기지 않았다. 유대인들이 자신들에게 가해지는 유혈낭자한 학살을 피해 도망쳤을 때도 팔레스타인 지역은 인기 있는 곳이 아니었다. 1880년에서 1929년 사이에 유럽을 빠져나왔던 유대인들은 거의 4백만 명이나 되었다. 그 중에서 거의 3백만 명은 미국으로 향했다. 단지 12만 명만이 팔레스타인 지역에 정착했다. 1939년에서 1945년 사이에 홀러코스트라는 히틀러의 끔찍한 유대인 살륙이 진행됐던 때 나치는 6백만 명의 유대인을 절멸시켰다. 바로 이 때부터 시온주의가 유대인들 사이에서 주류가 됐다.

미국이 이스라엘 국가를 팔레스타인 지역에 건설하도록 후원했을 때조차 많은 유대인들은 유럽에서의 박해를 피해 팔레스타인 지역으로 가는 것을 썩 내켜 하지 않았다. 오히려 대부분의 유대인들은 여전히 미국으로 향했다. 1948년 데이르 야신 마을에서 시온주의자들이 350여 명의 마을 주민을 학살한 사건에서 알 수 있듯이, 일부 유대인들은 이스라엘 국가의 건설을 통해 유럽의 피억압자에서 중동의 억압자로 변모했다.

제1차세계대전이 일어나기 전까지만 해도 반유대주의는 유럽에 한정된 현상이었다. 많은 유대인들이 대다수 아랍인들과 평화롭게 살았던 아랍 나라들에서는 반유대주의가 존재하지 않았다. 1920년과 1921년에 팔레스타인인들이 유대인들을 처음 공격했다. 그것은 당시 중동을 식민지로 갖고 있던 영국이 유대인들에게 팔레스타인 지역에 정착하도록 보장한 것 때문이었다. 많은 유대인들은 자신들의 공동체가 적대적인 사람들에게 둘러싸여 하나의 섬처럼 존재한다는 사실 때문에 우경화했다.

오늘날 아리엘 샤론 같은 전범이 이스라엘에서는 대중적 지지를 받고 있다. 하지만 이스라엘이 팔레스타인인들을 학대하고 억압하는 것이나 미국의 이해관계를 지키는 것에 혐오감을 느끼는 이스라엘인들도 많이 있다.

전범 아리엘 샤론

이스라엘 수상 에후드 바라크는 우익 야당 지도자 아리엘 샤론과 비상 거국내각을 구성하려 하고 있다. 이것은 모든 팔레스타인인들에 대한 모욕이며, 이스라엘이 평화를 애호한다는 주장이 온전한 위선임을 보여 준다.

이번 분쟁의 불씨를 던졌던 샤론은 아랍인들을 대량 학살한 자일 뿐 아니라 수천 명의 팔레스타인인들의 피를 손에 묻힌 전범자다.

1953년 그는 악명 높은 101특공대를 만들어 인근 아랍 지역 국가들을 침공해 팔레스타인 주민들을 살륙했다. 샤론은 1967년 전쟁 이후 시나이 사막 점령 작전의 이스라엘군 지휘관이었다. 한 목격자에 의하면 샤론의 군대는 1만 명의 농민과 베두인 족을 쓸어 냈으며, 그들의 집을 불도저로 밀어 버리거나 폭파했고, 그들을 텐트에서 끌어내고 농작물을 파괴하고 우물을 메워 버렸다.

그는 1982년 이스라엘의 레바논 침공에도 책임이 있다. 당시에 이스라엘은 레바논의 수도 베이루트를 공습해 완전히 폐허로 만들었다. 병원, 학교, 유치원 등 민간 시설을 폭격했다. 이스라엘은 레바논 전역에 걸쳐 팔레스타인 난민촌을 파괴하고 불도저로 밀어 버리거나 폭파했다. 이스라엘은 적어도 1만 9천 명을 살해했는데, 그 대부분은 민간인이었다.

1982년 9월 샤론의 이스라엘 군대는 사브라와 샤틸라에 있는 팔레스타인 난민수용소를 포위했다. 그는 우익 레바논 결사대를 캠프 안으로 보냈다. 이 결사대는 2천7백 명의 남녀와 어린이를 몇 시간

안에 살륙했다. 결사대 중 한 명은 임신한 여성을 난도질하면서 '살려두면 테러리스트를 낳을 것'이라며 자신의 살인을 정당화했다. 샤론의 전력은 팔레스타인인들에 대한 학살로 점철돼 있다.

1980년대 초에 샤론은 1967년 이후 서안과 가자 지구의 유대인 정착촌을 가장 크게 확대하는 명령을 내린 것 때문에 불도저라는 별명을 얻었다. 1982년에 이스라엘 군사법정은 샤론이 이스라엘 병사들에게 서안의 아랍 학교 어린이들을 구타하도록 사주했다는 기소를 심리하기도 했다. 바로 2년 전에도 샤론은 가자, 라말라, 나불루스의 팔레스타인 마을 시위자들에 대해 미국의 아파치 전투용 헬기를 사용하자는 안을 추진했다.

대규모 도적질

이스라엘과 팔레스타인 사이의 충돌의 뿌리는 1948년의 이스라엘 국가 건설에 있다. 나치의 홀러코스트가 있기 전에만 해도 시온주의자로 불리는 극소수 사람들만이 팔레스타인 땅에 거주하면서 "유대인 국가"라는 사상을 지지했다. 시온주의는 유대인이라는 인종적 기반에 바탕을 둔 국가의 건설을 핵심적으로 주장했다.

팔레스타인 지역은 "땅 없는 민족"에게 마치 "민족 없는 땅"처럼 비쳐졌다. 그러나 팔레스타인 지역은 "민족 없는 땅"이 아니었다. 이스라엘 국가가 건설될 당시만 해도 100만 명의 팔레스타인인들이 여러 세기 동안 그 땅에서 일하면서 살고 있었다. 이스라엘 국가는 팔레스타인인들을 추방하고 그들의 땅을 빼앗음으로써 건설될 수 있었다.

1947년 유엔의 이스라엘 국가 건설 계획안은 팔레스타인 땅의 55%를 유대인에게 주는 것이었다. 그 당시에 유대인들은 그 지역의 땅을 단지 6%만 소유하고 있었다. 1948년 유엔이 팔레스타인 지역의 분할안을 통과시켰을 때 시온주의 정착민들은 55%의 땅조차 충분하지 않다고 생각했다. 그들은 오늘날이라면 "인종 청소"라고 불릴 수 있는 야만적인 방식으로 팔레스타인인들을 고향에서 쫓아냈다.

시온주의 테러단인 이르군이 저지른 1948년 데이르 야신 마을 학살을 목격한 한 국제적십자 소속원은 학살이 끝난 뒤의 상황을 이렇게 묘사했다.

나는 신음 소리 같은 것을 들었다. 사방을 둘러보다가 마침내 조그마한 발 하나를 발견했다. 아직 따뜻했다. 그것은 수류탄에 의해 절단된 한 소녀의 발이었다. 그 소녀는 아직까지 살아 있었다. 사방을 둘러보니 온통 끔찍한 장면들뿐이었다. 이 마을에는 약 4백 명이 살고 있었다. 약 50명은 도망쳤다. 그 나머지 사람들은 잔혹하게 살해당했다. 내가 관찰한 바에 의하면, 이 살인 집단은 훈련을 받았고 명령에 따라 행동했다.

이스라엘은 데이르 야신에서 벌어진 일을 이용해 팔레스타인인들을 위협해, 그들을 고향에서 추방했다. 팔레스타인인들이 추방된 마을 가운데는 하이파와 야파 같은 대도시도 포함돼 있었다. 이스라엘 군대는 416개의 팔레스타인 마을을 파괴했으며, 팔레스타인인들의 모든 땅과 재산을 몰수했다.

그리하여 1948년 5월에 이스라엘은 비옥한 농업용지의 95%를 포함해 팔레스타인 땅의 80%를 장악했다. 약 75만 명의 팔레스타인인들이 자신들의 땅에서 추방당했다. 46만 명은 이웃 나라인 요르단으로 피신했고, 20만 명은 가자 지구로, 10만 명은 레바논으로, 8만 5천 명은 시리아로 도피했다. 팔레스타인인들은 난민촌에서 극도의 빈곤 속에 살아야 했다. 이스라엘이 1967년 전쟁을 통해 서안과 가자 지구를 장악했을 때 또다시 20만 명의 팔레스타인인들이 쫓겨났다. 전세계에 퍼져 있는 유대인들이 귀환법에 따라 팔레스타인 지역으로 되돌아올 수 있었지만 이스라엘 군대와 정착민들에 의해 추방된 무려 350만 명의 아랍인들이 여전히 난민촌에서 살고 있다.

　이스라엘은 점령 지역들을 체계적으로 약탈했다. 심지어 이스라엘은 서안에서 이스라엘 농장과 읍내로 물을 보냄으로써 아랍의 농촌 지역사회를 황폐화시켰다. 이스라엘 정착민들은 군대의 지지를 받아서 아랍인들이 자기 땅에서 도망갈 때까지 그들에게 테러를 가했다.

　한 정착민은 이렇게 시인했다. "우리는 마을에 가서 창문에다 약간의 총격을 가해 마을 사람들에게 경고를 하고 정착촌으로 돌아왔다. 돌멩이를 던지는 소년을 잡아 데려와서 흠씬 두들긴 다음 그를 군인들에게 넘겨줘 죽이도록 했다."

　1967년 전쟁 이후 이스라엘은 점령지에서 팔레스타인인들의 국기를 금지시키고 팔레스타인인들의 단체를 모두 불법화했다. 그리고 이스라엘 군대가 난민촌과 마을을 순찰하면서 아랍인들의 저항을 분쇄했다. 점령지를 통제하려는 이스라엘의 시도는 1982년 레바논 침공으로 이어졌다. 이스라엘은 유엔의 철수 명령에도 불구하고 남부 레바논의 접경 지역 15km의 "안전지대"를 올해까지 장악했다.

난민촌 ─ 빈곤과 절망의 악몽

이스라엘 국가가 창설된 뒤로 팔레스타인인들은 엄청난 빈곤과 박해로 고통을 겪었다. 약 120만 명의 팔레스타인인들이 이스라엘 지역에서 쫓겨나 서안과 가자 지구의 난민촌에서 살고 있다. 그들의 삶이란 오로지 빈곤과 절망뿐이다. 어린이들은 이 비참한 난민촌에서 태어나 죽었다. 움막과 텐트에는 위생 시설이 전혀 돼 있지 않다. 이들은 난민촌이 소재한 나라의 원조를 통해서만 음식과 옷가지들을 얻을 뿐이다.

이스라엘은 점령지에 있는 아랍인들이 이스라엘을 떠나거나 통과하려는 모든 행동을 통제하고 있다. 이스라엘은 팔레스타인 도시들을 서로 분리시키고, 아랍 노동자들이 이스라엘로 들어갈 수 있는 권리를 부정하고 있다.

팔레스타인인들은 일자리를 제공하고 있는 이스라엘에 의존하고 있다. 이스라엘 회사들은 몇 세대에 걸쳐 팔레스타인인들을 값싼 노동력으로서 착취하고 있다. 팔레스타인인들의 생활 조건은 1993년 평화 협상 과정이 시작된 이후로 더 열악해졌다. 실업률이 일부 지역에서는 40%에 달했다. 서안과 가자 지구에서 팔레스타인인 일인당 연평균소득이 1987년의 288만 원에서 173만 원으로 하락했다. 지금 이스라엘의 일인당 연평균소득은 1980만 원이다.

국제사면위원회(앰네스티 인터내셔널)의 가장 최근 보고서에 따르면 이스라엘 군대는 공식적으로 고문을 허용하며 고문이 체계적으로 진행되고 있다. 이스라엘의 점령에 저항하는 평범한 팔레스타인 사람들에게 이러한 탄압이 일상적으로 가해지고 있다.

석유 — 중동에서 미국이 바라는 것

미국 대통령 클린턴은 캠프 데이비드에서 평화 회담을 추진했지만 아무런 성과가 없었다. 그 회담은 팔레스타인인들에게 정의를 가져다주지 못했다. 팔레스타인인들의 분노는 그대로 남아 있다. 팔레스타인이 서안과 가자 지구의 일부 지역에 대한 제한적인 통제권을 가지고 있는 반면 수백만 팔레스타인 피난민들은 전세계에 흩어져 있으면서 자기 고향으로 되돌아갈 엄두도 내지 못하고 있는 형편이다. 미국이 추진하는 평화회담은 전적으로 이스라엘에 유리하게 기울어져 있다. 최근 이스라엘 군대의 잔혹한 만행에 대한 국제적 비난 여론이 높은 것 때문에 유엔 인권위가 이스라엘에 대한 비난 결의안을 채택하려 했을 때 미국과 영국은 반대표를 던졌다.

1993년의 오슬로 평화회담은 1987년에 시작된 '인티파다'라고 불리는 팔레스타인인들의 봉기 때문에 이루어졌다. 이스라엘의 탱크가 아랍인 자동차를 파괴하고 승객들을 죽였다. 1만 명이 모인 장례식이 시위로 변했다. 이스라엘 군대는 또 다른 시위에서 20세 청년을 죽였다. 그의 장례식을 계기로 그 뒤 2년 동안 점령지에서 지속된, 이스라엘 지배에 반대하는 대규모 항의가 시작됐다.

이 투쟁 때문에 이스라엘은 팔레스타인 해방기구(PLO)와 그 지도자 야세르 아라파트와 협상하지 않으면 안 되었다. 오슬로 협정은 팔레스타인인들에게 소국가를 창설하도록 하는 내용이 들어 있었다. 이 협정에 의하면 팔레스타인의 새로운 소국가가 창설되고, 그 수장으로 야세르 아라파트를 옹립한다는 것이다. 그러나 이 소국가는 너무나 적은 권한만을 갖고 있다. 이 소국가는 서안의 17.2%만을 온전히 통제할 뿐이다. 하지만 이스라엘은 서안의 59%와 가자 지구의 3분의 1을 완전히 통제하고 있다.

또, 오슬로 협정은 1998년에 독립 팔레스타인 국가를 세울 것을 약속했다. 그러나 이 약속은 아직도 이루어지지 않고 있다. 많은 팔레스타인인들은 서방 열강과 이스라엘이 야세르 아라파트에게 한 약속을 지키지 않은 것에 분개하고 있다. 일부 사람들은 이런 기만 때문에 이슬람 근본주의 단체인 하마스 같은 더욱 전투적인 집단에 지지를 보내고 있다.

중동에서 미국의 진정한 관심사는 석유 다국적기업을 위해 원유의 원활한 공급과 유통을 보장하는 것이다. 미국이 팔레스타인인들의 정의에 대해서는 전혀 관심이 없으면서 석유를 지키는 경비견인 이스라엘만을 지원하는 이유는 바로 이 때문이다.

미국은 이러한 이익을 지키기 위해 걸프 국가들을 순찰하는 구축함을 갖고 있다. 미국의 구축함 중 하나인 USS 콜 호가 예멘의 아덴 항에 정박하고 있다가 자살 폭탄 테러의 대상이 돼 17명의 미군 승무원이 죽었다.

미국은 제2차세계대전이 끝난 후 이 지역의 거대 유전을 지배하기 위해 이스라엘을 이용했다. 이스라엘은 탄생할 때부터 미국의 경비견 역할을 타고난 셈이다. 이스라엘의 영향력 있는 신문 〈하아레츠〉지는 1951년에 이렇게 썼다. "이스라엘은 경비견이 돼야 한다. 만일 때때로 서방 열강들이 어떤 이유에서든 눈감아 주고자 한다면 서방 국가들에 불손한 이웃 아랍 국가들을 응징하는 것을 이스라엘에 의존할 수 있을 것이다."

미국은 시장 장악과 무기를 놓고 소련과 경쟁이 치열해지자 중동을 자신의 동맹자로 삼고자 했다. 미국은 아랍 국가들을 하수인으로 삼는 일을 추진하는 한편, 빈곤한 아랍 대중과 극도로 부유한 지배자 사이에 존재하던 긴장에 대해 염려했다.

결국 미국은 1950년대 아랍 세계에서 반제국주의 운동이 거대하게 성장하자 이스라엘을 지원하기로 결정했다. 이스라엘은 그 때 이후로 중동에서 미국의 경비견 노릇을 했다. 이스라엘은 미국 덕분에 경제 안정을 이룩할 수 있었고 아랍 국가 모두를 합한 것보다 더 강력한 군사력을 확보할 수 있었다.

이스라엘은 미국으로부터 해마다 거액의 군비를 지원받아 왔다. 미국은 1967년 전쟁 이후 4년 동안 15억 달러어치의 무기를 이스라엘에게 제공했다. 또, 미국은 1974년 이후로 800억 달러의 원조를 제공했다. 1984년 이스라엘 경제가 붕괴 일보직전이었을 때 레이건 대통령은 15억 달러의 긴급 원조 계획을 승인했으며, 긴급 원조 외에도 30억 달러를 원조해 주었다.

미국의 이스라엘 원조는 계속되고 있다. 이스라엘은 올해에만 미국으로부터 41억 2천9백만 달러를 받을 것이다. 이 가운데 31억 2천만 달러는 군사비로 들어갈 것이며, 9억 4천9백만 달러는 경제 원조로 사용될 것이다. 팔레스타인 당국은 올해 미국으로부터 고작해야 1억 달러를 받을 것이다. 그래서 이스라엘 총리인 바라크는 작년에 "워싱턴에 있는 우리 친구는 이스라엘에 대한 원조가 미국의 이익을 위한 것임을 알고 있다."고 말했다.

중동에서 평화는 가능한가?

중동에서 평화는 가능하다. 유대인과 아랍인은 전에는 함께 살았으며 앞으로도 함께 살 수 있다.

우리가 해야 할 첫째 일은 강력한 이스라엘에, 그리고 미국 같은 제국주의 열강들에 반대하는 아랍인들의 투쟁에 지지를 보내는 것이다. 둘째는 유대인과 아랍인들이 동등한 권리를 갖는 민주적이고 세속적인(비종교적인) 유대인·아랍인 국가 건설을 지지하는 것이다. 중동 민중에게 항구적인 평화와 평등은 낡은 정권들을 모두 타도하고, 수백만 대중에게 빈곤만을 가져다 주는 소수의 풍요를 끝장내는 데 있다. 이런 일은 아랍 지역의 인구에서 비록 소수일지라도 노동계급이 지도하는 투쟁을 통해 이루어질 것이다.

아랍의 봄과 노동계급의 연속혁명

혁명적 변화의 시대를 알린 일련의 기념비적 사건들이 '아랍의 봄'을 수놓았다. 반란의 물결은 수십 년 동안 정치적으로 정체돼 있던 아랍 지역을 단 몇 달, 아니 몇 주 만에 근본적으로 바꿔 놓았다. 아랍의 혁명은 더 급진적인 사회 변화로 나아갈 가능성을 품고 있었다. 이 잠재력을 이해하려면 아랍 세계를 뒤바꿔 놓은 사회 깊숙한 곳의 변화를 유심히 살펴봐야 한다. 이 연구를 위해서는 우선 아랍 세계에 대해 우리가 갖고 있는 많은 편견들을 깨뜨릴 필요가 있다.

여전히 많은 사람들은 아랍 혁명이 단순히 제국주의에 맞선 투쟁에서 발생한 "교정"일 뿐이라고 생각한다. 튀니지에서 벤 알리가, 이집트에서는 무바라크가, 또 예멘에서 알리 압둘라 살레가 퇴진한 것은 제국주의에 큰 타격을 입혔다. 바레인에서는 선거권을 잃은 국민

사이먼 아사프. 〈레프트21〉 86호, 2012년 7월 21일. https://wspaper.org/article/11463.

들과 미국·사우디 정권이 대립각을 세우고 있는데, 이 항쟁 또한 제국주의를 향한 도전으로 볼 수 있다. 이 점에서 보면 리비아와 시리아의 반란은 일탈적인 사례이다. 두 나라의 정권 모두 제국주의와 첨예하게 대립한 반면 혁명 세력들은 한편에서는 대중의 불만을 대변하는 것으로 비치면서도 다른 한편으로 제국주의의 술책으로 여겨지기도 한다.

근본적 차이

이것은 단지 관점의 차이나 제국주의 전략을 둘러싼 다양한 해석 정도로 치부할 수 없는 문제다. 아랍 혁명의 성격을 규정하는 데서 뿌리깊은 차이가 있음을 보여 주는 것이다. 아랍 민족주의, 자유주의, 이슬람주의 사상을 고수하는 이들은 아랍 혁명을 과거의 프리즘을 통해 본다. 아랍 민족주의자들에게는 혁명이 반제국주의 투쟁을 되살릴 기회인 것이고, 자유주의자들에게는 독재에서 의회 민주주의로 나아갈 전망을 제시해 주는 것이며, 이슬람주의자들에게는 1979년 이란 혁명과 함께 시작된 반서방 투쟁의 지속을 알리는 것이다. 그러나 혁명적 사회주의자들에게 혁명은 "연속 혁명", 즉 사회주의적 변화로 "나아가는" 투쟁의 실질적인 가능성 문제를 제기한다.

이 혁명의 기원을 이해하려면 지난 수십 년 동안 아랍 지역에서 일어난 사회 변화를 추적해 봐야 한다. 구 체제는 개혁을 통해서든, 또 자신이 열렬히 추종했던 신자유주의 정책을 통해서든 그 변화에 조응하는 데 실패했다.

오늘날 아랍 세계는 40년 전, 심지어 20년 전과도 판이하게 다르다. 아랍 지배자들이 통치해야 하는 인민들은 더는 손바닥만한 땅뙈기에 기대 연명하는 무지렁이들이 아니다. 생존을 위해 자기 노동력을 팔아야 하는 도시 인구가 압도적으로 많다. 혁명을 만들어 가는 젊은이들의 삶은 그들의 조부모의 삶과 판이하게 다르다. 이들은 더 잘 교육받았고, 도시 생활에 더 익숙하고, 국제 뉴스에도 더 민감하며, 국제 운동, 예컨대, 반세계화 운동, 팔레스타인 연대 운동, 반전 운동 등을 통해 정치적으로 각성했다.

이런 변화들이 아랍 세계의 사회 관계를 근본적으로 바꿔 놓았지만, 여전히 과거의 다른 사회 관계 속에 발전된 정치 사상이 주를 이루고 있다. 1919년 이집트에서 시작된 반식민주의 투쟁의 시대는 1967년 전쟁에서 이스라엘이 이집트에게 승리하며 막을 내린다. 이 시기에 형성된 사상은 아랍 민족주의, 이슬람주의, 스탈린주의, 반식민주의 투쟁, 발전 문제 등을 핵심으로 했다. 이 사상은 아직 사라지지 않았지만 혁명의 소용돌이 안에 빨려 들어갔다. 새롭게 떠오를 사상이 무엇일지 아직 알 수는 없지만 새로운 시대는 분명 새로운 사상을 만들어 낼 것이다.

카를 마르크스는 그의 저서 ≪루이 보나파르트의 브뤼메르 18일≫에서 다음과 같은 사실을 언급했다. "새 언어를 배운 초심자는 늘 자기 말을 모국어로 번역한다. 그가 새 언어를 제대로 익히고 자유롭게 자신을 표현하려면, 모국어가 아닌 새 언어에 푹 빠져 살고 결국 모국어를 잊어 버려야 한다."

과거의 혁명이 그 이전 시대의 사상에 빚을 진 것과 마찬가지로 오늘날의 혁명도 듣기에 익숙한 언어로 표현된다. 그러나 비슷한 점은 거기까지다. 새로운 사회 관계, 또 새로운 계급 관계는 한 사우디아라비아 젊은이가 "정신의 혁명"이라고 표현한 것을 만들어 내고 있다. 물론 이 혁명은 아직 사우디아라비아 거리의 대중 행동으로 표현되고 있지는 않다. 그럼에도 사우디아라비아의 현실은 놀랍다. 사우디아라비아 내 재소자들 중 95퍼센트가 학위를 소지하고 있다는 통계도 있다. 왕자 한 명이 50년 동안 나라를 통치하고 있고, 지난 80년 동안 사우디아라비아 왕가는 권력을 다른 세계에 의존해 왔다. 이들은 어디를 봐도 구세대이다.

도시화

세계은행의 통계를 보면, 1970년대 초에는 아랍인의 30퍼센트만이 도시에 거주했다. 2020년에는 전 인구의 70퍼센트, 즉 4억 2천만 명 중 2억 8천만 명 정도가 도시에 거주할 것으로 예상된다. 이런 도시화는 지난 10년 동안 가속화했다. 21세기 초, 인구가 1백만 명이 넘는 아랍 도시는 16개였지만 오늘날에는 24개로 늘어났고 그 중 6개 도시는 5백만 명 수준이다.

사우디 아라비아의 메카, 리야드, 제다 같은 대도시 지역에는 9백 5십만 명이 거주한다. 페르시아만 연안국 인구의 약 90퍼센트가 도시에 거주한다. 레바논과 요르단, 이라크도 곧 그 수준에 이를 것이다. 한때 고립된 소규모 마을이 대부분이었던 농촌은 오늘날에는 국제 시장과 연동된 거대 농업 산업이 존재한다. 이런 변화는 이촌향도 경향을 가속화한다. 지난 3년 동안에만 시리아인 약 3백만 명이 도시를 찾아 농촌을 떠났고, 알레포나 다마스쿠스 같은 도시 안에 새 거주지를 만들었다. 상대적으로 완만하게 도시화가 진행된 이집트조차 카이로를 중심으로 한 대도시 인구가 1965년 2백40만 명에서 오늘날 1천1백50만 명으로 폭증했다. 카이로에서 나일강을 따라 알렉산드리아까지 북쪽으로 2백 킬로미터 가량 이어지는 도시 회랑, 즉 수도권역이 형성됐다. 이런 도시화는 아랍 지역에서 끊임없이 반복돼 온 패턴이다.

이런 도시화는 사회 관계를 완전히 뒤바꿔 놓았다. 크리스 하먼이 2002년 논문 '세계의 노동자들'에서 지적한 것처럼, "도시화가 확산되면 사람들은 필연적으로 생계를 위해 시장에 더 많이 의존하게 된다. 소농들은 비록 자기 입에 겨우 풀칠하는 수준일지라도 자기 노동으로 직접 생산한 상품에 거의 전적으로 의존하며 의식주를 해결할 수 있다. 그러나 도시 거주자들은 그럴 수 없다. 도시 거주자들은 자기 노동이든 자기 노동의 산물이든 아무리 하찮은 것이라도 팔지 못하면 굶어 죽을 수 있다. 그런데 지난 수십 년 간 농촌에서 일어난 변화 때문에 시장에서 판매하는 것을 목적으로 한 생산의 중요성이 점점 커졌다."

도시화의 주요 특징 중 하나는 국민의 문자 해독력 증대, 즉 교육받은 새 세대의 등장이라 할 수 있다. 이것은 농촌 삶의 숨막히는 사회 관계와는 전혀 다른 세계다. 유네스코의 통계를 보면, "성인보다 청년층의 식자율이 더 높다. 아랍 지역의 15세 이상 24세 이하 청년층의 식자율은 1990년 63.9퍼센트에서 2002년 76.3퍼센트로 증가했다. 2004년 아랍 지역 청년층의 평균 식자율은 남성이 89.9퍼센트, 여성이 80.1퍼센트이다." 아랍 지역의 인터넷 사용 인구는 불과 몇 년 사이에 1천 배 가까이 늘어났다. 10년 전만 해도 국영 언론사의 검열된 정보만 접할 수 있었던 대중이 새 사상, 새 정보를 접하고 "온라인 활동"에 참여할 수 있게 됐다.

빈곤의 굴레

그러나 이 젊고 교육받은 도시 인구는 빈곤에 발목 잡혀 있다. 국제노동기구(ILO)는 이렇게 평가한다. "일자리가 있는 청년들조차 저임금, 취약한 사회 안전망, 고용 안정성과 직업 전망의 부재, 그들의 목소리를 대변할 노동조합의 부재 또는 약화 등 열악한 노동조건 아래 놓여 있다."

도시의 계급 구성은 아주 복잡한데, 그 중 핵심은 급속히 성장하는 노동계급이다. 한 가족 안에 행상인, 하급 공무원, 생산직 노동자, 대졸 실업자가 공존하기도 한다. 이들은 모두 교육받았고, 저임금에, 25세 이하다. 도시 생활이 이처럼 근접해 공존하기 때문에 서로 영향을 주고받기 쉽다. 생산 과정의 핵심을 차지하는 노동계급의 힘이 중대할수록 다른 빈곤층들을 이끌 가능성도 커진다.

이 세대는 2002년에 성년이 됐다. 나는 당시 레바논 베이루트에서 이스라엘의 팔레스타인 서안 재침공에 항의하는 전례 없는 시위를 취재해 ≪소셜리스트 리뷰≫에 기사를 썼다. 우리는 집회 참가자의 연령뿐 아니라 정치적으로 자유분방한 그들의 모습에 큰 충격을 받았다. "레바논의 모든 가톨릭 학교가 동맹 휴업을 했다. 시아파 이슬람주의 활동가들과 프랑스어를 쓰는 그리스도교 계열 학교 학생들이 함께 행진했다. 중고등학생들이 모임을 조직하고 동맹 휴업 찬반 투표를 했다. 이 학생들은 각 학교를 오가며 행진을 했고 버거킹 체인점 앞에서 연좌했다. 바레인 학생들은 맥도널드 체인점을 뒤엎어 놓았다. 이집트에서는 KFC 체인점이 불탔다. 시리아에서는 허가 받지 않은 행진이 시작됐고, 집회 참가자들은 분노의 대상인 비밀 경찰과 전투를 벌였다. 학생들은 등교길에 노래를 부르고 구호를 외치곤 했다"

이 시위들은 전 세대를 통틀어 가장 규모가 컸고, 모로코에서 예멘까지 번졌다. 이스라엘의 침략에 항의해 미국 제품을 불매하자는 호소는 문자 메시지를 통해 사우디 아라비아까지 확산됐다. 사우디 아라비아에서 이런 행동은 전례 없는 것이었고, 일부 사우디 아라비아인들은 카타르까지 가서 반이스라엘 시위에 동참했다. 아랍 전역의 중고등학교와 대학들이 분노로 들썩였고, 보안 경찰뿐 아니라 운동과 거리를 두고 구체제와 타협했다고 여겨지는 기존 야당들도 타격 대상이 됐다.

2002년 시위의 핵심이었던 이 학생들이 성장해 아랍 혁명을 만들었다. 2003년 국제 반전 운동, 2006년 이스라엘에 대항한 헤즈볼라의 승리, 이스라엘의 봉쇄에 맞선 가자의 저항, 2006년 이집트의 산업 도시 마할라 알 쿠브라에서 벌어진 파업 물결, 또 이로 인해 촉발된 이집트 노동자 운동의 극적인 부상 등 우리가 목격한 운동들이 정치적 각성을 일으켰던 것이다.

이런 사회적 변화들은 평범한 사람들의 삶을 뒤바꿔 놓았을 뿐 아니라 국제 체제에 단단히 결속된 현대 아랍 자본가 계급을 만들어 냈다. 이 계급이 형성될 수 있었던 배경은 아랍 세계가 직접적인 식민 통치에서 해방되고 그 뒤 각종 사회경제적 변화를 겪었기 때문이다.

사우디 아라비아의 초대 국왕 이븐 알 사우드는 아라비아 반도 바깥 세계에 대해서는 거의 아는 바가 없었다. 이븐 알 사우드의 손주들은 그와 달리 서방 국가 수도에 집이 있고, 엘리트 대학에서 교육 받았으며, 런던 부동산 시장, 축구팀, 우량 기업 등 각종 분야에 투자를 한다. 이집트 민족주의 지도자 가말 압델 나세르 사망 후 발견된 그의 계좌에는 잔액이 없었다. 반면 호스니 무바라크의 재산은 수십억 달러에 이른다. 이 사실은 단지 나세르가 무바라크보다 더 정직하다는 것이 아니라(물론 이것은 진실이다) 식민 지배가 종식된 뒤 새로운 지배 계급이 급속히 성장했음을 보여 준다.

이집트 군의 상층부는 더는 영국 또는 프랑스 장교들의 부관 노릇이나 하지 않는다. 오히려 자신의 정치경제적 지위에 깊숙이 뿌리내린 고유의 이해관계를 갖고 있다. 이집트 군은 대규모 공장, 작업장, 투자액을 갖춘 거대 기업 집단을 통제한다. 이집트 자본가(또는 아랍 지역의 여타 자본가)는 과거의 지주가 아니라 공장주다. 이들은 더 이상 낡은 기술로 기아에 허덕이든 농민들에게 지대를 쥐어짜낼 필요가 없다. 대신 현대식 공장에서 일하는 노동자의 노동에서 이윤을 뽑아낸다.

아랍 자본주의가 성장하며 제국주의와 맺는 관계도 바뀌었다. 1930년대에서 1970년대까지 이 관계는 일종의 주종관계였다. 그러나 이제 아랍의 지배자들은 고유의 이해관계를 갖게 됐고 그 이해관계를 뒷받침할 자본도 소유하고 있다. 1940년대와 1950년대에 시작된 혁명의 물결은 식민 지배에 도전했다. 그러나 당시 아랍 노동계급이 상대적으로 규모도 작고 취약해서 중간계급 내 급진 분파가 투쟁의 지도부를 장악해 결국 그 투쟁을 제약할 수 있는 여지가 생겼다. 마르크스주의자 토니 클리프는 이 현상을 "빗나간 연속 혁명"이라고 규정했다.

제국주의 열강들은 결국 이 중간계급에게 개발, 시장에 대한 접근, 투자 등을 약속하며 협상을 벌였다. 야심만만한 "대령"의 충성심을 사는 것은 저개발 국가에서 상대적으로 문제를 덜 일으키는 방식이었다. 그 "대령"은 이제 도시 지역 유지, 지주, 이슬람 부족장 등을 매수해 대체로 문맹이었던 지역민들의 환심을 샀다.

변변찮은 출발

이 야심만만한 중간계급은 비록 출발은 변변치 않았을지라도 곧 사회와 경제를 환골탈태하는 과정에 앞장서고 그럼으로써 국제 자본가 계급과 어깨를 나란히 하게 된다. 이들의 부모 세대는 하층 중간계급 가정에서 태어나 발전의 부재, 이등 시민 취급, 식민 지배 등에 한숨짓곤 했지만, 이들의 자식 세대는 특권층의 자녀로 태어나 최고의 교육을 받고 현대 자본가 계급의 일부가 되도록 훈련 받는다.

아랍 사회가 큰 변화를 겪으며 이 새로운 지배계급과 피지배계급 사이 격차는 점점 커졌다. 지난 20년 동안 신자유주의가 도입되며 이 과정은 더 가속화했다. 2009년 보스턴컨설팅그룹이 수행한 연구를 보면, 백만장자 가정이 중동 전체의 절반이 넘는 부를 소유하고 있다. 반면 압도 다수의 대중은 시장 질서가 강요하는 불안정한 임금을 받으며 근근이 살아 간다. 부자들이 소유하고 있는 부는 가난한 사람들에게 "흘러 내려가지" 않고 해외 투자처를 찾아 움직인다. 사우디 아라비아 부의 65퍼센트, 아랍에미리트와 쿠웨이트 부의 50퍼센트, 튀니지 부의 45퍼센트, 바레인, 레바논, 모로코 부의 30퍼센트 가량이 서방 은행에 예치돼 있다.

아랍 자본의 부상은 단지 몇몇 "사업가"들의 성취가 아니라 전 국가적 지원으로 이뤄진 것이다. 사우디 아라비아의 석유 산업은 이런 경향을 명확히 보여 준다. 2005년 사우디 아라비아의 아람코는 거대 석유기업 엑손모빌보다 더 높은 가치를 가진 것으로 평가 받았다. 처음엔 주요 미국 석유기업들이 소유했던 아람코는 1980년에 사우디 아라비아 국가가 인수에 성공한다. 사우디 아라비아 국가는 더 이상 오일 달러를 긁어 모으는 사막의 무지한 부족장들이 아니다. 전 세계적 영향력을 가진 국제 관계 내 행위자인 것이다. 2010년 아랍의 소국 카타르는 전 세계 부동산 투자에서 수위를 차지했다(카타르 국민의 약 14퍼센트가 백만장자다). 이 계급은 시리아와 리비아에도 존재한다. 지배자와 피지배자 사이 격차는 "반동적인" 정권이든

"진보적인" 정권이든 상관없이 나타난다.

빗나간 연속 혁명이 가능한 조건은 더 이상 존재하지 않는다. 아랍 혁명은 그야말로 원형에 가까운 권력 문제와 마주하고 있다. 아랍의 지배계급은 이제 제국주의에 저항하는 데 이해관계가 없다. 그저 그들과 관계를 조정하고 싶을 뿐이다. 나세르 시기 아랍의 지배계급은 국부에 대한 통제권을 얻으려고 열강들과 다퉈야 했다. 오늘날 그들은 자유롭게 투자하고 공장을 짓고 주식 투기를 한다.

이런 사회적 변화가 보여 주는 것은 오늘날 혁명의 성격이 반식민주의 시대 혁명의 성격과 판이하게 다르다는 것이다. 과거처럼 분노한 대중과 발전에 목마른 야심만만한 중간계급 사이 동맹이 아니라 국제 자본주의와 협력하는(또 그 일부이기도 한) 지배계급과 아랍 민중 사이의 뿌리 깊은 적대감이 오늘날 혁명의 성격을 대변한다.

'아랍의 봄'과 함께 곳곳으로 번져나간 노동자 조직들이야말로 이 혁명이 어떻게 발전할지 이해하는 데 필수적인 요소다. 마르크스는 1848년 혁명을 되돌아보며 이렇게 썼다. "시민 사회의 어떤 계급도 그 계급 내에서, 또 대중 사이에서 열정이 넘치는 순간을, 사회 일반과 교류하고 통합하며 심지어 사회 일반과 구분이 되지 않고 그것을 대표하는 것으로 인정되고 인식되는 순간을, 그 계급의 주장과 권리가 진정 사회 일반의 주장과 권리가 되는 순간을, 그 계급이 사회의 머리이자 심장이 되는 순간을 떠오르게 하지 못한다면 이런 [혁명적] 구실을 할 수 없다."

변화를 위해 무르익은 조건

'아랍의 봄'이 사회주의 혁명으로 발전하는 데 결정된 것은 없다. 그러나 이 혁명은 그런 근본적 변화를 위한 조건이 무르익은 역사적 단계에 서 있는 듯하다. 새로운 사상은 혁명 그 자체의 경험, 즉 갑작스런 변화, 고점과 저점, 거리의 전투, 파업과 논쟁 등을 통해 발전할 것이다. 혁명은 특정 국경 내에 머무르지 않고 아랍 지배자들이 누린 과거의 영광도 옛일로 만들 것이다. 이런 투쟁을 통해 젊고 거대한 아랍 노동계급은 그 자신을 "사회의 머리이자 심장"으로 변화시킬 가능성을 보게 될 것이다.

국제주의 전통 자료집

V-2. 제국주의와 전쟁, 민족문제

지은이 | 알렉스 캘리니코스, 크리스 하먼 외 지음
엮은이 | 이정구

펴낸곳 | 도서출판 책갈피
등록 | 1992년 2월 14일(제2014-000019호)
주소 | 서울 성동구 무학봉15길 12 2층
전화 | 02) 2265-6354
팩스 | 02) 2265-6395
이메일 | bookmarx@naver.com
홈페이지 | http://chaekgalpi.com

첫 번째 찍은 날 2018년 8월 27일
네 번째 찍은 날 2019년 2월 18일

값 16,000원
ISBN 978-89-7966-149-1 04300
ISBN 978-89-7966-155-2 (세트)